编委会

主　任　马建辉　张　耀

主　编　杨　筱　马彦琳

副主编（以姓氏笔画为序）

丁　汉　王芙蓉　毛　靖　邓静萍　刘剑峰　许昌敏
李善玲　汪宏波　周华民　袁小明　郭安源　韩民春
廖家智　谭必恩

顾　问（以姓氏笔画为序）

王　锋　邓华和　邓建平　田玉科　向太斌　李晓树
李新主　肖行定　吴利克　陈步清　周书珍　周宜开
郑楚光　柳会祥　姚凯伦　贾丽颖　徐金鑫　梁宗国

参编人员（以姓氏笔画为序）

马金城　王　贡　王　磊　王小平　王文清　王学仁
王春旭　毛子骏　邓云华　龙洪波　卢群伟　乐建新
朱　敏　朱月珍　刘　炜　刘　璇　刘小虎　刘亚妮
刘克俭　闫　明　许德胜　李小猛　李中伟　杨　超
杨广笑　吴人亮　吴云霞　吴庆华　吴康兵　吴懿平
何　亮　张　波　张　亮　张　鹃　张晓东　陈　攻
陈　强　陈　蓉　陈小雨　陈英汉　陈素华　范淑媛
帕鲁克·甫拉提　赵　凯　赵元弟　胡　辉　施春阳
宫念樵　顾馨江　党　娜　倪伟桥　徐　刚　翁雨雄
郭　新　黄讷敏　蒋新农　粟晓丽　喻银燕　鲁细英
谢　佳　鲍立泉　臧春艳　廖永德　熊　蕊　黎　霞
颜巧元　薛　松　戴　菲

华中科技大学
统一战线工作纪实

◎ 华中科技大学党委统战部 编

http://press.hust.edu.cn

中国·武汉

图书在版编目（CIP）数据

华中科技大学统一战线工作纪实 / 华中科技大学党委统战部编. -- 武汉：华中科技大学出版社，2023.6
ISBN 978-7-5680-8916-6

Ⅰ.①华… Ⅱ.①华… Ⅲ.①华中科技大学—统一战线工作—研究 Ⅳ.①D613

中国国家版本馆CIP数据核字(2023)第126870号

华中科技大学统一战线工作纪实　　　　　　　　　　　华中科技大学党委统战部　编
Huazhong Keji Daxue Tongyi Zhanxian Gongzuo Jishi

策划编辑：周清涛　张馨芳
责任编辑：肖唐华
封面设计：原色设计
责任校对：封力煊
责任监印：周治超
出版发行：华中科技大学出版社（中国·武汉）　　电话：（027）81321913
地　　址：武汉市东湖新技术开发区华工科技园　　邮编：430223
录　　排：华中科技大学惠友文印中心
印　　刷：武汉科源印刷设计有限公司
开　　本：710 mm × 1000 mm　1/16
印　　张：29　插页：8
字　　数：433千字
版　　次：2023年6月第1版 第1次印刷
定　　价：98.00元

投稿邮箱：3325986274@qq.com
本书若有印装质量问题，请向出版社营销中心调换
全国免费服务热线：400-6679-118　竭诚为您服务
版权所有　侵权必究

中国侨联党组书记、主席万立骏(右五)来校调研(2020年8月)

时任中央统战部常务副部长张裔炯(右一)来校调研(2019年7月)

时任全国政协文化文史和学习委员会副主任叶小文来校作"学习贯彻习近平新时代中国特色社会主义思想和党的十九大精神"专题辅导报告(2018年5月)

中管高校党史学习教育第十巡回指导组组长欧可平（居中）调研指导"统战之家"建设情况（2021年12月）

民盟中央专职副主席徐辉（前排居中）来校调研（2018年9月）

湖北省委常委、统战部部长，副省长宁咏（前排居中）来校调研（2022年7月）

湖北省政协党组副书记、副主席,时任省委常委、统战部部长尔肯江·吐拉洪(居中)来校调研(2018年6月)

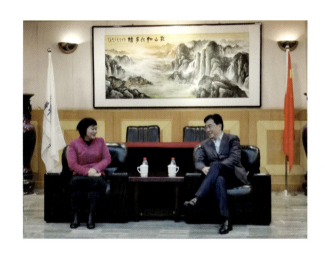

湖北省政协副主席,民革中央常委、湖北省委会主委王红玲(左)来校调研(2020年12月)

时任湖北省政协副主席、民建中央常委、民建湖北省委会主委郭跃进(右)来校调研(2021年11月)

湖北省政协副主席,农工党中央常委、湖北省委会主委杨玉华(左)来校调研(2021年10月)

湖北省政协副主席,九三学社中央常委、湖北省委会主委秦顺全(左)来校调研(2021年11月)

湖北省侨联党组书记、主席施政(前排右五)来校调研(2023年3月)

湖北省委教育工委专职副书记、湖北省教育厅党组成员张幸平（居中）来校调研（2021年12月）

武汉市人大常委会主任胡立山（左二）来校调研（2022年4月）

武汉市委常委、组织部部长，时任武汉市委常委、统战部部长杨玲（右四）来校调研（2022年1月）

校党委书记李元元院士调研指导"统战之家"建设(2021年12月)

校长尤政院士调研指导"统战之家"建设(2022年1月)

校党委召开民主党派双月座谈会(2001年4月)

校党委召开党外人士座谈会（2011年12月）

校党委召开民主党派工作总结会（2013年1月）

校党委向学校统一战线成员传达学习党的十九大精神（2017年11月）

校党委召开党外人士座谈会（2018年1月）

校党委召开党外人士座谈会（2023年2月）

校党委召开统一战线工作领导小组会议（2023年3月）

校党委组织统一战线成员赴延安开展坚持和发展中国特色社会主义学习实践活动（2015年5月）

校党委组织统一战线成员赴广东开展"重走改革开放之路 砥砺爱国奋斗之情"学习考察活动（2018年4月）

校党委组织统一战线成员赴西柏坡开展"不忘初心跟党走 建功立业新时代"庆祝新中国成立70周年主题实践活动（2019年9月）

校党委举办学校统一战线庆祝新中国成立70周年暨2019年归侨侨眷祝寿会（2019年9月）

校党委举办"同心筑梦"2020年统一战线新年联欢晚会（2020年1月）

校党委组织统一战线成员集中收看中国共产党第二十次全国代表大会开幕会（2022年10月）

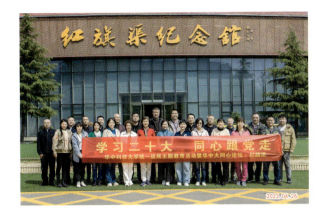

校党委组织学校统一战线成员赴红旗渠开展"学习二十大 同心跟党走"主题教育活动（2023年4月）

校党委召开各民主党派、无党派人士和党外知识分子"凝心铸魂强根基、团结奋进新征程"主题教育动员会（2023年6月）

"华科大同心论坛"获评湖北省高校统战工作十佳品牌，"统战之家"获评湖北省高校统战工作十佳创新实践站（2023年6月）

序言

习近平总书记在党的二十大报告中指出："人心是最大的政治，统一战线是凝聚人心、汇聚力量的强大法宝。"高校历来是统一战线的重要阵地，高校党外知识分子是加快推进教育、科技、人才"三位一体"融合发展的重要力量，是落实立德树人根本任务、实现高水平科技自立自强、打造人才中心和创新高地的生力军和主力军。做好高校党外知识分子工作，是统一战线的基础性、战略性工作，必须高度重视，守正创新，扎实推进，奋力开创高校统战工作新局面。

华中科技大学是新中国成立后中国共产党创办的大学，由原华中理工大学、同济医科大学、武汉城市建设学院于2000年合并成立。学校在新中国的朝阳中诞生、在共和国的旗帜下成长、在改革开放中腾飞、在新时代迈向世界一流，是"新中国高等教育发展的缩影"。学校人才荟萃、智力密集，学校的快速发展是包括广大党外知识分子在内的全校师生员工团结拼搏、接续奋斗的结果。学校历届党委高度重视统一战线工作，坚持党对统战工作的全面领导，强化党外知识分子思想政治引领，充分发挥他们在人才培养、科学研究、社会服务、文化传承创新和国际交流合作等方面的积极作用，取得丰硕成果。

《华中科技大学统一战线工作纪实》以大量的文献档案资料为支撑，系统梳理了华中科技大学以及原华中理工大学、同济医科大学、武汉城市建设学院的统一战线工作，重点介绍了各民主党派学校委员会、统战团体的历史沿革、自身建设、人物风采和主要成绩等情况，充分展现了学校统一战线从建立、成长到发展壮大的历程。本书既是一部学校党委团结一切可以团结的力量、调动一切可以调动的积极因素的团结史，也是一部学校统一战线与中国共产党同心同德、同向同行的奋斗史，更是一部扎根中国大地、把握历史机遇、奋力建设中国特色世界一流大学的奋进史。本书的编撰付梓，是华中科技大学统一战线工作的一件大事，为了解学校统一战线工作提供了翔实资料，为学校统一战线工作者更好履职尽责提供了宝贵借鉴，更为新时代学校统一战线工作凝心聚力、再铸辉煌拓展了历史视野，具有十分重大而深远的意义。

  统一战线因团结而生，靠团结而兴。在中国共产党团结带领全国各族人民全面建成社会主义现代化强国、实现第二个百年奋斗目标，以中国式现代化全面推进中华民族伟大复兴的新征程中，充分发挥新时代统一战线的强大法宝作用，就是要展望未来，坚定不移走好团结奋斗创造历史伟业的必由之路，画好新时代爱国统一战线最大同心圆。迈入新的征程，立足中华民族伟大复兴战略全局和世界百年未有之大变局，华中科技大学将踔厉奋发、勇毅前行，全面贯彻党的教育方针，胸怀"国之大者"，坚持"四个面向"，把服务国家作为最高追求。我们要深入学习贯彻习近平总书记关于做好新时代党的统一战线工作的重要思想和《中国共产党统一战线工作条例》，加强党对学校统战工作的全面领导，以凝聚共识为根本、以爱国奋斗为目的，强化党外知识分子思想政治引领，切实落实立德树人根本任务，为党育人、为国育才，为建设新时代卓越华科大、建设社会主义现代化国家、实现中华民族伟大复兴贡献智慧和力量！

华中科技大学党委书记
中国工程院院士
2023 年 6 月

目录

第一篇 华中科技大学统一战线工作概述 /1

第一章 华中工学院、华中理工大学统一战线工作 /3

第一节 统战工作发展历程 /3

第二节 主要工作及成绩 /5

第三节 历任统战部部长介绍 /16

第四节 大事记 /18

第二章 同济医科大学统一战线工作 /21

第一节 统战工作发展历程 /21

第二节 主要工作及成绩 /22

第三节 历任统战部部长介绍 /30

第四节 大事记 /32

第三章 武汉城市建设学院统一战线工作 /34

第一节 统战工作发展历程 /34

第二节 主要工作及成绩 /35

第三节 统战部部长介绍 /39

第四节 大事记 /39

第四章　华中科技大学统一战线工作 /40

第一节　统战工作发展历程 /40

第二节　主要工作及成绩 /47

第三节　历任统战部部长介绍 /117

第四节　大事记 /119

第二篇　华中科技大学民主党派工作概述 /139

第一章　中国国民党革命委员会华中科技大学委员会 /141

第一节　历史沿革 /141

第二节　主要工作及成绩 /143

第三节　历任主要负责人介绍 /151

第四节　人物风采 /154

第五节　大事记 /155

第二章　中国民主同盟华中科技大学委员会 /157

第一节　历史沿革 /157

第二节　主要工作及成绩 /159

第三节　历任主要负责人介绍 /167

第四节　人物风采 /176

第五节　大事记 /183

第三章　中国民主建国会华中科技大学委员会 /185

第一节　历史沿革 /185

第二节　主要工作及成绩 /188

第三节　历任主要负责人介绍 /199

第四节　人物风采 /202

第五节　大事记 /203

第四章　中国民主促进会华中科技大学委员会 /206

第一节　历史沿革 /206
第二节　主要工作及成绩 /208
第三节　历任主要负责人介绍 /220
第四节　人物风采 /223
第五节　大事记 /223

第五章　中国农工民主党华中科技大学委员会 /226

第一节　历史沿革 /226
第二节　主要工作及成绩 /229
第三节　历任主要负责人介绍 /238
第四节　人物风采 /244
第五节　大事记 /250

第六章　中国致公党华中科技大学委员会 /253

第一节　历史沿革 /253
第二节　主要工作及成绩 /255
第三节　历任主要负责人介绍 /267
第四节　人物风采 /270
第五节　大事记 /272

第七章　九三学社华中科技大学委员会 /275

第一节　历史沿革 /275
第二节　主要工作及成绩 /277
第三节　历任主要负责人介绍 /289
第四节　人物风采 /298
第五节　大事记 /300

第三篇　华中科技大学统战团体工作概述 /303

第一章　华中科技大学归国华侨联合会 /305

第一节　历史沿革 /305

第二节　主要工作及成绩 /307

第三节　历任主要负责人介绍 /320

第四节　人物风采 /325

第五节　大事记 /330

第二章　华中科技大学欧美同学会（留学人员联谊会）/351

第一节　历史沿革 /351

第二节　主要工作及成绩 /352

第三节　历任主要负责人介绍 /355

第四节　人物风采 /356

第五节　大事记 /358

第三章　华中科技大学民族团结进步促进会 /364

第一节　历史沿革 /364

第二节　主要工作及成绩 /367

第三节　历任主要负责人介绍 /373

第四节　人物风采 /375

第五节　大事记 /376

第四章　华中科技大学党外知识分子联谊会 /385

第一节　历史沿革 /385

第二节　主要工作及成绩 /386

第三节　主要负责人介绍 /390

第四节　人物风采 /391

第五节　大事记 /392

结语——成长、发展、奋进 /395

固本强基聚合力（1952—2000 年）/397
与时俱进谱新篇（2000—2012 年）/405
同心奋进创一流（2012—2023 年）/410

附录 A 学校历届各级人大代表、政协委员、政府参事、文史馆员名单 /418

附录 B 各民主党派历届校级组织负责人名单 /433

附录 C 各统战团体历届校级组织负责人名单 /442

附录 D 学校党委统战部机构人员名单 /450

附录 E 学校及统战部所获统战系统荣誉及表彰情况 /452

后记 /455

第一篇

华中科技大学统一战线工作概述

第一章

华中工学院、华中理工大学统一战线工作

第一节 统战工作发展历程

新中国成立之初,为适应国家经济建设急需专业人才的现实需要,1952年11月,中南军政委员会根据中央关于全国高校院系调整的指示,决定在武汉成立华中工学院。华中工学院集中原武汉大学、湖南大学、广西大学、南昌大学的机械系全部和电机系的电力部分,华南工学院机械系的动力部分和电机系的电力部分,以及这些院校的部分基础课教师和设备,作为建校基础,开启高起点建设多科性工业大学之路。根据中南高等教育管理局通知,成立华中工学院筹备委员会,聘任查谦为筹备委员会主任委员,刘乾才、朱九思为副主任委员,张培刚、文斗、刘颖、朱木美、周泰康、陈泰楷等16位同志为委员。筹备委员会中的统战成员包括:无党派代表人士查谦、刘乾才,中国国民党革命委员会(简称民革)党员文斗,中国民主同盟(简称民盟)盟员刘颖、陈泰楷,中国农工民主党(简称农工党)党员周泰康和归侨张培刚。在华中工学院筹备委员会第一次全体会议上,讨论了教学组织、行政机构和筹备工作中的几个主要问题。会议推定了各系、厂和各职能部门的临时负责人,其中刘乾才任教务长,文斗、刘颖为副教务长,张培刚任总务长。

1954年5月,中南局批准华中工学院成立党组,朱九思任党组书记,

熊小村、洪德铭、汲新、华青禾为党组成员，其中汲新担任统战委员。学校统一战线工作从此开端。

1955年6月，华中工学院成立第一届党委，朱九思任党委书记，熊小村任党委副书记，分管统战工作。

1956年9月，路丁担任党委统战部部长。

1960年10月，朱木美担任党委统战部部长。

1966—1976年，"文化大革命"十年内乱，统战工作无法正常开展。

1979年2月，在华中工学院临时党委扩大会议上，主管统战工作的临时党委委员、人事处处长曾得光同志提出，要尽快恢复统战部门工作，把学校统战工作抓起来。

1980年2月，院党委恢复组建党委统战部，周书珍担任部长。

1986年10月，陈步清担任党委统战部部长。

1987年5月，根据院党委常委会的决定，党委负责同志都要积极参加统一战线工作，多和党外人士交朋友、交诤友，每位党委常委要重点联系一名统战对象。

1988年1月，经国家教委批准，华中工学院更名为华中理工大学。

1990年4月，校党委贯彻落实上级文件精神，研究制定《关于认真贯彻执行中央〈关于坚持和完善中国共产党领导的多党合作和政治协商制度的意见〉的通知》。

1990年9月，为加强学校统战工作，校党委提出一系列举措，包括每学期至少召开一次党委负责人与民主党派负责人的座谈会，通报情况，征求意见，交流思想；遇有重大问题，及时召开民主党派负责人参加的通气会，互通信息，共同商量；统战工作的重要文件和会议精神要及时在党内传达学习；凡属学校重大活动，如党代会、教代会、春节团拜会等，均邀请各民主党派、侨联等群团组织的负责人列席参加。

1990—1995年，校党委高度重视统战工作体制机制建设，出台《关于印发"党总支统战委员主要职责"的通知》《关于转发〈关于进一步加强高等学校统一战线工作的意见〉的通知》等多项制度文件。

1992年起，学校每年在重阳节为年满60、70、80周岁的归侨侨眷举办祝寿等联谊活动，凝聚侨心，增强侨联的向心力，使侨联真正成为归侨侨眷之家。

1994年1月，徐秀发担任党委统战部部长。

1999年12月，王受成担任党委统战部部长。

2000年5月26日，原华中理工大学、同济医科大学、武汉城市建设学院合并组建华中科技大学。

第二节　主要工作及成绩

一、初创和发展时期（1952—1976年）

1953—1955年，华中工学院有民盟、农工党两个支部，民革、中国民主建国会（简称民建）两个民主党派小组，有民主党派成员41人。其中民盟盟员22人，陈泰楷任民盟支部主委；农工党党员11人，谭丕林任农工党支部主委；民革党员6人，杨赞陵任民革小组组长；民建会员2人，赵学田任民建小组组长。

为适应即将到来的全面建设社会主义的新形势，党中央于1956年1月召开了关于知识分子问题的会议，首次提出知识分子是工人阶级一部分的重要论断，进一步阐明了改善对他们的安排使用、给予必要的工作条件和适当待遇等政策，极大地鼓舞了知识分子建设社会主义的热情。

1956年2月22日，华中工学院党委召开知识分子座谈会。参加座谈的教职员工200余人，大家一致拥护周恩来总理在中共中央召开的知识分子问题会议上所作的《关于知识分子问题的报告》，感激党的关怀，认识到自身责任重大，表示要继续努力进行思想改造，提高业务水平，搞好教学工作。

1956年6月8日，院党委召开民主党派座谈会。会议主题是进一步加强各民主党派工作，贯彻执行党对知识分子的政策。

1956年9月，中国共产党第八次全国代表大会明确了党同民主党派团结合作、共同推进社会主义建设的"八字方针"，即"长期共存、互相监督"，得到各民主党派和无党派人士的积极拥护。1956年12月13日，院党委召集各民主党派负责人座谈，学习贯彻"长期共存、互相监督"八字方针。院党委结合建校初期人员来自全国各地的实际情况，强调团结建校，强调党与非党的合作，强调发挥知识分子的作用，及时传达中央及上级有关重要方针、政策，重视知识分子思想政治工作，注意听取各民主党派意见和建议。

1957年5月20日，院党委召开会议，邀请工会、民主党派、学生会负责人，讨论进一步发动群众、帮助党整风的问题。

1957年9月，华中工学院成立学生归侨小组，蓝占刚任组长，其毕业后，由蔡运伦任组长，总人数30人。

1958年8月6日，院党委举行全体党员大会，吸收了部分党外积极分子参加，进一步贯彻落实教育为政治服务、教育与生产劳动结合的方针，开展以批判资产阶级教育路线、教育观点、教育方法为中心内容的教育革命。

1960年，华中工学院成立教工归侨小组，组长为黄碧罗。

1962年8月，院党委召开政治工作会议，专门研究进一步加强政治思想工作。党委书记朱九思在总结讲话中强调："党的领导，不是靠下命令。而是首先靠我们各级党组织认真贯彻执行党的方针政策和上级的指示；其次要靠全体党员很好的工作，团结广大群众，团结党外人士。"

1965年，根据党的八大和第十二次全国统战工作会议精神，院党委分两期从党外知识分子中选派了40～50名领军人物，参加湖北省委统战部组织的政治学习。通过近一个学期的学习，他们在思想上深刻领会了党对知识分子团结、教育、改造的方针，坚定了全心全意投入祖国教育事业的决心。这批学员中有翦天聪、周泰康等党外代表人士，他们是学校建设与发展的中坚力量。

1966—1976年，"文化大革命"十年内乱，科教文化战线是重灾区，华中工学院党委统战工作也无法正常开展。

二、恢复落实政策时期（1977—1989年）

1976年10月，"文化大革命"结束，我国进入新的历史发展时期。统一战线在经历了一场空前浩劫之后也逐步恢复工作。党的十一届三中全会提出了拨乱反正落实政策的要求。1979年，为贯彻落实十一届三中全会精神，省委统战部下发《关于帮助各民主党派安顿、健全基层组织开展活动的通知》，院党委立即召开各民主党派负责人会议，传达上级文件精神，做好思想工作，帮助消除余悸，明确恢复组织，开展活动，以更好地贯彻党中央提出的"长期共存、互相监督"的方针。

1979年6月16日，院党委召开各民主党派恢复基层组织活动座谈会。院党委常委朱德培代表党委讲话，鼓励大家加强团结、同心同德，为实现"四化"而奋斗。

1979年11月15日，湖北省第三次归侨代表大会召开。为贯彻会议精神，院党委举办归侨侨眷会议，传达学习会议文件，认真落实"一视同仁、不得歧视、根据特点、适当照顾"的侨务政策，从住房、就业、子女升学等多方面关心关怀，对在"文革"中被查抄的财物予以退还，对未退还的予以说明。院党委要求各基层党组织对本单位归侨侨眷进行走访，做好思想工作，对归侨侨眷按要求予以恢复原职，防止归侨侨眷人才外流。

1980年，院党委统战部按照工作要求，对"文革"中受到伤害的知识分子开展甄别平反工作，落实政策共368人；帮助各民主党派恢复组织和活动。自民主党派恢复组织和落实政策以来，民主党派队伍不断扩大，在教学科研中发挥了积极作用。民主党派成员从41人发展到109人，其中正、副教授64人，讲师28人，他们学有专长，有些人知名度高，社会关系广，在国内外影响较大。绝大多数人处于教学科研一线，不少人获得"教学质量优秀奖""教学研究成果奖""优秀教材奖"等奖励；承担国家或部委、地方各级科研任务，取得了显著成绩，并努力把科研成果转化为生产力。

1982年9月，党的十二大召开。院党委以多种形式组织统一战线成员学习贯彻十二大精神。民盟、农工党等民主党派成员通过学习中共十二大精神，表示多党合作十六字方针令人鼓舞，民主党派要做好诤友，与中国共产党肝胆相照、荣辱与共。在归侨侨眷座谈会上，与会代表纷纷表示要团结在党中央周围，搞好教学科研。29名少数民族学生在收看党的十二大胜利召开新闻播放后，纷纷表示没有中国共产党就没有新中国，没有共产党就没有少数民族今天的幸福生活。

1984年2月，院党委发布《关于我院落实知识分子政策工作的意见和安排》的通知，一是成立院检查落实知识分子政策小组；二是在1982年两次检查的基础上，检查1983年以来从政治上、工作上、生活上、学习上解决影响知识分子发挥作用的问题；三是采取面上普查与召开座谈会、典型经验和突出问题调查研究相结合的方法，其中包括召开在校的人大代表、政协委员、民主党派成员代表座谈会，听取代表们对落实知识分子政策的意见和建议；四是明确检查的具体内容及实施细则等。

1984年11月，九三学社华中工学院小组成立，组长张良皋。

1987年2月，为进一步推动华中工学院统战工作，及时掌握和交流工作情况，经院党委批准，创办《统战工作简讯》，主要传达中央有关统战工作的指示精神，反映学院统战工作动态，报道各民主党派成员和归侨侨眷、"三胞"亲属等在统一祖国、振兴中华、为祖国四化建设做出的贡献等。

1987年3月6日,中国民主建国会华中工学院支部委员会正式成立,姜孟文为主委,魏守平为副主委。

1987年3月27日,院党委召开常委会,学习中央统战部部长在全省统战工作会议上的讲话和省委负责同志及省委统战部负责同志的讲话,听取院党委副书记姚启和、院党委统战部负责同志传达湖北省统战工作会议精神,研究华中工学院的统战工作,解决工作中的一些具体问题。常委会认为,学院统战工作必须贯彻执行上级提出的"三个服务"的思想(为推动"一国两制"的方针实施服务,为建设社会主义物质文明和精神文明服务,为社会主义民主和法制建设服务),调动一切积极因素,为把学院建设成一流大学服务。常委会决定:每位常委都要重点联系一位民主党派支部的负责同志,并作明确分工;各单位党总支和支部都要明确指定一名总支委员和支部委员兼管统战工作;没有支委会的党支部,也要指定一名党员干部负责统战工作;成立民主党派办公室,相当于机关部(处)级单位;成立学院统一战线理论研究会。

根据1986年中共中央19号文件精神,为适应工作需要,更好地发挥各民主党派的作用,统战部建议各民主党派在重点分工联系的范围内,适当地发展一些成员,并加强对成员的思想工作,巩固、关心和帮助有关党派建立组织。截至1987年4月,华中工学院有民主党派成员98人。其中,民革党员3人、民盟盟员48人、民建会员7人、农工党党员32人、九三学社社员8人。华中工学院有讲师以上党外知识分子1075人,归侨侨眷31人,港、澳同胞3人,港、澳、台亲属,以及外籍亲属130人,投诚起义者8人,少数民族教职工70人。

1987年5月,根据院党委常委会的决定,党委负责同志都要积极参加统一战线工作,多和党外人士交朋友、交诤友,每位党委常委要重点联系一位统战对象。具体分工为:院党委书记李德焕联系民盟支部主委刘忠;常委、院长黄树槐联系归侨林少宫;副书记姚启和联系民建支部主委姜孟文;副书记霍慧娴联系九三学社小组组长张良皋;常委、副院长钟伟芳联系农工党支部主委谭丕林;常委、副院长朱耀庭联系农工党湖北省委会主委翦天聪；常委、副院长姚宗干联系民盟湖北省委会副主委林金铭。

1987年5月27日，台港澳同胞和归侨，以及台港澳亲属和侨眷联谊会（简称"三胞"联谊会）正式成立，院党委副书记姚启和参加。大会采取提名推荐、无记名投票选举的办法，选举产生朱华吉、朱孝谦、吕佩珊、苏嫦、李飞霞、张义斌、林秀成、贺晓醒、黄力元、黄炳灵、黄碧罗、曹玉璋、傅国樑等13人组成的委员会。6月3日，"三胞"联谊会召开了委员会会议，通过无记名投票，选举朱孝谦为会长，曹玉璋、傅国樑为副会长，黄碧罗为秘书长。

1987年6月17日，华中工学院统战理论研究会成立。党委副书记姚启和为研究会会长，社会科学系兰毓娟和统战部部长陈步清为研究会副会长，统战部副部长李晓树为秘书长。1987年9月，任命孙志强为副秘书长。

1987年10月25日，中国共产党第十三次全国代表大会开幕当天，院党委组织民主党派成员收看实况。1987年10月30日，党委副书记霍慧娴与民盟、民建、农工党、九三学社的正、副主委和支部委员座谈，研究安排党外人士学习中共十三大文件精神。

1987年11月，统战部和"三胞"联谊会在中秋节组织赏月活动。院长黄树槐、副院长钟伟芳、副书记霍慧娴参加。

1988年1月14日，华中理工大学举行首次统战理论研讨会。校领导要求各级干部加强统战理论和政策的学习，提高对新时期统战工作重要性的认识。

1988年2月9日，学校党政领导与各民主党派负责人、无党派代表人士座谈，听取对学校各项重要工作的意见。校党委书记李德焕、校长黄树槐、副校长钟伟芳参加。

1988年3月3日，校党委书记李德焕、副书记姚启和与各民主党派负责人共商学校大事，探讨学校如何深化改革。

1988年4月18日，华中理工大学归国华侨联合会成立。在4月19

日委员会第一次会议上,副校长钟伟芳当选主席,黄碧罗、朱月珍、李泮泓当选副主席,黄碧罗兼秘书长,朱华吉任副秘书长。

1988年4月,湖北省高校统战理论研究会第3次年会在学校召开。

1989年1月16日,校党委统战部、"三胞"联谊会联合召开"三胞"代表座谈会,回顾过去一年接待台胞来访情况,交流了工作经验,提出了存在的问题和改进工作的建议。

1989年3月3日,校领导李德焕、姚启和、钟伟芳、姚宗干与民盟、民建、农工党、致公党、九三学社学校基层组织负责人座谈,征求对学校工作的意见。

1989年6月22日,校党委副书记姚启和在民主党派全体成员、无党派处级以上干部会议上传达国家教委召开的高校工作会议精神。

1989年11月10日,校党委组织部分教师、干部和民主党派代表座谈,畅谈学习党的十三届五中全会精神的体会,大家一致表示坚决拥护五中全会的各项决定。林金铭、张良皋等民主党派人士作发言。

1989年12月,中共中央发布关于《坚持和完善中国共产党领导的多党合作和政治协商制度的意见》。校党委加强对其宣传、贯彻和落实,1990年印发《关于认真贯彻执行中央〈关于坚持和完善中国共产党领导的多党合作和政治协商制度的意见〉的通知》,学校统一战线工作逐步走向制度化、规范化。

1989年学校出台《关于统战工作使用小汽车的意见》,对民主党派、侨联、"三胞"联谊会以及回大陆探亲的台湾同胞用车作出明确规定。

三、快速发展时期(1990—2000年)

1990年2月20日,校党政领导召开座谈会听取民主党派对学校工作的意见,校党委书记李德焕、校长黄树槐参会。

1990年4月27日,校党委统战部邀请部分少数民族教师、干部、学生及有关部门的代表举行茶话会,同时宣布学校民族工作小组成立。

校党委副书记姚启和、党委统战部部长陈步清参加会议。学校民族工作小组由马金城（回族）任组长，韦世鹤（壮族）、吴永波（土家族）任副组长。

为总结回顾党的十一届三中全会以来学校统一战线工作，广泛宣传党的统一战线政策，1990年5月28日至6月14日，校党委统战部联合各民主党派支部、校侨联、"三胞"联谊会等举办统一战线工作图片展，校党委副书记姚启和为展览写了前言《大家都来重视统一战线工作》。展出的近五百幅照片反映了学校统战工作在校党委领导下，在各民主党派和其他统战成员的共同努力下所取得的成绩。湖北省政协副主席、省委统战部部长蒙美路、省侨联主席张空凌，以及学校统一战线成员、校外各界人士等近2000名同志参观了图片展。

1990年5月28日至6月14日，校党委统战部举办统一战线工作图片展

1990年6月11日至15日，第十七次全国统战工作会议召开。会议的主题是总结近几年来统一战线工作的经验，明确今后的工作方针和任务。校党委统战部部长陈步清作为全国少数几个基层单位的统战干部代表参加了本次会议。

1990年9月18日，校党委召开常委会传达学习全国统战工作会议精神和全省统战工作会议精神。为认真贯彻全国和全省统战工作会议精神，校党委提出了一系列举措，一是每学期至少召开一次党委负责人与民主党派负责人的座谈会，通报情况，征求意见，交流思想；二是遇有重大问题，及时召开民主党派负责人参加的通气会，互通信息，共同商量；三是统战工作的重要文件和会议精神要及时在党内传达学习。之后，凡属学校重大活动，如党代会、教代会、春节团拜会等，均邀请各民主党派、侨联等群团组织的负责人列席参加。

1990年10月27日至1991年1月期间，为了深入学习贯彻《中共中央关于坚持和完善中国共产党领导的多党合作和政治协商制度的意见》，校党委统战部和民盟、民建、农工党、九三学社各支部共同商定联合主办学习新时期爱国统一战线研讨班，每两周集中开展一次活动，邀请专家作学习辅导报告，民主党派谈自身建设问题，交流学习进一步加强基层统战工作的经验，帮助民主党派加强自身建设。

1991年6月24日，校党委召开统一战线庆祝中国共产党成立70周年座谈会，周泰康、吕继绍等党外代表人士结合亲身经历，表达"没有共产党就没有新中国"的体会。

1991年6月，湖北省委统战部和省侨联联合召开湖北省高校侨联工作经验交流会，省委统战部部长蒙美路、省侨联主席张空凌到会。校党委统战部王锋代表学校分享"认真执行党的侨务政策，充分发挥归侨侨眷知识分子的作用"的侨务工作经验。

1992年10月13日，党的十四大开幕第二天，校党委组织党外人士对中共十四大报告展开学习研讨，李柱、姜孟文、赵成学等作交流发言。

1993年1月19日，校党政领导邀请学校各民主党派基层组织负责人、各级政协委员、无党派人士代表和部分少数民族、归侨、港澳台同胞代表欢聚一堂，辞旧迎新，蒭天聪、林金铭、谭丕林、李柱、赵成学等在联欢会上发言。

1994年6月，校党委副书记梅世炎主持召开学习《邓小平文选》第三卷心得交流会，学校各级人大代表和政协委员、各民主党派、侨联、少数民族联谊会的负责人参加。

1994年10月，学校认真学习宣传贯彻《中华人民共和国归侨侨眷权益保护法》及《湖北省实施＜中华人民共和国归侨侨眷权益保护法＞办法》，举办了一系列报告会和座谈会，落实党的"一视同仁、不得歧视、根据特点、适当照顾"的侨务政策。统战部把发挥广大归侨侨眷知识分子的作用和保护他们的合法权益作为经常性的重要工作，以诚相待，热心为他们服务。同时注重加强对归侨侨眷知识分子的政治思想工作，通过组织学习班、报告会、参观考察等，进行爱国主义教育。注意培养骨干，重视发挥归侨侨眷骨干作用，并为他们排忧解难。

1995年，学校举行统战理论报告会，邀请湖北省委统战部副部长陈奇文作了题为《两面旗帜，两个联盟》的报告。

1996年4月8日，中国致公党华中理工大学支部正式成立，吴郑植任主任委员。

1996年10月15日，校党委组织召开学校民主党派负责同志座谈会，学习中共十四届六中全会精神，吕继绍、姜孟文、宋德琪、叶和清、李柱、陈复生、周泰康等先后在会上发言。

1997年1月，白蔚君、薛中川被湖北省人民政府聘任为湖北省人民政府参事，系华中理工大学首批省政府参事。

1997年6月5日，校党委召开民主党派"高举爱国旗帜，喜迎香港回归"座谈会，学校各民主党派基层组织代表相继发言，畅谈喜悦、激动之情。

1997年，组织民主党派和统战团体学习中共十五大精神，召开民主党派负责人座谈会、情况通报会。以喜迎香港回归为契机，组织民主党派成员参加"迎回归、庆七一"歌咏大会，组织归侨、侨眷参观"孙中山与华侨国际美术展览"，组织民主党派成员到新洲参观考察。通过一系列活动，深入开展爱国主义教育，使广大统战成员充分认识到只有中国共产党才能领导全国人民实现祖国统一、振兴中华的历史使命，进一步坚定了走中国特色社会主义道路的信心。

1998年6月，学校召开第三次统战理论和统战工作研讨会。会议总结了近五年来学校统战理论和统战工作研究取得的丰硕成果，表彰了13位统战理论和统战工作研究积极分子。同年，作为会长单位，主办湖北省高校统战理论研究会第14次研讨会。

1998年9月，校党委召开民主党派工作座谈会，各民主党派新老支部主委及以上负责人参加。老同志回顾了建校以来民主党派的发展情况并分享了工作体会，年轻同志表示要向老同志学习，把在长期实践中形成的优良传统传承下去。

1998年10月，华中理工大学少数民族联谊会成立。选举马金城为少数民族联谊会会长，陈国清、韦世鹤、吴永波、韦忠朝为副会长，焦力炜为秘书长。

1998年，校党委每学期召开一次民主党派负责人情况通报会，认真听取他们的意见和建议。上半年校党委向民主党派负责人通报了学校工作要点，下半年通报了学校机关改革和后勤改革的情况；邀请民主党派负责人列席教代会和机关改革、后勤改革的总结大会。校党委坚持联系党外人士制度，各民主党派支部换届后，及时调整了联谊交友对象，党委负责同志分别与自己联系的对象进行了交心谈心。

1998年，校党委支持民主党派成员参加各类培训。九三学社支部主委周井炎参加了湖北省社会主义学院举办的民主党派骨干培训班，致公党支部主委吴郑植、副主委朱建新、党员王钧等参加武汉市社会主义学院举办的民主党派骨干学习班，李汉菊参加湖北省九三学社新成员学习班的学习。协助民主党派发展新成员6人，其中民盟2人，农工党2人，民建1人，九三学社1人；协助民盟总支、农工党支部的领导班子完成换届工作。

1999年，围绕新中国成立50周年，人民政协成立50周年和澳门回归等大事、喜事，校党委开展了一系列丰富多彩的活动，广泛深入进行爱国主义、社会主义教育。如：组织全校统一战线成员举办"祖国颂"歌咏会，"庆回归、迎千禧联"欢会，组织学校归侨侨眷参加省侨联举办的"澳门回归知识竞赛"。1999年是国际老年人年,学校在重阳节召开座谈会,为年满70、80、90周岁的民主党派成员,年满60、70、80、90周岁的归侨侨眷赠送蛋糕,庆祝生日。

第三节　历任统战部部长介绍

● 路丁(任职时间:1956.9—1958.10)

路丁(1915.12—1997.8),原名张兴义,男,湖北武汉人。1938年1月参加革命,1940年6月加入中国共产党。1953年10月至1972年9月,历任华中工学院桂林分部党支部书记、华中工学院宣教科科长、组织部部长,统战部部长、副总务长兼总务处党总支书记、监委副书记。1972年9月至1977年2月在武汉体育学院工作,后调回华中工学院,1980年3月任纪委副书记,1981年离休。

● 朱木美(任职时间:1960.10—1964)

朱木美(1903.8—1969.2),男,山西山阴人。1923年至1929年在北京师范大学物理系学习,1929年6月参加工作,1956年6月加入中国共产党。1953年至1964年在华中工学院工作,电机系教授,历任院党委委员、院工会主席、统战部部长。1964年离休。

● 周书珍（任职时间：1980.2—1983.12）

周书珍（1927.1—），女，河南开封人。1949年6月参加工作，1948年9月至1949年6月在中原大学医学院学习，1950年4月加入中国共产党。1955年9月至1983年12月，历任华中工学院动力系党总支书记、造船系党总支书记、院长办公室主任秘书、党委宣传部副部长、基础课部党总支书记、动力工程系党总支书记，华中工学院统战部副部长、部长。1983年退休。

● 陈步清（任职时间：1986.10—1993.9）

陈步清（1933.4—），男，湖北黄陂人。1940年至1950年在武汉、鄂城学习，1951年3月参加工作，1953年4月加入中国共产党。1978年5月至1993年12月，历任华中工学院机一系党总支副书记、数学系党总支书记、华中工学院／华中理工大学统战部部长、校机关一党总支书记。1993年退休。

● 徐秀发（任职时间：1994.1—1999.10）

徐秀发（1942.7—1999.10），男，广东博罗人。1960年9月至1965年8月在华中工学院电机系学习，1965年8月参加工作，1965年1月加入中国共产党。1985年2月至1996年12月，历任华中工学院固电系党总支书记、华中工学院／华中理工大学中文系党总支书记，华中理工大学党委办公室主任、校长办公室主任，华中理工大学统战部部长。

● 王受成（任职时间：1999.12—2000.7）

王受成（1946.10—2016.10），男，湖南宁远人。1965年9月至1970年7月在华中工学院电机系学习，1970年7月参加工作，1973年6月加入中国共产党。1980年7月至2005年7月，历任华中工学院组织部副部长、党校副校长，华中工学院／华中理工大学党委办公室副主任、党校副校长，华中理工大学光电子系党总支书记，华中理工大学老干处处长，华中理工大学统战部部长，华中科技大学校机关党委常务副书记。2005年退休。

第四节 大事记

1954年5月，中南局批准华中工学院成立党组，朱九思任党组书记，熊小村、洪德铭、汲新、华青禾为党组成员，其中汲新担任统战委员。学校统一战线工作从此开端。

1954年，民革华中工学院小组成立。

1954年8月，农工党华中工学院小组成立。

1955年3月，农工党华中工学院支部委员会成立。

1955年6月，华中工学院成立第一届党委，朱九思任党委书记，熊小村任党委副书记，分管统战工作。

1955年12月，民盟华中工学院支部委员会成立。

1956年2月22日，院党委召开知识分子座谈会。

1956年6月8日，院党委召开民主党派座谈会。

1960年，华中工学院教工归侨小组成立。

1962年8月，院党委召开政治思想工作会议。

1965年，院党委分两期从党外知识分子中选派40~50名领军人物，参加省委统战部组织的政治学习。

1980年2月，华中工学院党委恢复组建党委统战部。

1984年11月，九三学社华中工学院小组成立。

1987年3月，民建华中工学院支部委员会成立。

1987年5月27日，华中工学院成立"三胞"联谊会。

1987年6月17日，华中工学院成立统战理论研究会。

1988年1月14日，华中工学院召开首届统战理论讨论会。

1988年3月，王晓瑜当选为武汉市人大代表，周泰康、李楚霖、陈国华担任政协武汉市第七届委员会委员。

1988年3月21日，林金铭、翦天聪赴北京分别参加第七届全国人民代表大会第一次会议和中国人民政治协商会议第七届全国委员会第一次会议。

1988年4月18日，华中理工大学归国华侨联合会成立。

1988年4月，湖北省高校第三届统战理论和工作研讨会在学校召开。

1988年4月，翦天聪当选中国人民政治协商会议第七届全国委员会常务委员。

1989年4月15日，全国政协委员、民盟盟员周克定向民盟华中理工大学支部全体成员传达了全国政协会议的有关精神，校民建、农工党、致公党、九三学社等民主党派和侨联同志参加报告会。

1989年12月20日，湖北省政协副主席、省委统战部部长穆常生来校视察。

1989年12月25日，湖北省政协副主席、民建湖北省委会主委周兹柏，民建湖北省会副主委金斌统等一行来校考察。校党委书记李德焕参加。

1990年3月，组织学校归侨侨眷开展"我为亚运做贡献"捐款，受到湖北省侨联表扬。

1990年4月27日，华中理工大学民族工作小组成立。

1990年5月28日—6月14日，学校举办统一战线工作图片展。

1991年，学校组织各院系党总支书记、总支统战委员、各民主党派、归侨侨眷、少数民族教职工参加了湖北省"统战知识竞赛"活动，大力宣传和普及党的统战政策和知识，学校获得优秀组织奖。

1993年3月，民盟湖北省委会主委、归侨林金铭当选第八届全国人民代表大会代表，5月当选湖北省第七届人大常委会副主任。

1994年底，分管统战工作的党委副书记梅世炎参加全国部分高校统战工作座谈会，并交流学校统战工作的经验。

1995年11月，全国人大常委会副委员长费孝通来学校考察。

1997年5月29日，全国政协委员、中国科学院院士戴元本来校访问，并在学校自然科学讲坛上作题为"粒子物理的发展"报告。

1997年6月11日，中国科学院院士、全国政协委员、学校兼职教授赵忠贤在学校自然科学讲坛上作题为"我在超导科学研究中的体会"的报告。

1997年6月13日，全国人大常委会委员、全国人大财政经济委员会副主任委员、著名经济学家、北京大学教授厉以宁作"转型发展理论"的报告，并受聘为学校兼职教授。

1998年3月，校长周济当选第九届全国人民代表大会代表，九三学社中央常委、湖北省委会主委、湖北省政协副主席郑楚光担任中国人民政治协商会议第九届全国委员会委员，并赴京参会。

1998年5月1日，侨眷杨叔子院士荣获全国五一劳动奖章。

1998年5月18日，以全国政协副主席孙孚凌为团长的全国政协考察团来校考察，专题调研高校技术成果转化工作。

1998年6月，学校归侨侨眷为支援抗洪救灾共捐款人民币1.15万元，衣物1900余件。

1999年11月19日，在汉的部分全国人大代表来校视察，了解学校工作中存在的问题和困难，努力为学校创造更好的外部环境。

（华中科技大学党委统战部撰稿）

第二章

同济医科大学统一战线工作

第一节　统战工作发展历程

同济医科大学前身为德中双方1907年在上海合作创办、埃里希·宝隆博士任首任校长的上海德文医学堂。1908年，更名为同济德文医学堂。1927年，更名为国立同济大学医学院。新中国成立后，考虑到中部地区人口众多，医疗救治条件落后，1950年2月，中央作出同济大学医学院及其附属医院整体内迁武汉的决定。1951年9月，内迁武汉的同济大学医学院与武汉大学医学院合并，组建中南同济医学院。1955年8月，更名为武汉医学院。1985年7月，更名为同济医科大学。

1947年5月，在中共地下组织的领导下，国立同济大学医学院的一些师生走上街头，参加"反饥饿、反内战、反迫害"大游行，其中的代表人物是耿光锦（1950年毕业，后为北京友谊医院院长）。[①]

1950年10月，同济大学医学院党支部在支委中设立统战委员，由殷传昭副院长分管迁校建校期间的统战工作。

1951年至1955年，同济大学医学院及其附属医院整体逐步从上海迁至武汉，与武汉大学医学院合并，组建中南同济医学院。

---

① 源自金士翱老先生（1949年毕业于国立同济大学医学院）2020年7月25日上午11点45分及下午4点25分的电话记录。

1954年由张泽生副院长分管统战工作；1955年8月，中南同济医学院更名为武汉医学院。1957年2月，中共武汉医学院第一次党员大会选举新的委员会，统战工作继续由张泽生（时任党委副书记）分管。

1963年，武汉医学院党委统战部成立，与党委办公室合署办公，党委书记李光宇兼任统战部部长；1964年，由党委副书记孔钧兼任统战部部长。

1966年5月"文化大革命"开始及此后的十年内乱期间，学校统战工作完全停止；直到1976年粉碎"四人帮"以后，统战工作才逐步恢复。

1978年十一届三中全会后，统战工作受到高度重视，由医学院党委书记主抓。

1985年武汉医学院更名为同济医科大学，同年12月6日，同济医科大学党委统战部成立，余章启任部长。

1991年，成立港澳台办公室，由同济医科大学党委、行政双重领导，与统战部合署办公。

2000年5月26日，原华中理工大学、同济医科大学、武汉城市建设学院合并组建华中科技大学。原同济医科大学党委统战部与组织部合并，成立同济医学院组织部、统战部。撤销港澳台办公室，其工作由统战部负责。

第二节　主要工作及成绩

1991年，同济医科大学[①]有各类统战成员1800余人，占教职工总数（6446人）的28%。其中，党外中、高级知识分子1100余人，占教

---

① 由于同济医学院不同时段的校名不同，这里除某段具体时间用"中南同济医学院、武汉医学院、同济医科大学"外，其余一律用"医学院"

职工总数的17%；民主党派成员200人，台属200余人，侨联200余人，各占教职工总数的3%；少数民族职工50余人，投诚起义人员3人；等等。统战成员的显著特点是：人数多、来源广，层次高、影响大，名流多、界别全。统战成员活跃在教学、科研、医疗、行政管理、后勤等各个方面，为培养四化建设合格人才，发展我国医疗教育、卫生事业，勤勤恳恳，尽职尽责；在维护社会稳定、促进祖国统一等方面做出了积极贡献，是学校一支不容忽视的重要力量[①]。

1998年，同济医科大学召开党务工作、思想政治工作、统战工作研讨会

一、党外知识分子工作

（一）鼓励党外知识分子为学院迁建与发展做贡献

1951年中南同济医学院成立时，院长唐哲、副院长范乐成以及很多学科主任都是无党派人士。在党的统一战线思想影响下，他们积极支持迁校、建校，为圆满完成医学院从上海搬迁至武汉的任务做出了重要贡献。

---

① 同济医学院档案馆1991年文献《我校是如何开展统战工作的》（档案号：51991DQ15）

（二）落实党的知识分子政策

1961 年，医学院对 1958 年教育运动中受到批判和免职的部分高级知识分子予以平反。1978 年至 1987 年，对知识分子政策的落实情况进行检查验收。1988 年至 2001 年，对知识分子政治上充分信任，工作中大胆使用，生活上悉心照顾，极大地调动了广大知识分子的积极性和创造性。

（三）加强党外后备干部队伍建设

加强党外后备干部队伍建设，培养、选拔、任用、举荐党外干部。70 余名党外代表人士先后到各级人大、政协、政府参事室、上级民主党派组织任职，25 人次担任副处级及以上领导职务，83 人次担任科级或教研室正副主任职务。在合校院系调整中，有 10 名党外知识分子担任院系主要负责人。

二、民主党派工作

（一）支持民主党派加强组织建设

截至 1956 年底，在党的领导下，先后建立了民盟、农工党、九三学社等在学校的基层组织，共有成员 58 人。"文革"期间，一切组织活动停止。1985 年统战部成立，支持民盟等 3 个民主党派学校基层组织恢复活动，后又建立了民革、民建、民进、致公党等在学校的基层组织，协助各民主党派做好换届、发展成员、代表人物培养等工作。先后推荐民主党派中央委员 19 人次、湖北省委会委员 63 人次、市委会副主任委员以上 21 人次。

（二）支持民主党派发挥作用

1. 积极参加社会服务

20 世纪 80 年代以来，医学院民主党派选派医护人员到山区、边远地区进行医疗扶贫、义诊50余次，足迹几乎遍及湖北省每一个贫困山区，如长期对孝昌县人民医院等县级医院和江岸区社区医院等进行医疗技术指导。

2．发挥参政议政作用

民主党派成员为湖北省、武汉市经济发展、社会稳定、教育发展等献计献策，发挥参政议政作用。据不完全统计，20世纪80年代以来，医学院各民主党派向省市民主党派和各级人大、政协提交的议案提案中，受到高度重视的达50余项。

3．加强思想建设工作

医学院党委把加强各党派人员的思想建设纳入学校整体工作中，经常组织民主党派负责人、无党派人士学习党的路线方针政策和重要会议精神，并协助各民主党派组织制定学习计划，提供学习资料和学习场地，保证他们有计划开展理论学习和政治学习。同时，结合国家重要事件积极开展学习教育活动。

三、侨务工作及"三胞三属"工作

（一）加强组织建设并落实侨务政策

1957年医学院成立学生侨联小组，宋凯荣任组长。1963年中共中央有关侨务政策下达后，学校认真贯彻落实侨务政策，对归侨侨眷一视同仁。"文革"期间活动停止。

1980年侨联小组重新建立并恢复活动，医学院设侨联领导小组，下设医学院本部、附属协和医院和附属同济医院三个小组，有归侨28人，侨眷112人。1980—1987年，平反冤假错案，逐个认真清理人事档案，彻底消除过去"左"的错误；吸收归侨侨眷中的优秀知识分子入党，解决夫妻分居、子女升学、就业、住房等问题。

1987年7月，学校召开了"同济医科大学归国华侨联合会"成立大会，通过《同济医科大学归国华侨联合会组织条例》，选举产生了同济医科大学侨联第一届委员会，过晋源、王辨明担任名誉主席，张国高任主席。

1987年7月至1997年4月，同济医科大学归国华侨联合会共换届选举成立三届委员会，张国高任第一届主席，余火光任第二、三届主席。

（二）组织侨联开展活动

1989年至1992年，进行归侨侨眷身份的核查、核实、登记与办证工作，组织归侨侨眷开展扶贫、义诊活动18次；开展"五个一"活动（即为学校做一件好事、为学校发展提一条合理化建议、为他人或单位解决一个实际问题、为学校建设提一条有价值的信息、引进一位人才或引进一套设备或引进一笔资金或引进一个合作项目），鼓励归侨侨眷为"三引进"（引才、引智、引资）活动牵线搭桥。

四、对台工作

（一）组织架构

1987年4月，成立医学院本部、附属协和医院和同济医院三个台属小组及同济医科大学台湾同胞接待小组。1987年底，有台属100余人，台胞1人，与台湾同胞有联系的有58人。1991年，贯彻全国对台工作会议、江泽民同志在对台工作会议上的重要讲话《为促进祖国统一大业的完成而继续奋斗》和中共中央（1991）3号文件精神，成立了港澳台办公室，由同济医科大学党委、行政双重领导，与统战部合署办公。

（二）加强与台湾同胞的学术交流

1998年，同济医科大学制定了"同济医科大学与台湾加强学术交流与校际合作和交往计划及五年规划"，并相继与台湾阳明大学、私立中山医学院等13所院校及医疗、科研部门签订合作计划或意向书，共有30余人次参加海峡两岸学术活动或交流，接待探亲台胞700余人次，接待来校讲学台胞8批32人次，接待来校访问和参加学术活动台胞120余人次。

五、民族宗教工作

1979年，医学院开始落实党的民族政策，对少数民族职工进行摸底调查，共有满、回、维吾尔、苗、土家、白族等6个少数民族职工26人，从1980年5月起按规定给回族、维吾尔族职工发放伙食补贴。1991年有9个少数民族职工共计52人。1991年11月，成立同济医科大学少数民族联谊组。

六、统战理论学习、宣传与研究工作

1986年11月18日，召开同济医科大学首次统战理论研讨会。1987年4月7日成立同济医科大学统战理论研究会，通过统战理论研究会章程，选举理事会成员。1987—1999年，召开统战理论研讨会18次，收到论文70余篇，评选和表彰优秀论文20余篇。

1991年，组织统战干部和统战成员参加"全省统战知识竞赛"，荣获组织奖。1997年、1999年分别组织统战干部和统战成员参加"香港回归"、"澳门回归"、《中华人民共和国归侨侨眷权益保护法》等主题知识竞赛3次，参加者1800余人次。1999年荣获湖北省侨务办公室、侨联颁发的知识竞赛组织奖。

1991年，根据湖北省政协和省委统战部关于在全省统战部门开展争优创先活动的要求，在各界人士中开展"拥护党、爱祖国、爱同济、献良策、做贡献"活动；1992年，同济医科大学党委召开各界人士优秀工作者表彰大会，对85名活动中成绩突出的同志给予了表彰。

七、人大和政协相关工作

20世纪60年代初,医学院民主党派、无党派知名人士开始活跃在省市人大、政协、各民主党派等政治舞台上。截至2000年底,医学院历任各级人大代表近90人次,历任各级政协委员110余人次。

八、加强党对统一战线工作的领导

(一) 建立健全统战工作运行机制

1992年,同济医科大学党委制定了贯彻落实《关于进一步加强高等学校统一战线工作的意见》的文件,明确校党委书记、校长抓统战工作,附属医院党委及各党总支、直属党支部由书记或副书记抓统战工作,各院、系、部、所、馆、中心由院长或副院长、系主任或副主任抓统战工作,凡有统战成员的支部设统战委员,协和、同济两所附属医院党委办公室设专职统战干部,形成了上下联动、党政齐抓共管的工作格局。

(二) 加强制度建设

1992年,同济医科大学党委建立党委常委分工联系民主党派负责人、无党派知名人士的制度,进一步完善和健全与民主党派人士情况通报会、座谈会制度、阅文制度、用车制度、党委和党外人士"结对子、交朋友"制度等,并规定学校处级干部会、教代会、职代会、党代会等均要邀请学校各民主党派基层组织、知识分子联谊会、侨联等负责人列席。凡学校重大决策和重要人事安排出台前,应征求民主党派、无党派人士和侨联、知识分子联谊会负责人的意见和建议,定期通报工作计划等事项,为各界人士建言献策、民主监督创造了条件。

（三）为人大代表、政协委员和民主党派人士履职创造条件

同济医科大学党委明确规定全国人大代表、全国政协委员、省市人大及政协常委以上、省市民主党派组织副主任委员以上、校级民主党派负责人均享受教研室主任岗位津贴，其参加人大、政协及党派活动的时间计入工作量。学校为全国人大代表、全国政协委员、省市人大及政协常委以上、省市民主党派秘书长以上领导职务的同志，以及校级民主党派、知识分子联谊会、侨联负责人安装家庭电话，补贴电话费。

九、获得的荣誉与奖励

（一）归侨侨眷和"三胞三属"获得的荣誉

归侨侨眷和"三胞三属"在教学、科研、医疗、管理等工作中取得了很多成绩。中国科学院院士、归侨裘法祖荣获全国"医德风范终身奖"；侨眷刘筱娴荣获全国"五一劳动奖章"；侨眷石佑恩、王新房荣获全国教育系统先进工作者；归侨林碧莲、侨眷黄念棠荣获全国"三八红旗手"；侨眷蔡红娇荣获全国侨界"十杰"提名奖，并被中国侨联授予"为八五计划、十年规划作贡献"活动先进个人；归侨薛德麟、侨眷兰鸿钧被评为全国优秀归侨侨眷知识分子。40余人次被评为省市级以上侨界先进个人，70余人次获省市级以上科技成果奖。

（二）统战部获得的荣誉

1992—1995年，同济医科大学统战部多次荣获湖北省统战系统相关奖项；1996年和2000年，两次被湖北省委统战部、湖北省人事厅联合授予全省统战工作先进集体；1999年，校侨联被国务院侨办、中国侨联评为"全国侨务工作先进集体"。

（三）各项提案议案获得的荣誉

1998年，省政协副主席、农工党湖北省委会主委肖谷欣提出的"安乐死"提案，市人大常委会委员、致公党武汉市委会副主委曾仁端提出的"降温工程""建设山水园林城市""器官移植及其捐献"等提案议案，分别被湖北省、武汉市"两会"列为十大重点提案议案。

第三节 历任统战部部长介绍

● **李光宇**（任职时间：1963—1964.9）

李光宇（1911.7—1976.7）男，河北省定县人，中共党员。1932年入党，1937年10月参加革命。曾任地下党支部书记、县委组织部部长、县委书记、地委常委、地委组织部部长、社会部部长、地委副书记、省委秘书长。1949年南下后曾任地委组织部部长、华南分局干部处处长、地委书记、分局党校副校长、中央服务部监察局局长等职。1958年9月调任武汉医学院党委书记，1963—1964年期间分管统战工作。1965年调离医学院。后任河北省政府文化办公室副主任、唐山煤矿医学院党委副书记等职，中共七大候补代表。1976年唐山大地震中罹难。

● **孔钧**（任职时间：1964.9—1966.5）

孔钧（1923.9—2017.11）男，河北饶阳人，中共党员。1938年9月参加革命，1939年11月加入中国共产党。抗日战争期间，曾在河北抗大学习并参加民族解放先锋队，历任冀中分区农救会秘书、组织干事、武强县农会宣传部部长、中共饶阳县六区区委书记兼游击队政

第一篇 华中科技大学统一战线工作概述

委、青沧交县委委员兼区委书记。解放战争时期，历任青县县委宣传部部长、冀中泊头市委委员兼区委书记、襄南地委秘书、政策研究室负责人。新中国成立后，历任中共湖北省委组织部办公室副主任，武汉医学院党委组织部部长，党委副书记兼纪委书记等职，1964—1966年期间任武汉医学院党委统战部部长。

● **余章启**（任职时间：1985.12—1996.6）

余章启（1936.7—2020.2）男，湖北汉川人，中共党员。1963年毕业于武汉医学院医疗系，毕业后留校，先后任附属同济医院皮肤科住院医师、副主任。1975年任附属同济医院医护办公室主任、党委常委。1976年9月—1981年8月任武汉医学院临时党委副书记兼同济医院党委书记。1981年后历任武汉医学院／同济医科大学设备处处长兼机关第二党总支书记、党委统战部部长兼港澳台办公室主任、副校级调研员、校党政咨询委员会委员等职。1997年6月退休。

● **方之甡**（任职时间：1996.6—1998.12）

方之甡（1948.8—）女，浙江宁波人，中共党员。1982年12月毕业于武汉医学院临床医学专业，获学士学位。历任同济医科大学教务处副处长、公共卫生学院副院长、统战部副部长兼港澳台办公室副主任、统战部部长兼港澳台办公室主任、同济卫生学校校长等职。2004年4月退休。

● 邓华和（任职时间：1998.12—2000.6）

邓华和（1954.8—）男，湖北随州人，中共党员。1982年毕业于华中师范大学物理系，获理学学士学位；1990年6月毕业于华中理工大学，获经济学硕士学位。历任同济医科大学党校常务副校长、社科部副主任、统战部部长和港澳台办公室主任。华中科技大学首任党委统战部部长、经济学院党委书记。2015年10月退休。

第四节 大事记

1963年，武汉医学院党委统战部成立，与党委办公室合署办公。

1985年12月6日，同济医科大学党委统战部成立。

1986年，由唐哲、裘法祖、杨晟、周裕德、杨焜、童尔昌、罗丽兰、管汉屏、周有尚、任恕、肖谷欣等一批德高望重的民主党派人士成立专家教授报告团，做学生和青年教工的政治思想工作。

1986年11月18日，召开同济医科大学首次统战理论研讨会。

1987年4月7日，成立同济医科大学统战理论研究会。

1987年4月，成立校本部、附属协和医院、附属同济医院三个台属小组及同济医科大学台湾同胞接待小组。

1987年7月，召开归国华侨联合会成立大会，通过《同济医科大学归国华侨联合会组织条例》，选举产生了同济医科大学侨联第一届委员会。

1991年，同济医科大学"三胞三属"联谊会成立，叶世锋、蔡宏道、邵丙扬任名誉会长，童尔昌任会长。

1991年，成立了港澳台办公室，由院党委、行政双重领导，与统战部合署办公。

1993年9月，成立同济医科大学知识分子联谊会，童尔昌、梁扩寰任名誉会长，任恕任会长。

1994年，侨眷朱景申在"五个一"活动中，动员其表弟蔡先生捐款180万元修建了药物大楼，并每年拿出10万元作为联邦奖学金奖励品学兼优的医学生。

1998年，九三学社湖北省委会副主委、同济医科大学支部主委田玉科当选全国人大常委会委员。

1999年6月，举办"迎国庆、民主党派襄樊义诊活动"。

（华中科技大学同济医学院党委撰稿）

第三章

武汉城市建设学院统一战线工作

第一节 统战工作发展历程

武汉城市建设学院的前身是中南建筑工程学校。新中国成立伊始，急需一大批城市建设专业人才，1952年8月，中南军政委员会决定以中南地区六所工程学校的土木市政专业为基础，选址武昌马房山，合并组建中南建筑工程学校。1960年1月，学校更名为武汉城市建设学院，是新中国第一所城市建设高等学校。历经时代变迁，伴随对城市建设意义的认识回归理性，1981年，国家城市建设总局决定在东湖马鞍山麓新址新建，组建武汉城市建设学院。

1981年至1995年，武汉城市建设学院（以下简称武汉城建学院）一直是党委组织部兼具统战工作职能，董长海、徐金鑫先后担任武汉城建学院党委组织部部长，同时全面负责统战工作，组织部副部长具体负责，并安排了专职干部1名。

1996年1月，武汉城建学院成立党委统战部，与组织部合署办公，肖行定任统战部部长兼组织部副部长。1998年10月，肖行定调任学工部部长、学工处处长，吴利克任组织部副部长兼统战部副部长。

1993年、1998年武汉城建学院党委先后下发《关于进一步加强统一战线工作的意见》和《关于进一步做好党外人士工作 进一步发挥统战对象的作用的意见》等文件。一是坚持每半年召开一次民主党派和党外人士座谈会，广泛听取他们对办学和人才培养的意见和建议；二是学校召开党代会和职工代表大会等重大工作会议，会前均召开民主党派及党外人士代表座谈会听取意见，召开正式会议时邀请他们中的代表作为列席代表参会；三是凡涉及学校建设与发展的重要会议均邀请党外人士和民主党派代表参会并听取他们的意见和建议。

2000年5月26日，原华中理工大学、同济医科大学、武汉城市建设学院合并组建华中科技大学。

第二节 主要工作及成绩

1981—2000年，武汉城建学院统战工作坚持以邓小平"建设中国特色社会主义理论"和党的基本路线为指导，以弘扬"湖北精神"为动力，认真贯彻党的十三届七中、十四届五中六中全会和全国统战工作会议精神，以民主党派和党外代表人士工作为重点，调动一切积极因素，围绕学院中心工作，发挥统战对象的作用，在院党委的领导下认真扎实开展各项工作并取得良好成绩。

一、认真组织民主党派开展理论学习

1981—2000年，组织民主党派定期学习邓小平建设中国特色社会主义理论和党的基本路线，坚持每月一次民主党派学习会，为民主党派学习培训提供必要的经费和条件。

1991年多次组织民主党派、无党派人士、侨联小组成员学习、座谈、讨论《中共中央关于坚持中国共产党领导的多党合作和人民政协制度的意见》，以及关于加强统一战线工作的通知意见和湖北省贯彻落实加强统一战线工作的要求，学习《中华人民共和国归侨侨眷权益保护法》。

通过学习讨论，加深对文件的理解，提高了对巩固和发展爱国统一战线重要性的认识。组织学习江泽民在建党七十周年纪念大会上的讲话，参加座谈的同志畅谈了坚持四项基本原则的重要性，表示要为高校的教学、科研、教书育人等方面付出更大的努力，发挥统战成员应有的作用。

1992年，组织民主党派和无党派人士代表、侨联成员、人大代表和政协委员学习邓小平同志的南方谈话和党的十四大文件精神，组织收看"十四大"开幕会并组织座谈。

二、加强对民主党派成员的思想教育，帮助解决实际困难

按照"长期共存，互相监督，肝胆相照，荣辱与共"的方针，做好民主党派工作。坚持半年召开一次党外人士座谈会。学院重大情况广泛听取人大代表、政协委员、民主党派代表、侨联成员等的意见，使他们为学院工作献计献策。与民主党派和无党派人士交朋友，交心谈心，不断提高民主党派成员的整体素质。学院负责统战工作的同志经常参加民主党派活动，为民主党派解决实际困难和问题，支持民主党派加强自身建设。民主党派成立基层组织，组织部（统战部）都会派人参加，民主党派成员遇到问题，也会主动了解情况、加强沟通；组织部（统战部）为民主党派开会、开展活动提供经费保障，积极跟学校后勤沟通，解决民主党派活动场地、办公场所等问题。学院党委深入细致地做好统战工作，获得统战对象的好评。

三、建立健全民主党派和统战团体组织

1986年，武汉城建学院成立民盟小组，饶才鑫、叶奎、喻俊芳为小组成员。

1988年6月24日，民盟武汉城建学院支部成立，金笠铭任主委，饶才鑫任副主委兼组织委员，叶奎任宣传委员。

1992年，民盟武汉城建学院第二届支部成立，马鹤龄任主委。

1998年7月6日，经民进武汉市委第八届第八次主委会议决定，成立民进武汉城市建设学院支部，直属民进武汉市委。张荣堂任支部主任委员，吴文任支部组织委员，杨珞华任支部宣传委员。

1988年3月5日，九三学社武汉城建学院小组成立，范勤年任组长，有社员3人。1991年9月，九三学社武汉城建学院小组增补卢兆俊为副组长。1996年6月，九三学社武汉城建学院支部成立，卢兆俊当选主委，陶振民、资建民当选委员，到2000年合校时，武汉城建学院有社员12人。1998年长江流域遭遇了百年不遇的特大洪水，九三学社社员响应中共湖北省委、省政府的号召，按照九三学社湖北省委会的要求，积极为灾区人民捐款捐物，12名社员共捐款2250元，捐物116件。

1989年10月21日，武汉城建学院成立第一届侨联小组，杨振玉任组长，蒋小兮、段纪成任副组长。1994年9月，武汉城建学院成立第二届侨联小组，杨振玉任组长，蒋小兮、张彩仙任副组长。侨联小组团结侨联成员，加强与上级侨联、兄弟院校侨联的联系，为侨服务，为侨排忧解难，保护成员的合法权益。国家颁布《中华人民共和国归侨侨眷权益保护法》后，侨联小组组织侨联成员学习，促进侨联成员知法、懂法；同时，学院积极为侨联小组成员子女上学、就近安排工作、解决子女就业等办理有关事宜（向有关部门反映情况、开具证明、协助办理出国探亲、留学等），热情接待来院探亲的华侨、台胞，为归国探亲、海外亲属来院探亲用车等方面积极提供服务，让成员感受到组织的关心与温暖，进一步焕发其工作热情与积极性。组织为湖北省"希望工程"捐款活动，解决边远贫困地区孩子上学，动员侨联成员多次为贫困孩子捐款。武汉城建学院侨联工作受到湖北省委统战部表扬。

四、积极向省、市、区推荐民主党派成员和党外知识分子

积极发现和培养党外代表人士，建立健全党外人士代表人物库，积

极向省市区和学院推荐优秀的民主党派成员和党外知识分子，支持人大代表和政协委员开展工作。1991年，推荐金笠铭为民盟湖北省委会委员，推荐范勤年为九三学社湖北省委会委员。1991年推荐省、市政协委员各1人，湖北省政府参事1人，党外后备干部1名。统战部积极向学校党委推荐在教学科研、行政管理中表现突出的党外人士担任中层干部，如金笠铭、马鹤龄等担任院系主任。

为人大代表、政协委员开展工作提供必要条件，经常听取工作汇报，积极帮助解决履职中存在的困难和问题，及时总结和宣传人大代表、政协委员的事迹。1988年1月29日，经洪山区人大推选，喻俊芳当选武汉市第八届人大代表。1988年1月，何心如担任市政协委员。1992年，推荐何心如连任武汉市政协委员，推荐段喜春当选区人大代表。1996年11月，喻俊芳被评为武汉市"优秀市人大代表"。1997年，推荐易汉文担任省政协委员、喻俊芳当选市人大代表，倪伟桥当选区人大代表，李耀武担任区政协委员。1991年、1996年和1997年，武汉城建学院被评为洪山区支持人大工作先进单位，并作经验交流。

五、积极组织和参与统战理论研究

坚持每年撰写1～2篇理论研究论文。1991年11月参加在中南财经政法大学召开的武汉地区高校统战工作研讨会，并撰写《高校党员干部要善于和党外人士交朋友》《认真做好高校非党知识分子工作》两篇论文，进行交流。

1991年开展统战知识宣传教育，对统战工作的方针、政策进行宣传，积极参加省里的"统战知识"竞赛活动。1996年开展了学院党外知识分子现状和对策的调研，对近年来知识分子流失现象进行全面调查，完成了三项典型人物和党外知识分子现状和对策的调研课题，获得省委统战部表扬。1997年12月，成功承办湖北高校统战理论研究研讨会，受到省委统战部和兄弟高校好评。

第三节 统战部部长介绍

● **肖行定**（任职时间：1996.1—1998.10）

肖行定（1949.11—），女，湖南浏阳人。1968年7月参加工作，1985年6月加入中国共产党。1991年1月至2005年3月，历任武汉城建学院组织部副部长、统战部副部长、统战部部长（兼组织部副部长）、学工部部长、学工处处长，华中科技大学东校区学生管理办公室主任，华中科技大学网络学院副院长等职务。2005年3月退休。

第四节 大事记

1986年，民盟武汉城建学院小组成立。
1988年3月5日，九三学社武汉城建学院小组成立。
1988年6月24日，民盟武汉城建学院支部成立。
1989年10月21日，武汉城建学院侨联小组成立。
1996年1月15日，武汉城建学院党委统战部成立。
1996年6月，九三学社武汉城建学院支社成立。
1998年7月6日，民进武汉城建学院支部成立。

（华中科技大学党委统战部撰稿）

第四章

华中科技大学统一战线工作

第一节　统战工作发展历程

2000年5月26日，原华中理工大学、同济医科大学、武汉城市建设学院合并组建华中科技大学。

合校后，学校统一战线工作迎来了勃勃生机和发展契机。一是有较完备的统一战线工作网络。合校前几所高校的党委和基层党组织都很重视统战工作，有专门的统战工作机构，有一支经验丰富的统战干部队伍。二是统一战线成员力量强大。学校7个民主党派基层组织健全，合校之初共有民主党派成员500余人，90%以上具有高级技术职称，且民主党派成员的层次较高，近30位同志进入各民主党派省、市委会领导班子，其中有4人担任省、市委会主委，6人担任省、市委会副主委，2人分别被推举为民建湖北省委会和农工党湖北省委会名誉主委；学校有各级人大代表10人、政协委员48人、政府参事10人，其中全国人大代表2人、全国政协委员3人，湖北省政协副主席2人、武汉市政协副主席1人。三是有较健全的高校统一战线工作机制和丰富的经验。合校前，有两个学校的侨联分别被评为全国侨联工作先进集体。

2000年7月，校党委任命邓华和为党委统战部部长。

2000年8月，校党委召开全校各民主党派负责人大会，共商融合大事，校党委副书记刘献君参加会议并讲话。会议形成共识：随着学校的成功合并，全校各民主党派的实质性融合也势在必行。2000年10月至2001年7月，7个民主党派校级组织、侨联和少数民族联谊会全部成立。一批政治素质高、群众基础好、年富力强的党外专家和学者经推荐成为民主党派、统战团体校级组织负责人。

合校之初，校党委把民主党派基层组织的思想政治建设放在首位，强化政治理论学习，打牢思想基础。一方面组织骨干成员认真学习邓小平理论、"三个代表"重要思想和科学发展观，引导他们自觉为建设社会主义和谐社会和中国特色社会主义做贡献；另一方面在民主党派、统战团体中开展多渠道、多途径、多形式的学习教育活动，提高对中国共产党领导的多党合作和政治协商制度的认识。民主党派、统战团体积极配合学校党委做了大量理顺情绪、化解矛盾、提高认识、统一思想的工作，得到了学校党委和省市统战部门的充分肯定。

2001年，校党委召开宣传与统战工作会议。校党委书记朱玉泉在会上强调，宣传和统战工作事关学校改革、发展、稳定的大局。

2001年12月，中国共产党华中科技大学第一次代表大会召开。校党委书记朱玉泉作题为《解放思想，开拓创新，为建设世界知名高水平大学而努力奋斗》的工作报告。会议邀请郑楚光、周宜开、周敬宣、吴懿平等18名党外代表人士列席。

2002年，党委统战部以邓小平理论为指导，按照"三个代表"的要求，认真学习、宣传、贯彻党的十六大精神和全国两会精神，结合学校实际，做好统战工作。党的十六大召开期间和闭幕后，党委统战部组织座谈会、报告会、联欢会热烈庆祝党的十六大胜利召开。校党委召开四次"双月座谈会"，组织党外人士围绕学校发展规划、"国际化"发展思路、人才队伍建设、校园建设和学习、贯彻党的十六大精神等方面进行了深入探讨。

2003年9月6日，"熏风亭"破土动工仪式在喻家山上举行。学校各民主党派组织、侨联、少数民族联谊会和社会友好人士等共同筹款，由九三学社华中理工大学支部原主委、建筑设计院教授张良皋作总体规划，校建筑设计院设计，校基建后勤处组织施工，于2004年10月落成。"熏风亭"作为学校首个统一战线标志性建筑，是学校统一战线在校党委领导下，精诚团结、共谋发展的历史见证。

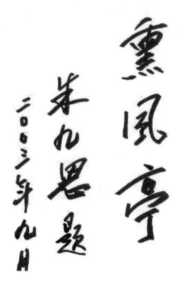

2003年9月，原华中工学院党委书记、院长朱九思为熏风亭题词

为充分发挥党外人士参与学校民主监督、民主管理作用，校党委长期坚持双月座谈会制度。2004年7月，湖北省委组织部、省委统战部和省委党校联合召开了全省统战工作研讨会，学校党委书记朱玉泉作为全省高校唯一代表，在大会上介绍了双月座谈会的相关经验做法。同年出版的《中国统一战线》杂志第11期刊发文章《以高质量开好"建言献策"会》，向全国各级统战部门介绍了学校党委认真开好双月座谈会的经验。

2006年2月，校党委任命向太斌为党委统战部部长。

2006—2008年，在校党委领导下，党委统战部协助7个民主党派顺利完成换届，积极向各级人大、政协推荐换届人选。其中，推荐市、区人大代表侯选人6人，推荐市、区政协委员27人，推荐省人大代表和政协委员19人，推荐全国人大代表和全国政协委员4人。

2011年9月，校党委任命易元祥为党委统战部部长。

2011年，协助民革华中科技大学总支委员会、民进华中科技大学委员会、农工党华中科技大学委员会完成换届，民建华中科技大学委员会成立。

2011年12月，武汉市各区人大和政协相继完成换届，学校共有9人当选新一届区人大代表，18人担任新一届区政协委员。

2012年1月，武汉市十三届人大一次会议和政协武汉市十二届一次会议召开，学校6人当选武汉市人大代表，其中2人当选市人大常委会委员；11人担任武汉市第十二届政协委员，其中副主席1人，常务委员1人；19人担任省级以上人大代表、政协委员。

2012年4月，校党委任命李新主为党委统战部部长。

2012年，党委统战部深入分析党外代表人士队伍建设形势，积极开展工作，主动向上级组织推荐党外优秀人才。在2013年1月28日召开的湖北省十二届人大一次会议第三次全体会议上，冯丹当选第十二届全国人民代表大会代表。

2012—2013年，协助民盟华中科技大学委员会、九三学社华中科技大学委员会、致公党华中科技大学总支委员会完成换届。学校少数民族联谊会更名为民族团结进步促进会，并完成换届选举工作。

2014年，为贯彻落实中共中央关于加强新形势下党外代表人士队伍建设的有关文件精神，党委统战部按照校党委的要求，研究制定学校关于加强新形势下党外代表人士队伍建设的有关实施意见。该文件是学校首次以党委名义印发的关于党外代表人士队伍建设工作的文件，对加强新形势下学校统战工作具有重要指导意义。

2014年，党委统战部落实校党委关于发挥统战工作优势、为学校发展做贡献的指示精神，充分利用统一战线资源，主动加强与湖北省海外联谊会的联系，抓住机遇积极与香港方润华基金会联系，为学校争取到方润华基金会捐款280万元，共同建设附属同济医院（第二临床学院）"方润华血液净化中心"。2015年建成并通过方润华基金会验收。

2015年，中央统战工作会议和第二次全国高校统战工作会议召开。校党委分别召开校党委常委会和校党委理论学习中心组会议，传达学习中央统战工作会议精神和《中国共产党统一战线工作条例（试行）》，组织二级单位主要负责人和统一战线成员学习宣传中央统战工作会议精神，并结合学校实际制定贯彻落实举措。积极开展统战工作调研，先后完成中央统战部、中央组织部、湖北省委统战部、湖北省委高校工委对学校党外知识分子工作、宗教工作、归国留学人员工作等调研任务，调研成果《真抓实干做好高校党外知识分子工作》刊登在《中国统一战线》2015年第11期。在第二次全国高校统战工作会议上，学校《创新思路，推进党外代表人士队伍建设》经验材料被会议论文集收录。

2016年1月，校党委任命杨筱为党委统战部部长。

2016年，校党委成立由党委书记、校长任双组长的统一战线工作领导小组，落实统战工作主体责任；按照中央统一战线工作领导小组办公室要求，会同学校11个单位和部门，根据33个调研项目，对照《中国共产党统一战线工作条例（试行）》开展自查、总结工作，查找差距，着力构建大统战工作格局。

2016—2018年，党委统战部在校党委领导下，协调相关单位，顺利完成各级党外人大代表、政协委员人选的推荐提名、资格预审、综合评价和考察（或协助考察）等工作。协助民盟华中科技大学委员会、民建华中科技大学委员会、民进华中科技大学委员会、农工党华中科技大学委员会、九三学社华中科技大学委员会等5个民主党派学校委员会完成换届，并成立民革华中科技大学委员会、致公党华中科技大学委员会。1人当选全国人大代表，1人担任全国政协委员；3人当选湖北省人大代表（省人大常委会委员2人），16人担任省政协委员（省政协常委4人）；1人当选武汉市人大常委会委员，16人担任市政协委员（市政协副主席1人，市政协常委6人）。

2017年5月8日,校党委成立华中科技大学民族宗教工作领导小组。校党委书记路钢、校长丁烈云任组长,校党委常务副书记丁汉初、副校长陈建国、梁茜任副组长。领导小组下设办公室,挂靠党委统战部。

2018—2019年,学校着力完善统战工作体制机制。根据工作安排及时调整学校统一战线工作领导小组、民族宗教工作领导小组以及校党委常委与党外代表人士、民主党派和统战团体联谊交友分工。研究制定关于加强各级党员领导干部与党外代表人士联谊交友工作、加强抵御宗教渗透和防范校园传教工作、规范使用"无党派人士"政治面貌、协助民主党派学校委员会做好发展成员工作等方面的制度文件。

2018年7月,校党委副书记马建辉兼任党委统战部部长,杨筱任党委统战部常务副部长。

2019年3月,学校党委创办"同心·大健康跨学科讲坛"(后更名为"华科大同心论坛"),为党外知识分子展才气接地气搭建平台,打造党外知识分子思想政治工作特色品牌。论坛以激发学校统一战线成员面向新时代、担当新使命、实现新作为为宗旨,发挥典型引领作用,引导党外知识分子厚植爱国主义情怀,坚定与党同心奋斗的信念,把思想政治工作融入学校中心工作中,服务大局。《学校以同心论坛为抓手,创新开展党外知识分子思想政治工作》获2020年度全省统战工作实践创新成果。

2019年,以庆祝新中国成立70周年和多党合作制度确立、人民政协成立70周年为契机,党委统战部创新工作形式,丰富活动载体,团结引导党外知识分子不断增强"四个意识",坚定"四个自信",做到"两个维护"。在党外知识分子中持续开展"弘扬爱国奋斗精神,建功立业新时代"活动,5月23日赴重庆举办"弘扬爱国奋斗精神,建功立业新时代"党外知识分子培训班。9月8日,组织党外知识分子代表赴西柏坡开展"不忘初心跟党走,建功立业新时代"主题活动。9—11月,举办庆祝新中国成立70周年统一战线工作巡礼图片展,集中展现了党的十八大以来学校统一战线工作的主要成果。10月22日,举办"不忘初心、牢记使命"主题教育暨学习贯彻习近平总书记关于加强和改进统一战线工作的重要思想报告会。

2020年,党委统战部在校党委领导下,团结、带领广大统一战线成员认真贯彻落实习近平总书记重要指示精神和党中央决策部署,同心抗疫,展现统战作为,彰显统战力量。"中国统一战线杂志"微信公众号（2月19日）和《中国统一战线》杂志（2020年第4期）登载党委统战部撰写的学校统一战线同心战疫综合事迹,党外知识分子先进事迹43人次被中央、省市等相关媒体报道,扩大了学校影响力。

2021年,党委统战部以庆祝中国共产党成立100周年为契机,组织统一战线成员代表集中观看庆祝中国共产党成立100周年大会,召开统一战线学习习近平总书记的重要讲话精神座谈会,组织民主党派学校委员会、统战团体学习习近平总书记"七一"重要讲话精神,坚定"同心跟党走、携手共奋进"的信心与决心。开展"同心跟党走 携手共奋进"——统一战线学习党史主题实践活动和党史学习交流会,不断强化党外知识分子思想政治引领。

2021年,校党委认真学习宣传贯彻《中国共产党统一战线工作条例》和湖北省实施《中国共产党统一战线工作条例》办法,研究制定贯彻落实《中国共产党统一战线工作条例》实施细则,召开学习贯彻《中国共产党统一战线工作条例》宣讲会和"学条例 筑同心 共奋进"专题报告会。

2021年,校党委积极回应统战成员的关切,贯彻落实《中国共产党统一战线工作条例》,为各民主党派学校委员会、统战团体加强自身建设、积极履职、发挥作用提供良好条件,建成"统战之家";为7个民主党派委员会、4个统战团体各提供一套独立办公室;在公共区域设会议室、活动室（同心书屋）和接待室,为学校广大统一战线成员提供了良好的学习、交流和资源共享平台。

2022年3月,校党委任命马彦琳为党委统战部常务副部长。

2022年5月,党委统战部制定《学校统一战线学习宣传贯彻党的二十大精神工作计划》,组织学校统一战线开展"喜迎二十大 同心跟党走"系列活动。10月,党委统战部组织统一战线成员学习宣传贯彻中共二十大精神,组织民主党派成员、统战团体代表和各级人大代表、政协委员代表,集中观看党的二十大开幕会,开展"学习二十大,同心跟党走"主题活动等。

2022年7月,中央统战工作会议召开。学校党委把学习贯彻中央统战工作会议精神、学深悟透习近平总书记关于做好新时代党的统一战线工作的重要思想作为重要政治任务。将中央统战工作会议精神纳入校党委常委会和党委中心组理论学习内容。指导7个民主党派学校委员会和4个统战团体组织学习习近平总书记在中央统战工作会议上的重要讲话精神。

2022年,为喜迎党的二十大胜利召开,充分展示近十年学校统一战线取得的辉煌成就,党委统战部系统总结了十八大以来学校的统战工作,撰写了《喜迎党的二十大 同心奋进创一流》学校统战工作综述,分别于9月和10月被学校新闻网站和"中国统一战线杂志"微信公众号报道。

2023年2月,校党委副书记张耀兼任党委统战部部长。

第二节 主要工作及成绩

一、加强党对统战工作的领导

2000—2001年,校党委进一步完善一系列统战工作制度,包括校党委常委分工联系各民主党派负责人制度、有关民主党派代表人士政治和生活待遇制度、校领导与民主党派代表的"双月座谈会"制度等。

2001年,校党委召开宣传与统战工作会议。校党委书记朱玉泉在会上强调,宣传和统战工作事关学校改革、发展、稳定的大局,全体从事思想政治工作的同志要以邓小平理论和"三个代表"重要思想为指导，以科学的理论武装人，以正确的舆论引导人，以高尚的精神塑造人，以优秀的作品鼓舞人，唱响主旋律，打好主动仗。

2001 年 7 月 2 日，在全省统战工作高级研讨班上，学校作为全省大专院校的唯一代表，在会上作经验介绍。学校党委重视统战工作、以实际行动贯彻落实全国、全省统战工作会议精神的事迹受到与会者的广泛好评。

2001—2005 年，根据湖北省委统战部、省委党校《关于在党校开设统战理论课的通知》要求，校党委在学校党校开设统战理论课，进行统一战线理论和政策的宣传教育，普及统一战线知识。党委统战部在学校党校讲授党课 70 多场，听众达 16000 多人次。

2003 年 6 月 18 日，为贯彻落实全国、全省统战工作会议精神，进一步加强统一战线工作，校党委出台了关于进一步加强我校统一战线工作的有关文件。

2003 年 12 月，在全国高校统战工作研讨会上，党委统战部部长邓华和在大会上介绍了学校统战工作的经验做法。《中国统一战线》杂志第 11 期刊登采访邓华和的文章《一片赤忱为统战》。

2004 年 7 月 22 日至 28 日，第九次全国高校统战工作研讨会在兰州召开，党委统战部部长邓华和在会上介绍了认真开好"双月座谈会"的经验。

2005 年 3 月 8 日，根据上级文件精神，结合学校实际出台关于保障我校非中共代表人士参政议政时间、工作条件及待遇的有关文件。

2005 年 6 月，校党委书记朱玉泉在湖北省多党合作专题研讨班上作题为《开好"双月座谈会"，努力开创高校多党合作事业的新局面》的经验介绍。

2006 年 3 月，中央统战部主办的《中国统一战线》2006 年第 2 期刊发了校党委书记朱玉泉署名文章《高校落实党领导的多党合作制的有益探索》。

2006年6月1日，为深刻理解和领会中共中央关于进一步加强中国共产党领导的多党合作和政治协商制度建设和关于加强人民政协工作的有关文件精神，校党委主办专题报告会，邀请湖北省社会主义学院院长杨建国作《中国特色社会政党制度》的报告。校领导朱玉泉、刘建凡，各基层党委、党总支、直属党支部书记，各民主党派负责人，侨联、少数民族联谊会、欧美同学联谊会负责人等参加了报告会。

2006年11月21日，为深入学习贯彻落实第20次全国统战工作会议精神，掌握统一战线理论和方针政策，校党委邀请省委统战部常务副部长程传忠为校党委理论学习中心组作辅导报告，学校党务部门负责人参加了报告会。程传忠以《学习胡锦涛总书记在全国统战工作会议上重要讲话的体会》为题，报告了大会的主要精神。会后，校领导与程传忠进行了座谈交流。

2006年11月28日，为落实联谊交友制度，校党委印发了《关于校党委常委联系院系、联系民主党派与群团组织分工的通知》。

2007年10月15日，党的十七大召开，校党委组织统战成员收看了党的十七大开幕会。10月31日，校党委书记朱玉泉在各民主党派组织和群团组织负责人学习报告会上传达了党的十七大的主要精神，并对各民主党派和群团组织学习党的十七大精神做了进一步部署。民进、农工党等民主党派校委会还分别进行了集中学习和讨论。

2008年，校党委在无党派人士中开展以"自觉接受中国共产党的领导，坚持走中国特色社会主义道路"为主题的教育活动。

2008年4月9日，为了贯彻落实武汉市委、市政府促进全民创业的总体部署，市委统战部、市工商联与华中科技大学、武汉大学、中南财经政法大学、湖北工业大学等四所高校共建"大学生创业辅导站"。校党委常务副书记冯友梅参加授牌仪式，并代表学校与市委统战部签订了共建协议书。市委常委、统战部部长贾耀斌为辅导站授牌。

2009年1月10日，学校召开各级人大代表、政协委员迎春座谈会。校党委书记路钢、校长李培根、校党委副书记欧阳康参加会议。会议由校党委副书记欧阳康主持，40位人大代表和政协委员、学校办公室主任梁茜、统战部部长向太斌等参加会议。

2009年3月至8月，校党委结合开展深入学习实践科学发展观活动，不断加强学校统一战线工作。坚持"双月座谈会""人大代表接待日"制度；坚持党外代表人士参加学校有关会议和大型活动；编印党外人士参政议政、民主监督、建言献策专刊（不定期）。在办公条件、活动经费、人员配备等方面，为统战成员参政议政、民主监督、建言献策提供保障。加大党外干部的培养和推荐力度，建立组织部和统战部联合规划、联合部署、联合物色、联合培养、联合研究、联合督促检查等六个联合的培养机制等。

2010年2月7日，校党委召开各界人士迎春座谈会。校党委书记路钢、校长李培根、党委副书记欧阳康与各级人大代表、政协委员，民主党派、侨联、少数民族联谊会负责人，以及无党派人士代表欢聚一堂，畅叙友情，共话发展，喜迎新春佳节。

2010年6月24日，校党委书记路钢一行就进一步加强学校统战工作专程到省委统战部汇报工作。省委常委、省委统战部部长苏晓云、省委统战部常务副部长程传忠以及相关处室主要负责同志听取了汇报。校党委副书记欧阳康以及学校办公室、组织部、统战部相关负责人参加。

2010年9月8日，根据工作需要，校党委调整校领导联系民主党派、无党派人士与群团组织分工。

2011年1月16日，校党委召开各级人大代表、政协委员迎春座谈会，校党委书记路钢、校长李培根与人大代表、政协委员欢聚一堂，喜迎新春，畅谈学校建设与发展。

2011年12月13日，省委统战部副部长黄波一行来校调研指导统战工作，校党委书记路钢、校党委副书记欧阳康参加调研。

2012年1月6日，省委统战部干部处、党派处、知识分子工作处主要负责人，各民主党派省委会组织部部长，校党委统战部、各民主党派负责人齐聚一堂，共同总结交流党派工作。会议总结了各党派在思想建设、组织建设、作风建设、参政议政、社会服务等方面的工作和成绩。

2013年1月17日,校民主党派工作年终总结会在校召开。校党委副书记欧阳康参加会议,党委统战部部长李新主主持会议。

2013年3月25日,市委统战部领导来校就贯彻落实中共中央关于加强新形势下党外代表人士队伍建设的有关要求进行专题调研,校党委书记路钢参加调研。

2013年5月13日,市委统战部常务副部长胡继堂、干部处处长杨松民等来校调研统战工作,校长助理、学校办公室主任梁茜,统战部部长李新主等参加调研,冯丹、刘剑峰、陈相松、江静、刘炜、沈刚、桑农、陈绪刚等8位党外人士参加了调研座谈。

2014年7月9日,省委统战部副部长刘爱党率队来校调研归国留学人员工作。校党委常务副书记丁汉初,学校归国留学人员代表,人事处、国际交流处等单位负责人参加调研。

2014年10月17日,校党委常委会听取了党委统战部关于学校统战工作的汇报,会议认为统战工作是学校党建工作的重要内容,要求进一步加强党外干部队伍建设和培养选拔工作,并与学校师资队伍、干部队伍建设统筹规划。

2014年11月4日,校党委出台关于加强新形势下党外代表人士队伍建设的有关实施意见。

2014年,校党委以开展坚持和发展中国特色社会主义学习实践活动为主题,组织全体统战成员以自学与集中学习相结合的方式学习习近平总书记系列重要讲话精神;并制定《华中科技大学无党派人士开展坚持和发展中国特色社会主义学习实践活动实施方案》。

2015年2月5日,校党委常委会学习传达了全国统战部长会议精神,要求进一步贯彻落实会议精神。

2015年9月28日,学校召开校党委常委会和校党委理论学习中心组会议,传达了习近平总书记、俞正声同志在中央统战工作会议上的讲话精神和《中国共产党统一战线工作条例(试行)》主要精神,听取了统战部关于中央和省委统战工作会议主要精神及学校贯彻落实举措建议的汇报。会议强调校领导要高度重视、加强学习，与具体分管工作相结合，统筹推进统战工作。参会成员还结合习近平总书记讲话精神，联系学校教学科研、学生思想教育与管理、教师队伍建设、留学人员等工作实际，对如何在新常态下做好统战工作展开了研讨。

2015年10月15日，学校召开二级单位主要负责人会议，党委统战部部长李新主传达了习近平总书记在中央统战工作会上的重要讲话精神和《中国共产党统一战线工作条例（试行）》的主要内容，并汇报了学校贯彻落实中央和湖北省委统战工作会议精神的举措。党委书记路钢要求各二级单位和机关职能部门认真贯彻中央和省委统战工作会议精神，切实做好党外知识分子工作。

2015年10月21日，校党委召开统一战线成员座谈会，传达学习中央统战工作会议精神，校党委书记路钢参加会议并讲话。学校27名统一战线成员和党委统战部全体人员参加了座谈会，校党委常务副书记丁汉初主持会议。党委统战部部长李新主传达了习近平总书记在中央统战工作会议上的重要讲话精神和《中国共产党统一战线工作条例（试行）》的主要内容。7个民主党派学校组织负责人先后发言，表示要始终坚定政治信念，拥护中国共产党的领导。

2015年11月，《中国统一战线》2015年第11期刊发《真抓实干做好高校党外知识分子工作》，介绍校党委加强党外知识分子工作的经验做法。

2015年12月14日，校党委常委会听取了统战部关于调整校党委常委联系党外代表人士、民主党派与统战团体分工建议的汇报，并审议通过了该建议。

2016年1月11日，学校召开统一战线情况通报会，全体在校校领导参加会议，校党委常务副书记丁汉初主持会议。校长丁烈云通报了学校主要工作，7个民主党派学校组织和校侨联负责人分别介绍了各自的工作。校党委书记路钢强调，中央统战工作会议的召开给高校统战工作提出了更高的要求，要帮助民主党派和统战团体巩固基础、加强建设、发挥作用、扩大影响。学校各级人大代表、政协委员、省市政府参事、文史馆员，各民主党派学校组织和统战团体负责人、无党派人士代表，学校各二级单位党组织主要负责人，校机关各部、处主要负责人等200余人参加会议。

2016年1月13日，校党委常委会传达学习了全国统战部长会议精神。

2016年1月20日，校党委成立华中科技大学统一战线工作领导小组，校党委书记路钢、校长丁烈云任组长，校党委常务副书记丁汉初任副组长。领导小组下设办公室，挂靠党委统战部。

2016年2月25日，校党委常委会听取了校机构编制委员会办公室关于统战部增加人员编制的建议汇报，同意党委统战部增加职员编制3个，其中副处级干部职数1个。调整后，党委统战部编制为6个，其中中层干部职数1正2副。

2016年4月25日，校党委常委会传达学习了湖北省高校统战工作会议精神。

2016年5月10日，校党委常委会传达学习了全国宗教工作会议精神，要求统战部牵头，进一步组织专题学习，认真贯彻落实会议精神。

2016年5月10日，校党委制定《华中科技大学"统战知识进校园"工作方案》。

2016年12月27日，校党委常委会听取了统战部关于2016年各级人大、政协及民主党派基层组织换届等统战工作情况的汇报，会议肯定了学校统战工作取得的成绩，分析了新形势下进一步加强学校统战工作的问题与对策。会议就进一步做好学校统战工作作出有关部署。

2017年新春佳节来临之际，校党委开展走访慰问党外代表人士活动。1月23日，校党委书记路钢看望省政协副主席，九三学社中央常委、湖北省委会主委，同济医院田玉科；同日，校长丁烈云看望省政协原副主席，九三学社原中央常委、湖北省委会原主委，能源学院郑楚光。

2017年6月30日，校党委在全省高校率先出台关于抵御渗透和防范校园传教工作有关文件，被省委高校工委采纳，为上级起草相关文件提供了重要参考。

2017年8月23日，校党委出台关于在全校党外知识分子中开展践行社会主义核心价值观主题活动有关实施方案。

2017年9月11日，校党委常委会传达学习了习近平总书记关于群团改革工作的重要指示和刘云山同志在群团改革工作座谈会上的讲话精神。会议就深入学习贯彻习近平总书记重要指示精神，扎实推进群团改革工作落地落实提出有关要求。

2017年12月11日，校党委举办以"学习宣传十九大精神，团结新时代华中大人"为主题的华中科技大学2017年统战知识竞赛。作为校党委推进统战知识进校园的一项重要举措，23个学院的81支队伍参加，共有10支院系队伍进入决赛。光电学院代表队获得一等奖，管理学院、经济学院、社会学院代表队获得二等奖；法学院、人文学院、公管学院、新闻学院、电气学院、环境学院代表队获得三等奖。

2018年2月5日，校党委书记邵新宇看望慰问郑楚光。2月2日，校长丁烈云看望慰问田玉科。

2018年2月27日，校党委常委会传达学习了全国统战部长会议精神。

2018年4月18日，校党委统战部与7个民主党派学校委员会协商制定《协助民主党派学校委员会做好发展成员工作流程》。

2018年4月26日，校党委印发《华中科技大学2018年统战工作要点》。

2018年5月17日，校党委印发《关于"无党派人士"政治面貌规范使用的通知》。

2018年5月18日，校党委常委会传达学习了全省统战部长会议、全省高校统战部部长座谈会精神。会议就强化党对统战工作的领导、深入开展民族团结进步教育、加强党外代表人士队伍建设等方面进行研究部署。

2018年6月12日，湖北省委常委、统战部部长尔肯江·吐拉洪来校，就深入学习贯彻习近平新时代中国特色社会主义思想和习近平总书记视察湖北重要讲话精神，落实中央和省委关于加强高校统战工作重大决策部署有关情况进行专题调研。省委统战部副部长冯艳飞、刘强，校党委书记邵新宇陪同调研，校领导丁汉初、马小洁、马建辉、梁茜参加调研座谈会。

2018年8月1日，校党委统战部与财务处联合制定了《华中科技大学民主党派、统战团体活动专项经费管理办法（试行）》。

2018年9月3日，全国人大常委会委员、民盟中央专职副主席徐辉来校调研。民盟中央组织部副部长蔡葵、民盟湖北省委会专职副主委兼秘书长朱梅、副主委杨超等陪同调研，校党委书记邵新宇、副书记马建辉参加调研活动。

2018年12月5日，校党委成立华中科技大学统战团体换届（筹备成立）工作领导小组。

2019年1月24日，校党委书记邵新宇看望慰问田玉科。元旦前夕，校长李元元看望慰问周宜开。

2019年2月25日，校党委常委会传达学习了全国统战部长会议精神，会议强调要高度重视统一战线工作。

2019年2月26日，校党委副书记马建辉代表校党委在全省统战部长会议上作题为《聚人心 凝共识 促发展 切实加强党外知识分子思想政治引领》大会发言。

2019年4月17日，校党委常委会传达学习了全省统战部长会议精神和新修订的《宗教事务条例》，听取了关于《华中科技大学2019年统战工作要点》起草情况的汇报。

2019年4月24日，校党委印发《华中科技大学2019年统战工作要点》。

2019年11月21日，全国人大常委会副委员长、农工党中央主席陈竺来校调研，出席农工党华中科技大学委员会"不忘合作初心，继续携手前进"主题教育活动座谈会。校党委书记邵新宇致欢迎辞，湖北省政协副主席、农工党湖北省委会主委杨玉华主持座谈会。

2019年12月2日，校党委常委会听取《中共华中科技大学委员会关于进一步加强党员领导干部与党外代表人士联谊交友工作的实施方案》起草情况的汇报。

2019年12月16日，校党委印发《中共华中科技大学委员会关于进一步加强党员领导干部与党外代表人士联谊交友工作的实施方案》。

2020年1月2日，校党委常委会传达学习了中央统战部、中央网信办召开的网络人士统战工作会议精神，会议强调学校要提高站位，充分认识做好网络人士统战工作的重大意义，按照中央统一部署和省委要求，加强对党外知识分子的思想政治引导，凝聚政治共识。

2020年1月7日，校党委书记邵新宇看望慰问郑楚光。1月16日，校长李元元看望慰问周宜开。

2020年1月15日，校党委常委会传达学习了全国统战部长会议精神。强调学校要以贯彻落实党的十九届四中全会精神为契机，创新统战工作方式方法，更好凝聚广大统一战线成员的智慧和力量。

2020年4月，《中国统一战线》2020年第4期刊发学校《同心抗疫 共克时艰》文章。

2020年5月24日，校党委印发《华中科技大学2020年统战工作要点》。

2020年5月25日，校党委常委会传达了习近平总书记在党外人士座谈会上的讲话精神，强调学校要进一步激励党外人士为学校防疫情、促发展凝聚智慧力量。

2020年7月6日，校党委常委会传达学习了全省统战部长会议、全省对台工作会议精神。会议要求统战部门主动作为、积极搭建平台、凝聚人心，不断推动统战工作上新台阶。

2020年10月29日，校党委常委会传达学习了省委统一战线工作领导小组办公室关于加强和改进新时代党外知识分子思想政治工作的有关文件精神，听取了分管领导关于《中共华中科技大学委员会关于加强和改进新时代学校党外知识分子思想政治工作的实施方案》起草情况汇报。

2020年11月5日，校党委印发《中共华中科技大学委员会关于加强和改进新时代学校党外知识分子思想政治工作的实施方案》。

2020年11月26日，全国政协常委、湖北省政协副主席、民建湖北省委会主委郭跃进一行来校，就民建华中科技大学委员会建设情况进行调研。校党委书记邵新宇与郭跃进见面会谈。

2020年12月2日，校党委成立民主党派华中科技大学委员会换届工作领导小组。

2020年12月30日，校党委书记邵新宇看望慰问田玉科。2021年1月15日，校长李元元看望慰问周宜开。

2021年2月2日，校党委常委会传达学习了全国统战部长会议精神。会议就学习贯彻《中国共产党统一战线工作条例》进行相关部署。

2021年4月1日，校党委印发《华中科技大学2021年统战工作要点》。

2021年4月14日，校党委理论学习中心组集中学习《中国共产党统一战线工作条例》。

2021年4月21日，校党委制定《关于协助各民主党派华中科技大学委员会做好换届工作的实施方案》《各民主党派华中科技大学委员会换届规则》。

2021年5月，学校建立"同心悦谈"民主党派、统战团体秘书长联席会议制度，旨在加强统战部、各民主党派学校委员会、统战团体之间的工作交流，凝心聚力做好新时代学校统战工作。

2021年6月4日，为认真贯彻落实《中国共产党统一战线工作条例》，根据中央、省委有关文件精神，结合学校实际，校党委出台《中共华中科技大学委员会贯彻落实〈中国共产党统一战线工作条例〉实施细则》。

2021年6月9日，校党委理论学习中心组集中学习《湖北省实施〈中国共产党统一战线工作条例〉办法》。

2021年7月3日，校党委出台《华中科技大学关于贯彻落实深化新时代学校民族团结进步教育指导纲要的工作方案》。

2021年8月31日，校党委常委会传达学习中央民族工作会议精神，学校民族宗教工作领导小组部分成员单位主要负责人列席会议。

2021年9月24日，校党委常委会听取了分管领导关于农工党华中科技大学委员会换届提名人选建议的汇报。

2021年9月26日，学校召开民族宗教工作领导小组会议，传达学习中央民族工作会议精神。

2021年10月18日，校党委常委会传达学习了习近平总书记在中央人大工作会议上发表的重要讲话精神和湖北省委常委会（扩大）会议精神。会议就做好学校选区人民代表大会代表换届选举工作提出了有关要求。

2021年11月12日，校党委常委会传达学习了中国共产党第十九届中央委员会第六次全体会议精神以及湖北省委常委会（扩大）会议精神。

2021年4月至11月，学校民革、民盟、民建、民进、农工党、致公党、九三学社等7个民主党派学校委员会按照各民主党派章程召开代表大会，选举产生了新一届领导班子，顺利完成新老交替和政治交接，88名政治坚定、业绩突出、群众认可的民主党派中青年骨干担任各民主党派学校委员会及支部负责人，平均年龄48岁，其中国家级高层次人才计划入选者26人。郭跃进、杨玉华、秦顺全等民主党派省市委会领导，李元元、马建辉等学校领导和民主党派代表到会祝贺并讲话。校党委把协助民主党派做好换届工作与学习宣传贯彻党的十九届六中全会精神、深入贯彻落实《中国共产党统一战线工作条例》精神、开展统一战线"学党史、跟党走"主题教育有机结合起来，把继承和弘扬多党合作优良传统贯穿换届工作全过程,深化政治交接,增进政治共识,团结引导广大民主党派成员不断增强"四个意识"、坚定"四个自信"、做到"两个维护",牢记为党育人、为国育才使命,为学校"双一流"建设、湖北省加快"建成支点、走在前列、谱写新篇"和实现中华民族伟大复兴"中国梦"做出新的更大贡献。7个民主党派新一届学校委员会班子成员中14人在抗击新冠疫情工作中表现突出,被评为全国、民主党派中央及省市委会抗疫先进个人。班子成员平均年龄48岁,其中"70后"59名,占比74%;"80后"17名,占比21%;女性22名,占比28%。具有博士学位者68名,占比85%,有国家人才计划入选者26人。与上一届相比,人选代表性、界别特色、专业特长更加突出,班子结构进一步优化。

2021年12月10日,省委统战部副部长程武一行来校调研党外知识分子工作,并看望联谊交友对象。校党委副书记马建辉参加调研座谈。袁小明、陈相松、唐江、李晓南等4名无党派代表人士结合自己的工作进行了深入交流,程武对学校党外知识分子工作和"统战之家"建设给予高度评价。

2021年12月20日,校党委常委会传达学习了全国宗教工作会议精神。

2021年12月21日,校党委书记李元元调研"统战之家",对各民主党派和统战团体办公室、"侨之家"、"同心书屋"和多媒体会议室等场所的建设和相关工作给予充分肯定。

2022年1月19日,校党委印发《华中科技大学贯彻落实〈关于以铸牢中华民族共同体意识为主线推进新时代党的民族工作高质量发展的意见〉的实施方案》。

2022年1月19日,校党委书记李元元看望慰问田玉科、周宜开。1月17日,校长尤政看望慰问郑楚光。

2022年2月17日,为进一步规范统战工作经费管理,根据《中共华中科技大学委员会贯彻落实〈中国共产党统一战线工作条例〉实施细则》要求，结合学校统战工作实际，党委统战部制定了《华中科技大学统战工作经费使用管理暂行办法》。

2022年2月28日，校党委常委会传达学习了汪洋、尤权同志在全国统战部长会议上的讲话精神。

2022年3月20日，校党委印发《华中科技大学2022年统战工作要点》。

2022年4月，武汉市人大常委会主任胡立山来校调研，对学校给予武汉市的支持表示感谢，对武汉市人大常委会委员、建规学院副院长谭刚毅的工作给予充分肯定。校党委副书记马建辉参加调研座谈会。

2022年5月9日，校党委常委会听取了分管领导马建辉同志关于党外人士座谈会意见建议办理情况的汇报。

2022年5月10日，"同心悦谈"民主党派、统战团体秘书长联席会议在统战之家召开。与会人员结合统战之家会议预约系统、"华中大同心论坛"标志设计方案、70周年校庆统一战线特色活动等方面展开交流。

2022年5月，《中国统一战线》杂志（2022年第5期）登载校党委书记李元元院士的署名文章《坚持"五个注重"强化思想引领 为建设卓越华中科技大学凝聚智慧与力量》，介绍学校党委贯彻习近平总书记关于加强和改进统一战线工作的重要思想和《中国共产党统一战线工作条例》，做好学校党外知识分子思想政治工作的经验做法。

2022年6月29日，校党委理论学习中心组集中学习中央民族工作会议精神和全国宗教工作会议精神。

2022年7月7日，省委常委、统战部部长，副省长宁咏来校调研党外知识分子统战工作。省委统战部副部长程武，校党委书记李元元，校党委副书记、统战部部长马建辉参加调研。

2022年9月5日，校党委常委会传达学习了中央统战工作会议精神，并就学习贯彻中央统战工作会议精神、落实中共中央关于加强新时代统一战线工作的意见作出相关部署。

2022年9月22日，校党委副书记马建辉作为全省高校唯一代表在省委统战工作会议上作题为《凝聚共识 团结进取 切实发挥高校党外知识分子作用》的大会发言。

2022年9月23日，为贯彻落实湖北省委统一战线工作领导小组办公室《关于开展2022年度同党外知识分子、新的社会阶层人士谈心交流工作的通知》要求，校党委印发《关于开展2022年度同党外知识分子谈心交流工作的通知》，就落实2022年度学校各级党员领导干部与党外知识分子谈心交流工作进行了安排。

2022年10月10日，校党委常委会传达学习了湖北省委统战工作会议精神。

2022年12月19日，校党委理论学习中心组集中学习中央统战工作会议精神。

2023年1月4日，校党委书记李元元、校长尤政分别以视频连线的方式慰问田玉科、周宜开、郑楚光、姚凯伦、冯丹、鲁友明等联谊交友对象，关心询问他们的工作生活近况。

2023年2月27日，学校召开民族宗教工作领导小组专题会议。校党委副书记张耀、民族宗教工作领导小组成员单位负责人参加会议。

2023年3月6日，校党委常委会传达学习了王沪宁、石泰峰同志在全国统战部长会议上的讲话精神和全省统战部长会议精神，研究部署了学校统战工作。

2023年3月22日，校党委印发《华中科技大学2023年统战工作要点》。

2023年3月23日，学校党委召开统一战线工作领导小组会议。校党委书记李元元、校党委副书记张耀，学校统一战线工作领导小组成员单位负责人参加会议。

2023年4月13日，为深入学习贯彻习近平总书记关于加强和改进民族工作的重要思想和关于宗教工作的重要论述，宣传贯彻党的民族宗教政策，党委统战部联合学生工作部、校团委举办民族宗教政策专题辅导报告会，邀请《中南民族大学学报》编辑部主任、中南民族大学教授哈正利作专题辅导报告。

2023年6月14日，学校党委召开统一战线工作领导小组暨民族宗教领导小组工作会议。校党委副书记张耀，学校统一战线工作领导小组、民族宗教工作领导小组成员单位负责人参加会议，马克思主义学院主要负责人列席会议。

2023年6月21日，校党委印发《华中科技大学贯彻落实〈教育部等十一部门关于加强学校铸牢中华民族共同体意识教育的指导意见〉的实施方案》。

2023年6月21日，校党委印发《关于支持学校各民主党派、无党派人士和党外知识分子开展"凝心铸魂强根基、团结奋进新征程"主题教育实施方案》。

二、强化思想政治引领

2002年3月，校党委组织学习、传达全国两会精神。两会闭幕后，全国政协委员、湖北省政协副主席郑楚光向全校统一战线成员代表和校机关各党支部代表传达全国两会精神。

2002年11月9日，校党委组织各民主党派、侨联、少数民族联谊会等统一战线成员代表召开座谈会，畅谈学习江泽民总书记在中国共产党第十六次全国代表大会上报告的体会。省政协副主席、九三学社湖北省委会主委郑楚光，省政协副主席、农工党湖北省委会主委周宜开，农工党中央名誉副主席蒴天聪，武汉市政协常委、致公党武汉市委会主委姚凯伦等同志发表感言。

2002年11月18日，学校召开学习贯彻党的十六大精神报告会，党的十六大代表杨叔子向校领导、中层干部、民主党派人士、教师和学生代表传达了大会精神。校党委书记朱玉泉对学习、贯彻十六大精神等有关工作进行部署。

2003年3月，校党委组织学校统一战线成员学习全国两会精神，全国人大代表樊明武、全国政协常委郑楚光和全国政协委员姚凯伦传达会议精神。

2005年3月14日，全国人大常委会通过《反分裂国家法》，学校统一战线成员以各种方式表达了坚决拥护并期盼祖国统一的强烈愿望。

2006年4月4日，校党委邀请全国人大常委会委员、九三学社湖北省委会副主委田玉科，全国政协常委、九三学社湖北省委会主委郑楚光，全国政协委员、致公党湖北省委会主委姚凯伦传达了全国人大十届四次会议和全国政协十届四次会议精神。学校中层副职及以上党政负责人，各基层党委、党总支统战委员，各民主党派、侨联、少数民族联谊会及欧美同学会负责人参加报告会。

2007年10月，党的十七大召开后，校党委组织统战成员集中收看了党的十七大开幕会，并对各民主党派和统战团体学习党的十七大精神做了进一步部署。

2008年9月，校党委出台《关于在无党派人士中开展以"自觉接受中国共产党的领导，坚持走中国特色社会主义道路"为主题的教育活动的方案》，汇编了《无党派人士主题教育活动》学习资料。

2008年9月26日，党委统战部召开了无党派人士主题教育活动研讨会，校党委副书记欧阳康参加会议。

2008年9月27日，校党委组织学校无党派人士代表和各民主党派负责同志60余人到革命传统和爱国主义教育基地红安参观学习。这次活动为无党派人士主题教育活动和民主党派主题教育活动系列活动之一，旨在加强革命传统教育。

2009年4月，在学校深入学习实践科学发展观活动蓬勃开展之际，学校要求中共党员紧密结合"敢于竞争，善于转化，聚精会神，科学发展"的学习实践活动主题，以科学发展观为指导，认真思考办学理念、人才培养、科学研究、社会服务、和谐校园建设、体制机制改革等各项工作，努力实现"明确发展思路、解决突出问题、创新体制机制、促进科学发展"的目标,学校各民主党派联合响应,并向全校统一战线全体成员发出倡议:统一思想,把握主题,增强贯彻科学发展观的自觉性和坚定性;联系实际,为学校谋划新发展建言献策;发挥优势,为学校破解发展难题倾情出力;履行职责,为学校实现新发展贡献才智。

2010年,校党委通过组织理论研讨会、主题学习会、专题报告会、学习交流会、参观考察等,组织广大统战成员学习、领会社会主义核心价值体系的重要内涵。

2011年,校党委以庆祝建党90周年和纪念辛亥革命100周年为契机,加强党外知识分子思想政治引领,强化政治共识教育。5月,组织学校人大代表、政协委员、民主党派、归侨、少数民族、归国留学人员和统战干部代表20余人赴重庆开展主题教育实践活动。6月,举办"同心同行"文艺演出,参加学校文艺汇演。校侨联组织参加湖北省侨联举办的庆祝大会,并获得了三等奖。11月,组织学校归侨侨眷代表参观中山舰博物馆、武昌起义纪念馆等。

2012年,校党委落实党中央关于加强新形势下党外代表人士队伍建设的要求,抓好"同心"思想教育。10月17日,举办党外人士骨干成员培训班,校党委书记路钢到会讲话,省委统战部常务副部长盛国玉作主题报告,校党委副书记欧阳康对相关文件进行解读。党外代表人士踊跃发言,表示要深刻领会其精神实质,在思想上与中共中央保持高度一致,在本职工作中建功立业。

2013年3月27日,学校举行传达学习全国两会精神报告会,全国人大代表冯丹、全国政协常委田玉科分别传达了两会的主要精神,校党委书记路钢做总结讲话。主校区中层副职以上党政负责人、各二级单位党组织统战委员,各民主党派、侨联、民促会及欧美同学会负责人参加了报告会。同济医学院师生代表在分会场通过视频收看了报告会。

2013年,校党委召开学校民主党派骨干成员学习十八大精神研讨会,邀请欧阳康作《价值多元化进程中的中华文化建设与民族伟大复兴》的主题报告;举办无党派青年骨干学习十八大精神培训班,听取"十八大精神与中国梦"的专题报告；组织校侨联结合工作实际学习贯彻十八大精神等。组织开展学习习近平总书记系列重要讲话精神活动。根据民主党派实际情况制定详细学习计划，为各民主党派提供"深入学习习近平总书记系列重要讲话"等学习资料，在组织各民主党派和统战团体负责人学习的基础上，动员各统战组织开展学习、研讨。

2014年，校党委组织党外代表人士开展中国特色社会主义学习实践活动。6月13—14日，组织无党派人士、民主党派骨干赴红安革命老区参观学习。10月23日，召开"民主协商与参政能力建设"专题报告会。

2014年6月13—14日，校党委组织民主党派骨干成员、无党派人士赴红安开展中国特色社会主义学习实践活动

2015年5月，校党委举办"坚定信念、诚心履职"报告会，引导学校党外青年骨干不断坚定中国特色社会主义信念，处理好本专业工作与参政议政工作的关系，努力提高建言献策水平。组织民主党派骨干成员和无党派人士到延安革命圣地考察学习，重温革命历史，进一步增强

政治共识，坚定为中华民族伟大复兴努力奋斗的理想信念。

2016年7月1日，庆祝中国共产党成立95周年大会在北京举行，中共中央总书记、国家主席、中央军委主席习近平出席大会并发表重要讲话。学校党外代表人士通过多种方式收听收看了大会直播或新闻报道，学习习近平同志重要讲话精神，纷纷表达了激动的心情和期盼。

2017年4月12日，武汉市委统战部党派处处长王磊来校作题为"统一战线与互联网时代的政治思维"的专题报告。校党委常委、副校长，同济医学院党委书记、院长陈建国参加报告会并讲话。

2017年6月，校党委组织26名民主党派学校委员会及支部负责人、统战团体负责人参加"凝心聚力 巩固发展最广泛的爱国统一战线"网络培训班。

2017年7月28日，全省党外知识分子统战工作座谈会暨全省党外知识分子践行社会主义核心价值观主题活动动员会在武汉召开，湖北省委常委、统战部部长尔肯江·吐拉洪出席会议并讲话。校党委统战部部长杨筱，全国人大代表、民盟中央委员冯丹参加会议。冯丹应邀作为高校党外知识分子代表作大会交流发言。校党委认真贯彻落实全省党外知识分子统战工作座谈会会议精神，加强学习宣传，出台实施方案，制定专题活动计划，扎实推进在党外知识分子中开展践行社会主义核心价值观主题活动。

2017年9月27日，校党委组织党外知识分子代表赴孝感市孝昌县开展践行社会主义核心价值观主题活动。

2017年10月18日，校党委组织党外人大代表、政协委员，民主党派、无党派人士、统战团体代表等集中收看中国共产党第十九次全国代表大会开幕会。

2017年11月1日，按照学校统一部署，十九大代表、校党委书记路钢向学校人大代表、政协委员、各民主党派负责人、无党派人士代表及统战团体负责人传达学习中共十九大精神，校党委常务副书记丁汉初参加座谈会。

2018年1月7日，为贯彻落实党的十九大精神，促进各民族师生交往交流交融，学校举办"同话民族情，共绘复兴梦"民族文化节。

2018年4月12日至14日，为深入学习贯彻党的十九大精神，纪念改革开放四十周年，巩固统一战线成员的共同思想政治基础，校党委组织统一战线成员20余人赴广东开展学习考察活动。统战成员先后参观广东华中科技大学工业技术研究院、深圳蛇口改革开放博物馆。

2018年4月，华中科技大学"凝心聚力 巩固发展最广泛的爱国统一战线"网络培训班顺利结束，26名民主党派学校委员会及支部负责人、统战团体负责人获得由国家教育行政学院颁发的学时证明。

2018年5月22日，校党委召开学习贯彻习近平新时代中国特色社会主义思想和党的十九大精神专题辅导报告会暨党委理论学习中心组（扩大）会议。全国政协文化文史和学习委员会副主任叶小文应邀作《找到最大公约数 努力画大同心圆》专题报告，校党委书记邵新宇主持报告会。

2018年5月28日，校党委统战部组织统一战线成员专题学习习近平总书记视察湖北重要讲话精神。农工党中央生态环境工作委员会委员、农工党湖北省委会委员、环境学院副院长胡辉作专题报告。各民主党派、统战团体学校委员会负责人，统战部全体干部参加会议。

2018年6月29日，在中国共产党华中科技大学第四次代表大会开幕，民革、民盟、民建、民进、农工党、致公党、九三学社等7个民主党派学校委员会分别发来贺词，祝贺党代会胜利召开，并预祝大会取得圆满成功。

2018年9月13日至14日，校党委举办"弘扬爱国奋斗精神 建功立业新时代"党外知识分子培训班，117名党外知识分子参加培训。省委统战部副部长陈昌宏作主题报告，湖北省社会主义学院党委委员、副院长杨震等参加开班仪式，校党委副书记马建辉参会并讲话。本次培训班是学校与湖北省社会主义学院首次联合办学，采取专题辅导和实践教学等形式。湖北省人大常委会副秘书长王润涛、湖北省社会主义学院教研室主任王相红作报告。

2018年12月8日,7个民主党派学校委员会骨干成员、无党派人士代表以及校侨联、校欧美同学会、校民促会代表与校党委统战部全体成员集中收看了庆祝改革开放40周年大会直播。校党委副书记马建辉参加了活动。

2019年1月10日,"弘扬爱国奋斗精神、建功立业新时代"华中大统一战线新年联欢晚会举行。校党委书记邵新宇、副书记马建辉参加活动,并与统一战线成员共话"爱国奋斗",共议"建功立业",共迎新春佳节。

2019年3月21日,学校举办首期"同心·大健康跨学科讲坛"[①],校党委副书记马建辉参加活动。民革、民盟、民建、民进、农工党、致公党、九三学社等7个民主党派学校委员会代表及相关院系师生50余人参加讲坛。讲坛由民建华中科技大学委员会发起并主办,旨在结合"弘扬爱国奋斗精神、建功立业新时代"主题活动,打造医工、医理、医文跨学科学术交流平台,把爱国爱校之志融于践行立德树人使命的生动实践中,服务学校"双一流"建设。黄永安、刘晓军、陈建军、刘加荣、王芙蓉等5名学校统一战线成员代表先后围绕医工、医理等跨学科领域合作项目,分享跨学科研究成果与体会。

2019年5月23日至26日,学校党外知识分子"弘扬爱国奋斗精神、建功立业新时代"主题教育活动在重庆举行,38名民主党派中青年骨干、无党派人士代表参加,听取《准确理解和把握参政五种能力建设》等专题讲座,实地参观中国民主党派历史陈列馆、黄山抗战遗址博物馆、红岩革命纪念馆、渣滓洞等统一战线爱国主义教育基地,接受多党合作历史教育和革命传统教育。

---

① 自第二期起更名为"同心·治学问道"论坛。

2019年5月23日至26日，校党委组织党外知识分子赴重庆开展"弘扬爱国奋斗精神、建功立业新时代"主题教育活动

2019年5月27日，学校举办第二期"同心·治学问道"论坛。民革、民盟、民建、民进、农工党、致公党、九三学社等7个民主党派学校委员会的中青年骨干成员代表和无党派人士代表40余人参加了活动。本期论坛由校党委统战部主办，民进华中科技大学委员会承办。民进华中科技大学委员会主委周华民主持论坛，民进华中科技大学委员会副主委曾志刚作题为《新时代、新使命、新作为——从人工智能的发展谈起》的报告。

2019年6月18日，学校举办第三期"同心·治学问道"论坛，致公党党员、国家级人才计划入选者何岭松作《论青年教师教学能力与素养提升之道》主题报告。本期论坛由校党委统战部主办，致公党华中科技大学委员会承办。

2019年9月8日至10日，校党委组织各民主党派中青年骨干、无党派人士、人大代表、政协委员等30余人，赴西柏坡开展"不忘初心跟党走 建功立业新时代"主题教育活动。校党委副书记马建辉参加活动。通过聆听《不忘合作初心 继续携手前进——中国共产党与民主党派无党派人士团结合作的光辉历程》专题报告，参观西柏坡中共中央旧址、中央统战部旧址、正定县塔元庄村等地，党外知识分子深切体会到没有中国共产党就没有新中国，中国共产党的领导是历史和人民的选择，民主党派走上自觉接受中国共产党领导的道路是历史的必然。学校党外知识分子表示，要不忘初心使命，在落实立德树人根本任务中实现新作为，为建设新时代卓越华中大贡献应有的力量。

2019年9月25日，在庆祝中华人民共和国成立70周年之际，校党委举办统一战线工作巡礼图片展和2019归侨侨眷祝寿会。校党委书记邵新宇、党委副书记马建辉参加活动，学校统一战线工作领导小组成员单位负责人、7个民主党派学校委员会代表、无党派人士代表、统战团体代表等近100人参加了开幕仪式。学校统一战线庆祝新中国成立70周年系列活动包括"祖国，我想对您说"统战成员访谈、党外知识分子主题教育活动、统一战线"同心·治学问道"论坛等。

2019年10月14日，学校举办第四期"同心·治学问道"论坛。第十、十一届全国政协委员，湖北省第九、十届政协副主席，农工党中央原常委、湖北省委会原主委周宜开作《同心聚力建设世界一流学科》主题报告。论坛由校党委统战部主办，农工党华中科技大学委员会承办。

2019年10月22日，校党委举办"不忘初心、牢记使命"主题教育暨学习贯彻习近平总书记关于加强和改进统一战线工作的重要思想报告会。湖北省委教育工委组织处处长乔志强以《认真学习习近平新时代中国特色社会主义思想 切实做好新时代高校统战工作》为题作专题辅导报告。校党委副书记马建辉参加活动。

2019年11月12日，校党委组织学校统一战线成员学习习近平总书记在党的十九届四中全会上的报告和重要讲话及相关重要文件精神，学校各民主党派、无党派人士代表及党委统战部全体人员参加。党委统战部及时编印了《党的十九届四中全会精神学习材料选编》，供广大统一战线成员学习。

2019年11月12日，第五期"同心·治学问道"论坛举行。全国人大代表、民盟中央委员、计算机学院院长冯丹以《大数据技术在国家治理中的应用》为题作报告。该期论坛由校党委统战部主办，民盟华中科技大学委员会承办。

2020年6月17日,第六期"同心·治学问道"论坛①以线上形式举行。冯丹、周华民、蔡新元、陈勇等4位同志分别结合新冠疫情期间建言献策成果,分享"战疫"心得体会。本期论坛由校党委统战部主办,学校各民主党派、统战团体协办。

2020年7月2日,第七期"华中大同心论坛"以线上形式举行。论坛由校党委统战部、复旦大学党委统战部和浙江大学党委统战部三校联合主办。校党委副书记马建辉,复旦大学党委常委、统战部部长赵东元院士,浙江大学党委常委、统战部部长楼成礼参加论坛。三校统一战线成员代表,学校二级单位党组织负责人及统战干事代表近110人参加。

2020年9月17日,第八期"华中大同心论坛"以线上形式举行。廖晖、许奕华、李晓南等3名参与医疗援疆、云南扶贫的党外知识分子代表讲述扶贫故事,抒发家国情怀。

2020年9月25日至12月25日,校党委举办党外知识分子"党史、新中国史、改革开放史、社会主义发展史"专题网络培训班。2016年以来新认定的无党派人士和新发展的民主党派成员共129人参加了培训。

2020年10月9日,为贯彻落实湖北省委关于加强和改进新时代党外知识分子思想政治工作的有关要求,校党委组织各民主党派学校委员会、统战团体代表前往汉口历史文化遗址开展"学四史"线下实践教育活动。无党派人士、人文学院夏增民结合专业研究,进行详细介绍。参观结束后,统一战线成员纷纷表示行走在这座英雄城市的老建筑中,透过沧桑的历史遗址,感受到了中国共产党的艰苦奋斗历程,也更坚定了统一战线成员不忘初心跟党走的思想自觉和行动自觉。

2020年11月5日,为贯彻落实湖北省委统一战线工作领导小组关于加强和改进新时代党外知识分子思想政治工作的有关要求,校党委制

---

① 自第七期起更名为"华中大同心论坛"

定了关于加强和改进新时代学校党外知识分子思想政治工作的实施方案，构建了校党委统一领导、统战部协调组织、相关单位密切配合、二级单位党组织齐抓共管、各民主党派学校委员会和统战团体共同参与的党外知识分子思想政治工作体系。

2020年11月6日，第九期"华中大同心论坛"举行。论坛采用线上线下相结合的方式举行，学校70余名统战成员参加论坛。刘剑峰、史岸冰、刘海霞、杨博、董凌莉等5位党外知识分子结合"完善国家创新体系，加快建设科技强国"内容，聚焦生命科技前沿，探讨学科交叉融合。论坛由校党委统战部主办，九三学社华中科技大学委员会承办。

2020年11月25日，第十期"华中大同心论坛"暨归国留学人员学术交流会召开。论坛聚焦生物医疗与工程技术的交叉融合与创新，邀请多位归国留学人员进行跨学科交流。校党委常委、副校长张新亮，校欧美同学会（留学人员联谊会）会长丁汉院士参加论坛。论坛由校党委统战部主办，校欧美同学会（留学人员联谊会）承办。

2020年12月14日，为深入学习贯彻十九届五中全会精神，学校举办第十一期"华中大同心论坛"，邀请湖北省委统战部副部长、省社会主义学院党委书记、省委宣讲团成员陈昌宏作《开启全面建设社会主义现代化国家新征程》主题报告。论坛由校党委副书记马建辉主持。

2021年3月12日，校党委举办学习贯彻《中国共产党统一战线工作条例》宣讲会暨第十二期"华中大同心论坛"。湖北省社会主义学院教研室主任王相红应邀作《新时代统一战线工作的基本遵循——〈中国共产党统一战线工作条例〉解读》主题报告。

2021年4月27日，"同心跟党走 携手共奋进"华中科技大学统一战线庆祝中国共产党成立100周年系列活动——第十三期"华中大同心论坛"暨建言献策分享会召开。鲍立泉、刘小虎、毛子骏等3名党外人士结合党史学习教育，分享建言献策心得体会。本期论坛由校党委统战部联合民建华中科技大学委员会、民进华中科技大学委员会、致公党华中科技大学委员会举办。

2021年5月18日,学校举办"同心跟党走 携手共奋进"统一战线庆祝中国共产党成立100周年系列活动——第十四期"华中大同心论坛"暨建言献策分享会。民盟华中科技大学委员会主委杨超主持会议,民盟中央2020年度反映社情民意信息工作先进个人、民盟华中科技大学委员会副主委王芙蓉,全国抗击新冠疫情先进个人、武昌区政协委员、民革华中科技大学委员会副主委马静,民建会员赵雷等3名党外人士分享了建言献策心得体会。本期论坛由校党委统战部联合民革华中科技大学委员会、民盟华中科技大学委员会、民建华中科技大学委员会举办。

2021年6月20日,"同心跟党走 携手共奋进"学党史主题实践活动暨第十五期"华中大同心论坛"在黄陂区姚家山红色教育基地举办。民主党派骨干成员、统战团体代表和校党委统战部相关人员40余人参加活动。大家先后参观了新四军第五师历史陈列馆,李先念、陈少敏等同志故居,抗战遗址三棵树。统战成员表示,在建党100周年之际,组织统一战线成员开展以中国共产党历史为重点的"四史"学习教育,寻访革命遗迹,感受红色情怀,接受革命教育很有意义,要自觉传承革命先烈爱国主义精神,坚定听党话、跟党走、与党同心奋斗;进一步认识肩负的政治责任和历史使命,不忘初心,砥砺奋进。

2021年6月20日,学校统一战线"同心跟党走 携手共奋进"
学党史主题实践活动在黄陂区姚家山红色教育基地举行

2021年6月22日,校党委召开"学条例 筑同心 共奋进"专题报告会暨第十六期"华中大同心论坛"。市委统战部副部长王磊应邀作《以习近平总书记关于加强和改进统一战线工作的重要思想为指导 深入学习贯彻〈中国共产党统一战线工作条例〉》专题报告。

2021年7月1日,校党委组织统一战线成员代表集中观看庆祝中国共产党成立100周年大会,并召开学习习近平总书记在庆祝中国共产党成立100周年大会上的重要讲话精神座谈会。座谈会上,各民主党派、无党派人士、统战团体和各级人大代表、政协委员的代表就深入学习习近平总书记在庆祝中国共产党成立100周年大会上的重要讲话谈感想、讲心得。

2021年7月12日,学校举办"同心跟党走 携手共奋进"党史学习交流会暨第十七期"华中大同心论坛"。校侨联主席、民革华中科技大学委员会主委谭必恩领学习近平总书记在庆祝中国共产党成立100周年大会上的讲话。农工党党员、市政协常委刘剑峰结合学习习近平总书记重要讲话精神,作题为《学史明志守初心 科技报国担使命》的报告。论坛由校党委统战部主办,农工党华中科技大学委员会、校侨联承办,来自7个民主党派华中科技大学委员会和校侨联的30余名成员参加。

2021年9月17日,学校举办"学党史 跟党走"党史学习交流会暨第十八期"华中大同心论坛"。陈蓉、汤绍涛、宫念樵等3名九三学社社员结合学习习近平总书记在庆祝中国共产党成立100周年大会上的重要讲话精神,分享在双岗建功中践行初心使命的心得体会。论坛由校党委统战部主办,九三学社华中科技大学委员会承办。

2021年10月9日,学校民主党派骨干成员代表就习近平总书记在纪念辛亥革命110周年大会的重要讲话发表感言。

2021年11月8日至11日,中国共产党第十九届中央委员会第六次全体会议在北京召开。学校党外人士就学习习近平总书记代表中央政治局向全会所作的工作报告发表感言。

2021年12月17日,校党委举办统一战线学习贯彻党的十九届六中全会精神宣讲会暨第十九期"华中大同心论坛"。省委统战部副部长程武应邀作《从百年奋斗重大成就和历史经验中汲取奋进力量——学习贯彻党的十九届六中全会精神》专题辅导报告。学校各民主党派、无党派人士、归侨侨眷、归国留学人员代表参加宣讲会。宣讲会由校党委副书记马建辉主持。

2022年3月9日,党委统战部撰写的《三个着力点打造"华中大同心论坛"增强党外知识分子思想政治工作实效性》在"全国高校思想政治工作网"刊登,介绍学校党委深入贯彻落实习近平总书记关于加强和改进统一战线工作的重要思想和《中国共产党统一战线工作条例》,以办好"华中大同心论坛"为抓手,创新开展党外知识分子思想政治工作的经验做法。

2022年4月1日,第二十期"华中大同心论坛"在学校统战之家召开。陈向东、袁烨、郭安源、陶光明等4名民主党派成员围绕医工、医理等多学科交叉研究工作,分享坚守教育报国初心,勇担科技创新使命的心得体会,抒发党外知识分子将个人理想追求融入国家发展大局的家国情怀。论坛由校党委统战部主办,致公党华中科技大学委员会联合民革华中科技大学委员会承办。

2022年4月17日,第二十一期"华中大同心论坛"在学校统战之家召开。颜巧元、赵雷、刘世元、韩民春等4名民建会员以被民建中央采纳的建言献策成果为例,围绕"提升建言献策质量"主题,分享结合本职工作开展建言献策,将专业优势与国家需要紧密结合,脚踏实地、学以致用地服务社会、报效祖国的经验。论坛由校党委统战部主办,民建华中科技大学委员会承办。

2022年5月11日,华中科技大学"社员之家"授牌仪式暨第二十二期"华中大同心论坛"在学校统战之家举行。九三学社湖北省委会副主委徐礼华、付文芳、陈蓉,一级巡视员应楚洲,二级巡视员、组织部部长陈建虹,校党委统战部常务副部长马彦琳以及九三学社湖北省委会机关、校党委统战部相关人员参加活动。九三学社湖北省委会专职副主委付文芳代表九三学社湖北省委会为华中科技大学"社员之家"授牌，这是九三学社湖北省委会首个基层"社员之家"。在论坛上，九三学社湖北省委会参政议政部二级主任科员林丛应邀作《发挥民主党派优势 做好参政议政工作》专题讲座，针对社情民意信息的撰写作专题辅导。

2022年6月9日，"梁亮胜侨界科技奖励基金"颁奖仪式暨第二十三期"华中大同心论坛"在学校统战之家举行。校党委统战部常务副部长马彦琳，省侨联副主席、洪山区侨联主席、校侨联主席、化学学院院长谭必恩参加活动，校侨联秘书长顾馨江主持会议。颁奖仪式结束后，谭必恩以《以史为鉴，开创未来，凝聚侨心侨力，同圆共享中国梦》为题作专题报告。

2022年6月22日，学校统一战线"喜迎二十大 同心跟党走"主题教育活动启动仪式暨第二十四期"华中大同心论坛"在学校统战之家举行。湖北省社会主义学院副院长、研究员、农工党湖北省委会副主委严炳洲作题为《矢志守正笃行 致力双岗创优》专题报告。民革华中科技大学委员会主委谭必恩、民建华中科技大学委员会主委韩民春、农工党华中科技大学委员会主委刘剑峰、致公党华中科技大学委员会主委郭安源以及学校民主党派骨干成员代表、无党派人士代表、统战团体成员代表，党委统战部全体人员参加活动。

2022年6月26日，校党委统战部联合附属协和医院党委统战部在革命老区红安举办统一战线"喜迎二十大 同心跟党走"主题教育活动暨第二十五期"华中大同心论坛"。校党委统战部、附属协和医院党委统战部，各民主党派华中科技大学委员会、统战团体成员代表以及红安县委统战部、红安县人民医院有关负责人等50余人参加活动。由附属协和医院、附属梨园医院和校医院组织成的党外医疗专家组，深入红安县开展"民盟医疗专家老区行 健康福祉惠基层"义诊活动。全体人员赴黄麻起义和鄂豫皖苏区革命烈士陵园向革命烈士敬献花篮，瞻仰烈士纪念碑，参观烈士事迹陈列馆、长胜街和董必武故居，接受革命传统教育；赴华润希望小镇了解乡村振兴示范点建设情况。

2022年6月26日,校党委统战部举办"喜迎二十大 同心跟党走"
主题教育活动暨第二十五期"华中大同心论坛"

2022年10月8日,"喜迎二十大 同心跟党走"主题教育活动暨第二十六期"华中大同心论坛"在学校统战之家举行。论坛由校党委统战部、农工党华中科技大学委员会联合举办。农工党党员学习习近平总书记在中央统战工作会议上的重要讲话精神,聚焦高水平科技自立自强、落实立德树人根本任务,开展深入交流。农工党湖北省委会副主委、华中科技大学委员会主委、生命学院院长刘剑峰,校党委统战部常务副部长马彦琳等参加活动。论坛由农工党华中科技大学委员会秘书长、生命学院蒋新农主持。论坛采用线上线下相结合的方式,近30名农工党党员参加活动。

2022年10月9日,"喜迎二十大 同心跟党走"主题教育活动暨第二十七期"华中大同心论坛"在学校统战之家举行。论坛由校党委统战部、致公党华中科技大学委员会联合举办,组织致公党党员学习习近平总书记在中央统战工作会议上的重要讲话精神,邀请党外知识分子代表讲述"我与祖国和学校共成长"心得故事,抒发与共和国同行、与新时代共进的情怀。全国政协原委员,致公党原中央常委、致公党湖北省委会原主委，物理学院姚凯伦，致公党华中科技大学委员会主委郭安源，校党委统战部常务副部长马彦琳等参加活动。论坛采用线上线下相结合的方式，由致公党华中科技大学委员会副主委、新闻学院鲍立泉主持，30余名致公党党员参加活动。

2022年10月16日，校党委组织党外各级人大代表、政协委员，民主党派、无党派人士及统战团体代表分别在梧桐语问道厅、统战之家集中收看中国共产党第二十次全国代表大会开幕会，校党委副书记马建辉参加活动。大家一致认为，习近平总书记所作的报告，举旗定向、思想深邃、气势恢宏、催人奋进。大家表示，要认真学习、深刻领会报告精神，切实把思想和行动统一到报告精神上来，落实立德树人根本任务，牢记为党育人、为国育才的初心使命，为全面建设社会主义现代化国家、全面推进中华民族伟大复兴作出更大贡献。

2022年10月23日，"学习二十大 同心跟党走"第二十八期"华中大同心论坛"暨"矢志不渝跟党走、携手奋进新时代"政治交接主题教育推进会在华中科技大学统战之家举行。学校党委联合九三学社湖北省委会主办，九三学社华中科技大学委员会承办。校党委统战部常务副部长马彦琳，九三学社省委会专职副主委付文芳，九三学社省委会副主委、机械科学与工程学院陈蓉，九三学社省委会常委、中国地质大学（武汉）地理与信息工程学院副院长王伦澈参加活动并讲话，九三学社湖北省委会相关机关处室干部、学校九三学社社员及校党委统战部全体人员通过线上线下相结合的方式参加。活动由九三学社华中科技大学委员会秘书长、材料学院李中伟主持。

2022年10月29日，"学习二十大 同心跟党走"第二十九期"华中大同心论坛"暨农工党华中科技大学委员会学习贯彻中共二十大精神专题会在学校统战之家举行。论坛由校党委统战部主办，农工党华中科技大学委员会承办。农工党湖北省委会副主委、华中科技大学委员会主委、生命学院院长刘剑峰，农工党湖北省委会组织部部长刘路、宣传部部长张妮，学校农工党党员及校党委统战部全体人员通过线上线下相结合的方式参加。论坛由农工党华中科技大学委员会秘书长、生命学院蒋新农主持。

2022年11月6日,"学习二十大 同心跟党走"第三十期"华中大同心论坛"暨民建华中科技大学委员会学习贯彻中共二十大精神专题会在学校统战之家举行。论坛由校党委统战部主办,民建华中科技大学委员会承办。民建湖北省委会副主委、华中科技大学委员会主委、经济学院韩民春,校党委统战部常务副部长马彦琳,学校民建会员及校党委统战部全体人员通过线上线下相结合的方式参加。论坛由韩民春主持。

2022年11月13日,"学习二十大 同心跟党走"第三十一期"华中大同心论坛"暨民盟华中科技大学委员会学习贯彻中共二十大精神专题会在学校统战之家举行。论坛由学校党委联合民盟湖北省委会主办,民盟华中科技大学委员会承办。民盟中央委员、湖北省委会副主委、计算机学院院长、武汉光电国家研究中心信息存储与光显示功能实验室主任冯丹,民盟湖北省委会秘书长李金玲,民盟省委会常委、民盟华中科技大学委员会主委、附属同济医院王芙蓉,校党委统战部常务副部长马彦琳,以及学校民盟盟员代表、校党委统战部全体人员通过线上线下相结合的方式参加。线上由王芙蓉主持,线下由民盟华中科技大学委员会副主委、网安学院常务副院长邹德清主持。

2022年11月20日,"学习二十大,同心跟党走"第三十二期"华中大同心论坛"暨民进华中科技大学委员会学习贯彻中共二十大精神专题会在学校统战之家举行。论坛由学校党委联合民进湖北省委主办,民进华中科技大学委员会承办。民进湖北省委副主委、武汉光电国家研究中心副主任陆培祥,民进湖北省委秘书长张琼,民进湖北省委会常委、民盟华中科技大学委员会主委、材料学院院长周华民,校党委统战部常务副部长马彦琳,学校民进会员及校党委统战部全体人员通过线上线下相结合的方式参加。论坛由民进华中科技大学委员会副主委、人工智能与自动化学院院长曾志刚主持。

2022年11月20日,"学习二十大 同心跟党走"第三十三期"华中大同心论坛"暨民革华中科技大学委员会、校侨联学习贯彻中共二十大精神专题会在学校统战之家举行。论坛由校党委统战部主办，民革华中科技大学委员会、校侨联共同承办。校党委常委、副校长解孝林，民革湖北省委会副主委、华中科技大学委员会主委、省侨联副主席、校侨联主席、化学学院院长谭必恩，校党委统战部常务副部长马彦琳，学校民革党员代表、归侨侨眷代表以及校党委统战部全体人员通过线上线下相结合的方式参加。线上由民革华中科技大学委员会秘书长、能源学院王贡主持，线下由校侨联秘书长、党委宣传部副部长顾馨江主持。

2022年11月22日，"学习二十大 同心跟党走"第三十四期"华中大同心论坛"暨致公党华中科技大学委员会学习贯彻中共二十大精神专题会在学校统战之家举行。论坛由学校党委和致公党武汉市委会联合主办，致公党华中科技大学委员会承办。校党委常委、副校长湛毅青，致公党武汉市委会副主委、网络与计算中心副主任康玲，致公党华中科技大学委员会主委、生命学院郭安源，校党委统战部常务副部长马彦琳，以及学校致公党党员代表、校党委统战部全体人员通过线上线下相结合的方式参加。论坛由致公党华中科技大学委员会副主委、武汉光电国家研究中心研究员王磊主持。

2022年12月14日，"学习二十大 同心跟党走"第三十五期"华中大同心论坛"暨华中科技大学民族团结进步促进会学习贯彻党的二十大精神专题会以线上形式召开。论坛由校党委统战部主办、校民族团结进步促进会承办，校民族团结进步促进会成员和统战部相关工作人员共计16人参加会议，大家结合工作实际围绕学习贯彻二十大精神谈学习体会，会议由校民族团结进步促进会秘书长、现代教育技术中心直属党支部书记陈小丽主持。

2023年2月8日，学校党委召开党外人士座谈会暨第三十六期"华中大同心论坛"，邀请党外人士围绕《学校2022年工作报告》和《学校2023年工作要点》谈想法、提建议、话同心、谋发展。

2023年3月5日和3月4日，第十四届全国人民代表大会第一次会议和全国政协十四届一次会议分别在北京开幕。会议期间，学校党外知识分子热切关注两会动态，围绕政府工作报告和热点话题畅谈感受和体会，表达奋进新征程的信心决心。

2023年3月6日，第三十七期"华中大同心论坛"暨"同心悦谈"秘书长联席会在学校统战之家举行。论坛由校党委统战部主办，统战部全体成员，各民主党派华中科技大学委员会、统战团体秘书长参加。与会人员在线参加了中国高等教育学会统战工作研究分会举办的第三期"团结·奋进"大讲堂，各民主党派学校委员会、统战团体总结了2022年工作，并就做好2023年工作进行了交流。

2023年4月2日，第三十八期"华中大同心论坛"在先进制造大楼东楼会议室举行。论坛由校党委统战部、民建华中科技大学委员会、机械学院党委联合举办，组织党外知识分子学习贯彻党的二十大精神、全国两会精神，结合"加快实现高水平科技自立自强"开展学科交叉交流。校党委常委、副校长、机械学院党委书记高亮，全国政协委员、民建中央委员、民建湖北省委会副主委、华中科技大学委员会主委韩民春教授；校党委统战部常务副部长马彦琳，学校民建会员代表，其他民主党派、团体代表以及校党委统战部工作人员近50人参加论坛。

2023年4月13日，校党委统战部联合校学生工作部、校团委举办民族宗教政策专题辅导报告会暨第三十九期"华中大同心论坛"，邀请《中南民族大学学报》编辑部主任、中南民族大学教授哈正利作专题辅导报告。

2023年4月26日至27日，为纪念中共中央发布"五一口号"75周年，团结引导广大统一战线成员深入学习贯彻习近平新时代中国特色社会主义思想和党的二十大精神，校党委统战部组织学校统一战线成员赴红旗渠红色教育基地开展"学习二十大 同心跟党走"主题教育活动暨第四十期"华中大同心论坛"[①]。教育活动采取专题讲座、实地参观、

---

① 自第四十一期起更名为"华科大同心论坛"

现场教学等方式进行。学校各民主党派、统战团体成员代表以及党委统战部干部近 30 人参加。

2023 年五一前夕，学校各民主党派、无党派人士代表纷纷重温"五一口号"，回顾多党合作光辉历程，表示要坚持以习近平新时代中国特色社会主义思想为指导，深入学习贯彻中共二十大精神，深刻领悟"两个确立"的决定性意义，增强"四个意识"、坚定"四个自信"、做到"两个维护"，不断增进对中国共产党领导和中国特色社会主义的政治认同、思想认同、理论认同、情感认同，进一步弘扬传承"五一口号"精神、赓续优良传统，深化政治共识，始终保持同中国共产党同心同德、团结奋斗的政治本色。

2023 年 5 月 30 日，第四十一期"华科大同心论坛"暨"同心悦谈"秘书长联席会在学校统战之家举行。各民主党派华中科技大学委员会、统战团体秘书长及统战部全体干部在线学习中央社会主义学院统战理论教研部原主任王小鸿教授讲授的《凝心铸魂强根基、团结奋进新征程——纪念"五一口号"发布 75 周年》辅导报告，重温 75 年来多党合作的光辉历史，进一步深化对我国新型政党制度的理解认识，更加坚定为全面建成社会主义现代化强国、全面推进中华民族伟大复兴而不懈努力的信心和决心。

2023 年 6 月 21 日，学校党委召开学校民主党派、无党派人士和党外知识分子"凝心聚魂强根基、团结奋斗新征程"主题教育动员会暨第四十二期"华科大同心论坛"，校党委副书记张耀作动员讲话。民革华中科技大学委员会主委、化学学院院长谭必恩，民盟华中科技大学委员会主委、附属同济医院王芙蓉，民建华中科技大学委员会主委、经济学院韩民春、民进华中科技大学委员会主委、材料学院院长周华民，农工党华中科技大学委员会主委、生命学院院长刘剑峰，致公党华中科技大学委员会副主委、新闻学院鲍立泉，九三学社社员、教育部"高校网络教育名师培育支持计划"入选者、法学院柯岚，校党外知识分子联谊会副会长、校医院副院长李晓南参加。

第一篇　华中科技大学统一战线工作概述

三、加强培养举荐

2000年9月，杨镇被聘任为湖北省政府参事，系合校后被聘任的首位省政府参事。①

2002年12月3日，九三学社第八次全国代表大会召开，郑楚光当选九三学社第十一届中央委员会常委，田玉科当选九三学社第十一届中央委员会委员。

2002年12月4日，中国农工民主党第十三次全国代表大会开幕。蒴天聪再次当选中国农工民主党名誉副主席，周宜开当选农工党第十三届中央委员会常委，刘祖黎当选农工党第十三届中央委员会委员。

2002年12月13日，民盟第九次全国代表大会召开，侯晓华当选民盟第九届中央委员会委员。

2002年12月16日，民进第九次全国代表大会召开，马业新当选民进第十一届中央委员会委员。

2002年，全年共选送党外代表人士9人次到各级社会主义学院学习、深造，取得了良好的学习效果。

2002年是武汉市、区人大及政协和民主党派湖北省、武汉市委会的换届年。在省、市民主党派的换届工作中，学校有近30人次进入了各民主党派各级组织。其中12名同志分别进入民主党派省、市委领导班子。10位同志担任区人大代表和政协委员。

2003年1月，湖北省政协第九届一次会议召开，郑楚光、周宜开当选副主席，程时杰、侯晓华、杨镇、吴人亮当选常委。同月，武汉市政协第十届一次会议召开，龚非力当选副主席，姚凯伦、吴继洲、肖鸿美当选常委。

2003年3月，全国两会相继召开。田玉科当选第十届全国人民代表大会常委会委员。郑楚光当选政协第十届全国委员会常务委员，周宜开、姚凯伦担任政协第十届全国委员会委员。

---

① 文中仅列出合校后首位省政府参事，其余省、市政府参事信息详见附录

2003年，学校分3批选送10名党外人士到中央和省、市社会主义学院学习。

2003年，民建会员、管理学院刘英姿被武汉市人民政府任命为洪山区副区长，无党派人士、电气学院赵勇被选为洪山区知识分子联谊会副会长，无党派人士、管理学院余翔在中央统战部主办的研讨会上发言。

2003年，马金城、熊蕊、赵振宇3位同志被推选为武汉市少数民族联络会领导班子成员；马金城被推选为"武汉市民族团结先进个人"。

2003年，计算机学院金海获得中央组织部、中央宣传部、中央统战部、人事部、教育部、科技部六部委授予的"留学回国人员成就奖"，并被中国侨联评为"新侨成功创业人士"称号，在人民大会堂介绍经验。

2004年，全年共选送了9位党外人士到各级社会主义学院学习。

2004年，姚凯伦当选致公党湖北省委会主委，何光源当选洪山区侨联副主席，翦天聪当选武汉市民族团结进步促进会名誉会长，马金城、赵振宇、赵元弟等同志当选武汉市民族团结促进会常务理事。

2005年，全年共选送了20多位党外人士到中央、省、市社会主义学院学习。

2005年，吴继洲当选致公党武汉市委会主委。

2006年，全年选送了20多位党外人士到中央、省、市社会主义学院学习。

2006年，侯晓华当选农工党武汉市委会主委，韩民春担任东西湖区副区长，刘志学担任武汉市政协委员，杨超当选民盟湖北省第十届委员会委员，余翔当选民革湖北省第九届委员会委员，许德胜、张东华当选民进湖北省第四届委员会委员，周敬利、李光玉当选武汉市知识分子联谊会副会长。

2007年12月，马业新当选民进第十二届中央委员会委员，周宜开当选农工党第十四届中央委员会常委，侯晓华当选农工党第十四届中央委员会委员，姚凯伦当选致公党第十三届中央委员会常委，郑楚光当选九三学社第十二届中央委员会常委,田玉科当选九三学社第十二届中央委员会委员。

2008年1月29日,湖北省第十一届人民代表大会第一次会议召开,熊蕊当选省十一届人大常委会委员。

2008年1月30日,湖北省政协第十届委员会第一次会议闭幕,学校共有18名党外人士担任省政协委员,其中郑楚光、周宜开当选副主席,吴继洲、杨镇、程时杰、余翔、杨超、陆培祥当选常委。

2008年3月,全国两会相继召开。田玉科再次当选第十一届全国人民代表大会常委会委员,郑楚光再次当选政协第十一届全国委员会常务委员,周宜开、姚凯伦再次担任全国政协第十一届委员会委员。

2009年,推荐4名党外人士参加中央社会主义学院学习;6名党外人士参加湖北省社会主义学院学习。

2010年,学校举办统战成员培训班,邀请湖北省政协副秘书长、民盟湖北省委会副主委王耀辉为统战成员作报告。选送统战成员参加中央和省、市社会主义学院学习培训。4名党外人士参加中央社会主义学院骨干培训班学习、16名民主党派成员参加省、市社会主义学院新成员培训班学习。

2011年12月5日至6日,湖北省伊斯兰教协会第五次代表会议召开。王小平当选省伊斯兰教协会第五届委员会常委兼副秘书长,赵元弟当选委员。

2011年12月,武汉市各区人大、政协相继完成换届,学校共有9人当选新一届区人大代表,18人担任新一届区政协委员。

2011年,认真学习宣传和贯彻落实《2010—2020年党外代表人士教育培训改革和发展纲要》,会同组织部共同制定党外代表人士教育培训中长期规划,有计划、有重点地开展党外干部后备人选的培训,选派冯丹参加中央社会主义学院举办的骨干盟员学习班学习,选派刘剑峰参加市委统战部在武汉市社会主义学院举办的无党派骨干学习班学习。

2012年1月10日,武汉市第十三届人民代表大会第一次会议胜利闭幕，刘英姿当选武汉市人民政府副市长。

2012年1月，武汉市第十三届人大一次会议和政协武汉市第十二届一次会议闭幕，17人担任新一届市人大代表和政协委员。6人当选市人大代表，其中常委会委员2人；11人担任市政协委员，其中副主席1人，常务委员1人。

2012年，推荐12名民主党派中青年骨干成员入围湖北省委"年轻干部成长工程"，6人参加首批培训。入围人数和参加培训人数均居全省高校首位。

2012年12月，冯丹当选民盟第十一届中央委员会委员，侯晓华、熊承良当选农工党第十五届中央委员会委员，田玉科当选九三学社第十三届中央委员会常委。

2013年3月，全国两会相继召开。冯丹、刘英姿当选第十二届全国人民代表大会代表，田玉科当选政协第十二届全国委员会常务委员。

2013年6月，冯丹、刘炜分别赴武汉东湖高新区管委会及黄冈市挂职。

2013年，选派10多名统一战线成员到中央和地方社会主义学院学习。

2014年，冯丹参加中央统战部举办的民主党派中青年干部培训班，13名民主党派骨干和无党派人士参加省委统战部组织的各类培训班，推荐陆培祥、余翔2名民主党派骨干到地方挂职锻炼，推荐袁小明教授担任省知联会副会长。

2015年，选派22名民主党派中青年骨干、无党派人士参加中央统战部及省、市社会主义学院培训。陈蓉参加中央统战部第二期归国留学人才研修班，陈先红参加中央统战部第八期党外知识分子信息联络员培训班。

2015年，认真贯彻落实校党委关于加强新形势下党外代表人士队伍建设的有关文件精神，推荐陈立波、董海、刘小虎等6名优秀党外干部到湖北省党外人才培养基地和武汉市挂职。

2016年，选派冯丹、陈相松等11名党外人士参加省委统战部及省、市社会主义学院学习培训；组织党外人士参加全国两会精神传达会、学校十八届六中全会精神报告会、学校统一战线情况通报会等；加强党外代表人士队伍建设，选派吴云霞、王学仁、王文清、马静等党外人士在武汉市相关城区进行为期一年的全脱产挂职，挂职人数居全省高校之首；协助校党委向有关部门举荐党外人才。推荐11名党外人士为省欧美同学会理事人选，其中1人为副会长人选，3人为常务理事人选。

2017年，选派陈静、荆涛、鄢之、徐清飞等4名党外人士在武汉市相关城区挂职，推荐毛靖等11名党外人士参加中央、省、市、区统一战线各类培训。

2017年，协助推荐考察7名党外代表人士担任民主党派湖北省委会及武汉市委会副主委、主委。分别是：民盟湖北省委会副主委杨超、民建湖北省委会副主委韩民春、民进湖北省委会副主委陆培祥、农工党湖北省委会副主委侯晓华、缪小平，农工党武汉市委会主委侯晓华，致公党武汉市委会副主委康玲。

2017年12月，侯晓华当选农工党第十六届中央委员会委员，冯丹当选民盟第十二届中央委员会委员，余翔当选民革第十三届中央委员会委员。

2018年1月，湖北省伊斯兰教协会第六次代表会议召开，会议选举产生了第六届理事会。王小平当选常务理事兼副秘书长，赵元弟当选理事。

2018年3月，全国两会相继召开。冯丹当选第十三届全国人民代表大会代表，鲁友明当选政协第十三届全国委员会委员。

2018年，选派陈绪刚、马婧薇等2名党外人士在武汉市相关城区挂职，推荐舒晓刚等12名党外人士参加中央和地方统一战线各类培训。

2019年，党外人士方海生、宫念樵作为湖北省委组织部"十个一批"挂职干部分别挂职担任安陆市副市长、恩施州卫健委副主任。推荐唐江等 8 人参加中央、省、市各类培训。

2020 年，王文清等 21 名党外人士参加中央和地方统一战线各类培训，其中周华民等 15 人参加民主党派省级代表人士培训班。

2020 年 7 月 16 日，洪山区第四届归侨侨眷代表大会在洪山区政府会议中心召开，谭必恩当选洪山区第四届侨联主席。

2020 年 8 月，推荐朱良如、马静参加中央统战部在青海省、吉林省举办的归侨侨眷知识分子国情考察活动。

2020 年 12 月 18 日，武汉欧美同学会（武汉留学人员联谊会）第三次会员代表大会在市政府礼堂召开，机械学院丁汉院士当选武汉欧美同学会（武汉留学人员联谊会）第三届理事会会长。

2021 年，冯丹、黄昆、谭必恩、韩民春等 4 名民主党派骨干成员参加全省民主党派骨干成员培训班。选派陈炜等 6 名无党派人士参加全省无党派人士理论培训班以及党史学习教育宣讲培训。推荐谭必恩挂职省侨联副主席。

2021 年，协助推荐考察谭刚毅等 35 名市、区级党外人大代表、政协委员人选。截至 2022 年 1 月，1 人当选市人大代表，15 人担任市政协委员，6 人当选区人大代表，14 人担任区政协委员。

2022 年 12 月，各民主党派陆续召开全国代表大会，选举产生了新一届中央委员会，学校 4 名民主党派成员当选民主党派中央委员。舒晓刚、王芙蓉当选民盟第十三届中央委员会委员，韩民春当选民建第十二届中央委员会委员，刘剑峰当选农工党第十七届中央委员会委员。

2022 年，协助推荐考察 7 名党外代表人士担任民主党派湖北省委会及武汉市委会副主委、主委。分别是：民革湖北省委会副主委谭必恩、民盟湖北省委会副主委冯丹、民建湖北省委会副主委韩民春、民进湖北省委会副主委陆培祥、农工党湖北省委会副主委刘剑峰、九三学社湖北省委副主委陈蓉，民盟武汉市委会主委舒晓刚、农工党武汉市委会主委缪小平、致公党武汉市委会副主委康玲。选派谭必恩、刘剑峰、陈蓉参加湖北省民主党派领导干部培训，选派梁杰俊一参加第 23 期全省无党派人士理论培训班。选派少数民族辅导员艾孜提艾力·库尔班参加武汉市第十一期少数民族人士培训班。积极向省委统战部推荐民主党派省级层面代表人士。

2023年1月，湖北省第十四届人民代表大会第一次会议和政协湖北省第十三届委员会第一次会议召开。学校18名党外人士担任新一届省人大代表和政协委员。4人当选省人大代表，其中余翔、谭必恩、陆培祥当选常委会委员；14人担任省政协委员，其中王芙蓉、刘剑峰、陈向东、宫念樵、邓世名为常务委员。

2023年1月，同济医学院副院长、附属协和医院主任医师舒晓刚教授（民盟中央委员、湖北省委会副主委、武汉市委会主委），经济学院韩民春教授（民建中央委员、湖北省委会副主委、华中科技大学委员会主委）担任中国人民政治协商会议第十四届全国委员会委员。

2023年3月，民盟湖北省委会副主委、计算机学院院长、武汉光电国家研究中心信息存储与光显示功能实验室主任冯丹教授当选第十四届全国人民代表大会代表。

2023年3月，陈蓉挂职武汉市科技局副局长。

2023年4月，选派徐清飞参加全省党外知识分子代表人士学习贯彻党的二十大精神专题研讨班培训。

2023年5月，选派毛子骏参加高校党外代表人士培训班。

2023年5月，湖北省伊斯兰教协会第七次代表会议召开，会议选举产生了湖北省伊斯兰教协会第七届理事会，赵元弟当选常务理事兼副秘书长。会议成立了湖北省伊斯兰教协会监事会，王小平当选第一届监事会副监事长。

四、支持双岗建功

2000—2001年，学校召开6次"双月座谈会"，邀请党外人士就加快学校的实质性融合、贯彻实施学校的三个发展规划、坚持国际化的发展方向以及教学、科研、学科建设、人才战略的实施、学生工作、后勤工作等提出意见建议。

2001年,农工党华中科技大学委员会获农工党中央"基层组织建设优秀奖"。①

2002年3月20日,校党委邀请各级人大代表、政协委员和学校各民主党派的负责人,就学校"国际化发展战略"问题听取意见。

2002年6月27日,校党委召开"双月座谈会",邀请各级人大代表、政协委员、各民主党派负责人就学校人才考核、培养和引进工作听取意见。校党委副书记刘献君主持座谈会。人事处、党委统战部负责同志参加会议。党外人士围绕人才战略,结合学校实际,提出了许多建设性意见。

2003年5月15日,校党委召集民主党派、侨联、党外知识分子代表等20余位同志,就学校教学工作征求意见。

2003年11月28日,校党委召开党外人士"双月座谈会",就学校即将出台的《华中科技大学实施教师聘任制暂行办法》征求党外人士意见。全国政协常委、湖北省政协副主席郑楚光,武汉市第十届人大常委会委员、致公党华中科技大学总支委员会主委、同济医学院曾仁端,湖北省政协委员、民盟华中科技大学委员会主委、管理学院欧阳明德等20余位党外人士参加了座谈会。2003年以来,校党委召开5次"双月座谈会",分别就学校的教学、作风建设、人事工作、学校发展等方面工作进行了深入讨论,提出了意见建议。

2003年,在抗击"非典"中,周宜开、龚非力、唐非等党外知识分子发挥学科综合优势,积极参与"非典"防治攻坚战。4月29日,同济医学院成立了"非典型肺炎"防治科技攻关专家组,武汉市政协副主席、农工党湖北省委会副主委、基础医学院龚非力担任组长。龚非力还为学校师生和武汉市有关部门作了多场讲座。公共卫生学院院长、博

---

① 本章仅列举各民主党派华中科技大学委员会及其成员所荣获全国、党派中央的奖项,其他获奖情况详见各党派相关章节

士生导师周宜开担任武汉市"非典"防治信息组负责人,唐非被抽调到科技部"非典"科技攻关领导小组办公室工作。

2003年,农工党华中科技大学委员会被农工党中央评为"抗击非典"先进集体。

2003—2004年,师洪被农工党中央评为"社会服务工作先进个人"。

2004年3月9日,校党委召集民主党派、侨联、少数民族联谊会、党外知识分子代表等15位同志,就后勤工作征求意见。

2004年6月23日,校党委召开各民主党派、侨联、少数民族和无党派人士等各方面代表同志参加的"双月座谈会",就学校的人才队伍建设展开讨论。校党委副书记刘献君主持会议,人事处、党委统战部等有关部门的负责同志参加了会议。

2004年,农工党华中科技大学委员会被农工党中央评为"2003—2004年度社会服务工作先进集体"。

2005年4月6日,校党委召开"双月座谈会"。此次会议的主题是"大力加强教学工作,切实提高教学质量"。各民主党派、侨联、少数民族联谊会、教务处、统战部、研究生院等有关单位负责人参加了座谈。校领导李培根、冯向东、刘献君、王乘参加了座谈会。

2006年9月,曾仁端被评为致公党中央"先进个人"。

2006年,农工党华中科技大学同济医学院支部被农工党中央评为"2005—2006年度社会服务工作先进集体"。

2007年1月,电气学院党外代表人士、湖北省政协常委程时杰课题组获得国家科技进步奖二等奖。

2007年6月8日,校党委围绕"开展教育思想大讨论,全面实施本科教学质量工程"这一主题召开双月座谈会,校长李培根、校党委副书记刘建凡参加会议。与会代表针对本科教学中存在的问题以及全面实施本科教育质量工程提出意见和建议。

2007年8月29日,曾仁端撰写的《关于加强科研经费管理工作的建议》作为致公党湖北省委会的提案,在湖北省政协九届五次会议上提出后，得到国家有关领导人的批示。

2007年11月30日，"大力发展县域经济，促进城乡协调发展"全国县域经济专题研讨会在湖北举行。全国人大常委会副委员长、民建中央主席成思危出席并讲话，韩民春在研讨会上作专题报告。

2007年，全国政协常委、省政协副主席、九三学社湖北省委会主委郑楚光提出的《行政成本的信息公开与监督》和《调整人大代表比例结构是当前民主政治进程的当务之急》提案，被九三学社中央提交至政协全国大会，受到国家和政府相关部门高度重视。全国人大常委会委员、九三学社湖北省委会副主委、省妇联副主席田玉科针对老百姓看病难、看病贵的问题提出了《建立医药分离制度》《任何药品生产、销售企业都不得委派药品推销的中介商或推销员到医疗机构向医务人员直接推销药品》《农村卫生队伍建设刻不容缓》等提案得到了政府有关部门的高度重视。农工党湖北省委会主委周宜开等撰写的《丹江口库区水资源保护》提案，受到国家相关部门高度重视。

2007—2008年，牟中新被农工党中央评为"抗震救灾先进个人"。

2008年5月12日汶川地震后，学校统一战线成员以不同的方式支援灾区，奔赴灾区，积极救治伤员，捐款捐物，关心灾区人民。学校各民主党派成员共捐款20余万元，归侨侨眷踊跃捐款捐物，向受灾地区的群众送去问候和爱心，受到湖北省侨联的肯定和表彰。民进华中科技大学委员会同济医院支部被民进湖北省委会评为"抗震救灾先进集体"。

2008年，民建华中科技大学总支委员会荣获民建中央"2007年度组织建设先进支部"。

2008年，农工党华中科技大学委员会被农工党中央评为"抗震救灾先进集体"。

2009年1月，在政协湖北省十届二次会议上，省政协常委余翔《关于湖北省专利（知识产权）信息服务平台建设》的提案，被评为"湖北省政协优秀提案"。

2009年4月14日，校党委召开党外人士座谈会。校党委副书记欧阳康代表校党委通报了学习实践科学发展观活动第一阶段工作情况及初步想法，认真听取了党外代表人士对学校开展学习实践活动、促进科学发展的意见和建议。

2009年7月27日，武汉市人民政府参事建议（2009年第11期）刊登市政府参事郑友德《关于强化对预付费消费卡综合监管的建议》。

2009年9月，九三学社社员，附属同济医院教授、主任医师，护理系系主任毛靖荣获"全国三八红旗手"。

2009年，在学校开展的"我为学校科学发展献一策"活动中，民革党员周日平、民建会员颜巧元、民进会员许德胜、致公党党员曾仁端等提出的建议被校报《我为学校科学发展献一策》专栏采用，颜巧元等荣获学校"优秀建言献策"奖。民盟李柱、周敬宣、王晓瑜三位盟员提出的"生态文明校园建设设想"受到校领导高度重视，该提案成为学校2009年至2010年"公德长征"重要内容。

2009年，黎宁被农工党中央评为"抗震救灾优秀党员"。

2010年，周井炎被评为九三学社中央"优秀社员"。

2010年，余翔获"民革全国基层工作先进个人"。

2010年，民盟盟员杨超带领省民盟教育委员会赴鄂州调研城乡教育均衡发展问题，调研成果形成提案提交湖北省政协全会。民建会员韩民春的提案，被湖北省政协评为2010年度优秀提案，并获省委主要领导批示。民进会员许德胜关于喻家湖治污的建议引起媒体关注和政府重视，"现在新闻网"、《武汉晚报》、湖北电视台"新闻360"、《楚天都市报》、武汉电视台"都市写真"等都对此建议进行了报道。

2010年，玉树地震发生后，学校统一战线立即响应学校和各民主党派湖北省委会号召，多次为玉树灾区捐款。据不完全统计，学校各民主党派通过学校和各民主党派省委会捐给灾区5万余元。

2010年4月18日，校党委举行民主党派及无党派人士双月座谈会，就"如何加强党外干部的培养，更好发挥党外干部的作用"听取党外人士的意见。校党委书记路钢、常务副书记冯友梅、副书记刘建凡参加会议。党外人大代表、政协委员，民主党派负责人，侨联、少数民族联谊会负责人，以及学校办公室、组织部、宣传部、人事处、研究生院、科发院负责人参加座谈。

2010年10月18日，校党委召开党外人士双月座谈会，通报学校近期情况，听取党外人大代表、政协委员、政府参事、民主党派负责人和无党派人士的意见和建议。校党委书记路钢、校长李培根、校党委常务副书记冯友梅参加座谈，校党委副书记欧阳康主持会议。

2011年2月28日，武汉市首次"无党派人士活动日"在生命学院举行。本次活动主要围绕"提高东湖新技术开发区对外开放度，加快生物技术产业发展"主题开展交流座谈。生命学院副院长、无党派人士刘剑峰就《提高东湖新技术开发区对外开放，加快生物技术产业发展》作主题发言。这次活动，加强了无党派人士之间的联系与沟通，无党派人士围绕市委、市政府的重大决策部署和重要改革措施，建言献策，提出了很多建设性意见，得到了市委统战部等领导的高度评价。

2011年12月26日，校党委召开党外人士座谈会，通报学校下一阶段发展思路，以及近年主要工作情况，并听取校民主党派负责人和党外各级人大代表、政府参事、政协委员的意见和建议。校党委书记路钢、校长李培根、校党委副书记欧阳康、副校长段献忠参加会议。

2011年，余翔获"民革全国参政议政工作先进个人"。

2011年，在全国、省、市两会上，学校党外人大代表、政协委员围绕科学发展这个主题和转变经济发展方式这个主线积极建言献策，得到各级人大、政府、政协的高度关注。全国政协委员、湖北省政协副主席郑楚光在全国政协十一届四次会议的大会发言中呼吁树立忧患意识，大力宣传营造节约型社会氛围；全国政协委员、省政协副主席周宜开建议"十二五"期间加快发掘利用民间中医药资源，进一步发挥其保障人民健康和促进地方经济发展的作用；湖北省政协常委余翔建言"发挥物联网相关技术优势，抢占产业制高点"；武汉市政协常委周敬宣通过政协武汉市第十一届第五次会议围绕武汉文化建设和"两型社会"建设等主题提出多个提案。

2012年3月15日，学校对口支援来凤工作领导小组第二次工作会议召开，校党委副书记欧阳康参加会议并讲话。会议研究部署了学校2012年对口支援的工作计划和实施方案，进一步明确了"616"工程[①]对口支援的各项具体工作安排和进度。2012年，统战部全力组织帮扶工作。一是组织教授为该县发展提供智力支持。组织多批教授为该县乡局级以上干部和乡镇企业负责人举行辅导报告8次、专题讲座16次，累计培训5000余人次。二是组织医疗专家在来凤县开展医疗服务等系列活动，免费为当地培训医生100余人次，免费提供医疗服务1000余人次。三是组织学校和社会力量开展捐赠活动。共计捐赠价值80万元物资和300台套计算机。

2012年6月21日，中国侨联组织的"健康光明行"活动启动仪式在宜昌市中心医院隆重举行。九三学社社员刘海霞等5位附属协和、同济医院的专家分别在宜昌和宜都为237名贫困白内障患者实施了复明手术，其中年龄最大的94岁，最小的51岁。

2013年1月23日，学校召开"616"工程对口支援来凤工作会议。学校相关院系部门领导及教授与来凤县领导及各部门负责人进行了积极的对话交流，双方当场签署合作协议三项。会议由校党委统战部副部长邓建平主持，校长助理袁汉桥、生命学院党委书记耿建萍、化学学院院长解孝林、远程学院院长张国安参加会议。

2013年1月31日，党委统战部组织民革、民进、农工党、九三学

---

① "616"工程是指根据2006年湖北省委、省政府《关于进一步加强民族工作加快少数民族和民族地区经济社会发展的若干意见》要求，决定在湖北省民族地区实施"616"工程，进一步加大对民族地区扶贫开发力度。华中科技大学是"616"工程对口帮扶来凤县的单位之一，对口帮扶来凤县领导小组办公室设在统战部，副部长邓建平担任办公室主任。

社等民主党派成员代表，无党派人士代表就"加强生态环境保护，推进生态文明建设"议题召开座谈会。

2013年3月5日，在"三八"国际劳动妇女节即将来临之际，校党委统战部组织女性党外代表人士召开座谈会，了解她们的工作、思想动态，并致以节日问候。

2013年3月20日，校党委统战部召开归国留学人员座谈会。统战部、人事处等单位负责人与学校归国留学人员代表围绕留学人员工作上取得的成绩、面临的困难、进一步发挥作用的建议等开展了互动交流。

2013年，按照省委统战部要求，在学校党外知识分子中开展"爱献做"主题活动，激励党外人士立足本职岗位努力发挥作用。致公党党员曾仁端关于"改革医学教育化解医科大学生高转学率问题"的建议受到国家相关部门高度重视，国务院领导对改革医学教育制度做出了重要批示。

2013年，贯彻落实省委统战部关于组织"同心·院士专家服务团"服务民企活动的通知精神，认真开展组织协调工作，两次组织专家到襄阳参加科技服务民企活动。7月2日，在湖北省"同心院士专家服务团"服务民营企业活动启动仪式上，省委常委、统战部部长张岱梨向学校张晓昱、刘胜、苏莉等12位专家颁发聘书，张晓昱任副团长。学校党外代表人士程时杰院士领衔的专家服务团帮助襄阳万洲电气公司开发出"配网智能优化节电系统"等多项高效节能产品，为提高企业创新能力和地方经济社会发展做出了突出贡献，受到省委统战部的高度赞扬。

2014年1月10日，中共中央、国务院在北京举行2013年度国家科学技术奖励大会。民进会员、自动化学院曾志刚参加并完成的"基于演化过程的滑坡地质灾害防控技术与应用"获国家科技进步奖二等奖。

2014年3月20日，省政府参事、无党派人士龚朴获评湖北省"2013年度先进参事"，同时获得"参政建议奖"二等奖。

2014年3月20日，学校组织民主党派、无党派人士代表围绕《华中科技大学章程（征求意见稿）》召开座谈会。校长助理许晓东主持座谈会。许晓东从章程编制过程、章程体例和章程特点三个方面对章程编制情况进行了说明。与会人员从加强学校规范管理、促进学校科学发展出发，围绕此章程中九个章节的相关内容，重点对学校办学理念、治理结构、办学重心下移和理顺外部关系等问题进行讨论，提出意见和建议。

2014年4月23日，2014年省"616"工程对口支援来凤县现场工作会议在恩施州来凤县召开。校长助理袁汉桥和校支援来凤工作领导小组办公室主任、统战部副部长邓建平参加会议。

2014年9月，民盟华中科技大学委员会被民盟中央授予"先进基层组织"称号。

2014年9月11日至14日，学校与省外侨办共同组织"侨爱工程——送温暖医疗队"，赴黄冈开展义诊活动。医疗队由附属协和医院、同济医院、梨园医院9名专家组成，先后来到黄冈市团风县陈策楼镇、浠水县绿杨乡和洗马镇开展义诊，共接诊患者近2000人。医疗队受到了当地党政领导和广大群众的热烈欢迎，得到社会各界的高度赞扬。

2014年11月，许德胜被民进中央评为"民进全国组织建设先进个人"。

2014年，学校党外代表人士获得国家科技奖3项，郑楚光获国家自然科学奖二等奖，冯丹获国家技术发明奖二等奖，曾晓雁获国家科技进步奖二等奖。

2015年3月，九三学社华中科技大学委员会获评九三学社中央"全国优秀委员会"，毛靖获评九三学社中央"全国优秀社员"，臧春艳获九三学社中央"九三学社建社七十周年征文大赛一等奖"。

2015年3月6日，党委统战部召开庆祝三八妇女节暨党外人士座谈会，20余名女性代表人士参加会议。

2015年4月1日，党委统战部召开党外青年骨干座谈会，学校民主党派和无党派人士青年骨干共计20余人参加会议。湖北省政协常委、民进华中科技大学委员会主委、物理学院院长陆培祥受邀作题为"坚定信念、诚心履职"的报告，与会人员围绕主题进行讨论。

2015年4月，民盟华中科技大学委员会被民盟中央授予"基层组织建设先进基层组织"称号。

2015年9月18日至21日，来自附属协和医院、同济医院、梨园医院和校医院的10名侨界医疗专家，在省外侨办国内侨务处处长杨一、校党委统战部部长李新主的带领下，组成"侨爱医疗队"，奔赴潜江、天门、应城开展义诊活动。

2015年10月20日，省政协常委、民进华中科技大学委员会主委、物理学院陆培祥当选美国光学学会会士。

2015年11月5日和11月17日，校党委两次召开《华中科技大学"十三五"发展规划》党外代表人士征求意见座谈会，听取党外人士对学校"十三五"发展规划的意见和建议。校长丁烈云、副校长陈建国参加座谈会。

2015年12月17日，校党委召开"征求党外代表人士对学校领导班子及班子成员意见和建议座谈会"，为开好2015年度学校领导班子"三严三实"专题民主生活会广泛征求意见。

2015年，学校把做好对口帮扶工作作为落实党中央关于精准扶贫工作文件精神的具体行动。落实对口支援来凤县"616"工程2015年工作计划，帮助开发区编制完成总体规划和产业发展规划工作；组织化学学院教师团队帮助来凤县腾升香料公司开展技术改造工作，完成发明专利一项；协助生命科学学院专家教授做好与凤雅藤茶公司技术转让事宜；协助选派20名研究生到来凤县开展支教团和志愿者工作等，为促进来凤县教育、科技和经济发展做出了积极的贡献。

2016年5月，湖北省参事室对2015年度为全省经济社会发展做出突出贡献的省政府参事进行了表彰。无党派人士龚朴、九三学社省委会常委易继林均获得"参政建议奖"二等奖。

2016年6月15日，学校召开第四次党代会党委工作报告征求党外人士意见座谈会。校党委常务副书记丁汉初主持会议。9名党外人士结合各自的工作体会，就学校在人才培养、体制机制、社会服务、内涵发展等方面的工作提出了意见和建议；并就党代会工作报告（征求意见稿）相关内容提出了修改建议。

2016年11月，民盟华中科技大学委员会被民盟中央授予"坚持和发展中国特色社会主义实践活动先进集体"称号。

2017年2月28日，第13届中国青年女科学家奖颁奖典礼在北京举行，10位卓越女科学家获"中国青年女科学家奖"。无党派人士、市政协委员王琳获"中国青年女科学家奖"。

2017年4月，谭必恩获"民革全国组织建设工作先进个人"。

2017年5月，83岁高龄的曾仁端长期坚持参政议政，结合医学专业特点开展社会调研，撰写调研报告，由其撰写的社情民意信息《关于实施"全面二孩"应做好配套准备工作的建议》被致公党中央采用。

2017年5月，农工党华中科技大学委员会被农工党中央评为"中国农工民主党坚持和发展中国特色社会主义学习实践活动优秀基层组织""中国农工民主党开展坚持和发展中国特色社会主义学习实践活动组织建设工作先进集体"。

2017年9月，许德胜被民进中央评为"民进坚持和发展中国特色社会主义学习实践活动先进个人"。

2017年11月，民进华中科技大学委员会副主委曾志刚入选全球2017年"高被引科学家"。

2017年11月，省政协委员、民革华中科技大学委员会主委谭必恩入选英国皇家化学学会会士。

2017年11月，陈立波被农工党中央评为"开展坚持和发展中国特色社会主义学习实践活动先进个人"；王文清被农工党中央评为"开展坚持和发展中国特色社会主义学习实践活动优秀党员"。

2018年1月8日，湖北省政协委员、无党派人士李红斌等完成的"强电磁环境下复杂电信号的光电式测量装备及产业化"项目获国家科技进步奖二等奖。

2018年1月19日，学校召开党外人士座谈会，通报学校重点工作，听取党外人士的意见和建议。校党委书记邵新宇、校长丁烈云、校党委常务副书记丁汉初参加会议。

2018年1月，民盟华中科技大学委员会被民盟中央授予"思想建设与宣传工作先进集体"称号。

2018年5月，王文清被农工党中央评为"优秀党员"。

2019年1月3日，学校召开党外人士座谈会，向各级人大代表和政协委员、民主党派、无党派人士代表通报学校2018年重要工作并听取意见和建议。校长李元元参加会议并讲话，校党委副书记马建辉主持会议。

2019年3月，周华民被民进中央授予"民进全国组织建设先进个人"。

2019年6月23日，校党委召开"不忘初心、牢记使命"主题教育党外人士座谈会，听取党外人士对促进学校改革、发展、稳定等方面的意见和建议。

2019年11月，余翔获全国第一届"民革榜样人物"提名。

2019年12月，喻银燕被评为致公党中央"优秀党员"。

2020年1月6日至10日，政协武汉市第十三届委员会第四次会议和武汉市第十四届人民代表大会第五次会议召开。学校党外市人大代表、政协委员认真履行职责，围绕建设"三化"大武汉和国家中心城市积极建言献策。

2020年1月11日至17日，政协湖北省第十二届委员会第三次会议和湖北省第十三届人民代表大会第三次会议召开。学校省级党外人大代表、政协委员认真履行职责，积极建言献策。

2020年2月17日，中共中央统战部副部长邹晓东向省人大代表、民进华中科技大学委员会主委、材料学院院长周华民发来贺信，祝贺其团队完成的"塑料注射成形过程形性智能调控技术及装备"荣获2019年度国家科技进步奖二等奖。

2020年3月，湖北省人大常委会办公厅给学校发来信函，肯定余翔（省人大常委会委员）、杨超（省人大常委会委员）、周华民（省人大代表）等3名党外人大代表积极履职。

2020年4月，华中科技大学收到武汉市新冠肺炎疫情防控指挥部发来的感谢信，感谢学校对武汉疫情防控工作给予的帮助和支持，同时特别感谢部分教师围绕疫情防控、企业复工复产等重大问题提出的大量宝贵意见和建议，以实际行动支援武汉打赢疫情防控阻击战。其中，民进华中科技大学委员会主委周华民、九三学社社员陈勇、民进会员毛子骏等3名民主党派成员受表扬。

2020年7月22日，湖北省政协召开"完善人才发现、培养、激励机制，加强重点产业人才队伍建设"月度专题协商会。省政协委员、无党派代表人士邓世名，省政协委员、民革华中科技大学委员会主委谭必恩在会上积极建言。

2020年7月，湖北省人大常委会委员，民革中央委员、民革湖北省委会副主委余翔当选欧洲科学院院士。

2020年，面对突如其来的新冠疫情，各民主党派华中科技大学委员会及其成员在校党委领导下，深入学习贯彻习近平总书记重要讲话、重要指示精神，众志成城，同心抗疫，涌现出一批先进集体和先进个人。民革华中科技大学委员会、民盟华中科技大学委员会、民建华中科技大学委员会同济校区总支、民进华中科技大学委员会、农工党华中科技大学委员会同济支部、农工党华中科技大学委员会协和支部、致公党华中科技大学委员会协和支部、九三学社华中科技大学委员会分别被所在党派中央授予抗击新冠疫情先进集体，马静等98名党派成员荣获党派中央、省委会表彰。

2020年9月8日，全国抗击新冠疫情表彰大会在北京人民大会堂隆重举行。陈立波、赵建平、马静等3名党外人士荣获全国抗击新冠疫情先进个人称号。

2020年9月，民盟中央对在盟务工作中表现突出的先进基层组织进行表彰，民盟华中科技大学委员会被评为"盟务工作先进基层组织"。

2020年11月，民革华中科技大学委员会被民革中央授予"民革中央抗击新冠肺炎疫情先进集体"。

2020年11月8日,民盟华中科技大学委员会被授予"中国民主同盟抗击新冠肺炎疫情先进集体"荣誉称号,王芙蓉等9名盟员获"中国民主同盟抗击新冠肺炎疫情先进个人"荣誉称号。

2020年11月,王文清被农工党中央评为优秀党员;房明浩、曹卫、杨霞被农工党中央评为"抗击新冠肺炎疫情先进个人"。

2020年11月,九三学社华中科技大学委员会被授予"九三学社抗击新冠肺炎疫情先进集体";宫念樵获评"九三学社抗击新冠肺炎疫情先进个人",申铭等14名社员获评"九三学社抗击新冠肺炎疫情湖北抗疫一线优秀社员"。

2020年11月,学校与省外侨办共同组织两支"侨爱工程——送温暖医疗队",先后到黄冈市的黄州区、团风县和孝感市的孝昌县、安陆市等地为偏远农村群众开展义诊活动。附属协和医院、同济医院、梨园医院的17名专家参与了此次活动。

2020年12月1日,民建华中科技大学委员会同济校区总支荣获民建中央"抗击新冠肺炎疫情先进集体",民建会员王超等10名一线医务人员荣获"抗击新冠肺炎疫情先进个人"。

2020年12月2日,民进华中科技大学委员会被授予"民进全国抗击新冠肺炎疫情先进集体",许德胜、张东华、邓云华等3名会员荣获"民进全国抗击新冠肺炎疫情先进个人"。戴洁被评为"民进全国履职能力建设先进个人"。

2020年12月,农工党华中科技大学委员会同济医院支部、协和医院支部分别被农工党中央授予"抗击新冠肺炎先进集体"。

2020年12月17日,致公党华中科技大学委员会协和支部被授予"致公党抗击新冠肺炎疫情先进集体",陈向东、童巧霞、喻银燕等3名党员获"致公党抗击新冠肺炎疫情先进个人"。

2021年1月8日,学校召开党外人士座谈会,就《学校工作报告》《学校2020年财务工作报告》《学校2021年工作要点》听取党外人士意见和建议。校党委书记邵新宇、校党委副书记马建辉参加座谈会。党外人士围绕完善全面发展人才培养体系、深化高水平师资队伍建设、提升科技创新和社会服务能力、加强党外代表人士队伍建设等提出意见建议。

2021年1月8日，校侨联被评为"全国侨联系统抗击新冠肺炎疫情先进集体"，王红、张勇、王秀萍3人被评为"全国侨联系统抗击新冠肺炎疫情先进个人"。[①]

2021年4月，王芙蓉获评"民盟中央2020年度反映社情民意信息工作先进个人"。

2021年5月25日，校侨联主席、省侨联副主席谭必恩在全国高校侨联建设工作经验交流会上作《加强党的领导　汇聚侨心侨力》交流发言。

2021年5月，许德胜、张东华被民进中央评为"民进全国社会服务暨脱贫攻坚工作先进个人"。张东华一项研究成果获民进中央"民进全国社会服务暨脱贫攻坚工作优秀成果"。

2021年6月，在中国民主同盟成立80周年之际，冯丹入选民盟中央"杰出盟员"。

2021年9月13日，省政协委员、九三学社社员、校欧美同学会（留学人员联谊会）秘书长、机械学院陈蓉获第三届"科学探索奖"。

2021年9月和12月，学校与省外侨办共同组织两支"侨爱工程——送温暖医疗队"，分别赴宜昌和黄冈开展义诊活动。

2021年12月4日，在第八届中国全科医学大会、中华医学会全科医学分会年会上，无党派人士、校党外知识分子联谊会副会长、校医院副院长李晓南获"2021年度吴阶平全科医生奖"。

2021年12月，民进华中科技大学委员会被民进中央评为"民进全国反映社情民意信息工作先进集体"。

2021年12月23日，学校召开党史学习教育评估座谈会，听取党外人士对学校党史学习教育的意见建议。7个民主党派学校委员会和4

---

① 本章仅列举学校侨联及其成员所荣获全国奖项，其他获奖情况详见第三篇第一章。

个统战团体代表以及学校各级人大代表、政协委员代表共 14 人参加座谈会。

2022 年 1 月 11 日至 14 日，武汉市第十五届人民代表大会第一次会议召开。1 月 10 日至 13 日，政协武汉市第十四届委员会第一次会议召开。会议期间，学校市级党外人大代表、政协委员积极建言献策，认真听取和审议各项工作报告，圆满完成了会议任务。会后，代表委员们结合工作实际，畅谈感受和体会。

2022 年 1 月 15 日，学校党外人士座谈会在统战之家召开。校党委书记李元元、校长尤政、校党委副书记马建辉参加座谈会。各民主党派华中科技大学委员会主要负责人、无党派人士代表、人大代表、政协委员代表共 14 人参加座谈会。党外人士就实施人才强校战略、深入推进学科交叉融合、重视基础学科研究、注重国际合作和联合办学、加强干部和教师队伍培训、依托 70 周年校庆提升学校影响力和加强统战工作等积极建言。

2022 年 1 月 19 日至 23 日，湖北省十三届人大七次会议、湖北省政协十二届五次会议召开。会议期间，学校参会的 17 位党外人大代表、政协委员认真审议讨论各项工作报告，积极参与联组讨论发言和小组讨论发言，充分发挥专业领域优势，紧紧围绕湖北省经济社会发展认真履职、积极建言。

2022 年 1 月，韩民春、陈先红、陈蓉荣获"湖北省优秀政协委员"称号，康玲、刘志学、胡清华获评"政协武汉市第十三届委员会优秀政协委员"，胡辉获评"2021 年度武汉市建言献策成绩突出参事"。

2022 年 2 月，民革党员、光电学院陶光明团队收到来自国家体育总局冬季运动管理中心的感谢信，对学校积极推动冰雪运动所取得的成效表示高度肯定，对学校在国家冰雪健儿备战训练中所提供的无源温控技术表示衷心的感谢。

2022 年 3 月，九三学社社员、法学院柯岚入选全国"高校网络教育名师培育支持计划"。

2022年五四青年节来临之际，共青团中央、全国青联共同颁授第26届"中国青年五四奖章"，表彰青年中的优秀典型和模范代表。无党派人士、校党外知识分子联谊会副会长、附属协和医院王琳被授予"中国青年五四奖章"。

2022年5月，民盟华中科技大学委员会同济医院支部收到民盟松原市委会发来的感谢信，感谢民盟华中科技大学委员会同济医院支部联合民盟湖北省委直属车都支部，向民盟松原市委会捐款四万余元，支持松原市抗击新冠病毒（奥密克戎）疫情。

2022年8月19日，电气学院教授、国家脉冲强磁场科学中心主任、归侨李亮获评"荆楚楷模"。

2022年9月17日，市政协常委，农工党湖北省委会副主委、华中科技大学委员会主委，生命学院院长刘剑峰教授获"谈家桢生命科学创新奖"。

2022年10月23日，党的二十大胜利闭幕。光电信息学院院长唐江作为科研工作者的代表之一接受央视《新闻联播》采访。

2022年10月31日，九三学社社员、材料学院姚永刚获2022达摩院青橙奖，是学校首位入选该奖项的青年学者。

2022年10月28日至29日，省人大常委会委员、民革中央委员、管理学院教授、华中科技大学中欧知识产权研究院院长余翔参加"2022上海浦江知识产权国际云论坛暨长三角珠三角知识产权合作联动大会暨第二届京津沪渝知识产权论坛"并作主旨演讲。

2022年11月10日，中共湖北省委召开政党协商座谈会，就加快建设科技强省教育强省，问计于各民主党派、工商联和无党派人士。市政协常委，农工党湖北省委会副主委、华中科技大学委员会主委刘剑峰代表农工党湖北省委作题为《打通科技成果转化"高速路"在构建新发展格局中抢占先机》的发言。省政协委员、九三学社湖北省委会副主委、华中科技大学委员会副主委陈蓉代表九三学社湖北省委会就"做大做强高新技术企业，加速科技强省建设"作主旨发言。

2022年11月12日，省政协委员、九三学社湖北省委会副主委、校欧美同学会秘书长陈蓉荣获第十七届中国青年科技奖。

2022年12月，九三学社社员、法学院柯岚获评"湖北好网民榜样"。

2022年12月，民革中央授予民革华中科技大学委员会"民革全国宣传思想工作先进集体"荣誉称号。

2023年1月5日至8日，武汉市第十五届人民代表大会第二次会议召开。1月4日至7日，政协武汉市第十四届委员会第二次会议召开。会议期间，学校市级党外人大代表、政协委员积极建言献策，认真听取和审议各项工作报告，圆满完成了会议任务。

2023年1月12日至17日，湖北省第十四届人民代表大会第一次会议和政协湖北省第十三届委员会第一次会议召开。会议期间，学校党外人大代表、政协委员聚焦省委中心工作和人民群众普遍关心的热点难点问题，围绕湖北建设全国构建新发展格局先行区认真参政履职、积极建言献策。

2023年2月8日，学校党委召开党外人士座谈会，邀请党外人士围绕《学校2022年工作报告》和《学校2023年工作要点》谈想法、提建议、话同心、谋发展。校党委书记李元元院士、校长尤政院士、校党委副书记张耀，学校民主党派省级组织负责人冯丹、舒晓刚、韩民春、陆培祥、刘剑峰、陈蓉，民主党派校级组织负责人代表王芙蓉、郭安源、方海生、马静、宫念樵，以及无党派人士代表袁小明等12名党外人士参加座谈。

2023年2月，民革中央授予民革华中科技大学委员会"民革全国参政议政工作先进集体"荣誉称号。

2023年2月，九三学社湖北省委会副主委、武汉市欧美同学会副秘书长、机械学院陈蓉荣获中国科协第二十五届"求是杰出青年成果转化奖"。

2023年2月，省政协委员、民革湖北省委会委员、能源学院赵海波当选国际燃烧学会会士。

2023年4月，武汉市委宣传部发布2023年第一季度"武汉楷模"榜单，共10人（集体）上榜。九三学社湖北省委会副主委、机械学院智能制造装备与技术全国重点实验室陈蓉荣获"武汉楷模"称号。

五、加强统战理论研究

2003年4月，党委统战部黄明芳、邓建平撰写的《实现高等院校统一战线国际化思考》被省委统战部评为2002年度统战宣传好作品三等奖。

2003年10月，党委统战部邓华和撰写的《与时俱进努力开创高校统战工作新局面》在湖北省高校统战理论研究会第十九次年会上荣获三等奖。

2003年11月，湖北省高校统战理论研究会关山片会议在学校召开，会议传达全国统战宣传工作研讨会精神，各高校分别交流了贯彻落实党的十六大精神，创新性开展统战工作的经验和做法。同济医学院党委副书记刘建凡参加会议。

2004年4月，党委统战部邓华和撰写的《一片赤忱为统战》、黄明芳和邓建平撰写的《实现高等院校统一战线国际化的思考》分别被省委统战部评为2003年度全省统战调研、宣传优秀成果奖一等奖和三等奖。

2004年12月28日，学校召开全校统战理论研讨会暨迎新联欢会。省委统战部、省委高校工委、市委统战部等有关上级机关的领导同志和校党委书记朱玉泉、校长樊明武、党委副书记刘献君等同志参加了大会。

2005年，作为湖北省高校统战理论研究会的会长单位，成功主办全省第21届高校统战理论研究会年会，编发两期《湖北高校统战工作简讯》；2003—2005年，连续三次在全国高校统战工作研讨会上介绍经验。

2013年3月,洪山区政协委员、无党派人士陈先红参与撰写的《新媒体传播领域统战工作初探》,荣获2012年度全国统战理论政策研究创新成果一等奖。

2014年11月7日至9日,由华中科技大学承办、湖北文理学院协办的湖北高校统战理论研究会第30次年会在湖北文理学院召开。湖北省委统战部、省委高校工委和38所湖北省高校统战干部、统战理论研究专家等近百人参加年会。学校共有10篇论文参评,其中获得优秀论文奖一等奖1篇,二等奖1篇。

2015年8月,由华中科技大学党委统战部牵头编撰的《发展与探索——湖北省高校统一战线理论与实践研究论文集》出版。

2017年学校首次设立专项经费20万元支持学校统战干部、专家学者开展统战理论与实践研究。5月16日,召开了2017年度统战理论研究课题立项评审会。经过专家组评审,确定了5个课题为重点支持课题,10个课题为一般课题。

2017年11月29日至30日,鄂湘粤三省高校统战理论研讨会暨湖北高校统战理论研究会第33次年会召开。学校获2017年湖北省高校统战理论研究和工作实践创新优秀组织单位。获2017年湖北省高校统战理论研究优秀论文奖一等奖1篇,三等奖1篇,优秀奖2篇。

2018年3月,杨筱、张波撰写的《高校抵御渗透和防范校园传教工作研究——以华中科技大学的实践和探索为例》获2017年度全省统战理论政策研究创新成果奖一等奖。

2018年7月9日,校党委统战部组织召开2017年度统战理论研究重点课题结题验收评审会。校党委统战部、人文社科处以及校外组成的评审组对2017年立项的15项统战理论研究课题采取答辩评审和通讯评审的方式进行验收。

2018年10月17日至18日,湖北省高校统战理论研究会第34次年会召开。学校被评为2018年湖北省高校统战理论和工作实践创新成果优秀组织单位,获2018年湖北省高校统战理论研究优秀论文奖一等奖 1 篇、三等奖 2 篇、优秀奖 2 篇。

2018 年 10 月 22 日，学校召开 2018—2019 年度统战理论研究课题立项评审会。经过专家评审 12 个课题获批立项，其中包括 5 个重点课题和 7 个一般课题。

2019 年 4 月 16 日，为进一步推动统战理论课题研究，确保各项课题保质保量按时结题，校党委统战部组织召开 2018—2019 年度统战理论研究课题中期研讨会。会议以研讨交流的方式展开，各课题负责人汇报了课题研究进展情况及研究过程中存在问题，大家结合当前统战工作实际，对课题研究中的重点、难点问题进行了深入探讨。

2019 年 4 月 23 日，湖北高校统战理论研究会第八届第五次常务理事会议在湖北医药学院召开。湖北省委统战部、省委教育工委有关处室负责同志参加会议，华中科技大学党委副书记马建辉到会并讲话。

2019 年 7 月 3 日，校党委统战部组织召开 2018—2019 年度统战理论研究重点课题结题验收评审会，评审验收专家组成员及重点课题负责人参加了会议。

2019 年 12 月 12 日至 13 日，湖北高校统战理论研究会第 35 次年会在十堰举行。中央统战部研究室原主任张献生，省委统战部副部长汪海涛，十堰市委常委、统战部部长沈学强，以及湖北部分高校领导和专家、学者 70 余人参加会议。开幕会由华中科技大学党委副书记马建辉主持。学校获评 2019 年湖北省高校统战理论和工作实践创新成果优秀组织单位，获 2019 年湖北省高校统战理论研究优秀论文奖一等奖 1 篇、二等奖 1 篇、三等奖 2 篇。

2020 年 6 月下旬，学校成立由统战部、文科处以及校外专家组成的评审专班，通过通讯评审的方式，对 2020 年申报的统战理论与实践研究课题进行立项评审，其中评选出重点课题 8 个，一般课题 8 个，培育课题 3 个。

2020 年 10 月 5 日，校党委统战部组织召开 2020 年统战理论与实务研究课题中期交流推进会。各课题组分别介绍项目研究进展、阶段性成果和后续工作安排等内容，并就课题研究中的重点、难点问题进行了深入探讨。

2020年12月2日，湖北省高校统战理论研究会第36次年会召开。华中科技大学被评为2020年湖北省高校统战理论和工作实践创新成果优秀组织单位，获2020年湖北省高校统战理论研究优秀论文奖一等奖1篇、三等奖1篇、优秀奖1篇。

2016年11月—2020年12月，华中科技大学担任湖北省高校统战理论研究会第八届理事会会长单位。在省委统战部、省委教育工委的大力指导和44个会员单位鼎力支持下，研究会以习近平新时代中国特色社会主义思想为指导，围绕党和国家中心工作，结合湖北省高校统一战线工作实际，精心组织力量，积极开展统战理论研究。理论研究工作坚持党的领导，把握正确研究方向；坚持问题导向，推动统战理论实践不断创新；坚持团结合作，共建共享交流平台；加强自身建设，提高研究会服务水平，有力推动湖北省高校统战理论研究高质量发展。4年里，研究论文数量从每年80余篇增加到140余篇。

2021年2月，校党委统战部完成的省委统战部委托课题《新时代高校无党派人士工作实务研究》获评2020年度全省统战理论政策研究创新成果奖三等奖。

2021年4月29日，校党委统战部组织召开2020年度统战理论与实践研究重点课题结题验收评审会，评审验收专家组成员及重点课题相关负责同志参加会议。重点课题负责人以汇报答辩的形式，重点介绍了课题研究成果。其他一般课题和培育课题将以通讯评审的方式完成评审。

2021年6月29日，学校成立由统战部、文科处以及校外专家组成的评审专班，对2021年申报的统战理论与实践研究课题进行立项评审，其中评选出重点课题5个，一般课题7个。

2021年12月17日，学校召开2021年统战理论与实践研究课题中期交流推进会。各课题组分别介绍研究进展、阶段性成果等，并就重点、难点问题进行了深入研讨。会议要求，各课题组要结合统战工作热点与难点问题，提高课题研究质量，合理安排时间和使用经费，确保按时结题。

2022年1月，校党委统战部完成的省委统战部委托课题《以铸牢中华民族共同体意识为主线，推动高校民族工作创新发展》被中央统战部评为2021年度全国统战理论政策研究创新成果奖三等奖。

2022年4月5日，校党委统战部完成的中国高等教育学会统战工作研究分会课题《重大突发公共卫生事件中高校党外知识分子思想政治引领研究》获湖北省委常委、统战部部长尔肯江·吐拉洪肯定批示。

2022年6月23日，2021年度学校统战理论与实践研究重点课题结题验收评审会在统战之家会议室举行，由校内外专家、学者组成的评审组对2021年立项的5个重点课题进行了现场评审。一般课题采取通讯评审的方式进行。

2022年7月5日至8日，湖北省高校统战理论研究会第37次年会在恩施召开。学校被评为2021年湖北省高校统战理论和工作实践创新成果优秀组织单位，获2021年湖北省高校统战理论研究优秀论文奖一等奖1篇、二等奖2篇、三等奖2篇、优秀奖3篇，论文获奖总数创历史新高，位于全省高校前列。

2022年9月2日，为深入学习贯彻中央统战工作会议精神，高质量推进学校统战理论与实践研究工作，党委统战部组织召开2022年度统战理论与实践研究课题启动会。本年度立项的5个重点课题和11个一般课题的课题组负责同志参加会议。

2023年2月，校党委统战部完成的省委统战部委托课题《中华民族伟大复兴视域下加强高校统一战线工作凝聚力研究》获全省统战理论政策研究创新成果奖三等奖。

2023年6月15日，九三学社社员、建筑与城市规划学院陈锦富教授团队研究课题《高校党外知识分子服务地方经济社会发展的问题与对策研究》获省委常委、统战部部长宁咏肯定批示，并全文刊发在省委统战部、湖北省统一战线理论研究会、《统一战线》杂志编辑部主办的《东湖论坛》2023年第2期。

2023年6月30日，校党委统战部联合马克思主义学院沈孝鹏老师完成的省委统战部委托课题《习近平总书记关于做好新时代党的统一战线工作的重要思想原创性研究》获省委常委、统战部部长宁咏肯定批示，并全文刊发在省委统战部、湖北省统一战线理论研究会、《统一战线》杂志编辑部主办的《东湖论坛》2023年第3期。

党的十八大以来校级统战理论与实践研究立项课题获奖情况如表1所示。

表1 学校统战理论与实践研究立项课题获奖情况统计（党的十八大以来）

序号	研究成果名称	作者	所在单位	立项课题支持的年份	获奖情况
1	协商民主与国家治理的内在关联与互动建构	李 翔 许昌敏	马克思主义学院、党委统战部	2013年	2014年度全省统战理论政策研究创新成果奖二等奖、2014年湖北省高校统战理论研究会第30次年会优秀论文奖一等奖
2	党外代表人士参政议政的特点、内涵及有效途径	李 杜 汤 杰	法学院、党委统战部	2013年	2014年度全省统战理论政策研究创新成果奖三等奖、2014年湖北省高校统战理论研究会第30次年会优秀论文奖二等奖

续表

序号	研究成果名称	作者	所在单位	立项课题支持的年份	获奖情况
3	关于加强社会组织统战推动社会治理创新的思考	李翔 许昌敏	马克思主义学院、党委统战部	2015年	2015年度全省统战理论政策研究创新成果奖二等奖、2015年湖北省高校统战理论研究会第31次年会优秀论文奖一等奖
4	高校网络统战工作研究——基于武汉市高校的实证分析	徐宛笑 吕一苇 胡畅航	公共管理学院	2017—2018年度	2017年湖北省高校统战理论研究会第33次年会优秀论文奖三等奖
5	关于做好高等学校党外知识分子政治思想工作的若干思考	李传印	人文学院	2017—2018年度	2017年湖北省高校统战理论研究会第33次年会优秀论文奖
6	网络统战工作的问题与对策研究	闫帅	马克思主义学院	2017—2018年度	2018年全省统战理论政策研究二等奖、2018年湖北省高校统战理论研究会第34次年会优秀论文奖一等奖
7	民主党派自有新媒体建设现状、问题与对策研究	詹健	新闻与信息传播学院	2017—2018年度	2018年湖北省高校统战理论研究会第34次年会优秀论文奖三等奖

续表

序号	研究成果名称	作者	所在单位	立项课题支持的年份	获奖情况
8	新时代背景下新社会组织从业人员统战工作路径实证分析	戴洁	社会学院	2017—2018年度	2018年湖北省高校统战理论研究会第34次年会优秀论文奖
9	党外知识分子思想状况的实证调查与理性思考	李善玲 马琛 张翔 徐玲 黄继武 喻悦	附属梨园医院	2017—2018年度	2018年湖北省高校统战理论研究会第34次年会优秀论文奖
10	大学生宗教观念的现状、影响因素及其引导机制研究	余泓波	马克思主义学院	2018—2019年度	2019年湖北省高校统战理论研究会第35次年会优秀论文奖一等奖
11	基于生涯理论的少数民族学生培养模式探索	冯晓东 孙伟	能源与动力工程学院	2018—2019年度	2019年全省统战理论政策研究创新成果奖一等奖、2019年湖北省高校统战理论研究会第35次年会优秀论文奖二等奖
12	高校网络统战平台接受意愿影响因素研究	徐宛笑 徐方雄 郭霞	公共管理学院	2018—2019年度	2019年湖北省高校统战理论研究会第35次年会优秀论文奖三等奖

续表

序号	研究成果名称	作者	所在单位	立项课题支持的年份	获奖情况
13	统一战线服务湖北现代化强省战略问题研究	沈昊驹	马克思主义学院	2018—2019年度	2019年湖北省高校统战理论研究会第35次年会优秀论文奖三等奖
14	新时代高校民族团结教育的调查与思考	赵泽林	人文学院	2018—2019年度	2019年湖北省高校统战理论研究会第35次年会优秀论文奖
15	高校统战工作人员新媒介素养研究——以华中科技大学为例	佘 硕 熊欣丽	公共管理学院	2018—2019年度	2019年湖北省高校统战理论研究会第35次年会优秀论文奖
16	百年党内统战法规建设：历程、经验与展望	沈孝鹏	马克思主义学院	2020年度	2020年度全国统战理论政策研究创新成果三等奖、2020年湖北省高校统战理论研究会第36次年会优秀论文奖一等奖
17	疫情防控常态化背景下助力高校附属医院民主党派基层组织建设的若干思考——以武汉协和医院各民主党派基层组织为例	黄亦恬 刘亚妮 王晶晶 杨诗汝 苏 颖 龙洪波	附属协和医院	2020年度	2020年湖北省高校统战理论研究会第36次年会优秀论文奖三等奖

续表

序号	研究成果名称	作者	所在单位	立项课题支持的年份	获奖情况
18	统一战线发挥优势助力新冠肺炎疫情防控问题研究	何静婷	附属协和医院	2020年度	2020年湖北省高校统战理论研究会第36次年会优秀论文奖
19	大学生宗教观念的实证分析与工作机制创新	余泓波	马克思主义学院	2020年度	2020年全省统战理论政策研究创新成果奖一等奖
20	高校党外知识分子服务地方经济社会 发展的问题与对策研究	陈锦富 钱 思 李建兴 索世琦	建筑与城市规划学院	2021年度	2022年全省统战理论政策研究创新成果奖一等奖、2021年湖北省高校统战理论研究会第37次年会优秀论文奖一等奖
21	网红群体统战工作的理论思考和对策建议	陈先红	新闻与信息传播学院	2018—2019年度	2021年湖北省高校统战理论研究会第37次年会优秀论文奖二等奖
22	民族交融中的文化认同——马克思交往理论的当代价值	栗志刚 马文雅	马克思主义学院	2020年度	2021年湖北省高校统战理论研究会第37次年会优秀论文奖二等奖
23	论我国政党协商民主在新时代的创新发展	何士青 许英达	法学院	2021年度	2021年湖北省高校统战理论研究会第37次年会优秀论文奖三等奖

续表

序号	研究成果名称	作者	所在单位	立项课题支持的年份	获奖情况
24	新时代非民族高校民族团结教育的影响因素及治理对策研究	刘建江	马克思主义学院	2020年度	2021年湖北省高校统战理论研究会第37次年会优秀论文奖三等奖
25	铸牢中华民族共同体意识的概念构成、核心内容与关键实践	谭亚莉 李亚楠	马克思主义学院	2021年度	2021年湖北省高校统战理论研究会第37次年会优秀论文奖
26	新时代医院民主党派基层支部作用发挥探索	黎 霞 闫 明	附属同济医院	2021年度	2021年湖北省高校统战理论研究会第37次年会优秀论文奖
27	新时代中国特色社会主义参政党能力建设研究	刘亚妮 黄亦恬 王晶晶 杨诗汝 苏 颖 龙洪波	附属协和医院	2021年度	2021年湖北省高校统战理论研究会第37次年会优秀论文奖

第三节　历任统战部部长介绍

● **邓华和（任职时间：2000.7—2006.2）**

邓华和（1954.8—）男，湖北随州人，中共党员。华中科技大学首任党委统战部部长。历任同济医科大学党校常务副校长、社科部副主任、统战部部长和港澳台办公室主任、经济学院党委书记。（详见第32页）

● 向太斌（任职时间：2006.2—2011.3）

向太斌（1950.11—），男，湖北公安人。1974年8月参加工作，1970年4月加入中国共产党。历任华中工学院经济和管理工程系党总支副书记、管理系和社会学系党总支副书记，华中理工大学经济管理学院党总支副书记、中文系党总支书记、经济管理学院党总支书记、工商管理学院党总支书记，华中科技大学党委统战部部长。2011年3月退休。

● 易元祥（任职时间：2011.9—2012.2）

易元祥（1967.12—），男，湖北天门人。1987年7月参加工作，1985年12月加入中国共产党。历任继续教育学院副院长、教务处副处长、外国语学院党总支书记、党委统战部部长、学生工作部（处）部（处）长、人民武装部部长、国防生大队党总支书记，现任财务处处长、国有资产管理委员会办公室主任。

● 李新主（任职时间：2012.4—2015.12）

李新主（1955.10—），男，湖北武汉人。1973年4月参加工作，1978年2月加入中国共产党。历任华中理工大学电力工程系党总支副书记、动力工程系党总支书记、华中科技大学能源科学与工程学院党总支副书记、能源与动力工程学院党总支书记，华中科技大学工会常务副主席、党委统战部部长。2016年2月退休。

● **杨筱（任职时间：2016.1—2022.3）**

杨筱（1962.2—），女，四川威远人。1981年7月参加工作，1994年9月加入中国共产党。历任华中科技大学校友工作及对外联络办公室主任、教育发展基金管理处处长、党委统战部部长、党委统战部常务副部长。2022年3月退休。

● **马彦琳（任职时间：2022.3—）**

马彦琳（1965.1—），女，新疆昌吉人。1988年8月参加工作，1998年6月加入中国共产党。1999年毕业于中国科学院地理研究所。理学博士，教授。历任华中科技大学公共管理学院副院长、党委研究生工作部部长兼研究生院管理处处长、研究生院副院长兼学位办公室主任、研究生院院长兼创新研究院院长。现任华中科技大学党委统战部常务副部长、华中科技大学民族团结进步促进会第三届会长。

第四节　大事记

2000年7月，成立华中科技大学党委统战部。

2000年10月19日，中国国民党革命委员会华中科技大学第一届总支委员会成立。吴人亮当选主委，钟瑛、周日平、袁光雷、刘履光当选委员。

2000年10月23日,中国农工民主党华中科技大学第一届委员会成立,师洪当选主委,张传汉、叶和清、熊承良当选副主委。

2000年11月18日,华中科技大学归国华侨联合会成立。裘法祖、杨叔子担任名誉主席,钟伟芳担任主席,余火光、朱月珍担任常务副主席。

2000年12月11日,全国政协委员、香港新华集团总裁蔡冠深受聘为学校名誉教授,并为200余名学生作题为《我的创业经历与科教情怀》的报告。

2000年12月21日,中国致公党华中科技大学第一届总支委员会成立,曾仁端当选主委,吴继洲、吴郑植当选副主委。

2000年12月29日,中国民主建国会华中科技大学第一届总支委员会成立,吴懿平当选主委,张亮当选副主委。

2001年1月12日,中国民主同盟华中科技大学第一届委员会成立。欧阳明德当选主委,李光国、殷正坤、马鹤龄、徐正权当选副主委。

2001年1月12日,中国民主促进会华中科技大学第一届委员会成立,马业新当选主委,张宗成、张荣堂、彭汉光当选副主委。

2001年1月12日,九三学社华中科技大学第一届委员会成立,易继林当选主委,周井炎、潘铁成当选副主委。

2001年7月9日,华中科技大学少数民族联谊会成立。蒳天聪、田玉科为名誉会长,马金城当选会长。

2002年4月9日,全国人大常委会副委员长成思危来校作题为《管理科学的发展与人才培养》报告,华中科技大学校长樊明武院士主持报告会,并为成思危副委员长颁发了续聘华中科技大学兼职教授的聘书。

2002年4月26日,广东省海外联谊会副理事长陈观威一行5人在湖北省委统战部部长纪玲芝、秘书长詹先宏等陪同下来校调研,校党委书记朱玉泉、校长樊明武、党委副书记刘献君参加调研,开创了学校海外统战、经济统战的先河。

2002年5月,在全国高校统战理论研究会年会上,华中科技大学当选全国高校统战理论研究会的会长单位。

2002年9月，华中科技大学统一战线网站开通一年，据不完全统计，校内外近十万人次访问网页。

2003年1月，郑楚光当选政协第十届全国委员会常务委员，周宜开、姚凯伦担任政协第十届全国委员会委员。

2003年3月，田玉科当选第十届全国人民代表大会常委会委员，樊明武当选第十届全国人民代表大会代表。

2003年4月15日至4月16日，全省统战部长会议召开。学校作为全省大专院校的唯一发言代表，在大会上作题为《坚持与时俱进、开创高校统战工作新局面》的经验介绍。

2003年6月30日，全国政协常委、民革中央副主席朱培康率领"城乡一体化"调研组一行来校调研。

2003年9月6日，"熏风亭"破土动工仪式在喻家山上举行。党委统战部、各民主党派、统战团体和社会友好人士等共同捐款，在喻家山上建造首个统一战线标志性建筑——"熏风亭"。

2004年10月15日，学校各民主党派、侨联、少数民族联谊会、统战部、基建处、湖北江天建设集团有限公司等各方代表欢聚一堂，庆祝熏风亭建设落成。

2004年11月21日，全国政协副主席、致公党中央主席、著名法学家罗豪才来校考察，并受聘为学校兼职教授。

2005年4月19日，中央人民政府驻香港办事处覃菊华率领香港工商界朋友一行7人来校访问。访问团成员有湖北省海外联谊会副会长、香港仲良投资有限公司总裁梁海明先生，湖北省海外联谊会副会长、香港光辉集团董事局主席林富强先生和香港南益置业有限公司总经理林经纬先生等。

2005年5月16日，全国政协副主席、民盟中央常务副主席张梅颖视察华工正源光子技术有限公司。

2005年6月10日，中央统战部知识分子工作局副局长沈冲同志以及湖北省委统战部有关负责同志来校考察调研。

2005年6月10日,校侨联顺利完成换届,杨叔子院士担任校侨联主席,朱月珍、连祥卿担任常务副主席。

2006年1月6日,民革华中科技大学第二届总支委员会换届,余翔当选主委,钟瑛、周日平当选副主委。

2006年3月8日,学校成立了"欧美同学会·留学人员联谊会",校党委书记朱玉泉、省委统战部副部长钟汉林参加会议并为"欧美同学会·留学人员联谊会"揭牌。杨叔子当选第一届理事会会长,程时杰当选常务副会长。

2006年5月14日,全国政协常委、中国科协副主席、中国嫦娥工程总指挥栾恩杰一行来校访问。

2006年6月14日,香港田氏化工有限公司董事长、田家炳基金会主席田家炳一行来校,捐赠150万元港币支持华中科技大学办学。田家炳基金会的捐赠,标志着学校经济统战工作初见成效。

2006年10月12日,中央统战部覃菊华局长率香港青年企业家代表团一行8人来校访问,捐款40万元资助医学贫困生。

2006年10月20日,学校侨联召开全委会,增补曹素华、陈英汉任校侨联副主席,汪海建任校侨联秘书长,陈玉萍任校侨联副秘书长。

2007年1月15日,民盟华中科技大学第二届委员会成立,杨超当选主委,徐正权、刘克俭、张存泰、倪伟桥当选副主委,许小平任秘书长。

2007年1月21日,致公党华中科技大学第二届总支委员会成立,宁琴当选主委,陈素华、康玲、林洪当选副主委。

2007年1月29日,民建华中科技大学第二届总支委员会成立,吴懿平当选主委,张亮、韩民春当选副主委。

2007年1月29日,民进华中科技大学第二届委员会成立,马业新当选主委,彭代彦、张东华、刘萍、舒柏华当选副主委。

2007年1月30日,农工党华中科技大学第二届委员会成立,师洪当选主委,熊承良、张传汉、胡一帆当选副主委。

2007年3月28日，中央统战部六局副巡视员张明杰、教育部思政司组织宣传处副处长张文斌一行4人到校调研，省委统战部副部长汪梦军、省教育厅组织处副处长乔志强陪同。校党委书记朱玉泉，部分在校各民主党派负责人以及校党委统战部负责人参加座谈会。

2007年5月9日，九三学社华中科技大学第二届委员会成立，易继林当选主委，潘铁成、毛靖、唐和清、周井炎当选副主委。

2007年5月15日，全国政协副主席、民盟中央第一副主席张梅颖率全国政协经济、教育界委员视察团，就"高校贷款情况"对学校进行专题考察。

2007年9月13日，全国政协副主席罗豪才率全国政协委员考察团一行30余人到校考察，参观了华中数控、武汉光电国家实验室（筹），听取了校长李培根关于学校创新教育情况的汇报并进行了座谈交流。

2007年10月23日，学校组织传达学习党的十七大精神报告会。十七大正式代表、校长李培根，十七大列席代表、校党委书记朱玉泉做传达报告。

2007年11月17日，党委统战部部长向太斌带队，带领学校民主党派、统战团体以及省政府参事、无党派人士代表赴天门进行"县域经济与武汉城市圈发展情况调研"。

2008年1月，郑楚光当选政协第十一届全国委员会常务委员，周宜开、姚凯伦担任政协第十一届全国委员会委员。

2008年3月，田玉科当选第十一届全国人民代表大会常委会委员，李培根、路钢当选第十一届全国人民代表大会代表。

2008年4月9日，市委统战部、市工商联与华中科技大学、武汉大学、中南财经政法大学、湖北工业大学等四所高校共建"大学生创业辅导站"。校党委常务副书记冯友梅参加授牌仪式，并代表学校与市委统战部签订了共建协议书。

2008年10月，为纪念校侨联成立50周年，校侨联编印了《华中科技大学侨联五十周年纪念画册》，画册收集了各个历史时期的照片

342张，真实记录了50年来的发展历程和辉煌佳绩。

2008年12月11日，全国政协副主席李金华受聘为学校教授、管理学院名誉院长。

2009年1月6日，全国政协副主席、科技部部长万钢，科技部副部长杜占元一行到武汉光电国家实验室（筹）视察。

2009年2月8日，受中华全国归国华侨联合会、中国侨商联合会的大力支持，华中科技大学在北京人民大会堂召开第二届张培刚奖颁奖典礼。4位国家领导人、12位省部级领导，哈佛大学、中国人民大学、香港中文大学、武汉大学的校长，以及200多位专家学者以各种形式出席会议。

2009年4月2日，中共中央政治局常委、全国人大常委会委员长吴邦国先后到武汉光电国家实验室（筹）和华中数控公司视察。

2009年4月9日，全国政协副主席、中国工程院院长徐匡迪，中国工程院副院长邬贺铨率院士代表团到武汉光电国家实验室（筹）视察。

2009年5月21日，校侨联举行第三次归侨侨眷代表大会，大会选举产生了第三届校侨联委员会，杨叔子院士再次当选校侨联主席，朱月珍、何光源当选常务副主席。

2009年5月29日，全国政协副主席、民革中央常务副主席、国际投资促进会名誉主席厉无畏受聘为学校兼职教授，并作题为《创意产业——转变经济发展方式的策动力》的报告。

2009年6月25日，全国人大常委会原副委员长、中国关心下一代工作委员会主任顾秀莲视察武汉光电国家实验室（筹），并对实验室在推进科研成果产业化方面所做的工作表示赞赏。

2009年7月22日，全国人大常委会副委员长华建敏调研华工科技。

2010年1月，省委统战部副部长程逊一行8人专程来校了解统战工作情况，听取统战工作汇报。校党委副书记刘建凡参加座谈会。

2010年1月25日，中国侨联主席林军一行来校看望慰问学校侨届院士。

2010年2月11日，省委统战部副部长黄波一行前往同济医学院看望慰问全国人大常委会委员田玉科、武汉市政协副主席侯晓华，湖北省政协常委、致公党武汉市委会主委吴继洲，以及湖北省第八届人大常委会委员杨焜、武汉市第十届政协副主席龚非力和中国籍德国人、裘法祖院士夫人裘罗懿女士等6位知名人士。

2010年3月26日，武昌地区统战部部长联谊会第十一次会议在学校召开。武昌区政协副主席、区委统战部部长尹文华、统战部副部长张艺兵，以及武昌地区高校、科研院所、企事业单位统战部部长近30人参加会议，校党委副书记刘建凡到会并致欢迎辞。

2010年4月13日，中共中央政治局常委、全国政协主席贾庆林来校调研，对武汉光电国家实验室（筹）及学校的人才引进工作表示肯定，希望学校继续加大人才引进力度，加强自主创新，为把我国建设成创新型国家多做贡献。

2010年8月26日，全国政协副主席钱运录视察华工科技孝感产业园，对华工科技参与区域经济建设，实现自身发展的"双赢战略"表示充分肯定。

2010年10月10日，启明学院"亮胜楼"建成。"亮胜楼"由丝宝集团董事长梁亮胜（全国政协外事委员会副主任）捐款全资建设，统战部原部长邓华和同志在其中发挥了重要作用。

2010年11月8日，李培根校长在有关同志的陪同下，访问中华全国归侨联合会，与林军主席等侨联领导同志进行会谈。

2011年5月，湖北省政府参事洪可柱一行8人专程到校，就加快推进湖北省产学研一体化发展问题，与校党委书记路钢，原校长、省政府参事、省科协主席樊明武院士商谈。

2011年6月1日，民进华中科技大学委员会召开换届大会，会议选举产生了新一届委员会。陆培祥当选主委，张东华、许德胜、舒柏华、刘萍、张明富、周华民、曾志刚当选副主委。

2011年10月11日，农工党华中科技大学委员会召开选举大会，会议选举产生了第三届委员会。师洪再次当选主任委员,张传汉、朱长虹、吴康兵当选副主任委员。

2011年12月13日,省委统战部副部长黄波一行来校调研指导统战工作及民主党派工作,与校党委书记路钢见面会谈,校党委副书记欧阳康参加汇报会并致辞。

2011年12月18日,民革华中科技大学总支委员会召开换届大会,会议选举产生了新一届总支。余翔再次当选主委,周日平、谭必恩当选副主委。

2011年12月25日,民建华中科技大学委员会召开成立大会,会议选举产生了第一届委员会。韩民春当选主委,张亮、鲁细英当选副主委。

2011年12月27日,国务院侨务办公室副主任马儒沛一行来校看望国家脉冲强磁场科学中心(筹)主任、新归侨李亮。

2011年12月,武汉市各区人大和政协相继完成换届,学校共有9人当选新一届区人大代表,18人担任新一届区政协委员。

2012年1月10日,武汉市第十三届人民代表大会第一次会议胜利闭幕。民建中央妇女专委会委员、湖北省委会妇女专委会主任、民建湖北省委会委员、管理学院刘英姿当选武汉市人民政府副市长。

2012年1月,学校17人担任新一届市人大代表、市政协委员。

2012年3月14日,学校作为全国唯一入选的高校社区,被国侨办授予"全国社区侨务工作示范单位",5月26日建立基地并挂牌。

2012年5月25日,全国政协副主席郑万通在汉考察期间,专程来校参观武汉光电国家实验室(筹),对实验室的创新成果给予充分肯定。

2012年5月30日,民盟华中科技大学第三届委员会成立,杨超当选主委,刘克俭、倪伟桥、许小平当选副主委,卢宏任秘书长。

2012年10月8日,全省高校统战工作座谈会在学校召开,湖北省委常委、副省长、省委统战部部长张岱梨参加会议并作重要讲话。校党委书记路钢,中央统战部巡视员张明杰,省委统战部常务副部长盛国玉,省委高校工委书记蔡民族、副书记严学军,省委统战部副部长蔡藻鲜、秘书长杨声弛参加会议。校党委副书记欧阳康作了题为《着力打造一支高素质的党外代表人士队伍》的交流发言。

2012年12月1日，由中华全国归国华侨联合会和华中科技大学联合举办的第四届张培刚奖颁奖典礼在北京人民大会堂举行。全国人大常委会副委员长陈至立、全国政协副主席阿不来提·阿不都热西提发来贺词，中共中央委员、中华全国归国华侨联合会主席林军、副主席王永乐等领导同志出席会议。

2013年1月16日，"华中科技大学少数民族联谊会"更名为"华中科技大学民族团结进步促进会"。会议选举产生了民族团结进步促进会委员会委员，王小平和熊蕊当选会长，赵元弟、韦忠朝、吴涛和刘婵娟当选副会长。

2013年1月23日，学校召开"616"工程对口支援来凤工作会议，双方签署3项合作协议。

2013年2月，田玉科当选全国政协第十二届委员会常务委员，丁烈云担任全国政协第十二届委员会委员。

2013年3月，李培根、马新强、王国斌、冯丹、刘英姿当选第十二届全国人民代表大会代表。

2013年5月13日，武汉市委统战部常务副部长胡继堂、干部处处长杨松民等来校调研统战工作，校长助理、学校办公室主任梁茜，统战部部长李新主等参加调研。

2013年5月30日，中国致公党华中科技大学总支委员会换届大会在武汉市民主党派大楼举行，大会选举产生了致公党华中科技大学总支第三届委员会。主委为宁琴，副主委为陈素华、李建军、林洪、朱建新。

2013年5月30日，中国民主同盟华中科技大学委员会换届大会召开。杨超当选新一届主委，刘克俭、倪伟桥、许小平当选副主委。

2013年9月28日，九三学社华中科技大学委员会换届大会召开。会议选举产生了九三学社华中科技大学第三届委员会。毛靖当选主委，李箭、沈轶、田德安、宫念樵当选副主委。

2013年8月29日，襄阳市委统战部常务副部长孔凡才一行来校调研，并就科技合作进行了座谈。

2013年10月10日，学校举行2013年归侨侨眷祝寿会。中国科学院院士、校侨联主席杨叔子，中国工程院院士潘垍等27位年满70岁、80岁、90岁的归侨侨眷代表参加，校侨联主席杨叔子院士参会并发表感言。校党委常委、常务副校长罗俊参加会议并讲话。

2013年11月15日，全国政协常委、湖北省政协副主席，九三学社中央常委、湖北省委会主委、附属同济医院田玉科率领省政协科技界委员来学校开展"发挥我省高校科技资源优势，服务经济社会发展"的主题活动。

2014年1月8日，省委统战部督查组来校检查工作。督查组由省委统战部常务副部长盛国玉带队，校党委常务副书记丁汉初参加调研活动。

2014年2月26日，湖北省政协常委、社会与法制委员会副主任祝新铭，省政协社会与法制委员会专职副主任姚永宁等一行四人，来校看望慰问省政协委员孙秋云和陈蓉。

2014年4月17日，由湖北省侨联副主席何光源等组成的调研组一行到校调研侨务工作。

2014年4月23日，2014年省"616"工程对口支援来凤县现场工作会议在恩施来凤召开。

2014年7月9日，省委统战部刘爱党副部长率队来校调研留学回国人员工作情况。校党委常务副书记丁汉初参加调研活动。

2014年9月2日，学校召开第四次归侨侨眷代表大会。大会通过选举产生了由29名委员组成的第四届校侨联委员会，邵新宇当选主席，卢群伟、杨汉南当选常务副主席。

2014年11月7日至9日，由华中科技大学承办、湖北文理学院协办的湖北高校统战理论研究会第30次年会在湖北文理学院召开。

2014年，党委统战部落实校党委"发挥统战工作优势、为学校发展做贡献"的工作要求，主动加强与湖北省海外联谊会联系，争取到香港方润华基金会的支持，为学校捐款共计280万元。

2014年，学校被国务院侨办授予"全国社区侨务工作明星社区"荣誉称号。

2015年1月5日，校欧美同学会（留学人员联谊会）第二次会员代表大会召开。大会选举产生了第二届欧美同学会（留学人员联谊会）理事会，邵新宇当选会长，田玉科等38人当选理事。

2015年1月13日，清华大学党委副书记韩景阳率队来校调研，与党委统战部及民主党派学校组织负责人交流学校统战工作做法和民主党派基层组织建设经验等。校党委常务副书记丁汉初参加座谈会。

2015年1月29日，湖北省外侨办副主任冯细国、国内侨务处处长杨一等来校调研学校侨务工作，并向校社区颁发了国侨办授予的"全国社区侨务工作明星社区"牌匾。

2015年3月5日，武汉市委统战部副部长张学卫等一行4人来校调研统战工作。校党委常务副书记丁汉初参加调研座谈会。

2015年8月5日，国务院侨务办公室秘书行政司信息中心任启标主任在湖北省外侨办国内侨务处处长杨一的陪同下，来校"侨之家"进行工作调研。

2015年8月31日，党委统战部部长李新主等看望两位年过九旬的抗战老战士——电气学院周泰康（农工党党员）、基础医学院何善述（民盟盟员），并为两位抗战老战士送上中共中央、国务院、中央军委颁发的中国人民抗日战争胜利70周年纪念章。

2015年10月21日，校党委召开统一战线成员座谈会，传达学习中央统战工作会议精神。

2015年11月13日，厦门理工学院党委副书记李泽彧带队来校调研统战工作，校党委常务副书记丁汉初参加座谈会。

2016年2月14日，第十五届台湾高校"杰青团"一行30余人来校访问交流。民革中央联络部副巡视员章仲华、中共湖北省委统战部党派处调研员周大春、民革湖北省委会专职副主委陈邦利陪同来访,副校长许晓东参加活动,民革华中科技大学总支委员会主委谭必恩主持见面会。

2016年10月,各民主党派武汉市委会完成换届,学校12名党外代表人士在新一届各民主党派市委会任职。

2016年11月18日,湖北省高校统战理论研究会第32次年会在武汉理工大学召开,华中科技大学当选新一届湖北省高校统战理论研究会会长单位。华中科技大学、武汉大学、中国地质大学(武汉)等17所高校当选新一届理事会常务理事单位。

2016年12月21日,农工党华中科技大学委员会选举产生新一届领导班子,陈立波当选主委,吴康兵、郭小梅、缪小平、黄昆、柴新群、王文清当选副主委。

2016年12月22日,民进华中科技大学委员会选举产生新一届领导班子,周华民当选主委,张东华、许德胜、曾志刚、刘萍、邓云华、吴燕庆当选副主委。

2017年1月6日,民建华中科技大学委员会选举产生新一届领导班子,韩民春当选主委,杨广笑、乐建新当选副主委。

2017年1月6日,民革华中科技大学委员会成立并选举产生第一届委员会领导班子,谭必恩当选主委,周日平、刘炜、方海生当选副主委。

2017年4月24日,洪山区委常委、组织部部长、统战部部长程春生一行来校调研,校党委常务副书记丁汉初参加调研座谈会。

2017年5月16日,学校召开了2017年度统战理论研究课题立项评审会。经过专家组评审,确定了5个课题为重点支持课题,10个课题为一般课题。学校首次设立专项经费20万元支持统战干部、统战成员和专家学者开展统战理论与实践研究。

2017年6月,省委统战部召开湖北省"同心·院士专家服务团"工作会。学校党委统战部被评为支持湖北省"同心·院士专家服务团"工作先进单位,谭必恩被评为湖北省"同心·院士专家服务团"先进个人。学校 12 名教授入选湖北省第二批"同心·院士专家服务团",谭必恩被聘请为湖北省第二批"同心·院士专家服务团"副团长。

2017 年 11 月 1 日,中国共产党十九次全国代表大会代表、校党委书记路钢向学校统一战线成员代表宣讲中共十九大精神。

2017 年 11 月 17 日,党委统战部组织学校统一战线结合学习贯彻十九大精神、践行社会主义核心价值观开展学习交流活动。

2017 年 11 月 27 日,民盟华中科技大学第四届委员会成立,杨超当选主委,王芙蓉、冯丹、卢宏、董红梅当选副主委。

2017 年 12 月 11 日,学校举办以"学习宣传十九大精神,团结新时代华中大人"为主题的 2017 年统战知识竞赛。本次知识竞赛是学校党委推进统一战线知识进校园工作的一项重要举措。

2018 年 1 月,鲁友明、胡豫担任政协第十三届全国委员会委员。

2018 年 3 月,丁烈云、冯丹、马新强当选第十三届全国人民代表大会代表。

2018 年 3 月 9 日,九三学社华中科技大学委员会第四次代表大会召开。会议选举产生了九三学社华中科技大学第四届委员会,毛靖当选主委,李箭、刘心雄、宫念樵、史岸冰当选副主委。

2018 年 4 月 12 日至 14 日,为深入学习贯彻党的十九大精神,纪念改革开放四十周年,校党委组织统一战线成员 20 余人赴广东开展了为期 3 天的学习考察活动。

2018 年 4 月 21 日,校侨联召开全体委员会议,届中调整选举校侨联第四届委员会主席。会议选举谭必恩为校侨联第四届委员会主席。

2018 年 6 月 12 日,湖北省委常委、统战部部长尔肯江·吐拉洪来校调研学校统战工作。校党委书记邵新宇陪同调研,校领导丁汉初、马小洁、马建辉、梁茜参加调研座谈会。

2018 年 7 月 15 日,致公党华中科技大学委员会第一次代表大会举行。会议选举产生了致公党华中科技大学第一届委员会,陈素华当选主委,刘新明、朱建新、王学仁、李建军、黎维勇当选副主委。

2018年9月3日，全国人大常委会委员、民盟中央专职副主席徐辉来校调研。校党委书记邵新宇、副书记马建辉参加调研活动。

2018年9月13日至14日，校党委举办"弘扬爱国奋斗精神、建功立业新时代"党外知识分子培训班，117名党外知识分子参加培训。省委统战部副部长陈昌宏作主题报告，校党委副书记马建辉参会并讲话。

2018年10月16日，中央社会主义学院马列教研部副主任、民族与宗教教研室主任沈桂萍在校党委理论学习中心组（扩大）会上作高校宗教工作辅导报告。

2019年1月10日，"弘扬爱国奋斗精神，建功立业新时代"华中科技大学统一战线新年联欢晚会举行。校党委书记邵新宇、副书记马建辉参加活动。

2019年2月22日，民盟湖北省委会主委杨云彦来校调研，校党委书记邵新宇、副书记马建辉参加活动。

2019年3月14日，市委统战部巡视员胡素文率调研组一行来校调研。

2019年3月21日，学校举办首期"同心·大健康跨学科讲坛"。

2019年4月19日，中国侨联基层建设部综合处处长马鑫一行，来校调研侨联组织建设工作，湖北省侨联副主席舒正荣参加调研。校党委副书记、党委统战部部长马建辉，校侨联主席谭必恩陪同调研。

2019年4月26日，同济大学党委统战部部长岳继光率队来校调研。

2019年5月23日至26日，学校党外知识分子"弘扬爱国奋斗精神 建功立业新时代"主题教育活动在重庆举行，38名民主党派中青年骨干、无党派人士代表参加。

2019年6月27日，学校欧美同学会（留学人员联谊会）第三次会员代表大会召开。大会选举产生了第三届理事会39名理事成员。丁汉当选会长，田玉科等12人当选副会长。

2019年7月11日，中央统战部常务副部长张裔炯来校调研，校党委书记邵新宇、副书记谢正学陪同参加调研活动。

2019年9月8日至10日，校党委组织各民主党派中青年骨干、无党派人士、人大代表、政协委员等30余人，赴西柏坡开展"不忘初心 跟党走 建功立业新时代"主题教育活动，校党委副书记马建辉参加活动。

2019年9月25日，在庆祝中华人民共和国成立70周年之际，校党委举办统一战线工作巡礼图片展和"2019归侨侨眷祝寿会"，校党委书记邵新宇、党委副书记马建辉参加活动。

2019年10月22日，校党委举办"不忘初心、牢记使命"主题教育暨学习贯彻习近平总书记关于加强和改进统一战线工作的重要思想报告会。湖北省委教育工委组织处处长乔志强以《认真学习习近平新时代中国特色社会主义思想，切实做好新时代高校统战工作》为题作专题报告，校党委副书记马建辉参加活动。

2019年11月21日，全国人大常委会副委员长、农工党中央主席陈竺来校调研，出席农工党华中科技大学委员会"不忘合作初心，继续携手前进"主题教育活动座谈会。校党委书记邵新宇致欢迎辞，湖北省政协副主席、农工党湖北省委会主委杨玉华主持座谈会。

2019年12月5日，学校召开民族团结进步促进会第三次会员代表大会，大会选举产生了第三届委员会，在第三届委员会（扩大）第一次会议上，马彦琳当选会长，龙洪波等6人当选副会长。

2019年12月12日至13日，2019年湖北高校统战理论研究会第35次年会在十堰举行，校党委副书记马建辉主持开幕会。

2020年1月7日，学校召开党外知识分子联谊会成立大会。选举产生了第一届理事会理事，袁小明当选会长，王琳等12名无党派人士当选副会长。

2020年5月，学校收到"武汉市新冠肺炎疫情防控指挥部"发来的感谢信，周华民、陈勇、毛子骏等3名民主党派成员受表扬。

2020年7月16日，洪山区第四届归侨侨眷代表大会在洪山区政府会议中心召开，校侨联主席、民革华中科技大学委员会主委谭必恩当选洪山区第四届侨联主席。

2020年8月25日,中国侨联党组书记、主席万立骏一行来校调研。湖北省侨联党组书记、主席谭作刚,校党委书记邵新宇、校党委副书记马建辉、校侨联主席谭必恩参加调研。

2020年9月8日,党外人士陈立波、赵建平、马静获评"全国抗击新冠肺炎疫情先进个人"。

2020年10月9日,学校组织各民主党派、统战团体代表前往武汉汉口历史文化遗址开展"学四史"线下实践教育活动。

2020年11月18日,学校第五次归侨侨眷代表大会召开。湖北省归国华侨联合会党组书记、主席谭作刚,校党委常委、副校长湛毅青参加大会。谭必恩当选主席,万谦、卢群伟、朱良如、朱明强、余虓当选副主席。

2020年11月26日,全国政协常委、湖北省政协副主席、民建湖北省委会主委郭跃进一行来校调研,校党委书记邵新宇参加调研。

2020年11月,学校与省外侨办共同组织两支"侨爱工程——送温暖医疗队",先后到黄冈市的黄州区、团风县和孝感市的孝昌县、安陆市等地为偏远农村群众开展了义诊活动。

2020年12月18日,校欧美同学会(留学人员联谊会)会长丁汉院士当选武汉欧美同学会(武汉留学人员联谊会)第三届理事会会长。

2020年12月23日,全国政协委员、湖北省政协副主席、民革湖北省委会主委王红玲一行来校调研,校党委书记邵新宇、校党委副书记马建辉参加调研。

2020年,民革、民盟、民进、九三学社等4个民主党派华中科技大学委员会以及4个基层支部和98名民主党派成员被所在民主党派中央、省委会授予抗击新冠疫情先进集体和先进个人。

2021年3月12日,校党委举办学习贯彻《中国共产党统一战线工作条例》宣讲会。

2021年4月13日,全国人大常委会委员、省政协副主席、九三学社湖北省委会主委秦顺全一行来校,调研九三学社华中科技大学委员会基层组织建设情况。校党委书记邵新宇与秦顺全进行了会谈,校党委副书记马建辉参加活动。

2021年4月21日,民革华中科技大学委员会第二次党员代表大会在学校召开,选举产生民革华中科技大学第二届委员会。谭必恩当选主委,刘炜、方海生、杜以梅、马静当选副主委。

2021年4月25日,致公党华中科技大学委员会第二次党员代表大会在学校召开,选举产生致公党华中科技大学第二届委员会。郭安源当选主委,王学仁、鲍立泉、王磊、喻银燕当选副主委。

2021年5月25日,校侨联主席谭必恩在中国侨联推进全国高校侨联建设工作经验交流会上作交流发言。

2021年6月15日,民盟华中科技大学委员会第五次代表大会在学校召开,选举产生民盟华中科技大学第五届委员会。王芙蓉当选主委,卢宏、欧阳红兵、邹德清、廖永德当选副主委。

2021年7月1日,校党委组织统一战线成员代表集中观看庆祝中国共产党成立100周年大会,并召开学习习近平总书记在庆祝中国共产党成立100周年大会上的重要讲话精神座谈会。

2021年9月23日,湖北省第十三届人民代表大会常务委员会人事任免工作委员会副主任王思成来校,关心指导"统战之家"建设。

2021年10月8日,农工党华中科技大学委员会第五次代表大会在学校召开,选举产生农工党华中科技大学第五届委员会。刘剑峰当选主委,王文清、张书勤、胡辉、翁雨雄、黄昆当选副主委。

2021年11月18日,民建华中科技大学委员会第三次代表大会在学校召开,选举产生民建华中科技大学第三届委员会。韩民春当选主委,刘世元、史河水、王超当选副主委。

2021年11月22日,九三学社华中科技大学委员会第五次代表大会在学校召开,选举产生九三学社华中科技大学第五届委员会。毛靖当选主委,史岸冰、宫念樵、郭新、陈蓉当选副主委。

2021年11月26日,民进华中科技大学委员会第五次代表大会在学校召开，选举产生民进华中科技大学第五届委员会。周华民当选主委，曾志刚、邓云华、周新文当选副主委。

2021年12月10日，省委统战部副部长程武一行来校调研党外知识分子工作，并看望联谊交友对象，校党委副书记马建辉参加调研座谈。

2021年12月21日，校党委书记李元元调研指导"统战之家"建设。

2021年12月31日，民革湖北省委会主委王红玲调研指导统战之家建设。

2021年12月25日，省委教育工委专职副书记张幸平调研指导统战之家建设，并看望慰问联谊交友对象。

2021年12月28日，中管高校党史学习教育第十巡回指导组组长欧可平调研指导"统战之家"建设，校党委副书记谢正学参加调研。

2022年1月15日，校长尤政调研指导统战之家建设。

2022年1月17日，武汉市委统战部副部长王磊来校调研民主党派工作，关心指导"统战之家"建设。

2022年1月23日，武汉市委常委、统战部部长杨玲一行来校看望慰问中国工程院院士、武汉欧美同学会名誉会长李培根，中国科学院院士、武汉欧美同学会会长丁汉，并关心指导"统战之家"建设。

2022年2月22日，湖北省委统战部副部长雷邦贵一行来校调研党外代表人士队伍建设工作，并关心指导"统战之家"建设。

2022年3月29日，武汉市委统战部副部长王磊来校调研党外代表人士队伍建设工作。校党委副书记马建辉参加调研。

2022年4月，武汉市人大常委会主任胡立山来校调研。校党委副书记马建辉参加调研座谈会。

2022年5月10日，咸宁市委统战部副部长黎钢一行来校调研统战之家建设，湖北科技学院、咸宁职业技术学院党委统战部相关人员参加。

2022年7月7日，湖北省委常委、统战部部长，副省长宁咏来校调研党外知识分子统战工作。省委统战部副部长程武，校党委书记李元元，校党委副书记、统战部部长马建辉陪同调研。

2022年10月，在第十五届海峡两岸"民族心、中华情"青少年征文演讲比赛评选活动中，新闻与信息传播学院2020级本科生张若邻获得亚军，土木与水利工程学院2020级本科生王巍桦获得公开组优异奖。

2022年10月16日，学校党委组织学校党外各级人大代表、政协委员，民主党派、无党派人士及统战团体代表集中收看中国共产党第二十次全国代表大会开幕会。

2023年1月，韩民春、舒晓刚担任全国政协第十四届委员会委员。

2023年2月8日，湖北"中国和平统一促进会"第一次会员大会暨成立大会在武汉举行，华中科技大学当选常务理事单位。

2023年3月2日，上海市委统战部二级巡视员、市欧美同学会党组书记李霞一行来校调研，参观统战之家，交流党外知识分子统战工作经验做法。校党委副书记张耀参加调研。

2023年3月，尤政、冯丹、马新强、汪道文当选第十四届全国人民代表大会代表。

2023年3月23日，湖北省侨联党组书记、主席施政一行来校调研。校党委书记李元元，校党委副书记张耀，省侨联党组成员、副主席王慧萍，省侨联副主席、校侨联主席谭必恩参加调研。

2023年3月29日，天津市政协常委王璟一行考察调研华中科技大学科技园。

2023年3月29日，中国侨联内刊《基层侨联建设》以"初心如磐担使命，同心奋进谱新篇——华中科技大学'侨之家'建设取得积极成效"为题，介绍了学校侨联在侨务工作中的经验做法。

2023年3月30日，中央统战部五局局长晏淼一行来校调研党外知识分子工作。湖北省委统战部副部长程武、校党委副书记张耀参加调研。

2023年4月4日，洪山"大学之城"校地统战联盟在学校召开工作研讨会，校党委副书记张耀参加会议。

2023年5月10日，中央纪委国家监委驻中央统战部纪检监察组组长刘军川来校调研学校统战工作，湖北省委统战部副部长陈亮、省纪委监委驻省委统战部纪检监察组组长陈锴、校党委副书记张耀参加调研。

2023年5月15日，湖北省统战民族宗教工作专题研讨班现场教学在华中科技大学举行。省民宗委副主任赵军章率全省各市州、直管市、神农架林区党委统战部部长和民宗委主任，部分高校及科研院所、大中型国有企业党委统战部部长约70人参加活动。校党委常委、副校长高亮代表学校欢迎研讨班一行。校党委统战部组织学员参观国家数字化设计与制造创新中心、武汉光电国家研究中心、华中科技大学统战之家和师生服务中心。

2023年5月23日，中央民族大学研究生院院长乌小花一行来校调研铸牢中华民族共同体意识教育。

2023年5月23日，襄阳市侨联主席陈红来校调研，并参观学校引力中心、校史馆和师生服务中心。

2023年5月26日，中国侨联秘书长、办公厅主任陈迈一行来校调研。

2023年6月15日—7月15日，党委统战部联合党委学生工作部、校民族团结进步促进会举办"铸牢中华民族共同体意识"主题展。

2023年6月15日，由湖北省黄埔军校同学会、华中科技大学、武汉大学联合主办的海峡两岸"民族心·中华情"大学生征文演讲比赛在华中科技大学举行。湖北省委统战部副部长雷邦贵参加活动并讲话，校党委副书记、统战部部长张耀参加活动并致辞。

2023年6月16日，南昌大学党委常委、统战部部长，江西省高校铸牢中华民族共同体意识研究中心主任滕勇前一行来校调研。

2023年6月28日，"华科大同心论坛"获评湖北省高校统战工作十佳品牌，"统战之家"获评湖北省高校统战工作十佳创新实践站。校党委副书记张耀在全省高校统战工作"育特色、树典型、促提升"活动十佳品牌总结交流会上作交流发言。

（华中科技大学党委统战部撰稿）

第二篇

华中科技大学民主党派工作概述

第一章

中国国民党革命委员会华中科技大学委员会

第一节 历史沿革

1954年,民革华中工学院小组有民革党员6人,杨赞陵任组长。民革同济医科大学支部组建于1989年12月,李崇渔任主委,有民革党员9人。1993年,民革同济医科大学支部换届,李崇渔任主委,吴人亮任副主委,有民革党员12人,其中高级职称7人,中级职称5人,湖北省政协委员和武汉市人大代表各1名,民革湖北省委会委员1名。1998年12月,民革同济医科大学支部换届,吴人亮任主委,张晓彦任副主委。

2000年10月19日,民革华中科技大学总支委员会成立,吴人亮当选总支主委,钟瑛、周日平、袁光雷、刘履光当选总支委员,钟瑛兼任第一支部主委,周日平兼任第二支部主委,袁光雷兼任第三支部主委。

2006年1月6日,民革华中科技大学总支委员会第二次党员大会召开,选举产生民革华中科技大学第二届总支委员会。余翔当选总支主委,钟瑛、周日平当选总支副主委,袁光雷当选总支委员。周日平兼任第一支部(主校区)主委,邵琼任第二支部(同济医学院、同济医院)

主委，袁光雷兼任第三支部（协和医院）主委，有民革党员33人，其中正高职称6人，副高职称14人，具有博士学位4人。

2011年12月18日，民革华中科技大学总支委员会第三次党员大会召开，选举产生民革华中科技大学第三届总支委员会。余翔当选总支主委，谭必恩、周日平当选总支副主委，袁光雷、张胜桃、刘莉当选总支委员。周日平兼任第一支部主委，张胜桃兼任第二支部主委，袁光雷兼任第三支部主委。2013年1月30日，根据工作需要，委员会届中调整谭必恩任总支主委，刘炜任总支副主委。

2017年1月6日，经民革湖北省委会批准，民革华中科技大学总支委员会调整为民革华中科技大学委员会。当日，民革华中科技大学委员会第一次党员大会召开。谭必恩当选民革华中科技大学第一届委员会主委，周日平、刘炜、方海生当选副主委，张胜桃、袁光雷、马静、董海、杜以梅当选委员。梁田任一支部主委，张胜桃兼任二支部主委，袁光雷兼任三支部主委，马静兼任四支部主委。

2021年4月21日，民革华中科技大学委员会第二次党员代表大会召开。民革湖北省委会专职副主委陈邦利，校党委副书记马建辉到会并讲话。民建华中科技大学委员会主委韩民春教授代表学校兄弟民主党派致贺词。大会选举产生民革华中科技大学第二届委员会。谭必恩当选主

2021年4月21日，民革华中科技大学委员会第二次党员代表大会召开

委，刘炜、方海生、杜以梅、马静当选副主委，张胜桃、董海、王贲、陶光明当选委员，王贲兼任秘书长、一支部主委，张胜桃兼任二支部主委，吴秋玲任三支部主委。

截至 2023 年 6 月，民革华中科技大学委员会有民革党员 49 人，其中民革省委会副主委 1 人、委员 2 人；省人大常务委员会委员 1 人；省政协委员 1 人，区人大常委会委员 1 人。

第二节　主要工作及成绩

一、思想建设

民革华中科技大学委员会为所有支部订阅了《团结报》和《湖北民革》，组织学习中共十八大、十九大、二十大、民革第十二次全国代表大会精神等；组织学习民革中央宣传部下发的《坚持和发展中国特色社会主义学习实践活动——民革党员应知应会知识手册》；传达和学习中央和湖北省委统战工作会议精神，组织党员开展"不忘合作初心，继续携手前进""矢志不渝跟党走，携手奋进新时代"主题教育，学习《中国共产党统一战线工作条例》，探讨如何在主动担当中践行合作初心、在履职尽责中汇聚奋进力量。

2015 年 7 月，民革华中科技大学总支委员会组织开展纪念抗战胜利 70 周年——参观革命先烈故居活动。

2017 年 11 月 17 日，民革华中科技大学委员会结合学习贯彻十九大精神、践行社会主义核心价值观开展学习实践活动。大家先后参观了辛亥革命博物馆和辛亥革命武昌起义纪念馆，重温辛亥革命历史，纪念伟大的民族英雄、伟大的爱国主义者、中国民主革命的伟大先驱孙中山先生。

2017年11月17日，民革党员赴辛亥革命武昌起义纪念馆参观学习

2022年11月20日，承办"学习二十大 同心跟党走"第三十三期华中大同心论坛。谭必恩、方海生、杜以梅、马静、张胜桃、董海、王贲、陶光明、赵海波、王星译等分别结合党派特点、本职工作和学科特色，分享了学习中共二十大报告心得体会。校党委常委、副校长解孝林受邀参加论坛。

2022年11月20日，民革华中科技大学委员会联合校侨联承办
"学习二十大 同心跟党走"第三十三期华中大同心论坛

2023年6月，根据民革湖北省委会和学校党委工作部署，民革华

中科技大学委员会启动"凝心铸魂强根基、团结奋进新征程"主题教育。

二、参政议政，建言献策

以余翔、谭必恩等为代表的民革党员先后在湖北省人大、省政协会议等场合通过参加小组讨论、大会发言、提交提案、建议等多种方式，围绕湖北"建成支点、走在前列"战略目标，提交个人提案和建议多条，涉及民生保障、生态环保、工业化、城镇化、教育与科技、民主与法制等领域。

2015年，刘炜被聘为民革湖北省委会特邀信息员，谭必恩被聘为湖北省委统战部特约信息员、湖北省法官检察官遴选委员会委员。

2015年3月，湖北省人大常委会法制委员会会议讨论《湖北省旅游条例》修正案时，余翔提出"积极挖掘和申报世界遗产，以申遗促保护，争取国际支持，提高湖北特色旅游资源的声誉"的建议被纳入条例修订稿，修订后的《湖北省旅游条例》于2015年4月1日被省人大常委会会议投票通过。余翔还在湖北省十二届人大三次会议上提交两条建议，其中"关于加快推进湖北省志愿服务法制化的建议"被纳入2015年启动立法项目。

长期以来，余翔在湖北省人大常委会法制委员会提出多项建议，如《关于"省市合理反'公地悲剧'，助力湖北师范大学双一流建设"的建议》《关于湖北省开放发展创新发展的措施建议》《关于湖北省法院率先正确适用〈最高人民法院关于审理侵犯专利权纠纷案件应用法律若干问题的解释（二）〉选择性规定的建议》等。其中，《关于"省市合理反'公地悲剧'，助力湖北师范大学双一流建设"的建议》被省人大常委会遴选为22项重点建议之一，由湖北省自然资源厅领办，湖北省教育厅和黄石市政府协办，解决了20余年未能解决的湖北师范大学周边土地不能合理有效使用的遗留问题。

马静向武昌区政协提交的《关于加强监控管理，对套牌出租车零容忍，优化武汉旅游大环境的建议》《关于保护起义门周边历史民宿（回民）遗产的建议》《关于以清真寺为龙头建民族风情街的建议》《挖掘首义文化旅游资源，创意结合文化生辉历史》《警惕高层建筑火灾，协助高楼逃生》等多项提案、建议被相关部门采纳。

谭必恩在省政协十一届二次会议上，联名就湖北省发展油茶支柱产业提出《关于大力发展湖北油茶产业，推动绿色经济崛起》提案，受到湖北省委省政府高度重视，被列为 2014 年 8 项重点提案之一（由副省长领办），并在 2015 年获民革湖北省委会参政议政先进个人特等奖。谭必恩还向省政协提出关于贯彻落实《归侨侨眷权益保护法》的建议。2016 年省政协十一届四次会议上，谭必恩作为执笔人提交民革省委集体提案。

2016 年 11 月，在中共湖北省委第五次双月座谈会上，谭必恩代表民革省委会结合"建立大数据创新服务平台，助推湖北省制造业转型升级"发言。2017 年 11 月，在中共湖北省委第三次双月座谈会上，谭必恩代表民革省委会作题为《以建设自贸区平台为契机，提高新兴产业国际化水平的建议》专题交流发言。2018 年 12 月，中共湖北省委召开第六次双月座谈会，谭必恩代表民革省委会围绕"实施创新驱动发展战略，增强科技创新的支撑力"作大会发言。

2019 年 6 月，湖北省政协召开"打赢荆楚蓝天保卫战"月度专题协商会，谭必恩代表民革省委会建议"建立一套完整的新能源和可再生能源技术发展路线图，重点扶持省内资源丰富特定区域新能源产业的发展，强化重点区域煤炭消费总量控制；加大对煤清洁利用协同创新平台的支持力度，成立湖北省煤清洁利用协同创新联盟"。

2020 年 7 月，湖北省政协召开"完善人才发现、培养、激励机制，加强重点产业人才队伍建设"月度专题协商会，谭必恩代表民革省委会作《创新人才科学评价机制、激励人才向企业集聚》发言。

2020 年 12 月，在中共湖北省委第六次双月座谈会上，方海生代表民革省委会发言，建议"加快推进湖北地区高校交叉学科创新建设，增强我省经济发展动能"。

2021年1月,余翔提出《关于湖北省绿色发展、创新发展重要抓手(竹缠绕复合材料产业)的建议》。经湖北省政府批准,2021年11月,湖北省林业局发布了《湖北省推进竹产业高质量发展的意见》,积极推进竹缠绕复合材料产业落户湖北。

2021年,湖北电视台在《人大聚焦》专栏中,以"发挥专业专长,认真履行代表职责"为题,对余翔进行专访。

三、爱岗敬业,服务社会

民革华中科技大学委员会成员中的多位业务核心骨干,在积极参加民主党派工作的同时,立足岗位,刻苦钻研,取得丰硕成果:先后获湖北省自然科学奖三等奖1项、中国侨界贡献(创新人才)奖1项、湖北省社会科学优秀成果奖三等奖1项、湖北省自然科学奖一等奖1项、梁亮胜侨界科技奖励基金二等奖1项等。2017年,余翔牵头完成的研究咨询报告《碳捕集、利用与封存技术专利居世界前列,亟待形成专利体系》被中共中央办公厅采用。

余翔于2003年当选德国洪堡学者,2005年入选国家知识产权战略咨询专家,2009年当选欧洲自然科学与社会科学院院士,2014年入选全国知识产权领军人才,2020年当选欧洲科学院院士。

谭必恩于2009年入选教育部新世纪优秀人才支持计划,2017年当选英国皇家化学会会士,2019年入选百千万人才工程国家级人选、国家有突出贡献的中青年专家。

自2009年起,民革华中科技大学总支委员会(2017年1月改称民革华中科技大学委员会)与民革黄石市委会不定期在黄石举办大型专家义诊活动,来自华中科技大学同济医学院附属协和医院、同济医院、梨园医院和校医院的民革党员专家,为当地社区居民开展健康检查、免费赠药、举办健康知识讲座等。2013年,民革华中科技大学总支委员会为湖北省咸丰县忠堡镇民族中学援建"同心厨房",为湖北咸丰、四川色达和白玉孤寡老人和孤儿捐助冬衣御寒。

2009年11月8日,民革华中科技大学总支联合民革黄石市委会在黄石天虹社区开展"献爱心社区义诊行"活动

2012年,谭必恩到湖北省咸丰县挂职副县长一年;2013年,刘炜到鄂东职业技术学院挂职副院长一年;2015年,余翔到黄冈市科技局挂职副局长一年,同年,董海到武汉市武昌区挂职发改委副主任一年;2016年,马静到武汉市武昌区挂职卫计委副主任一年;2019年,方海生到安陆市挂职副市长一年。

新冠疫情期间,民革华中科技大学委员会下属三个支部党员中的医护人员一直坚守防控一线,没有丝毫畏惧,哪里任务险重,哪里就有他们的身影,把初心写在行动上,把使命落在岗位上。民革党员还充分发挥自身优势,积极建言献策。吴人亮作为病理学专家,在武汉封控抗疫期间撰写了《我的病理入门之路》,将自己在病理学科教学、科研、尸检及病理技术培训的点滴往事记录下来,指导从事病理工作的年轻医者。

方海生挂职安陆市副市长期间,发挥海外留学经历优势,为安陆市募捐到2台呼吸机、4台制氧机和护目镜、消毒液、酒精等医疗物资,并多渠道联系购买防护服、口罩等。

余翔撰写的《关于我国更主动促进国际联合抗击新冠肺炎疫情、捍卫"人类命运共同体"的若干建议》《关于我国驻外使领馆进一步加强领事保护、支持中国留学生海外抗疫,缓解国外疫情输入增长压力的建议》,先后被《光明日报》直报国家领导人参阅,提出的《军民融合强化医疗防护物资及时精准调配、保障一线救护急需》《建立健全防疫微信公众号,引导分类诊治,辟谣、便民、稳人心》被民革中央采用,《医学专家与专利专家密切合作,提高防疫药品和器材研发效率》被省政协采纳并转报湖北省委省政府。在欧洲疫情暴发之初,余翔给欧方合作伙伴教授们写邮件表达了关切和慰问,以华中科技大学中欧知识产权研究院名义和个人名义,向疫情严重的德国、法国、瑞士、奥地利、西班牙等国的合作伙伴单位的13位专家学者捐赠邮寄防疫口罩及其他防疫物资,以实际行动践行人类卫生健康共同体理念。

谭必恩撰写的《疫情期间要加强对巴基斯坦等友好国家侨民的照顾与关爱的建议》被民革中央采用,并报送全国政协。

2022年,陶光明团队首创无源保暖雪上科技护脸技术,助力北京冬奥会,国家体育总局专函致谢。

2023年,赵海波当选国际燃烧学会会士。

2023年,姚江波作为省委宣讲团(讲师团)成员,受邀赴湖北蕲春宣讲中共二十大精神。受邀为湖北省枝江市政府及文旅局宣讲乡村振兴战略,为枝江油菜花节作专题演讲;为武汉市村支书乡村治理能力提升作系列讲座及二十大精神宣讲;为云南临沧农村基层社会治理现代化作系列讲座。

四、获奖情况

民革华中科技大学总支、民革华中科技大学委员会先后荣获2009年民革全省先进基层组织、2010年民革全省优秀基层组织、2020年民革中央"民革抗击新冠肺炎疫情先进集体"。2018年、2020年、2021年、

2022 年获民革全省参政议政工作先进集体一等奖，2013 年、2017 年、2019 年获民革全省参政议政工作先进集体二等奖。2019 年获"民革湖北省反映社情民意信息工作先进集体"，2022 年获"湖北省反映社情民意信息工作先进集体三等奖"。2022 年获"民革湖北省 2017—2021 年度先进集体""民革全国宣传思想工作先进集体"，2023 年获民革中央"民革全国参政议政工作先进集体"。

个人获奖情况如下：

2007 年，余翔获民革全省参政议政先进个人一等奖。

2008 年，余翔获民革全省参政议政先进个人特等奖、湖北省政协优秀提案奖。

2009 年，余翔获民革全省参政议政先进个人特等奖。

2010 年，余翔获民革全国基层工作先进个人、湖北省政协优秀提案奖和民革全省参政议政先进个人一等奖；谭必恩获民革全省参政议政先进个人一等奖、民革湖北省优秀党员；王晓鸥获民革湖北省优秀女党员；刘燕婕获民革湖北省优秀党员、民革全省参政议政先进个人一等奖。

2011 年，余翔获民革全国参政议政工作先进个人、民革全省参政议政先进个人特等奖；刘炜获民革全省参政议政先进个人一等奖；刘燕婕获民革全省参政议政先进个人特等奖。

2012 年 4 月，谭必恩获民革全省参政议政先进个人二等奖和省委会反映社情民意信息工作先进个人三等奖；刘炜获民革全省参政议政工作先进个人一等奖；刘燕婕获民革全省参政议政先进个人二等奖。

2013 年 4 月，刘炜获民革全省参政议政先进个人二等奖；刘燕婕获民革全省参政议政先进个人二等奖。

2014 年 4 月，谭必恩获民革全省参政议政先进个人一等奖；刘炜获民革全省参政议政先进个人一等奖、反映社情民意信息工作先进个人二等奖。

2015 年 4 月，马静获民革全省坚持和发展中国特色社会主义学习实践活动优秀党员；谭必恩获民革全省参政议政工作先进个人特等奖。

2017年4月，谭必恩获民革全国组织建设工作先进个人、民革全省参政议政工作先进个人一等奖；马静获民革全省反映社情民意信息工作先进个人三等奖。

2018年3月，方海生、谭必恩分获民革全省参政议政工作先进个人一等奖。

2019年11月，余翔获全国第一届"民革榜样人物"提名（湖北省民革推荐的唯一候选人）。

2020年9月，马静获评"全国抗击新冠肺炎疫情先进个人"、民革中央"民革抗击新冠肺炎疫情先进个人"；方海生、谭必恩分获民革全省参政议政工作先进个人一等奖，谭必恩获民革湖北省反映社情民意信息工作先进个人。

2022年12月，马静、张胜桃分别获评"民革湖北省2017—2021年度优秀党员"，谭必恩获"2021年度民革全省参政议政工作先进个人特等奖"，赵海波获"2021年度民革全省参政议政工作先进个人一等奖"。

2023年2月，王星译获"2022年度民革全省参政议政工作先进个人特等奖"，方海生、王贲分获"2022年度民革全省参政议政工作先进个人一等奖"，陶光明获"2022年度民革全省参政议政工作先进个人三等奖"，赵海波获"2022年度民革全省反映社情民意信息工作先进个人特等奖"。

第三节　历任主要负责人介绍

● **李崇渔（民革同济医科大学第一、二届支部主委　任期：1989.12—1997.11）**

李崇渔(1934.3—1997.11)，上海市人。1988年加入民革。第六、七届湖北省政协委员。同济医科大学附属协和医院教授、主任医师、博

士生导师。1954年毕业于哈尔滨医科大学，主要从事恶性血液病的临床及实验研究工作。曾任同济医科大学血液病研究所副所长、白血病研究室主任、血液科副主任、医院学术委员会委员、中国病理生理学会实验学会委员、湖北省血液学会委员兼秘书、省劳动卫生职业病分会常务委员、省中毒性职业病诊断组委员及《中国实验血液学》杂志、《白血病》杂志、《临床内科》杂志常务编委，《临床血液学》杂志编委兼编辑部主任。培养博士生5名、硕士生10余名。

● 吴人亮（民革同济医科大学第三届支部主委　任期：1998.12-2000.10；民革华中科技大学第一届总支委员会主委　任期：2000.10—2006.1）

吴人亮（1943.11—），湖北武汉人，1991年加入民革。1968年毕业于武汉医学院医疗系。民革湖北省第八、九届委员会常委，第九届湖北省政协常委，第九届武汉市人大代表。华中科技大学基础医学院病理系教授、博士生导师，享受国务院政府特殊津贴。曾任华中科技大学同济医学院学术委员会委员、呼吸系统疾病研究所副所长，卫生部呼吸系统疾病重点实验室学术委员，第四、五届中华医学会高原医学分会委员，武汉市病理学会及湖北省病理学会副主任委员等职。获国家自然科学基金项目3项、获省部级科技进步奖三等奖2项。2004年提案《把我省血防工作作为执政为民大事来抓》作为重点提案由省政协主席督办，2005年获政协湖北省九届三次会议优秀提案，2007年被评为民革全省参政议政工作先进个人。

● 余翔（民革华中科技大学第二、三届总支委员会主委　任期：2006.1—2013.1）

余翔（1965.10—），湖南保靖人，2005年加入民革。2001年博士研究生毕业于华中科技大学，管理学博士，2002年破格晋升为教授。2020年当选欧洲科学院院士。民革中央第十三届委员会委员，民革湖北省第十一、十二届委员会副主委，政协湖北省第九届委员会委员、第十届委员会常委，第十二、十三、十四届湖北省人大常委会委员，第十二、十三届湖北省人大常委会法制工作委员会委员、第十四届湖北省人大常委会法制工作委员会副主任委员，湖北省欧美同学会常务理事。2017年2月起任湖北师范大学副校长；华中科技大学中欧知识产权研究院院长、管理学院中德知识产权研究所所长，德国洪堡学者，先后受聘法国斯特拉斯堡大学国际知识产权研究中心客座教授、德国慕尼黑工业大学管理学院客座教授、澳大利亚悉尼科技大学法学院客座教授、瑞士苏黎世应用科技大学管理与法学院客座教授；2010年至2014年，日本学术振兴会中国同学会创会会长暨第二届会长；先后受聘暨南大学讲座教授、福建省闽江学者讲座教授、浙江工业大学运河讲座教授；先后受聘担任国家外专局重点引智项目评审专家，湖北省高级人民法院知识产权审判咨询专家、湖北省高级人民法院专家咨询委员会委员，云南省"余翔院士工作站"首席专家，湖北省荆门市熊兴化工有限公司院士工作站首席专家；国家知识产权战略咨询专家，全国知识产权领军人才，全国专利信息领军人才，国家知识产权局专利分析和预警专家库专家。

- **谭必恩（民革华中科技大学第三届总支委员会主委，第一、二届委员会主委 任期：2013.1— ）**

谭必恩（1971.7—），湖北恩施人，2009年加入民革。1999年毕业于华南理工大学，工学博士。民革湖北省第十三届委员会副主委，第十、十一、十二届湖北省政协委员，第十四届湖北省人大常委会委员。全国侨联委员、湖北省侨联副主席、洪山区侨联主席、华中科技大学侨联主席，湖北省欧美同学会理事、华中科技大学化学与化工学院院长。二级教授、博士生导师，英国皇家化学学会会士（FRSC），中国化学会理事，百千万人才工程国家级人选、国家有突出贡献中青年专家、国务院政府特殊津贴专家、教育部"新世纪优秀人才支持计划"入选者，湖北省"楚天学者"特聘教授，湖北省杰出青年人才基金获得者。

主要研究领域是高分子材料。先后主持国家重点研发项目（2项）、国家自然科学基金项目（7项）、湖北省自然科学基金创新群体项目、湖北省自然科学基金杰出青年基金项目等多项课题，获湖北省自然科学奖一等奖（排名第一）、中国侨界贡献奖。

第四节　人物风采

- **马静（全国抗击新冠肺炎疫情先进个人）**

马静（1971—），湖北武汉人，2010年加入民革。2005年硕士研究生毕业于武汉大学医学院，毕业后在华中科技大学同济医学院附属梨园医院从事临床工作至今，2012年晋升为副主任医师，2018年起担任重症医学科主任。武汉市武昌区第十三、十四届政协委员，武昌区第十六届人大常委会委员，武汉辛亥首义研究会理事，湖北省重症医学

会委员、湖北省微循环学会重症医学分会委员等。2016年9月至2017年9月挂职武汉市武昌区卫计委副主任。2014年获湖北省武汉市"中青年医学骨干人才"称号，2020年获"全国抗击新冠肺炎疫情先进个人"荣誉称号。主要研究领域为危重症病人救治，擅长老年危重症、脓毒症、多器官功能衰竭患者的治疗。主持湖北省自然科学基金项目1项，参与多项国家自然科学基金项目的研究，发表研究论文十余篇。

第五节 大事记

2000年10月19日，民革华中科技大学第一届总支委员会成立。吴人亮当选总支主委，钟瑛、周日平、袁光雷、刘履光当选总支委员。

2003年，湖北省政协常委杨镇、吴人亮提出的"重视晚期血吸虫病人的治疗"提案，得到湖北省委、省政府和省政协高度重视，省政府拨款4000余万元用于晚期血吸虫病人的治疗。

2006年1月6日，民革华中科技大学第二届总支委员会成立。余翔当选为总支主委，钟瑛、周日平当选为总支副主委，袁光雷当选总支委员。

2011年12月18日，民革华中科技大学第三届委员会成立。余翔当选总支主委，谭必恩、刘炜、周日平当选总支副主委，袁光雷、张胜桃、刘莉当选总支委员。2013年1月30日，根据工作需要，委员会届中调整谭必恩任总支主委。

2017年1月6日，民革华中科技大学委员会成立暨第一次党员大会召开。谭必恩当选民革华中科技大学第一届委员会主委，周日平、刘炜、方海生当选副主委，张胜桃、袁光雷、马静、董海、杜以梅当选委员。

2017年12月，余翔当选民革第十三届中央委员会委员。

2021年4月21日，民革华中科技大学第二届委员会成立。谭必恩当选主委，刘炜、方海生、杜以梅、马静当选副主委，张胜桃、董海、王贲、陶光明当选委员，王贲兼任秘书长。

2022年4月，民革湖北省第十五次代表大会选举产生新一届省委会领导班子。谭必恩当选民革湖北省第十三届委员会副主委，张胜桃、赵海波当选民革湖北省第十三届委员会委员。

（谭必恩、吴人亮、刘炜、王贲）

第二章

中国民主同盟华中科技大学委员会

第一节　历史沿革

1955年12月，民盟华中工学院支部委员会成立，第一届支部主委陈泰楷，第二届支部主委林金铭、副主委李敉安。"文革"中民盟活动停止，"文革"后恢复活动，至2000年合校前的华中工学院／华中理工大学共产生过六届支部委员会。第三届支部委员会（1981—1986年）主委叶康明、副主委李敉安，第四届支部委员会（1986—1991年）主委刘忠，第五届支部委员会（1991—1996年）主委李柱、副主委李升浩，第六届支部委员会（1996—2001年）主委殷正坤、副主委徐正权、龚世缨。

1955年，中南同济医学院成立民盟小组，负责人是院长唐哲。1956年，在武汉医学院党委的支持下成立了民盟武汉医学院支部委员会，唐哲任主委，范乐成任副主委。"文革"期间，民盟活动停止。1980年12月2日，民盟武汉医学院第二届支部委员会成立，主委杨晟、副主委宋名通，至2000年合校前的中南同济医学院／武汉医学院／同济医科大学共产生了六届支部委员会。第三届支部委员会（1984—1987年）主委邓瑞麟，副主委邵丙扬、寇用义；第四届支部委员会（1987—1991年）主委邓瑞麟，副主委邵丙扬、寇用义；第五届支部委员会（1991—1995年）主委邵丙扬，副主委寇用义、余新涛；第六届支部委员会（1995—2007

年,其中2000年5月合校后支部委员会延长了一届)主委李国光(1995—2001年)、欧阳明德(2001—2007年),副主委汪如龙、龚维龙、杨瑜珍。

1986年,武汉城建学院成立民盟小组,成员有饶才鑫、叶奎、喻俊芳。1988年,民盟武汉城建学院第一届支部委员会(1988—1992年)成立,金笠铭任主委,饶才鑫任副主委;1992年,民盟武汉城建学院第二届支部委员会(1992—2000年)成立,马鹤龄任主委,倪伟桥任副主委。

民盟华中科技大学委员会于2001年1月由华中理工大学、同济医科大学、武汉城建学院以及科技部武汉科技管理干部学院的民盟组织合并组成。民盟华中科技大学委员会有辉煌的历史,是湖北省民盟两个最大的直属委员会之一,盟员中涌现出一大批知名专家学者,包括裘法祖、唐哲、林金铭、邓瑞麟、马毓义、杨晟、邵丙扬、叶康明、刘忠、李柱、王晓瑜、陈庆益、蒋向前、牛安欧、胡适耕、李国光、冯丹、欧阳明德等。

在湖北省民盟的十一届委员会中,其中六届的主委是华中科技大学盟员担任。原同济医科大学唐哲教授担任第三、四、五、六届民盟湖北省委员会主委,原华中理工大学林金铭教授担任第七、八届民盟湖北省委员会主委,原华中理工大学刘忠教授担任第七、八、九届民盟湖北省委员会副主委;唐哲教授和林金铭教授曾先后担任湖北省人大常委会副主任。

2001年1月12日,民盟华中科技大学第一届委员会成立,欧阳明德任主委,李国光、殷正坤、马鹤龄、徐正权任副主委,张晓玲任秘书长,2005年增补杨超为副主委。

2007年1月15日,民盟华中科技大学第二届委员会成立,杨超任主委,徐正权、刘克俭、张存泰、倪伟桥任副主委,许小平任秘书长。

2012年5月30日,民盟华中科技大学第三届委员会成立,杨超任主委,刘克俭、倪伟桥、许小平任副主委,卢宏任秘书长。

2017年11月27日,民盟华中科技大学第四届委员会成立,杨超任主委,王芙蓉、冯丹、卢宏、董红梅任副主委。

2021年6月15日,民盟华中科技大学委员会第五次代表大会召开。

民盟湖北省委会副主委、武汉市委会主委胡树华,民盟湖北省委会专职副主委朱梅,校党委副书记马建辉到会。民进华中科技大学委员会主委、材料科学与工程学院院长周华民教授代表兄弟民主党派致贺词。大会选举产生民盟华中科技大学第五届委员会,王芙蓉任主委,卢宏、欧阳红兵、邹德清、廖永德任副主委,吴庆华任秘书长。2022年9月,委员会根据工作需要,由主委提名,单峰任副秘书长。

截至2023年6月,民盟华中科技大学委员会有民盟盟员216人,其中民盟中央委员2人,民盟省委会副主委2人、常委1人,民盟市委会主委1人;全国人大代表1人,全国政协委员1人,区人大代表2人;省政协常委1人,省政协委员1人,市政协常委1人。

2021年6月15日,民盟华中科技大学委员会第五次代表大会召开

第二节　主要工作及成绩

一、思想建设

民盟华中科技大学委员会各支部把理论学习作为一项重要内容,认真学习党的十九大和十九届二中、三中、四中、五中、六中全会及二十

大精神，坚定理想信念，强化理论武装，在思想和行动上与中共自觉保持一致。积极参加学校党委和民盟省委会组织的各类学习活动，在学习中力争学深悟透，领会精神实质。华中科技大学盟员集中学习了中共十九大报告和《习近平新时代中国特色社会主义思想学习纲要》等文件，并组织学习交流；通过理论学习和专题研讨，提高思想认识，提升自身政治理论素质，提高政治把握能力、参政议政能力、组织协调能力、合作共事能力和解决自身问题能力。认真学习贯彻习近平总书记关于疫情防控工作的重要讲话和指示批示精神，提高政治站位，把疫情防控作为头等大事和最重要工作，在认真做到本职工作的同时，为学校的发展献计献策。

结合民盟"不忘合作初心，继续携手前进"主题教育活动，组织盟员开展《中国共产党统一战线工作条例》学习交流会，统一思想认识，坚定理想信念，先后多次组织盟员赴金寨、麻城、大悟等革命老区参观学习，开展红色传统教育实践活动。

2019年7月20日至21日，民盟华中科技大学委员会赴大别山革命根据地开展"追寻红色印记，弘扬爱国精神"主题教育活动

每年选派新入盟的同志参加民盟省委会在湖北省社会主义学院举办的新盟员学习班；积极推荐中青年骨干参加省委统战部举办的全省民

主党派骨干培训班、民盟省委会在中央社会主义学院举办的基层组织主委培训班等，参加学校党委统战部在重庆、西柏坡举办的统一战线主题教育实践活动。

2022年11月13日，承办"学习二十大 同心跟党走"第三十一期华中大同心论坛。民盟中央委员、省委会副主委冯丹，民盟省委会秘书长李金玲参加活动。冯丹交流了学习中共二十大精神体会。王芙蓉、欧阳红兵、卢宏、廖永德、邹德清、孙华军、吴庆华、余立凯、许奕华、连立飞、庞盛永、单峰、倪伟桥、姚颖、钟禹成、荆涛等分别结合本职工作和学科特色分享学习二十大报告心得。

2022年11月13日，民盟华中科技大学委员会承办"学习二十大 同心跟党走"第三十一期华中大同心论坛

2023年6月，根据民盟湖北省委会和学校党委工作部署，民盟华中科技大学委员会启动"凝心铸魂强根基、团结奋进新征程"主题教育，于6月30日，赴湘鄂赣革命烈士陵园开展爱国主义教育，赴黄石科创模具技术研究院进行区域产学研调研。

二、参政议政，建言献策

"奔走国是，关注民生"是民盟的传统之一。长期以来，民盟华中科技大学委员会高度重视参政议政、民主监督工作，广大盟员爱党爱国，关注国家社会发展，积极反映社情民意，为新时代中国特色社会主义建设献计献策。

杨超、舒晓刚、王芙蓉、冯丹、卢宏、粟健梅、蒋思思等参加各级人大、政协和民盟组织的各类调研活动，积极建言献策，在人大、政协会议和各类座谈会上就经济发展、社会稳定和民生问题提交提案、发表建议。

杨超2017年带队调研湖北省精准脱贫工作，完成数万字调研报告并在当年湖北省委第四次双月座谈会上代表民盟湖北省委会做了关于"推进我省精准脱贫工作的建议"的主旨发言，针对湖北省精准脱贫工作存在的问题，提出了若干建议，受到时任常务副省长的充分肯定。杨超还多次参加湖北省人大组织的"民营经济营商环境""司法鉴定""精准脱贫"等方面调研、考察和执法监督工作，先后赴黄石、襄阳、鄂州、孝感等地调研；赴襄阳、黄石等地代表民盟省委会参加市州民盟民主生活会，听取意见，检查"不忘合作初心，继续携手前进"主题教育学习实践活动情况等；杨超在第十三届省人大第二次会议上提出"关于加快成立武汉PPP交易中心的建议"，并代表民盟省委会在省委双月座谈会上做"关于加快我省芯片人才综合培养的建议"主题发言。2019年8月，民盟华中科技大学委员会承办民盟中央举办的"经济论坛"；2020年，杨超和王芙蓉共同承担民盟中央委托重点课题"新冠肺炎防控反思与建议"的研究工作，组织姚海林、李力、汪洪兴、欧阳红兵等盟内专家学者，制定了研究方案并开展研究，完成数万字调研报告。

冯丹2019年撰写的《加快我省芯片产业发展的几点建议》被湖北省人民政府咨询委员会、湖北省人民政府研究室《咨询参考》采用。2020年撰写的《建立新冠肺炎确诊病例数据库，支撑疫情精准防控工作》通过民盟湖北省委会建言献策专报，获省委主要领导批示，并在省大数据平台建设中被及时采纳，在抗疫中贡献了民盟力量，被央视、《人民政协报》报道。2021年冯丹提出《关于建设光谷国家实验室的建议》《关于加强高等院校大学生实践能力培养的建议》等，呼吁"破解芯片发展难题，需要培养一流人才""注重个人信息应用及安全保护"。冯丹在2023年全国两会"代表通道"向全国人民讲述"20多年来不断研发中国籍存储系统、存储设备和存储芯片，只有靠科技自立自强才能赢得未来"的感悟，引起热烈反响。承担的民盟中央2022年合作调研课题成果《强化信息存储产业集聚，引领相关科技产业链突围》，被民盟中央推荐为全国政协十四届一次会议上的大会集体提案。

舒晓刚在2023年全国两会期间，聚焦长江湿地保护、国家医学中心建设和医学生培养等主题，提出多项建议：《关于长江中下游湿地保护存在的问题和相关对策建议》旨在建言推动长江中下游湿地保护事业高质量发展，多方协同多措并举破解长江中下游湿地保护中资金、技术、人才等难题，该提案从4000多个提案中被选为全国政协十四届一次会议72个重点提案之一；《关于支持武汉市争创国家医学中心和增设国家临床重点专科的建议》旨在建言加大对武汉市争创国家医学中心等支持力度，进一步增强武汉市医疗实力，加大优质医疗资源供给，推动武汉"健康城市"建设；《关于推动实习医师执照制度建设的建议》旨在建言为医学生临床实践教学活动提供法律保障，避免医学生"非法行医"局面，提升实习医生临床实习培养和医疗操作水平。

王芙蓉、卢宏就参政议政课题"养老服务体系建设的医养结合研究"赴多地调研并撰写提案议案，调研活动作为"不忘合作初心 继续携手前进"主题教育活动的一项重要内容，旨在立足健康中国战略，为完善医养结合政策、促进康养事业发展提供决策参考。卢宏、董红梅、邹德清、许奕华、谢荣军、孙华军参加民盟省委会各专委会调研工作，完成民盟省委会相关课题。倪伟桥、骆汉宾、李军、刘克俭、王小兰等关心学校发展，立足专业岗位以不同方式为学校"双一流"建设建言献策。

2019年9月,民盟华中科技大学委员会开展"养老服务体系建设的医养结合研究"调研

三、立足岗位,服务社会

2013年5月至2014年5月,冯丹挂职东湖新技术开发区光谷电子信息产业园建设管理办公室副主任;2016年9月至2017年9月,邹德清挂职硚口区统计局副局长;2017年9月至2018年9月,荆涛挂职硚口区卫计委副主任。

自2017年起,每年"6·28国际癫痫关爱日"到来之际,民盟华中科技大学委员会联合附属同济医院神经内科举办国际癫痫日关爱义诊活动。附属协和医院、同济医院盟员王芙蓉、舒晓刚、黄安斌、艾又生等多次参加各类医疗义诊和医疗下乡活动。

2018年11月至2019年10月,许奕华挂职云南省临沧市临翔区卫健局副局长。

抗击新冠疫情期间，民盟华中科技大学委员会组织盟员踊跃捐款，发挥医疗专业优势全力抗疫，凝聚了"万众一心、众志成城、共克时艰"的强大正能量。

2020年6月，按照湖北省统战系统"民营企业服务年"活动安排，杨超代表民盟湖北省委会对联系服务的企业进行了走访调研，赴盟员企业——武汉全华光电科技股份有限公司走访调研，为助力全省夺取疫情防控和经济社会发展"双胜利"贡献力量。

2020年7月，杨超在湖北省第十三届人大常委会第17次会议上，向省高级人民法院就当前湖北省各级法院在办案过程中存在超范围、超额度扣压、查封企业家财产和影响市场主体正常经营活动等问题以及省法院下一步将要采取的措施等问题展开询问。

2022年6月26日，民盟华中科技大学委员会协和支部联合学校各兄弟民主党派、统战团体多学科党外专家赴革命老区红安开展义诊。杨超、廖永德、钟禹成以及来自附属同济医院、梨园医院、校医院等10余名医疗专家对接红安县人民医院相应科室，通过查房、会诊、疑难病例讨论等方式，使红安县人民医院的患者足不出户享受来自省城医院的专业诊疗指导。义诊结束后，协和支部全体盟员与学校兄弟党派成员代表、统战团体成员代表赴黄麻起义和鄂豫皖苏区革命烈士陵园、董必武故居、长胜街接受革命传统教育，赴华润希望小镇参观当地乡村振兴项目。

四、党派荣誉

华中科技大学全体盟员团结一心，努力上进，开拓进取，取得了丰硕的成果，民盟华中科技大学委员会现已成为湖北省最有影响力的基层组织之一，多次受到民盟中央和民盟湖北省委会的表彰。

2008年汶川大地震后，李柱因在抗震救灾中表现出色被民盟湖北省委授予"抗震救灾先进个人"称号。

2010年12月，杨超在政协湖北省第十届委员会第三次会议上的提案被选为湖北省政协优秀提案。

2011年12月，在民盟湖北省委会纪念湖北民盟成立65周年大会上，民盟华中科技大学委员会同济医院支部被民盟省委会授予"先进集体"称号，梁木生、张存泰、董红梅被民盟省委会授予"全省先进个人"称号。

2014年9月，民盟华中科技大学委员会被民盟中央授予"先进基层组织"称号。

2014年10月，《湖北画报》以"走出学府谱华章"为题报道了杨超担任省政协常委的履职业绩。

2015年4月，民盟华中科技大学委员会被民盟中央授予"基层组织建设先进基层组织"称号，民盟华中科技大学委员会同济医学院支部被民盟湖北省委会授予"先进基层组织"称号。

2016年11月，民盟华中科技大学委员会被民盟中央授予"坚持和发展中国特色社会主义实践活动先进集体"称号，被民盟湖北省委会授予"组织工作先进集体"称号。

2018年1月，民盟华中科技大学委员会被民盟中央授予"思想建设与宣传工作先进集体"称号。

2019年1月，民盟华中科技大学委员会被民盟湖北省委会授予"宣传工作先进集体""社情民意信息工作先进集体"称号。

2020年11月，民盟华中科技大学委员会被授予"中国民主同盟抗击新冠肺炎疫情先进集体"称号，王芙蓉、肖苊、钟禹成、姚颖、盛鑫、梁奇明、蒋思思、程黎明、舒晓刚等9名盟员获评"中国民主同盟抗击新冠肺炎疫情先进个人"。

2021年4月，民盟华中科技大学委员会获评民盟湖北省委会"2020年度反映社情民意信息工作先进单位二等奖"。王芙蓉获评"民盟中央2020年度反映社情民意信息工作先进个人""民盟湖北省委2020年度反映社情民意信息工作先进个人"。邹德清获评"2020年度民盟湖北省委会教育工作委员会先进个人"。

2021年6月,在中国民主同盟成立80周年之际,冯丹入选民盟中央"杰出盟员"。

2022年4月,民盟华中科技大学委员会获评"民盟湖北省委2017—2022年度参政议政杰出贡献单位"。王芙蓉被获评"民盟湖北省委2017—2022年度反映社情民意信息工作突出贡献个人""民盟湖北省委2017—2022年度参政议政先进个人"。

第三节 历任主要负责人介绍

● **唐哲（民盟武汉医学院第一届支部委员会主委 任期：1955—1966）**

唐哲（1905.10—1993.6），四川广安人。1955年加入中国民主同盟。民盟中央第三届委员会委员，第四、五、六、七届中央常委，民盟中央参议委员会常委，民盟湖北省第二届委员会常委、第三、四、五、六届委员会主委，第七届委员会名誉主委。第三、四、五届全国政协委员，第六届全国政协常委，上海市第一、二、三届人大代表，湖北省第二、三、五、六、七届人大代表，湖北省第三、五届人大常委会委员，湖北省第六、七届人大常委会副主任，湖北省第二、三、四届政协副主席，第五、六届湖北省政协常委，武汉市第一、二届人大代表，武汉市第一、二、三届政协委员。

1930年毕业于上海同济大学医学院，历任同济大学校医、卫生组主任，医学院讲师、副教授、教授。1932年发起并组织中国红十字会第六救护队和第五伤兵医院，奔赴闸北、吴淞前线，救护伤员。1949年5月，任同济大学校务委员会常委兼医学院院长，并兼任华东军政委员会文化教育委员会委员、卫生部副部长。1950年根据国家高等学校院系调整的政策，领导同济大学医学院西迁武汉的工作，迁校后任中南同济医学院院长，并兼任中南行政委员会卫生局副局长；后历任武汉医学院院长、武汉医学院顾问、同济医科大学专家咨询委员会主任委员等职。主编《德汉医学词汇》《德英汉医药词汇》《汉德医学大辞典》等大型参考书。长期从事医学教育和医学院校的管理工作，为我国医学教育和医疗卫生事业发展做出了重要贡献。

● 陈泰楷（民盟华中工学院第一届支部委员会主委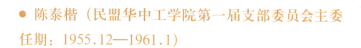
任期：1955.12—1961.1）

陈泰楷（1915.9—1975.6），安徽肥东人。1953年加入中国民主同盟。毕业于上海交通大学。抗战期间，任国民党空军通信学校教官、无线电修造厂副厂长。抗战结束后，1946年6月参与刘善本发起的国民党第一架飞机起义，在延安受到周恩来接见，后任教于广西大学。桂林解放前夕，任广西大学校务维护委员会委员，1950年当选桂林市文教工作者工会第一届执委，1952年任广西大学电机系主任。1953年任华中工学院桂林分部副主任（主任为朱九思），同年3月迁往武昌喻家山校区，历任华中工学院电力系副主任、发配电教研室主任。1975年6月因病逝世。

● 林金铭（民盟华中工学院第二届支部委员会主委　任期：1961.1—1966.3）

林金铭（1919.3—2000.9），福建莆田人。1951年加入中国民主同盟。民盟中央第五届委员会委员、第六、七届常务委员会委员，民盟湖北省第六届委员会副主委、第七、八届委员会主委、第九届委员会名誉主委。

第二篇 华中科技大学民主党派工作概述

第七、八届全国人大代表，湖北省第八届人大常委会副主任，第五届湖北省政协委员、第六届湖北省政协常委。

1940年武汉大学电机系毕业。1946年考取教育部"英美奖学金"赴英留学，在BRUSH公司完成工程师训练（相当于硕士学位），并担任电机设计师。1949年回国，受聘于武汉大学电力系任副教授。1953年调入华中工学院电机系，历任副教授、教授、教研室主任、电力系系主任、博士生导师、电工研究所所长、华中工学院图书馆馆长、华中工学院－欧洲共同体发展中国规划合作计划项目总负责人。中国早期电机制造、电气工程专家，享受国务院政府特殊津贴。多次主持全国性电机专业教学大纲的制订和教材编审、主持出版各类电机专业教材。参加中国第一个汽轮发电机系列（2500～25000千瓦）的统一设计、中国60万千瓦汽轮发电机组的统一设计。1984年当选国际电机会议常设领导机构成员，1991年获中国电工技术学会"元老杯"奖。获国家教委从事高校科技工作40年荣誉证书。

- 刘忠（民盟华中理工大学第四届支部委员会主委 任期：1986.6—1991.6）

刘忠（1932.10—2001.2），河北乐亭人。1983年加入中国民主同盟。民盟中央第七届委员会委员，民盟湖北省第七、八、九届委员会专职副主委，第七届湖北省人大常委会委员，第五届湖北省政协委员、第七届湖北省政协副秘书长、第八届湖北省政协常委。

1951年考入华北大学工学院，1954年转入浙江大学，1956年浙江大学机械系毕业后分配到华中工学院任教，历任

· 169 ·

副教授、工程材料加工技术教研室主任、教授。1979年至1982年任日本东京工业大学客座研究员。长期从事金属切削刀具及切削原理方面的教学科研工作，获国家专利1项、国家教委科技进步奖1项、湖北省科技进步奖二、三等奖各1项；获中国机械工程学会优秀论文奖、湖北省机械工程学会优秀论文一、二等奖、武汉市自然科学优秀学术论文奖等。1997年获湖北省政协大会表彰。

● **李柱（民盟华中理工大学第五届支部委员会主委 任期：1991.6—1996.6）**

李柱（1933.2—），湖北武汉人。1984年加中国民主同盟。1985年加入中国共产党。第七、八届湖北省政协委员。1953年毕业于重庆大学机械系，同年到华中工学院任助教，1963年任讲师，1978年任副教授，1982年任教授，1990年任博士生导师，1992年开始享受国务院政府特殊津贴。

机械工程标准与计量专家。1993年任国际测量与仪器委员会（ICMI）创建主席，1999-2009年任全国产品尺寸和几何技术规范标准化技术委员会（SAC/TC240）副主任。曾获国家科技进步奖二、三等奖各1项，国家教育委员会科技进步奖一、二等奖各1项，湖北省科技进步奖二、三等奖各2项和宝钢优秀教师奖。主编《互换性与测量技术基础》（170万字），荣获全国高等学校优秀教材国家级奖。积极推动海峡两岸及香港、澳门学术文化交流，先后7次赴台讲学，于2000年10月组织召开海峡两岸面向21世纪科技教育创新研讨会。

● 殷正坤（民盟华中理工大学第六届支部委员会主委　任期：1996.6—2001.6）

殷正坤（1944.2—），湖南常德人。教授，博士生导师。1988年加入中国民主同盟。1967年毕业于南开大学物理系，同年任教于中建三局一公司子弟学校。1979年就读华中工学院自然辩证法专业研究生，1982年毕业后留校任教，1984年获上海复旦大学硕士学位。现任华中科技大学生命伦理学研究中心常务副主任。曾先后主持和参与完成国家自然科学基金项目1项、省部级科研项目4项、武汉市级科研项目2项、物宝天华国际科学基金项目1项，中德合作研究项目1项，获湖北省第二届社会科学优秀成果三等奖、湖北省第三届社会科学优秀成果三等奖，一项研究成果被湖北省科技厅鉴定为湖北省重大科学技术成果。

● 马鹤龄（民盟武汉城建学院第二届支部委员会主委　任期：1992.1—2000.12）

马鹤龄（1945.12—），湖北武汉人。1988年加入中国民主同盟。1995年加入中国共产党。第九届湖北省政协委员。华中科技大学教授、硕士生导师，湖北省有突出贡献中青年专家。

1968年本科毕业于华中工学院电机系，1981年华中工学院自动控制系研究生毕业后留校任教，1983年调至武汉城市建设学院任教，1985年赴法国巴黎留学进修。回国后，历任武汉城市建设学院交通工程研究所研究室主任、城市道路与交通工程系副系主任、院教务处处长、院本科教学评价办公室主任。2000年5月合校后，历任东校区教务办公室主任、网络教育学院教务办公室主任、华中科技大学武昌分校校长、武汉科技大学城市学院副院长、武汉外语外事职业技术学院副院长。曾任中国城市交通规划学术委员会委员，湖北省系统工程学会常务理事，全国高等学校道路桥梁及交通工程专业教学指导委员会委员，中华人民共和国建设部专业设置评议委员会委员。

● 杨晟（民盟武汉医学院第二届支部委员会主委 任期：1980—1984）

杨晟（1905.11—1998.6），江苏南京人。1956年加入中国民主同盟，1991年加入中国共产党。民盟湖北省第三、四届委员会副主委，民盟武汉市第五、六届委员会主委、第七届名誉主委，第五、六、七届武汉市政协副主席。1929年毕业于南京金陵大学理学院，1931至1932年金陵大学化学研究所研究生，1930至1936年先后在多所中学任教，1937年至1950年先后在上海同济大学、成都航空学院、无锡江南大学任教。1950年后历任中南同济医学院／武汉医学院／同济医科大学化学系教授，武昌分部主任，副教务长，基础医学部副主任、主任，药学系主任，曾受卫生部委托主编《物理化学及胶体化学》等著作。在担任武汉市政协副主席期间，呼吁"科教兴市"，为武汉市经济社会发展做出了积极贡献。

● 邓瑞麟（民盟同济医科大学第三、四届支部委员会主委 任期：1984—1991）

邓瑞麟（1916.6—2010.10），江苏常熟人。1956年加入中国民主同盟。民盟湖北省第七届委员会常委。1941年毕业于同济大学医学院，1943年与杜公振教授研究川西痹病，获教育部科研奖；1947年至1950年留学丹麦、西德，获汉堡大学医学博士学位。1951年回国，历任中

南同济医学院、武汉医学院、同济医科大学、华中科技大学同济医学院教授,医学微生物学家。1952年首次证实武汉市及江西赣州存在乙型脑炎流行;1957年首次分离出亚洲甲型流感病毒;从事老年慢性支气管炎防治研究,1975年获湖北省科学大会表彰。参编医学院校全国统一教材《医学微生物》第一、二版和《汉德医学大词典》,代表作有《Q热玻片凝集实验》《螃蜞菊抑制流感病毒实验研究》等。

● 邵丙扬（民盟同济医科大学第三、四届支部委员会副主委　任期：1984—1991；民盟同济医科大学第五届支部委员会主委　任期：1991—1995）

邵丙扬（1917.7—2009.9）,浙江余姚人。1955年加入中国民主同盟。1942年毕业于上海同济大学医学院并留校任教。1955年随同济医院由上海迁至武汉后历任主任医师、教授,先后赴美国俄亥俄州立大学医学院访问、作为客座教授赴德国海德堡大学医学院交流和讲学。华中科技大学同济医学院附属同济医院内科教授、主任医师、研究生导师。我国杰出的内科学家和内分泌学家,著名医学教育家,临床内分泌学事业奠基人之一。

1953年首创锑剂3日疗法治疗急性血吸虫病并推广全国应用治疗,在我国及世界治疗急性血吸虫病史上具有重大意义,被聘为中央血吸虫病防治领导小组成员,为我国血防工作做出重要贡献。曾任卫生部血吸虫病防治顾问、中华医学会湖北省及武汉市内分泌代谢学会主任委员及多家杂志特邀编委,主编、参编、译述多部著作。20世纪60年代末筹建血液病学实验室,70年代末创立湖北省内分泌学实验室,90年代组织编写850万字《中华内科学》并获全国优秀科技图书一等奖。1981年被评为湖北省先进教育工作者,1985年被评为同济医科大学优秀教师,2002年获民盟湖北省委优秀老龄盟员奖,2009年获中华医学会内分泌分会终身成就奖。

● **欧阳明德（民盟华中科技大学第一届委员会主委 任期：2001.6—2007.1）**

欧阳明德（1946.6—）江西吉安人。1987年加入中国民主同盟。第七、八、九届湖北省政协委员,民盟湖北省第十届委员会常委、经济工作委员会主任委员,第四、五、六届武汉市洪山区政协副主席。1969年毕业于华中工学院动力工程系,1983年华中工学院机械工程一系研究生毕业,获工学硕士学位。1984至1985年以访问学者身份赴日本工业大学进修经营工学,主修质量管理。1985年至1995年间,获国家教委优秀教材一等奖、航空工业部科技进步奖二等奖、国家教委科技进步奖三等奖各1项。华中科技大学管理学院教授,曾任华中科技大学管理学院工会主席等职。担任省政协委员、区政协副主席期间,积极参加政协组织的各项活动,所撰写的提案多次获省、区两级政协优秀提案奖。

● **杨超（民盟华中科技大学第二、三、四届委员会主委 任期：2007.1—2021.6）**

杨超（1963.7—）,河南新县人。2003年加入中国民主同盟。民盟湖北省第十三届委员会副主委,第十、十一届湖北省政协常委,第十三届湖北省人大常务委员会委员。1983年毕业于河南师范大学,1985年获华中理工大学硕士学位、1998年获香港城市大学博士学位，曾在美国斯坦福大学、加拿大蒙特利尔大学做高级访问学者。华中科技大学管理学院二级教授、博士生导师、"华中学者"特聘教授。2001年入选教育部"优秀青年教师资助计划"，同年被湖北省政府授予"湖北省有突出贡献中青年专家"称号，2002年入选湖北省"新世纪高层次人才工程"，2006年入选教育部"新世纪优秀人才支持计划"，2008年获华中科技大学"我最喜爱的导师"。2011年获教育部自然科学奖二等奖，2018年获湖北省社会科学优秀成果奖，主持完成1项国家自然科学基金重大国际合作项目和4项国家自然科学基金面上项目。

● **王芙蓉（民盟华中科技大学第五届委员会主委　任期：2021.6—）**

王芙蓉（1974.11—），山东青岛人。2008年加入中国民主同盟。民盟中央第十三届委员会委员，民盟湖北省第十四届委员会常委、卫生与健康管理工作委员会主委。第十三届湖北省政协常委。华中科技大学同济医学院附属同济医院神经科副主任、教授、主任医师、博士生导师。主要从事神经重症、癫痫与老年痴呆等方面研究，在日本留学期间曾主持日本文部科学省科学研究费补助金（日本国家自然基金）项目1项，主持国家自然科学基金项目4项；主持科技部重点研发计划项目1项，参与国家自然科学基金项目7项，为主要负责人，其他科研项目3项。任中华医学会神经病学分会神经重症协作组副组长，中国医师协会神经病学分会神经重症专委会副主任委员，国家卫生健康委员会脑卒中防治专家委员会重症脑血管病专业委员会副主任委员，国家卫生健康委员会脑损伤判定质控专委会副主任委员等。

第四节 人物风采

● 裘法祖（中国科学院院士，著名外科学家）

裘法祖（1914.12—2008.6），浙江杭州人。著名外科学家，华中科技大学同济医学院教授、博士生导师，中国科学院院士。1956年加入中国民主同盟，1983年加入中国共产党。第四、五、六、七届全国人大代表，第四届全国政协委员，第五届湖北省人大常委会委员、第三、四、六届武汉市人大代表。1936年在上海同济大学医学院前期结业后赴德国慕尼黑大学医学院留学，1939年获博士学位，在附属医院任职至副主任医师，获德国外科专科医师证书。1945年受聘为都尔士市立医院外科主任。1946年11月回国，历任上海同济大学医学院附属同济医院（时称中美医院）外科学教授、外科主任，武汉医学院副院长、院长，同济医学院名誉院长等职务。1984年发起创建了中德医学协会，并担任中方理事长。1993年当选中国科学院院士。

我国现代外科学和器官移植学的主要开拓者和奠基人之一。主持创建我国最早的器官移植机构——同济医科大学器官移植研究所，并组建中华医学会器官移植分会，为我国器官移植事业的发展做出了杰出贡献。担任全国高等医学院校临床医学专业教材评审委员会主任委员20余年，组织编写了50余种医学教材；参加编写了我国第一本外科学教材，主编了全国高等医药院校教材《外科学》（第2～4版）、《黄家驷外科学》第4～6版（国家重点出版物）等多种权威医学专著，为我国医学教育事业做出了卓越的贡献。他在肝脏外科方面的系列研究，推动和发展了肝脏外科手术技术，在我国肝脏外科领域占有重要的位置。70多年来，裘法祖院士的高超技术被公誉为"裘氏手术"，并改进新术式不下数十种，挽救了无数患者的生命。先后获首届全国科学大会奖、卫生部科技成果甲等奖。1978年被评为全国科技先进工作者、全国劳动模范。1985年获联邦德国政府大十字勋章，同年日本金泽医科大学授予名誉顾问。1999年被授予香港外科医学院名誉院士衔。2000年获中国医学科学院中国医学科学奖，2001年获中国医学基金会全国医德风范终身奖，2004年获"人民医学家"称号，同年获德国宝隆奖章。

● 吕富华（全国人大原代表）

　　吕富华（1907.7—2004.4），山东龙口人。1956年加入中国民主同盟，1985年加入中国共产党。药理学家。第三届全国人大代表，第五、六、七届武汉市人大代表。1932年毕业于上海同济大学医学院。1933年赴德国佛莱堡大学留学，1934年用家兔试验证明烟草的致癌性，系世界首次发现并发表于《法兰克福病理杂志》。1936年获医学博士学位后回国，历任同济大学医学院、上海国防医学院教授。新中国成立后，历任武汉医学院教授、药理学教研室主任，同济医科大学二级教授，博士生导师，享受国务院政府津贴。

　　长期致力于药理学教学和科学研究，为中国药理学界培养了几代科技人才，主要贡献是用现代药理方法筛选并研究中草药的有效成分，特别是对心血管药物进行了卓有成效的开拓性研究。其研究的强心药物羊角拗甙被载入中国药典，并与降压药汉防已甲素研究成果一起获1978年全国科学大会奖。20世纪50年代全国药理学教材编撰的主要成员，《医用药理学》第一、二版作者，1996年全国心血管药理学会成立"吕富华教授基金会"。

● 杜公振（在国内首先发现四川痹病病因，为防治和消灭痹病做出重要贡献）

杜公振（1908.2—1986.1），山东高密人。1956年加入中国民主同盟。1933年上海同济大学医学院毕业后留校任病理学助教。1934年赴德国留学深造，先后在图本根大学卫生学馆、柏林卫生化验所、慕尼黑国家医学进修班、汉堡热病学院、柏林传染病研究所学习，1937年获杜宾根大学医学院医学博士学位。1939年回国后，任昆明同济大学医学院副教授、教授，1941年任四川宜宾同济大学医学院教授，1949年任上海同济大学医学院教授、院长。1952年后，历任中南同济医学院/武汉医学院/同济医科大学教授、微生物教研室主任、基础医学部主任。曾任中国微生物学会理事、中国微生物学会湖北分会副理事长。

微生物学家，长期致力于微生物科学教学与研究工作，1942年在国内首先发现并证实四川痹病病因是钡盐中毒，为四川人民防治和消灭痹病做出重要贡献。所著《钡病的病源问题》对防治和消灭痹病做出重大贡献；是我国第一部高等医学院《医学微生物学》教材主要编写者之一，参编《微生物学》，译著有《医学微生物学》《免疫学》《细菌图谱》等。

● 杨述祖（全国人大原代表、全国政协原委员，主编我国第一部临床参考书《外科病理学》）

杨述祖（1903.2—1983.12），陕西华县人。1953年加入中国民主同盟，1982年加入中国共产党。病理学家。第三届全国人大代表，第五、六届全国政协委员，第五届湖北省人大代表。1928年毕业于日本名古屋医科大学，1935年获日本帝国大学医学博士学位。回国后，就职于上海自然科学研究所，兼任上海东南医学院病理学教授，历任同济大学医学院病理学教授、主任，武汉医学院一级教授、病理学教研室主任，国务院学位委员会学科评议组成员，卫生部学位委员会学科评议组成员。

其病理学研究方面的高深造诣在医学界享有盛誉，特别在寄生虫病和我国地方病的研究中做出了独到的贡献，曾为苏北农村查明当地流行的重度贫血伴巨脾症病因，为根治地方疾病提供了重要依据。编写《病理学讲义》(德文)、《病理解剖学》，1996年获卫生部医学著作一等奖，主编我国第一部影响最大的临床参考书《外科病理学》。

● **林竟成（同济大学医学院附属中美医院院长、中南同济医学院附属同济医院院长）**

林竟成（1907.2—1987.7），福建福州人。1953年加入中国民主同盟。1933年毕业于上海同济大学医学院，1947年赴美进修公共卫生和医院管理专业。回国后历任上海国防医学院副院长、同济大学医学院公共卫生学馆主任兼附属中美医院院长、中南同济医学院公共卫生学馆主任、教授兼附属同济医院院长、卫生系主任、社会医学研究室主任。

著名的社会医学和卫生管理学家。抗战期间，历任全国红十字会救护总队医防队队长、中队长、副大队长、大队长。抗美援朝期间，任上海市抗美援朝医疗手术队总队副队长兼任第一大队队长，因功受到表彰。1950年出席全国首届卫生工作会议，参与制定国家卫生工作方针。著有《中国公共卫生行政之症结》《社会医学发展史》《城市医院管理》《妇幼卫生手册》等著作。创办并担任《国外医学社会医学分册》主编。为我国公共卫生学和社会医学做出了开拓性和奠基性的贡献，是我国公共卫生事业的开创者和奠基人之一。

● 范乐成（民盟中央原委员、省委会原副主委）

范乐成（1909.7—1970.7），湖北武汉人。1952年加入中国民主同盟。民盟中央第二、三届委员会委员，民盟湖北省第三、四届委员会副主委。第二、三届湖北省政协常委，第一、二届武汉市政协委员。1936年北京协和医学院毕业，1946年赴美国进修外科学。著名外科学专家。曾任国民党汉口陆军总医院院长兼外科主任、教授，武汉大学医学院院长、教授。新中国成立后，历任中南行政委员会委员、武汉医学院第一副院长、中华医学会总会理事等职，对我国医学教育事业的发展做出了积极贡献。编写《战地外伤急救》《战伤治法》和《局部外科学》等著作。

● 刘颖（全国政协原委员、民盟中央原委员）

刘颖（1913.2—1984.12），山东禹城人。1952年加入中国民主同盟。1980年加入中国共产党。第五、六届全国政协委员，第五、六届湖北省人大常委会委员，第二、三届湖北省政协委员，第四届湖北省政协常委，第一、二届武汉市政协委员。民盟中央第四届委员会委员、第五届中央顾问，民盟湖北省第二届委员会常委、第五届委员。

1935年毕业于天津北洋大学，1937年赴美国密西根大学学习，获机械工程、航空工程硕士学位。1940年回国，任四川私立铭贤农工专科学校机械工程系教授兼系主任，1944年调任武汉大学机械工程系教授、系主任。1953年任华中工学院筹备委员会委员兼副教务长，1979年任华中工学院副院长。一级教授，新中国第一批博士研究生指导教师。长期从事内燃机教学和研究，成功研制出我国第一台20匹马力的风冷柴油机，填补了当时中国风冷柴油机的空白。主编《船舶柴油机原理》《柴油机原理》等，《柴油机原理》获中国船舶动力优秀教材二等奖。发表《柴研1型燃烧室及其在195型柴油机上的应用》等十余篇论文。历任国务院学位委员会学科评议组成员、中国内燃机理会副理事长、湖北省暨武汉市内燃机学会理事长。

● 马毓义（全国五一劳动奖章获得者，华中工学院副院长，煤燃烧国家重点实验室开创者）

马毓义（1917.1—2007.4），广西桂林人。1952年加入中国民主同盟，1979年加入中国共产党。第五届湖北省人大代表，第五、六届湖北省政协委员。1942年毕业于浙江大学机械系，后在贵州纱厂工作。1946年在广西大学机械系任讲师，1948年晋升副教授。1953年华中工学院成立时，从广西大学调至华中工学院。1955年至1957年在苏联莫斯科动力学院进修。历任华中工学院动力系主任、工程热物理研究所所长、华中工学院副院长，是煤燃烧国家重点实验室的开创者、华中工学院首任学术委员会主任，全国首批博士生导师，湖北省燃烧工程研究会理事长。1985年获国家"六五"科技攻关奖、国家发明奖三等奖和全国五一劳动奖章，享受国务院政府特殊津贴。

● 冯丹（全国人大代表，民盟湖北省委会副主委）

冯丹（1970.5—），女，湖北京山人。2008年加入中国民主同盟。民盟中央第十一、十二届委员会委员，民盟湖北省第十四届委员会副主委，第十二、十三、十四届全国人大代表，入选民盟中央"杰出盟员"。华中科技大学计算机科学与技术学院院长，武汉光电国家研究中心信息存储与光显示功能实验室主任，信息存储系统教育部重点实验室主任，数据存储系统与技术教育部工程研究中心主任，教授，博士生导师，国家级人才计划入选者。从事信息存储研究，担任 2 项 973 项目首席科学家，863 重大项目总体专家组组长，担任国家自然科学基金委员会创新群体项目"大数据存储系统与技术"负责人，教育部"长江学者和创新团队发展计划""信息存储系统与技术"创新团队学术带头人。研究成果获省部级一等奖 3 项，国家技术发明奖二等奖 2 项，国家自然科学奖四等奖 1 项，国际存储竞赛决赛奖 1 项。

● **舒晓刚（全国政协委员，民盟湖北省委会副主委，民盟武汉市委会主委）**

舒晓刚（1971.5—），男，湖北大冶人。2008年加入中国民主同盟，民盟中央第十三届委员会委员，民盟湖北省第十四届委员会副主委，民盟武汉市第十四届委员会主委，第十四届全国政协委员，第十三、十四届武汉市政协常委。华中科技大学同济医学院副院长，华中科技大学同济医学院附属协和医院胃肠外科主任医师、教授、博士生导师，消化道疾病湖北省工程研究中心总负责人。

长期从事胃肠道神经系统的基础研究工作，主持和参与国家自然科学基金面上项目 4 项、国家自然科学基金重大研究计划项目 1 项，负责湖北省消化道工程中心项目建设，总研究经费超过 2000 万元。研究成果获湖北省科技进步奖一等奖、湖北省科学技术成果推广奖一等奖、湖北省首届转化医学创新大赛一等奖及最佳创意奖、武汉市科技进步奖一等奖。教改项目获湖北省高等学校教学成果奖一等奖、华中科技大学教学成果奖一等奖（2 次）。在国内外权威杂志发表论文数十篇，成果以第一作者或者通讯作者发表于 *Gastroenterology*、*Neuron*、*Molecular*

Neurobiology 等杂志。

第五节 大事记

2001年1月12日，民盟华中科技大学第一届委员会成立，欧阳明德任主委，李国光、殷正坤、马鹤龄、徐正权任副主委，张晓玲任秘书长，2005年增补杨超为副主委。

2007年1月15日，民盟华中科技大学第二届委员会成立，杨超任主委，徐正权、刘克俭、张存泰、倪伟桥任副主委，许小平任秘书长。

2009年6月11日，民盟湖北省委专职副主委王耀辉一行来校调研民盟组织建设，充分肯定民盟华中科技大学委员会组织建设工作。

2010年3月，举办迎春茶话会，全校70余名盟员代表欢聚一堂，辞旧迎新，共话团结奋进。

2012年5月30日，民盟华中科技大学第三届委员会成立，杨超任主委，刘克俭、倪伟桥、许小平任副主委，卢宏任秘书长。

2012年12月，冯丹当选民盟第十一届中央委员会委员。

2013年3月，冯丹当选第十二届全国人民代表大会代表。

2014年10月25日，民盟中央在安徽省举办的浙皖鄂民盟先进基层组织经验交流会上，舒晓刚作重点发言，介绍华中科技大学民盟组织建设经验。

2016年11月，民盟湖北省委纪念湖北民盟成立七十周年大会举行。民盟华中科技大学委员会被民盟中央授予"坚持和发展中国特色社会主义学习实践活动先进集体"，同时被民盟湖北省委会授予"组织工作先进集体"。

2017年11月27日，民盟华中科技大学第四届委员会成立，杨超任主委，王芙蓉、冯丹、卢宏、董红梅任副主委。

2017年12月，冯丹当选民盟第十二届中央委员会委员。

2018年3月，冯丹当选第十三届全国人民代表大会代表。

2018年7月14日，民盟华中科技大学委员会赴大别山革命老区麻城开展以"缅怀革命先烈，弘扬红色印记"为主题的革命传统教育活动。

2018年9月3日，全国人大常务委员会委员、民盟中央专职副主席徐辉来校调研，全国人大代表、民盟中央委员、武汉光电国家研究中心信息存储与光显示功能实验室主任冯丹介绍了中心在科技创新、成果转化等方面的情况。

2020年疫情期间，杨超和王芙蓉牵头，欧阳红兵、李力等10名盟员参与完成了民盟中央委托课题《新冠肺炎疫情防控反思与建议》，相关建议被民盟中央采纳并转发全国政协。

2021年6月15日，民盟华中科技大学第五届委员会成立，王芙蓉任主委，卢宏、欧阳红兵、邹德清、廖永德任副主委，吴庆华任秘书长。

2021年10月，舒晓刚当选民盟武汉市委会主委。

2022年4月，民盟湖北省第十四次代表大会选举产生民盟湖北省第十四届委员会。冯丹、舒晓刚当选民盟湖北省第十四届委员会副主委，王芙蓉当选民盟湖北省第十四届委员会常委。

2022年12月，舒晓刚、王芙蓉当选民盟中央第十三届委员会委员。

2023年2月，冯丹当选第十四届全国人民代表大会代表，舒晓刚担任第十四届全国政协委员。

（杨超、王芙蓉、刘克俭、倪伟桥、廖永德、吴庆华）

第三章

中国民主建国会华中科技大学委员会

第一节 历史沿革

建校初期（1953—1955年），华中工学院有民建小组，小组成员2人——机械系的赵学田教授和路亚衡教授，他们在武汉大学任教时已加入民建，后调至华中工学院。赵学田任民建华中工学院小组组长。1982年12月，由民建武汉市委员会正、副秘书长但伯昆、金斌统介绍，姜孟文（民建烈士姜化民之子，时任船舶系副教授）成为民建的一员，加强了民建组织在华中工学院的工作。姜孟文的父亲姜化民烈士曾任中国民主建国会上海分会理事，为上海解放做出了巨大贡献，在新中国成立前夕1949年5月14日被捕，26日被国民党反动派杀害。

1987年3月，民建华中工学院支部委员会成立，姜孟文任主委，魏守平任副主委，陈雪华任委员。民建华中工学院第一届支部委员会一直延续至1991年。1988年1月，国家教委批准华中工学院更名为"华中理工大学"。其间，姜孟文曾任湖北省人大代表，陶醒世曾任湖北省教委副主任，魏守平曾任武汉市政府参事。

1991年11月15日，民建华中理工大学第二届支部委员会成立，主委姜孟文，副主委魏守平，委员陈雪华。

1987年3月，民建华中工学院支部委员会成立

民建同济医科大学支部委员会于1990年成立，第一届（1990—1995年）主委张功寿，委员茅世琦，第二届（1995—2000年）主委张功寿、委员茅世琦、余达经、张亮，2000年合校后并入民建华中科技大学总支委员会，同济校区第三、第四届支部委员会主委均为张亮。

2000年12月29日，民建华中科技大学总支委员会成立，主委吴懿平，副主委张亮，委员魏守平、陈继华、周晓安。主校区支部主委吴懿平，委员向廷元、周晓安。同济校区支部主委张亮，委员陈继华、张功寿。2003年8月28日届中改选：主校区支部主委韩民春，委员李承军、慈勤英（调离，2005年12月8日鲁细英任委员）。

2007年1月29日，民建华中科技大学第二届总支委员会成立，吴懿平任主委，张亮、韩民春任副主委，委员陈继华、周晓安。同济校区支部主委张亮，副主委陈继华，委员王勇、颜巧元。主校区主委韩民春，副主委周晓安，委员李承军、鲁细英。2008年1月主校区换届，主委鲁细英，副主委李承军、侯桂英，委员黄欢、李晓梅。

2011年12月25日，根据民建湖北省委《关于同意成立民建华中科技大学委员会的批复》，民建华中科技大学第一届委员会成立。韩民春任主委，张亮、鲁细英任副主委，委员李承军、颜巧元。主校区总支主任鲁细英,副主任李承军、周晓安、杨广笑,委员万敏、黄朝晖。同济医学院总支主委张亮,副主委颜巧元、杨年红,委员陈继华、黄立。

2017年1月6日,民建华中科技大学第二届委员会成立。韩民春任主委,杨广笑、乐建新任副主委,委员颜巧元、刘世元、万敏、杨年红。主校区总支主委杨广笑,副主委黄朝晖、刘小虎、汤俊芳、徐刚林,委员田峰、李杜。同济医学院总支主委颜巧元,副主任杨年红、乐建新,委员王礼桂、史河水、王超、罗会舟。

2021年11月18日,民建华中科技大学委员会第三次代表大会召开。全国政协常委、湖北省政协副主席、民建中央常委、民建湖北省委会主委郭跃进,校党委副书记马建辉,省政协委员、民建湖北省委会秘书长姚从升等参会。民盟华中科技大学委员会主委、附属同济医院教授、主任医师王芙蓉代表兄弟民主党派致贺词。大会选举产生民建华中科技大学第三届委员会。主委韩民春,副主委刘世元、史河水、王超,委员刘小虎、杨年红、张磊、陈建军、明炬、易鸣、黄朝晖,其中刘小虎为秘书长,副秘书长夏涛。工学支部主委刘世元,副主委甘慧杰;文理支部主委明炬,副主委易鸣;综合支部主委黄朝晖,副主委田锋;协和支部(协和医院和梨园医院)主委史河水,副主委陈建军、刘加荣;同济支部(同济医学院和同济医院)主委王超,副主委张磊、杨珉。

2021年11月18日,民建华中科技大学委员会第三次代表大会召开

截至 2023 年 6 月，民建华中科技大学委员会有民建会员 75 人，其中民建中央委员 1 人，民建省委会副主委 1 人、委员 1 人，民建市委会常委 1 人；全国政协委员 1 人，省政协委员 1 人，市政协委员 1 人，区政协委员 1 人。

第二节　主要工作及成绩

一、思想建设

民建华中科技大学委员会成立以来，始终把会员的思想政治建设放在突出位置，引导会员不断增强"四个意识"，坚定"四个自信"，做到"两个维护"，深入学习贯彻习近平新时代中国特色社会主义思想，为中国特色社会主义事业凝聚广泛的政治共识。

组织会员以多种形式，认真学习领会习近平新时代中国特色社会主义思想，学习习近平视察湖北，对湖北抗疫工作作出的重要讲话精神，学习加强中国特色社会主义参政党建设的三个文件及《中国共产党统一战线工作条例》等重要文件精神，以及党的十九大、二十大精神。不断增强参政党意识，把思想统一到中央要求上来，在事关大局、事关政治方向、事关根本原则的问题上，做到是非分明，立场坚定。

先后开展"不忘合作初心，继续携手前进"、纪念"五一口号"发布活动、"全面开展作风建设年活动""学党史、跟党走"学习教育活动等。组织会员参与民建省委会举办的纪念"五一口号"发布 70 周年系列活动和开展庆祝改革开放 40 周年大会、人民政协成立 70 周年、多党合作制度确立 70 周年大会和"与祖国共奋进，与民建共成长"主题演讲和书画作品展活动，庆祝民建成立75周年大会，以及庆祝中国共产党成立100周年大会暨第三届"中国梦·民建情——学党史、跟党走"主题演讲会等重大活动。

2014年3月，民建华中科技学委员会主校区总支召开会议，传达学习民建湖北省委员会关于开展坚持和发展中国特色社会主义学习实践活动的精神及实施方案。

2018年6月，民建华中科技大学委员会主校区总支开展学习研讨活动，学习习近平视察湖北讲话，传达民建省委会有关会议精神，组织观看了纪录片《大国外交》。

2018年12月，民建华中科技大学委员会赴革命老区、"黄麻起义"策源地麻城市顺河镇开展"扶贫有你"义诊。

2019年3月，民建华中科技大学委员会举办"同心·大健康跨学科讲坛"，来自机械学院、附属协和医院、附属同济医院的5名教授先后围绕医工、医理等跨学科领域合作项目，分享跨学科研究成果与体会。

2019年7月，民建华中科技大学委员会举办大健康学术交流活动，邀请海外校友作交流报告。

2019年8月，民建华中科技大学委员会举办"不忘合作初心，继续携手前进"主题教育活动，参观中共中央机关旧址纪念馆和"八七"会议旧址并召开座谈会。

2022年6月19日，韩民春率民建华中科技大学委员会会员赴鄂州梧桐湖智慧健康新城进行区域调研。民建湖北省委会组织部、办公室有关负责人参加调研。会员们实地走访调研了东湖高新科技创意城、联投梧桐湖品牌展厅、梁子湖码头、梧桐湖康养等项目，随后就梧桐湖智慧健康新城的区域规划、文旅开发、康养产业等方面的问题与联投梧桐湖片区项目负责人进行了深入探讨和交流。

2022年11月6日，承办"学习二十大 同心跟党走"第三十期华中大同心论坛。韩民春就学习贯彻中共二十大精神做专题报告。史河水、王超、刘小虎、黄朝晖、杨年红、明炬、陈建军、易鸣、万敏、夏涛、赵雷、李云桥、石亮亮等分享学习中共二十大报告心得体会。

2019年8月,民建华中科技大学委员会举办"不忘合作初心,继续携手前进"主题教育活动,参观中共中央机关旧址纪念馆和"八七"会议旧址

2023年4月2日,承办第三十八期华中大同心论坛,韩民春传达学习全国两会精神,解读国务院政府工作报告、全国人大常委会工作报告等文件精神,分享了提案内容。陈建军、王芙蓉、熊蔡华、卢文龙、刘世元等5位教授分别围绕"加快实现高水平科技自立自强",分别结合教学科研及临床工作一线,分享交流了开展学科交叉研究的实践成果。校党委常委、副校长高亮受邀参加论坛。

2023年6月,根据民建湖北省委会和学校党委工作部署,民建华中科技大学委员会启动"凝心铸魂强根基、团结奋进新征程"主题教育。6月25日,召开"凝心铸魂强根基、团结奋进新征程"主题教育动员会,来自主校区、同济校区以及在外地招生的老师近20名会员在线参加。会后,先后开展赴东风汽车公司、汉口北国际贸易市场调研,联合民建硚口区委工委、硚口区科协举办"健康行"等活动。

2023年4月2日，民建华中科技大学委员会承办第三十八期华中大同心论坛，聚焦加快实现高水平科技自立自强

二、参政议政，建言献策

2003年以来，民建华中科技大学委员会共提交40件集体提案、50多项个人提案、120篇社情民意信息，承担民建中央和省委会重点课题25余项。部分重要成果如下：

2007年11月30日，"大力发展县域经济，促进城乡协调发展"全国县域经济发展专题研讨会在湖北举行。民建湖北省委经济委员会副主任，东西湖区副区长、经济学院副教授韩民春代表民建湖北省委作了《湖北省县域经济发展的路径研究》专题发言。全国人大常委会副委员长、民建中央主席成思危出席会议并讲话。

2010年，韩民春撰写的"湖北省省域副中心城市发展研究"获湖北省委优秀调研课题一等奖和省委统战部重点课题一等奖，同年在中共湖北省委第二次双月座谈会上作主题汇报。

2012年4月，在中共湖北省委第二次双月座谈会上，韩民春作《关于加强公共服务平台建设突破性发展民营经济的建议》主旨汇报。

2016年1月，韩民春在政协湖北省第十一届委员会第四次会议上作《关于加强物联网建设　促进武汉智慧城市发展的建议》主题报告。省政协十一届十六次常委会上，韩民春作《加快推进湖北制造业转型升级的调查与建议》发言。

2017年11月，在中共湖北省委第三次双月座谈会上，韩民春作《推动湖北省自由贸易试验区加快发展的研究与建议》主题发言。

2018年1月，在省政协十二届一次会议期间，韩民春作《放得更活管得更好服务更优加快湖北自贸区发展》的大会发言，同年3月在中共湖北省委第二次双月座谈会上，作《以高质量招商引资促进湖北改革开放》主旨发言，同年7月在省政协月度协商会上，作《加快武汉跨境电子商务建设，打造湖北外贸新的增长点》专题汇报。

2018年8月，颜巧元申报的"保护协和医院包氏楼"项目获评武汉市第十一批优秀历史建筑保护目录。包氏楼始建于1931年，为纪念中国最早的女性专职妇产科医生之一的包惠莲而建，是协和医院现存历史最悠久的建筑，也是武汉近代西方教会医院的历史遗迹。2022年9月8日，经过修复的包氏楼作为协和医院院史陈列馆对外开放。

2019年1月，韩民春在省政协十二届二次会议上就《建设长江新城争创武汉综合性国家科学中心》作大会发言；4月，在中共湖北省委第二次双月座谈会上作《实施"一芯驱动"战略必须增强三大能力，破解三大难题》主旨发言；6月，在省政协月度专题协商会上围绕《培育和打造中部强大市场》从开拓一带一路市场的角度以《打造以武汉为核心的湖北对外开放平台的建议》作专题发言；12月，在中共湖北省委第六次双月座谈会上作《建设以武汉为核心的中部强大市场的建议》主旨发言；在省政协十二届七次常委会上作《加大政策落实力度，促进我省非公有制经济健康发展》大会发言。

2019年8月，刘世元在中共湖北省委第四次双月座谈会上，以"促进先进制造业和现代服务业深度融合，推动制造业高质量发展"为题，代表民建省委作重点发言。

2019年5月，颜巧元撰写的《有关破解"护士荒"难题的建议》被民建中央全文采用。

2019年5月，刘小虎撰写的《回收贫困户老屋为集体资产，改拆为搬一举三得》社情民意被民建中央采纳。

2020年6月，韩民春在中共湖北省委第三次双月座谈会上，作《推动区域协调发展，提升湖北竞争力》主旨发言。

2020年11月，赵雷撰写的《关于增强综合医院内缓冲病房建设，应对未知传染病的建议》《关于入境隔离期结束后人员跟踪和管控的建议》等被民建中央采纳。

2021年1月，刘世元在省政协第十二次会议联组会议上，以《提升湖北光电子信息产业链现代化水平》代表民建省委作重点发言。

2021年6月，韩民春在省政协月度协商会上以《依托武汉城市圈，融入全国统一大市场的建议》进行专题汇报。9月，在省委第三次政党协商会上作《打造依法办事的法治环境，提升湖北核心竞争力》专题汇报。

2022年9月，韩民春在省政协十二届常委会第十八次会议上作"提升中欧班列武汉铁路运输能力"主题发言。

2023年3月，韩民春在政协十四届全国委员会第一次会议上，提出《关于建立"平战结合"机制，实现市场"保供稳价"的提案》《关于健全和完善我国粮食储备体系的提案》《关于加大中部地区吸引和利用外资力度的提案》《支持湖北创办"中国长江流域国际博览会"的提案》和《关于以花湖机场为依托打造内陆自由贸易港的提案》，以及《推动我国商业银行发展绿色金融业务的建议》大会书面发言。

2023年3月，韩民春的社情民意"关于完善生育保险制度，助力优化生育政策促进人口长期均衡发展战略实施的建议"被全国政协采纳。

2023年6月，韩民春应邀列席全国政协十四届常委会第二次会议，并在座谈会上向全国政协副主席胡春华专题汇报"大力发展国产自主软件的建议"。

三、立足岗位，服务社会

（一）立足本职岗位工作，努力双岗建功

魏守平作为第一完成人主持研发的《特大型水轮机控制系统关键技术、成套装备与产业化》项目获国家科技进步奖二等奖。荣获中共中央、国务院、中央军委颁发的"庆祝中华人民共和国成立70周年"纪念章。

刘世元为国家级人才计划入选者，先后主持科技部国家重大科学仪器设备开发专项、国家自然科学基金重大科研仪器研制项目等国家级重大重点项目。研究成果"高精度宽光谱穆勒矩阵椭偏测量关键技术与纳米测量应用" 获2019年湖北省技术发明一等奖，入选2020年度华中科技大学重大学术进展。

史河水团队联合武汉市金银潭医院放射科，通过网络首次发布《武汉19-nCoV肺炎影像学表现初探》，探索出COVID-19肺炎患者在病程不同阶段的CT特征，为临床早期诊断提供了重要参考。2020年2月24日，史河水以第一作者身份在《柳叶刀》子刊上在线发表原创性研究论文，这是四大国际顶级医学期刊发表的第一篇新冠肺炎大样本影像学表现原创性研究文章，为临床诊断提供了重要参考，史河水的多篇论文成为高被引论文。

颜巧元科研团队论文《住院患者参与用药行为量表的研制与信效度检验》入选"领跑者5000"中国精品科技期刊顶尖学术论文；主持"护理科研方法体系集成与应用推广"获2018年湖北省科技进步奖三等奖；2018年被推选为第45届世界技能大赛健康与社会照护项目国家级裁判、第45届世界技能大赛健康与社会照护项目湖北省裁判长和首席专家。

万敏的研究项目"基于湖河网络八景的区域风景特色及其保护传承研究——以长江中游为例"获国家自然科学基金资助。"乡石巨构、匠意荒雅——中国阳明文化园入口空间设计"于2019年入选国家文旅部、中国美术家协会"全国十三届美术作品展览"艺术设计作品，"习家池

景区综合品质提升规划"获2019年湖北省推荐全国优秀城市规划设计奖评选活动一等奖。

黄朝晖主持了本校参与中、韩、日跨域抗疫设计的活动,与英国拉夫堡大学以及中国地质大学(武汉)联合组建了中英跨国3D打印设计联盟。

明炬主持国家重大研究计划,在计算科学领域的重要期刊发表论文20余篇。长期负责数学与统计学院《实变函数》必修课的教学,深受本科生喜爱。

韩民春主持国家社科基金重点项目"工业机器人替代与我国就业市场的失衡和再平衡问题研究",并在重要期刊上发表相关论文14篇。

刘世元团队成功研发计算光刻EDA软件,填补国内空白;其团队研发成果入选"2022中国光学领域十大社会影响力事件"。

(二) 深入推进社会服务,践行使命担当

1. 组织义诊,践行健康扶贫

民建华中科技大学委员会积极践行健康中国战略,弘扬"敬佑生命,救死扶伤,甘于奉献,大爱无疆"的崇高精神。2018年和2019年,来自附属协和、同济、梨园医院和同济医学院的专家教授乐建新、颜巧元、张亮、史河水、肖宝钧、刘加荣等,以及主校区鲁细英、杨广笑、权先璋、田锋、韩民春等先后到孝昌县王店镇巴石村、麻城市顺河镇、崇阳县港口乡卫生院开展"扶贫有你"义诊活动,为当地百姓和卫生机构送去高水平的医疗咨询服务。

2. 全力投入抗击新冠疫情

2020年,面对突如其来的新冠疫情,民建华中科技大学委员会积极响应上级号召,广大会员积极主动投身抗疫大战,有的奋战一线亲自参与救治,有的在社区做志愿者,有的踊跃献计献策,有的捐款捐物,充分展现了民建会员的担当与作为,涌现出许多感人的事迹。

2019年11月,民建华中科技大学委员会赴咸宁市崇阳县港口乡开展健康扶贫活动

附属协和医院感染科副主任赵雷承担了协和医院传染病病区、新冠病毒感染专治病区、红十字会医院院区(定点医院)等多个部门的救治工作,从除夕到清明,几乎每天都在与死神赛跑,极力救治病人。附属协和医院口腔科专家刘加荣,疫情期间被派往新冠病毒感染定点医院——附属协和医院西区担任病区副主任,连续工作两个月,收治病人近100例。附属梨园医院神经内科副主任李中明疫情期间主动报名驰援雷神山医院,成为医疗队中年龄最大的队员。附属同济医院外科医生王超主动请缨,在发热门诊工作3周。附属梨园医院耳鼻喉科医生罗会舟连续3周奋战在发热门诊,接诊400余人次。附属协和医院门诊输液室护士长许娟娟从输液室转战到留观病房,再到急诊科,一直奋战在前线。附属协和医院肿瘤中心护士长彭昕组织成立"安心中转站"先锋队,全力为一线医务人员做好后勤保障工作。乐建新、肖宝均、陈建军、卢晓明等会员专家在抗击新冠疫情期间,始终坚持在工作一线,做出重要贡献。

积极参加社区抗疫志愿服务。居家隔离期间,杨广笑、汤俊芳等多位会员积极响应号召,主动报名担任所在社区的志愿者,为居民团购分发物资,为行动不便者送货上门,贡献了自己的一份光和热。汤俊芳作为华中科技大学NCP志愿者服务队成员，疫情期间帮助患者联系就医，帮助抗疫物资捐赠方与社区、医院对接。

在抗击疫情中积极建言献策。颜巧元撰写了"关于将军运村改造成新型冠状病毒肺炎专属医院的建议""关于请求大量增加护士人数驰援湖北的紧急建议""关于方舱医院中成立患者互助小组替代部分护理工作的建议"等十余件社情民意。罗会舟与颜巧元合作撰写了"关于给予抗击'新冠'疫情一线医护人员心理支持的紧急建议"。建筑与城市规划学院刘小虎及团队为应对新冠疫情首次提出并发起了"防疫住宅（建筑）"研发应用项目，为疫区居民量身定做的《新冠病毒期间住宅防疫简易手册》通过华中科技大学"华中智库"提交武汉市防疫指挥部。2021年3月，"防疫住宅"研究成果经湖北省住建厅发文在武汉市开展试点推广。

积极组织捐赠，彰显会员的社会责任担当。陈登奇等会员为华中科技大学同济医学院校区捐赠价值10万元的次氯酸消毒液，颜巧元从海外募捐口罩16000个、护目镜1000个、防护服2000件，等等。

科学调度，确保疫情期间市场供给。时任武汉市商务局局长的韩民春，从疫情发生以来，特别是城市和小区封闭管理以来，在防疫保供战役中始终坚持一线指挥、科学研判、系统谋划，做到因时因势而动。以身作则发挥示范带头作用，带领全市商务系统克服交通物流受阻、供应体系打破、交易模式改变、配送对接不畅、人力运力不足等多重困难，迅速部署安排、创新供应方式、破解难点痛点、积极稳控价格、坚持正面引导，整个疫情期间，全市米面粮油、肉禽蛋奶、蔬菜副食等主要生活物资供应比较充足，市场价格基本稳定，市民基本生活得到保障，有效地维护了城市稳定和社会安定。坚持一线调研、现场调度、现场落实，及时有效解决了批发市场卖难、白沙洲市场交通梗阻等多个重点焦点问题，为全市战疫做出了重要贡献。

3. 积极通过社情民意推进养老服务

近年,颜巧元等会员提交一批重要的涉及养老的提案和社情民意,例如"关于延迟护士退休年龄的建议""十三五期间我国老龄服务重点任务建议""关于建设护士银行的建议""老龄化社会下健康与社会照护人才培养"等被全国政协、民建中央、民建湖北省委、湖北省政协采纳。2017年承担的民建武汉市委会课题"武汉市护士银行研究"相关成果刊发在《长江日报》。

4. 积极组织社会服务

杨年红受邀在湖北省电视台楚天大医生栏目进行科普宣传。2020年10月,民建同济医学院总支联合湖北省毛泽东书法艺术研究会,举办"致敬抗疫医护,畅抒翰墨情怀"赠书画活动。民建华中科技大学委员会于2021年2月组织会员赴同济医院开展"后疫情时代全省医疗机构医用布草洗涤和处置现况及问题,促进供给侧与需求侧平衡健康发展"的专题调研。2021年6月,赴红安参加由民建湖北省委会与相关部门共同组织的"新氧美丽计划"革命老区公益行大型义诊活动;2021年7月,参加民建湖北省委会企业项目与投资对接会;2021年9月,组织会员参加由世界中联中医药书画产业分会、民建湖北省委会联办,世界中联中医药书画产业分会湖北办公室、湖北夏小中医院、武汉博物馆承办的第二届"世界中医药书画展"。

四、党派荣誉

2008年,民建华中科技大学总支荣获民建中央"2007年度组织建设先进支部"。

2009年,民建华中科技大学总支荣获"民建湖北省参政议政先进集体三等奖"。

2009年,民建同济校区支部获"民建湖北省先进支部"称号。

2010年，民建华中科技大学总支荣获"2009年度民建湖北省反映社情民意信息工作先进集体"。

2013年，李承军、杨广笑、颜巧元被授予"民建湖北省优秀支部主委"。

2018年4月，民建华中科技大学委员会荣获"2017年度民建湖北省反映社情民意信息工作先进集体三等奖"。

2019年4月，民建华中科技大学委员会荣获"2018年度民建湖北省反映社情民意信息工作先进集体三等奖"。

2020年12月，民建华中科技大学委员会同济校区总支荣获民建中央"抗击新冠肺炎疫情先进集体"，会员王超、卢晓明、史河水、刘加荣、许娟娟、李中明、罗会舟、郑晓丹、赵雷、彭昕等被授予"抗击新冠肺炎疫情先进个人"。

2021年12月，民建华中科技大学委员会荣获"民建湖北省2020年度反映社情民意信息工作先进单位二等奖"，获评"民建湖北省社会服务先进集体"。

2022年12月，民建华中科技大学委员会荣获"民建湖北省2021年度反映社情民意信息工作先进单位二等奖"。

第三节　历任主要负责人介绍

● 姜孟文（民建华中工学院第一届支部委员会主委　任期：1987.3—1991.11；民建华中理工大学第一届支部委员会主委　任期：1991.11—2000.12）

姜孟文（1937.6—），江苏沭阳人。民建烈士姜化民之子。1982年参加中国民主建国会，曾任民建湖北省委员会委员，第七、八届湖北省人大代表，省人大常委会教科文卫组组长。1960年毕业于华中工学院

工企电气化专业,后留校,由学校派往上海交通大学船舶系进修,1962年返校历任船舶系讲师、副教授。学校公派1988、1989年在德国卡尔斯鲁尔大学高级访问学者。1982年,由民建湖北省委员会主委周兹柏、秘书长金炳统介绍参加民建,同年,受省委会委托在学校开展活动,开启了民建组织在华中工学院的快速发展。1987年3月,民建华中工学院第一届支部委员会成立,姜孟文任主委。姜孟文1997年退休,2003年回上海定居。

● 张功寿(民建同济医科大学第一、二届支部委员会主委 任期:1990—2000)

张功寿(1939.11—),湖北咸宁人。1988年加入中国民主建国会。民建湖北省第三届委员会委员。1965年毕业于武汉医学院医疗系。生理学教授、硕士生导师,卫生部"呼吸疾病重点实验室"主要成员,长期从事"中枢神经递质对呼吸的调节作用"及"神经递质对肺循环及缺氧性肺血管收缩反应的影响"研究,先后获湖北省自然科学优秀学术论文三等奖、美国柯尔比科学文化中心医学部优秀医药学论文。曾任同济医科大学学报编辑部副主任兼"北京医科大学协和医科大学联合出版社"第八编辑室主任。

● 吴懿平(民建华中科技大学第一、二届总支委员会主委 任期:2000.12—2011.12)

吴懿平(1957.12—),安徽太湖人。1990年加入中国民主建国会,2004年加入中国共产党。曾任民建湖北省委会常委、省直工委副主任,

第九、十届湖北省政协委员。1982年毕业于华中工学院物理专业，武汉光电国家研究中心教授、博士生导师。创建国内最早"电子封装技术"本科专业，为国家培养了大量微电子制造技术人才。1987年获国家教委科技进步奖三等奖，1992年获国家机械委科技进步奖二等奖，1994年获国家科技进步奖二等奖，1997年获湖北省科技进步奖三等奖。

● **韩民春（民建华中科技大学第一、二、三届委员会主委 任期：2011.12—）**

韩民春（1968.10—），辽宁大连人。1998年加入中国民主建国会。第十四届全国政协委员。民建第十二届中央委员会委员，民建湖北省第七、八、九届委员会副主委，第十一、十二届湖北省政协常委、提案委副主任。华中科技大学经济学院教授，博士生导师。2008年11月至2016年9月，历任湖北省武汉市东西湖区人民政府副区长、武汉吴家山经济技术开发区管委会副主任、武汉临空港经济开发区管委会副主任；2016年9月至2017年4月，任武汉商学院副院长；2017年4月至2020年8月，任武汉市商务局局长、招商局局长、武汉市人民政府口岸办、会展办主任。多次获湖北省政协优秀提案奖、省政协信息工作先进工作者、民建中央全国优秀会员称号，2022年获湖北省优秀政协委员称号。

第四节　人物风采

● 赵学田（著名科普作家和教育家）

赵学田（1900.9—1999.5），湖北巴东人。1951年加入中国民主建国会，是华中工学院第一位民建会员。1982年加入中国共产党。第一、二、三、四届湖北省政协委员。我国著名工程图学专家，中国科协第二届委员会委员，曾任湖北省科协副主席。1920年考入北京工业专门学校（后并入北京大学工学院）机械科。1952年经全国高校院系调整，从武汉大学调入华中工学院担任制图教研室主任。1982年组织编写《机械设计自学入门》（中国冶金工业出版社出版），连出两版共12万册均告售罄。在1984年中国科普创作协会第二次代表大会上，赵学田与华罗庚、茅以升、高士其、钱学森等17位著名科学家被授予"对中国科普事业作出卓越贡献的科普作家"称号。

● 陶醒世（全国科学大会奖获得者）

陶醒世（1933.8—），河南信阳人。1986年加入中国民主建国会。第九届全国政协委员，民建中央第四、五、六届委员、第七届常委，民建湖北省第二、三届委员会副主委，民建湖北省第四届委员会主委、第五届委员会名誉主委，第六届湖北省政协委员、第七届湖北省政协常委、第八届湖北省政协副主席。第一、二、三届武汉市洪山区政协副主席。系华中科技大学第一位担任民建湖北省委主要领导的民建会员。

1957年毕业于华中工学院电机系并留校任教。参加了中国第一台步进电动机研制，是该研制组最年轻的成员。1975年开始主持的"六相功率步进电动机及驱动电源系列"项目获1978年全国科学大会奖和一机部新产品奖。1983年晋升教授。1990年调任湖北省教育委员会副主任；1997年任民建湖北省委主委期间，提出的《关于尽快打通川汉铁路的建议》获中央领导和铁道部高度重视，2003年，作为贯通中国东、中、西部重要交通枢纽的川汉铁路奠基开工。1994年获"全国绿化奖章"。

● **魏守平（国家科技进步奖二等奖获得者）**

魏守平（1939.2—2023.1），湖北武汉人。1986年加入中国民主建国会。1962年毕业于华中工学院自控专业，华中科技大学土木与水电学院教授。设计我国第一台集成电路控制电液调速器，其主持的科研项目多次荣获省部级奖励，在电力生产控制系统、仿真培训系统、微机调速及自动化系统、电厂变电站计算机监控系统、自动发电控制等研究与应用领域享有盛誉。2005年作为第一完成人主持研发的《特大型水轮机控制系统关键技术、成套装备与产业化》荣获2015年度国家科技进步奖二等奖。荣获中共中央、国务院、中央军委颁发的"庆祝中华人民共和国成立70周年"纪念章。

第五节　大事记

1987年3月，民建华中工学院支部委员会成立。
1990年，民建同济医科大学支部委员会成立。

1991年11月，民建华中理工大学第二届支部委员会成立。

1995年，民建同济医科大学第二届支部委员会成立。

2000年12月，民建华中科技大学总支委员会成立。

2007年1月，民建华中科技大学第二届总支委员会成立。

2008年，民建华中科技大学总支荣获民建中央"2007年度组织建设先进支部"。

2009年，民建同济校区支部获民建湖北省先进支部称号。

2011年12月，根据民建湖北省委《关于同意成立民建华中科技大学委员会的批复》，民建华中科技大学第一届委员会成立。

2013年，李承军、杨广笑、颜巧元被授予"民建湖北省优秀支部主委"。

2017年1月，民建华中科技大学委员会第二次代表大会召开，成立民建华中科技大学第二届委员会。

2020年12月，民建华中科技大学委员会同济校区总支荣获民建中央"抗击新冠肺炎疫情先进集体"，会员王超、卢晓明、史河水、刘加荣、许娟娟、李中明、罗会舟、郑晓丹、赵雷、彭昕等被授予"抗击新冠肺炎疫情先进个人"。

2021年11月，民建华中科技大学委员会第三次代表大会召开，成立民建华中科技大学第三届委员会。

2021年12月，民建华中科技大学委员会荣获民建湖北省"社会服务先进集体"称号。

2022年4月，民建湖北省第九次代表大会选举产生民建湖北省第九届委员会。韩民春当选民建湖北省第九届委员会副主委，刘世元当选民建湖北省第九届委员会委员。

2022年12月，韩民春当选民建中央第十二届委员会委员。

2023年2月，韩民春当选第十四届全国政协委员。

2023年5月19日，民建中央宣传部部长蔡玲一行来校调研民建会员思想状况，校党委常委、副校长于俊清会前在统战之家欢迎蔡玲一行。

2023年6月7日,民建中央组织部部副部长(主持工作)李伟一行来校参观统战之家。

(吴懿平、韩民春、张亮、鲁细英、杨广笑、乐建新、颜巧元、刘小虎)

第四章

中国民主促进会华中科技大学委员会

第一节 历史沿革

1984年,民进武汉医学院小组筹建成立,杨庆生任组长。

1991年9月18日,民进同济医科大学支部委员会成立,杨庆生任主委,彭汉光任副主委,共有会员11人。其中,武汉市第十二中学的会员李学英(1957年加入民进)和武汉地质科学管理干部学院的会员王传则(1984年加入民进)编入该支部。

1994年11月,民进同济医科大学第二届支部委员会成立,杨庆生任主委,彭汉光任副主委。至1996年底共有会员26人。

1996年11月7日,民进同济医科大学第三届支部委员会成立,马业新任主委,杨长华任副主委,成立同济医大、同济医院、协和医院三个小组,胡永熙、张东绅、彭汉光分别担任组长。

1998年7月,经民进武汉市第八届委员会第八次主委会议,决定成立民进武汉城市建设学院支部,直属民进武汉市委会。张荣堂任支部主委,吴文任支部组织委员,杨珞华任支部宣传委员。

2000年5月合校之前,华中理工大学没有民进基层组织,共有黄炳灵、陶双文、郑友德、张晓昱4名民进会员。其中黄炳灵1957年加入民进,系华中工学院首位民进会员。

2001年1月12日,民进华中科技大学第一届委员会成立。马业新任第一届主委,张宗成、张荣堂、彭汉光任副主委,张东绅、郑友德、胡永熙任委员。同年,主校区第一届支部成立,由原华中理工大学、原武汉市城市建设学院的会员组成,郑友德任主任,王昌武、许德胜任委员,有会员9人。同济医学院成立新的支部,胡永熙任主任,有会员13人;同济医院支部成立,张东绅任主任,有会员15人;协和医院支部成立,彭汉光任主任,有会员5人。

2007年1月29日,民进华中科技大学第二届委员会成立,马业新任主委,彭代彦、张东华、刘萍、舒柏华任副主委,许德胜、曾凡军、涂郁兰、张海龙任委员。会员中有民进湖北省委会常委2人、委员3人,省政协常委1人、区人大代表1人。

2011年6月1日,民进华中科技大学第三届委员会成立,陆培祥任主委,张东华、许德胜、舒柏华、刘萍、张明富、周华民、曾志刚任副主委,高中洪、曾凡军、周新文、王元勋、柳曦、刘冬先、邱鸣任委员。会员中有民进湖北省委会常委1人、委员2人,民进武汉市委会常委1人,省政协常委1人、委员2人,区人大代表1人。

2016年12月22日,民进华中科技大学第四届委员会成立,周华民任主委,张东华、许德胜、曾志刚、刘萍、邓云华、吴燕庆任副主委,高中洪、曾凡军、周新文、柳曦、王元勋、刘冬先、邱鸣、胡志权、张晓昱、刘静宇、柯佑祥、戴洁任委员。会员中有民进湖北省委会副主委1人、委员3人,民进武汉市委会常委1人,区工委委员1人;省人大代表1人,区人大代表1人;省政协常委1人,市政协委员1人,区政协委员3人。

2021年11月26日,民进华中科技大学委员会第五次代表大会召开。民进湖北省委会副主委、武汉光电国家研究中心副主任陆培祥,校党委副书记马建辉,民进湖北省委会秘书长张琼参会。兄弟党派代表、农工党华中科技大学委员会主委、生命学院院长刘剑峰致贺词。大会选举产生民进华中科技大学第五届委员会,周华民任主委,曾志刚、邓云华、周新文任副主委,范淑媛、毛子骏、兰鹏飞、刘爱国、胡志全、彭雯、蔺亚琼任委员,范淑媛兼任秘书长。

截至2023年6月,民进华中科技大学委员会有会员87人,其中民进省委会副主委1人、常委1人、委员2人,民进市委会常委1人;省人大常委会委员1人,省政协委员1人,市政协委员2人,区政协委员2人。

2021年11月26日,民进华中科技大学委员会第五次代表大会召开

第二节 主要工作及成绩

一、思想建设

民进华中科技大学委员会坚持以民主集中制为原则,实行集体领导与分工负责相结合,集体领导、民主集中、个别酝酿、会议决定的民主程序,努力把领导班子建设成为政治坚定、作风优良、工作高效、团结合作、廉洁自律的集体。

2019年7月,民进华中科技大学委员会主校区支部召开组织生活会

定期召开组织生活会,围绕主题开展学习研讨,坚持"三保证":保证会前沟通准备,保证会中全员参与,保证会后反思总结。

坚持落实基层组织建设主题年工作,形成一套完整的工作方案、操作规范和工作制度,举办有特色的主题年活动,围绕年度省委会、市委会重点工作,提供参政议政的主题建议,增强基层民进组织成员凝聚力;制定年度工作计划,设立阶段性目标,定期开展主题活动,年底验收当年工作计划,并进行反思总结;年底开展走访慰问生活困难会员,互帮互助,提升会员归属感。

2022年11月20日,承办"学习二十大,同心跟党走"第三十二期华中大同心论坛,学习贯彻中共二十大精神。周华民以"中国式现代化全面推进中华民族伟大复兴"为主题分享了学习贯彻二十大精神的心得体会。邓云华、兰鹏飞、周新文、毛子骏、宋珂、高辉等在自由发言环节分享学习心得。陆培祥作总结讲话。

2023年6月15日,民进华中科技大学委员会在学校"统战之家"召开"凝心铸魂强根基、团结奋进新征程"主题教育动员会。委员会全体班子成员和会员代表参加,周华民主持会议。

2022年11月20日,民进华中科技大学委员会承办"学习二十大 同心跟党走"第三十二期华中大同心论坛

二、参政议政,建言献策

民进华中科技大学委员会针对社会热点问题开展调研,积极参政议政、建言献策,提出了许多具有建设性的提案和社情民意。

2002—2012年,张宗成受聘为武汉市政府参事。

2004年8月,张宗成撰写的《关于把武汉建成国家级现代物流中心加快引领中部崛起的调研报告》被国务院参事室(国参函[2004]99号)转给发改委。

2004年12月,彭代彦撰写的《提高"一事一议"效率,促进农村基础设施建设》获湖北省政协优秀提案奖。

2005年6月,张宗成撰写的《关于吴家山台资集群区经济的调研报告》提案被中共武汉市委书记批示,并转市委督查室督办。同年,张宗成撰写的《关于进一步健全和完善我市民营企业金融支持体系的调研报告》被市长批示后,由市委办公厅推荐给中央办公厅和湖北省办公厅,又被《内部参考》(2005年1月17日第一期)转载,2005年12月获武汉市委政策研究室调研文稿二等奖。

2006年3月，许德胜撰写的《关于加快武汉激光产业发展的对策与建议》（第224号提案）被政协湖北省第九届第55次主席会议列为2007年省政协主席重点督办提案。2007年10月，省政协副主席率队视察了激光企业，并召开座谈会。

2006年7月，彭代彦撰写提案《通过农业机械化促进粮食增产的建议》。

2007年6月，张宗成撰写的《关于加快金融创新促进武汉综合配套改革》获市长批示，于2008年1月18日被副市长批示后转武汉市人民政府公报全文登载（2008年第二期）。

2002年至2007年，郑友德受聘为武汉市政府参事，参与了《中华人民共和国反不正当竞争法》《中华人民共和国著作权法》《专利法》的修订，参与《国家知识产权战略纲要》的制定，主持制定《湖北省反不正当竞争实施条例》。

2008年5月，许德胜针对农村电网改造情况撰写的《我省一些地方实施农村电网改造时应当给受害农民补偿》被民进中央采用。

2009年12月，许德胜提出《关于完善喻家湖截污工程、有效治理湖溪河污染的建议》人大建议案，推动湖溪河综合治理工程列入武汉市水体提质攻坚行动清单，并纳入"武汉军运会"环境保障范围内的水体提质计划。

2010年10月，陆培祥参与调研并撰写报告《发挥湖北省科教优势，促进产学研全面合作》，代表民进湖北省委在中共湖北省委召开的双月座谈会上发言。马业新撰写社情民意信息《严厉打击"医闹"刻不容缓》被省政协采用。刘萍撰写《关于加强民营医院管理的建议》，以民进湖北省委会名义提交并列为省政协十届三次会议提案。彭代彦撰写《关于进一步深化城中村管理体制改革的建议》，以民进湖北省委会名义提交并列为省政协十届三次会议提案，并被评为民进湖北省委会"2010年度十佳提案"。

2011年1月，陆培祥在省政协十届四次会议上提交个人提案《关于加强高等教育投入确立教育强省地位的建议》。

2012年5月，王元勋撰写的《应高度重视力学人才培养的建议》被中央统战部专刊、民进中央《民进信息》采用并报送全国政协，被民进湖北省委会评为"2012年十佳信息"。

2012年11月，周新文撰写的《完善献血制度解决血荒建议》被民进中央《民进信息》采用并报送全国政协。

2013年1月，张东华撰写的《加大县级公立医院人才队伍建设力度，提升基层卫生服务能力》以民进湖北省委会名义提交并列为省政协十一届一次会议提案，被民进湖北省委会评为"2013年十佳提案"。

2014年9月，戴洁撰写的《完善海外高层次人才养老保险政策的建议》《关于支持我省民办养老机构的建设和发展的建议》作为民进省委会集体提案在省政协十一届二次会议上提交，并被民进湖北省委会评为"2014年十佳提案"。

2015年6月，戴洁撰写的《关于预防流动未成年人违法犯罪的建议》《关于加快推进国家志愿服务制度化建设的建议》被民进湖北省委会采用。柯佑祥撰写的《积极开展民办高职院校属性识别，科学促进民办高职院校分类发展》被民进湖北省委会采用。

2016年6月，戴洁撰写的《支持服务于创新创业人才的社会组织，留住创新创业人才》建议被民进湖北省委会采用，并在中共湖北省委第二次双月座谈会上发言，被民进湖北省委会评为"2016年十佳提案"。

2018年10月，邓云华、张东华等撰写《加强我省农村乡镇医院建设的建议》，并代表民进湖北省委会在中共湖北省委第五次双月座谈会上发言，该建议被民进湖北省委会评为"2018年十佳提案"。

2018年11月，民进华中科技大学委员会赴鄂州开展城市发展与生态保护调研，与梁子湖区农林局、水产局、环保局、发改委、旅游局等部门就梧桐湖生态科学城建设、绿色发展和生态环境保护等建言献策。

2019年5月，民进华中科技大学委员会承办华中科技大学"同心·治学问道"论坛。来自民革、民盟、民建、民进、农工党、致公党、九三

2018年11月,民进华中科技大学委员会赴鄂州开展城市发展与生态保护调研

学社学校委员会的代表和无党派人士代表等40余人参加活动。

2019年6月,戴洁撰写的《关于洪山区深度优化养老服务,提升养老生活质量的建议》被列为洪山区第十五届人大四次会议3号重点建议;12月,在政协湖北省第十二届第三次会议上作《关于尽快制定出台〈湖北省校园安全条例〉》《加强资源供给,提升管治能力,防范与化解重大社会风险》大会发言。白欢撰写的《关于大力推进自体血回输的建议》被民进中央采用,被评为"2019年民进湖北省委会十佳社情民意信息"。

2019年11月,民进华中科技大学委员会赴黄冈市罗田县开展农村环境卫生及垃圾治理调研,就农村环境卫生及垃圾治理中存在的"短板"提出切实可行意见,为地方政府决策提供科学参考。

2020年1月,毛子骏撰写的《关于开展人工智能社会实验,推进湖北人工智能产业发展的建议》作为民进湖北省委会2020年第1期《社情快报》报送获省领导批示。6月,省科技厅来函"省科技厅在推进武汉市创建国家新一代人工智能创新发展试验区工作中,积极发挥建议的应用价值和社会效益,研究吸纳了建议相关内容",该建议获"2020年民进湖北省委会十佳提案"。9月,科技部发文批复《武汉市建设国家新一代人工智能创新发展试验区方案》,省科技厅邀请毛子骏继续就试验区具体建设方案进一步建言献策。

2020年，周华民通过武汉市人民政府决策咨询委员会多次提出建议，包括征用现有建筑、尽快集中收治所有确诊和疑似病人，加强超市、快递等公共服务人员的健康检查，加强专家学者在媒体的发声、正确引导舆情等，其中《关于医用防护用品的循环使用及回收利用的建议》被民进中央采用。

2020年12月，邓云华上报的《关于加强我省封城解除初期机动车辆管控的建议》被民进省委会采纳并报送省政协。

2020年，戴洁向民进省委会递交疫情防控建议《改善生活物资供应方式，减少人群在超市密闭空间的聚集》《与防疫整体速度匹配，延迟湖北复工时间》《建立三级社区治理体系，以自组织形式满足居民需求》，并参与中国社会工作教育协会组编《社会工作参与新型冠状病毒肺炎疫情防控工作实务指引（第二版）》修订。

2020年，毛子骏就疫情防控、对外宣传、复工复产等问题提出建议，《关于组建小区抗疫战斗小组保障社区公共服务的建议》获武汉市主要领导批示在全市抗疫社区工作中落实，产生实效；《关于湖北勇担防疫外宣工作重任，塑造湖北国际形象的建议》经民进省委分别报送中共湖北省委书记与民进中央。

2020年6月，毛子骏受民进省委会委托，完成民进中央2020年重点调研课题《社区提高重大突发事件应急处置能力调研报告——以湖北省社区应对新冠肺炎疫情防控为例》，研究成果获民进省委会高度评价并上报民进中央。

2021年，毛子骏提交《关于建党百年之际向国际社会讲好中国共产党故事的难点与对策建议》咨政建言经民进湖北省委会报送，在2021年第一季度获民进中央采用。

2021年10月，郑晶提交《关于加强全省燃煤电厂烟气三氧化硫污染物排放治理的建议》经全国人大代表在2022年"两会"上提出。

2022年1月，毛子骏在政协武汉市第十四届第一次大会上提交

《关于建立涉疫政务信息系统安全管理体系的建议》提案获立案，《疫情以来高校意识形态工作面临的挑战和对策》被民进中央采用，《以数字政府建设促进数字经济健康有序发展》《关于防范化解互联网平台企业潜在国家安全风险的建议》被民进湖北省委会采用并报全国政协。

三、爱岗敬业，服务社会

国家实施精准扶贫战略以来，由民进华中科技大学委员会副主委张东华，委员刘萍、邓云华等为主要组成人员的湖北民进名医公益团，发起"医疗走向基层"爱心壹小时活动。他们投身到扶贫一线，利用周末和节假日上山下乡，在资金、物资帮扶贫困户的同时，将扶贫重点放在送医、送药、送健康、解决贫困群众看病难、看病贵的问题上。五年多来，为基层医院医务工作者送去了最新的临床医学诊疗知识和技术；深入贫困群众家中实地问诊，并将"医疗走向基层"活动的调研情况，撰写有关分级诊疗、基层医院建设、健康扶贫等方面的意见和建议提交地方政府，为当地精准扶贫、脱贫攻坚提供决策依据。

2008年11月，民进华中科技大学委员会同济医院支部联合民进湖北省人民医院支部赴黄石阳新县王英镇新街村开展"送医送药下乡活动"。

2009年6月，彭代彦、张宗成、许德胜与民进湖北省委会机关工作人员赴武汉市洪山区和鄂州市实地考察鄂州经济开发区旭光村、古楼街庙鹅岭村，就农村经济产业制度创新情况开展调研。

2010年6月，根据湖北省委省政府对口帮扶工作安排，许德胜赴恩施州来凤县帮扶调研。

2011年8月，许德胜联系湖北省海外联谊会常务理事、华中科技大学澳门校友会会长共同向来凤县捐款30万元人民币兴建红岩堡小学。

2012年5月，许德胜联系湖北省海外联谊会常务理事、华中科技大学澳门校友会会长共同向来凤县翔凤镇海联村捐款 10 万元兴建卫生室。

2012 年 6 月，许德胜联系民进湖北省委会、湖北民进企业家联谊会在来凤县接龙初级中学举行助学帮扶捐赠活动。民进湖北省委会通过"湖北希望工程民进壹小时爱心基金"向来凤县百福司民族中学、大河中学、接龙中学等三所初级中学共 60 名贫困学生每人捐赠助学金和生活费 500 元，共计 3 万元。湖北民进企业家联谊会的会长们通过"湖北希望工程民进壹小时爱心基金"向来凤一中、接龙中学、百福司民族中学共 50 名贫困学生进行结对帮扶，按每人每月 200 元标准资助一学年的爱心款，捐赠爱心款共计 10 万元。联系湖北民进企业家联谊会通过"湖北希望工程民进壹小时爱心基金"为来凤县接龙中学、百福司民族中学的学生捐赠 100 台英语学习机，价值 2 万元。许德胜联系武汉市洪山区部分人大代表到来凤县访民情，送温暖，为大河镇张家坡村、杉木溪村的村委会及 20 户困难群众捐赠 2 万元。联系洪山区人大代表从 2012 年 6 月开始，与来凤县的 7 名贫困初中学生进行结对帮扶，资助他们至高中毕业。

2013 年 5 月，许德胜联系武汉市人大代表、洪山区人大代表为来凤县绿水镇捐赠资金 10 万元；许德胜联系华中科技大学在来凤县设立远程教育教学站，以满足来凤县及周边县市在职干部职工接受高等学历教育的愿望。

2014 年 10 月，许德胜邀请武汉市、洪山区两级企业家人大代表到云南省江城县考察，代表们捐资 10 万元用于江城教师进修学校开展教师培训工作。

2015 年 6 月，张东华倡议组织民进湖北省医药卫生专委会、民进华中科技大学委员会同济医院支部和民进武汉大学委员会开展"医疗走向基层"活动，赴湖北省罗田县胜利镇人民医院开展义诊及临床授课。

2015 年 4 月至 11 月，曾红兵作为组长，带领湖北省卫生厅援藏医疗队赴西藏山南地区人民医院工作。

2016年7月，张东华在湖北洪灾期间为帮助受灾群众恢复生产、重建家园，带领民进华中科技大学委员会同济医院支部发起抗洪救灾捐款倡议，支部会员积极献爱心捐款支援灾区。

2018年5月，民进华中科技大学委员会同济医院支部赴恩施州咸丰县坪坝营镇开展送医下乡义诊服务，并对当地基础医疗卫生服务体系进行实地调研。

2019年6月，民进华中科技大学委员会同济医院支部赴恩施咸丰县人民医院、坪坝营镇卫生院、水车坪村开展义诊和调研活动。

2020年疫情期间，民进华中科技大学委员会勇于担当责任，同济医院支部为广大群众和患者提供在线发热症状咨询、线上慢性病评估与治疗指导、心理疏导等云医疗健康服务，第一时间与民进湖北省委会组建"民进医卫委员会新冠肺炎医学专家顾问"群。许德胜担任华中科技大学对外物资接收人，每天从早到晚忙碌于物资接送、信息对接等工作，并为学校募集到大量的抗疫物资。毛子骏得知山东沂蒙山果农苹果因疫情滞销，积极组织募集资金、联络运输，将十万斤苹果捐送到武汉困难群众社区，在了解到某企业因疫情取消了湖北菜农30万斤蔬菜交货订单时，他再次组织募集资金，使交货蔬菜连夜按照部署要求运到武汉捐给困难社区。

2020年7月，许德胜率队在长江大堤巡堤防险15天。

2021年11月，刘冬先参加湖北省医师协会皮肤科分会专家团赴湖北麻城义诊。

2021年11月，曾红兵参加湖北省统一战线"金秋关爱行"民主党派义诊活动。

多名会员根据组织安排挂职锻炼，积极双岗建功，为地方经济社会发展添砖加瓦。许德胜于2007年8月至2008年8月挂职湖北省京山县人民政府副县长，2011年1月至2013年8月挂职湖北省来凤县人民政府副县长，2014年4月至2015年4月挂职云南省江城哈尼自治县副县长，2016年7月至2019年7月作为中组部第八批援藏干部挂职西藏农牧学院电气学院副院长。高中洪于 2009 年 1 月至 2010 年 12 月挂职湖北省襄樊市（现襄阳市）经济委员会副主任、华中药业有限公司总经理助理。赵云斌于 2010 年 9 月作为江苏省第三批科技镇长团团长助理挂职常熟市市长助理、海虞镇副镇长。戴洁于 2013 年 8 月至 2014 年 8 月挂职武汉市洪山区民政局副局长。陆培祥于 2015 年 1 月至 12 月挂职武汉东湖新技术开发区管委会产业发展和科技创新局副局长。2015 年至 2019 年，陆培祥任武汉工程大学副校长。

四、党派荣誉

2004 年，民进华中科技大学委员会被授予"民进湖北省先进基层组织"称号。

2006 年，许德胜参加由湖北省委组织部和省委统战部主办的"2006 全省民主党派中青年骨干培训班"学习，并被评为优秀班干部。

2007 年、2008 年，张宗成连续两年被武汉市授予参事工作二等奖。

2009 年，许德胜被民进省委会评为"2007-2008 年新闻宣传优秀通讯员"。

2011 年 9 月，许德胜被民进省委会评为"民进湖北省 2007-2011 年双岗建功会员"。

2013 年，张东华《加大县级公立医院人才队伍建设力度提升基层卫生服务能力》提案被民进省委会评为"省民进 2013 年十佳提案"。

2014 年 11 月，许德胜被民进中央评为"民进全国组织建设先进个人"。

2016 年 9 月，张东华被民进省委会评为"抗洪救灾先进个人"。

2017 年 9 月，许德胜被民进中央评为"民进坚持和发展中国特色社会主义学习实践活动先进个人"。

2018 年 3 月，民进华中科技大学委员会荣获"2018 年民进湖北省委会参政议政十佳省直属基层组织优秀奖"。刘萍被评为"民进湖北省委会坚持和发展中国特色社会主义学习实践活动先进个人"。

2019年3月,民进华中科技大学委员会被评为"民进湖北省委会2018年度参政议政十佳省直属基层组织(优秀奖)"。周华民、马业新、张东华、许德胜被表彰为"我与祖国共奋进——共和国70年·湖北民进70人";周华民被民进中央授予"民进全国组织建设先进个人"。

2019年4月1日在西藏林芝市开馆的"全国援藏展览馆",展出许德胜的援藏先进事迹。

2020年12月,民进华中科技大学委员会被评为"民进全国抗击新冠肺炎疫情先进集体"。戴洁被评为"民进全国履职能力建设先进个人"。许德胜、张东华、邓云华被民进中央评为"民进全国抗击新冠肺炎疫情先进个人"。许德胜、张东华、邓云华、汪火明、甄宏韬、柳曦被评为"民进湖北省抗疫先锋"。

2020年12月,白欢相关工作被评为华中科技大学统一战线抗疫、就业帮扶、精准扶贫案例。

2021年4月,许德胜被中共湖北省委统战部评为"百年华诞 最美统战人"。

2021年5月,许德胜、张东华被民进中央评为"民进全国社会服务暨脱贫攻坚工作先进个人"。张东华一项研究成果获民进中央"民进全国社会服务暨脱贫攻坚工作优秀成果"。

2021年9月,毛子骏被民进湖北省委会评为"湖北民进最美教师";一成果获中共湖北省委统战部"中国共产党建党100周年多党合作理论研讨会优秀论文奖"。

2021年12月,民进华中科技大学委员会被民进中央评为"民进全国反映社情民意信息工作先进集体"。

2023年4月,民进华中科技大学委员会在民进省委会纪念中共中央发布"五一口号"75周年主题征文活动中荣获"优秀组织奖",市政协委员、民进华中科技大学委员会委员、公管学院毛子骏教授论文《初心如磐担使命，奋楫笃行启新程》获评一等奖，民进华中科技大学委员会副主委、基础医学院周新文教授的论文《不忘初心促合作，携手共建中国式现代化》获评三等奖。

第三节　历任主要负责人介绍

● 杨庆生（民进同济医科大学第一、二届支部委员会主委　任期：1991.9—1996.11）

杨庆生（1916.9—2006.6），湖北汉川人。1983年加入中国民主促进会。1949年至1951年在美国耶鲁大学学习，获硕士学位。1951年回国工作于中南同济医学院，是组建外语教研室成员之一。历任外语教研室讲师、副教授、教授，参与编写医用英语教材。1984年负责武汉医学院民进小组筹建工作，并任小组组长。

● 张荣堂（民进武汉城市建设学院第一届支部委员会主委　任期：1998.7—2001.1）

张荣堂（1964.1—），浙江金华人。1991年加入中国民主促进会。1988年毕业于中国地质大学，2000年获中科院武汉岩土力学研究所博士学位。1988年至2003年就职于武汉城市建设学院城市规划与建筑系、华中科技大学土木工程与力学学院讲师、副教授。2003年出国深造，在挪威岩土研究所做博士后，先后任职于英国阿特金斯工程集团、伦敦南岸大学，获英国皇家特许土木工程师、英国高等教育院会士。2016年回国,现任武汉轻工大学土木工程与建筑学院院长、教授、博士生导师。

● 马业新(民进华中科技大学第一、二届委员会主委 任期:2001.1—2011.6)

马业新(1949.7—),湖北汉川人。1994年加入中国民主促进会,1998年加入中国共产党。民进中央第十一、十二届委员会委员,民进湖北省第三、四届委员会常委,第八、九、十届湖北省政协委员。华中科技大学同济医学院附属同济医院心内科主任医师、教授、博士生导师,中华医学会武汉市心血管委会主任委员。

1972年至1975年在武汉医学院医疗系学习;1975年至1978年任湖北医科大学附属第二医院内科住院医师;1978年至1981年在武汉医学院学习,获硕士学位。1981年至1989年在湖北医科大学附属第一医院心内科任住院医师,其间1985年至1987年赴日本东京大学医学部进修。1989年至今在同济医院心内科工作,其间1994年至1995年赴日本京都大学医学部进修。1994年任主任医师、教授,主要从事心血管内科学,尤其是介入心脏病学的科研、教学和医疗工作,发表论文70余篇,专著2部。

● 陆培祥(民进华中科技大学第三届委员会主委 任期:2011.6—2016.12)

陆培祥(1965.12—),浙江嘉兴人。2007年加入中国民主促进会。民进湖北省第五、六届委员会常委,民进湖北省第七、八届委员会副主委,民进湖北省第一届监督委员会副主任,民进湖北省第六科技委员会主任。第十、十一、十二届湖北省政协常委,第十四届湖北省人大常

委会委员。现任武汉光电国家研究中心副主任、教授、博士生导师，国家级人才计划入选者，国务院学位委员会第八届物理学、天文学学科评议组成员，教育部创新团队"激光技术与应用"负责人，国家自然科学基金委员会"强场超快光学"创新研究群体负责人。中国光学学会会士，美国光学学会会士（OSA Fellow），中国光学学会激光专业委员会副主任，湖北省物理学会副理事长，湖北光谷实验室首席科学家。

1987年毕业于北京大学物理系。2003年至2011年任华中科技大学激光技术国家重点实验室主任，2011年至2015年任华中科技大学物理学院院长，2015年至2019年任武汉工程大学副校长。获2016年湖北省自然科学奖一等奖、2010年"中国侨届（创新人才）贡献奖"和日本IKEDA研究成果奖等奖项。

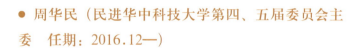
● 周华民（民进华中科技大学第四、五届委员会主委　任期：2016.12—）

周华民（1974.7—），湖南永州人。2015年加入中国民主促进会。第十三届湖北省人大代表，第十三届湖北省政协委员。民进湖北省第七届委员会委员、第八届委员会常委。现任华中科技大学材料科学与工程学院院长、教授、博士生导师，国家级人才计划入选者，国务院学位委员会学科评议组成员，教育部科技委委员，中国兵工学会精密成形工程专委会主任等。

1996年本科毕业于华中理工大学锻压专业；1996年至2001年在华中科技大学材料加工工程专业学习，获博士学位；2001年至2003年在华中科技大学机械工程博士后流动站工作，出站后留校任教。主要从事材料成形工艺、模拟、智能装备的研究。先后获国家科技进步奖二等奖（排名第1)、国家自然科学奖二等奖(排名第3)、国家科技进步奖二等奖(排名第3)等。

第四节 人物风采

● 曾志刚（国家级人才计划入选者）

曾志刚（1971.6—），湖北崇阳人。2008年加入中国民主促进会。民进华中科技大学第四、五届委员会副主委。现任华中科技大学人工智能与自动化学院院长，教授、博士生导师，国家级人才计划入选者。

2003年毕业于华中科技大学，获工学博士学位；2003年至2005年，在中国科技大学从事博士后研究。2005年至2008年，在武汉理工大学任教授；2008年8月起在华中科技大学任教。2008年《非线性系统的动力学行为及其应用》获湖北省自然科学奖一等奖，2010年《复杂系统的渐近理论与应用研究》获教育部自然科学奖一等奖，2014年《基于演化过程的滑坡地质灾害防控技术与应用》获国家科技进步奖二等奖，2016年《重大工程滑坡灾变过程控制方法与关键技术》获湖北省科技进步奖一等奖，2020年《神经动力学系统控制理论研究》获湖北省自然科学奖一等奖。

第五节 大事记

1991年9月18日，民进同济医科大学支部成立，直属民进湖北省委会，杨庆生任支部主任委员，彭汉光任副主任委员，杨长华任组织委员，李丽珠任宣传委员。

1994年11月，民进同济医科大学第二届支部委员会成立，杨庆生任主任委员，彭汉光任副主任委员，杨长华任组织委员，胡永熙任宣传委员。

1996年11月7日，民进同济医科大学支部第三届支部委员会成立，马业新任支部主任委员，杨长华任副主任委员，张东绅、张明富分别任组织和宣传委员。同年，成立同济医科大学、附属同济医院、附属协和医院三个小组，胡永熙、张东绅、彭汉光分别担任组长。

2001年1月12日，民进华中科技大学第一届委员会成立。

2001年2月21日，受湖北省政协副主席、民进湖北省委会主委蔡述明委托，许德胜邀请民进中央常委、民进天津市委会主委、天津市政协副主席、中国科学院院士、天津大学姚建铨来汉为民进湖北省委会委员作题为"现代科学技术与光电子产业"的学术报告。

2003年，许德胜、张宗成、郑友德、彭代彦每人捐赠200元，参加学校统一战线成员对喻家山熏风亭的修建。

2004年4月26日，民进湖北省委会副主委舒怀、秘书长祝湘洲及民进省委会组织部部长赵霞等一行来校就基层组织建设情况进行调研。

2007年1月29日，民进华中科技大学第二届委员会成立。

2008年，由许德胜提议并在中南民族大学主持召开"关山地区高校民进会员2008迎春茶话会"。来自民进华中科技大学委员会、中南民族大学支部、中国地质大学（武汉）支部、中南财经政法大学支部、武汉工程大学支部的近百名会员参加了活动。民进湖北省委会主委、湖北省人大常委会副主任周洪宇和民进湖北省委会副主委、湖北省统计局副局长叶青到会并讲话。

2008年，民进华中科技大学委员会同济医院支部被民进省委会评为"抗震救灾先进集体"。

2009年10月，民进华中科技大学委员会主校区支部与民进梁子湖支部在鄂州市梁子岛开展基层组织交流活动。

2011年6月1日，民进华中科技大学第三届委员会成立。

2015年10月，根据民进中央统一部署，民进湖北省委会在全省民进系统开展了3场"我身边的先进"宣讲活动，许德胜参加了10月29日在民进鄂州市委会、10月30日在民进黄冈市委会举行的2场报告会，报告题目《我的履职经历与体会》。

2016年12月22日，民进华中科技大学第四届委员会成立。

2017年7月24日，民进湖北省委会副主委、民进武汉市委会主委、武汉市教育局局长孟晖赴西藏林芝，看望在西藏农牧学院从事援藏工作的许德胜。

2017年9月20日，许德胜作为民进湖北省获奖代表赴京参加民进坚持和发展中国特色社会主义学习实践活动总结表彰会，受到时任民进中央常务副主席、现任民进中央主席蔡达峰的接见。

2020年2月，时任中共中央统战部副部长邹晓东给省人大代表、民进华中科技大学委员会主委、材料学院院长周华民教授发来贺信，祝贺其团队完成的"塑料注射成形过程形性智能调控技术及装备"荣获2019年度国家科技进步奖二等奖。

2021年11月26日，民进华中科技大学第五届委员会成立。

2022年3月18日，民进湖北省委会专职副主委周建元为学校"民进会员之家"授牌。4月，民进湖北省第八次代表大会选举产生民进湖北省第八届委员会。陆培祥当选民进湖北省第八届委员会副主委，周华民当选民进湖北省第八届委员会常委，邓云华、兰鹏飞当选民进湖北省第八届委员会委员。

（周华民、邓云华、范淑媛、毛子骏、许德胜）

第五章

中国农工民主党华中科技大学委员会

第一节 历史沿革

1954年8月,来自原广西大学的谭丕林、陈廷和来自湖南大学的周泰康、林士杰、李兴教等共11人成立农工党华中工学院小组,这是华中科技大学历史上最早的农工党组织,谭丕林任组长。

1955年3月,农工党华中工学院第一届支部委员会成立,谭丕林任主委,周泰康任副主委,扈维珍任委员。

1957年5月,农工党华中工学院第二届支部委员会成立,陈珽任主委,同年12月邹锐任主委,周义珽任副主委,陈珽任委员。

"文革"期间支部工作停止。

1980年10月,农工党华中工学院第三届支部委员会成立,吕继绍任主委,谭丕林任副主委。

1981年,武汉医学院只有5位农工党党员,未成立支部,在硚口区支部参加组织活动。

1983年,农工党同济医学院第一届支部委员会成立,金慰鄂任主委,杨焜、施晓东任委员。

1984年9月,农工党华中工学院第四届支部委员会成立,谭丕林任主委,程光弼任副主委。谭丕林当选农工党湖北省第一届委员会委员,后连任第二、三、四届委员会委员。

1985年8月,农工党同济医科大学总支成立,下设附属同济医院、协和医院及医科大学本部三个支部。杨焜任主委,邵明忠任组织委员,李鸿亚任宣传委员。

1988年3月,农工党华中理工大学支部委员会成立,谭丕林任主委,程光弼、韩承松、沈慧珍、温进之任委员。

1989年3月,农工党同济医科大学第二届总支委员会成立,杨焜任主委,施晓东、邵明忠任副主委,毕好生、刘锦芝任组织委员,梁灵秀任宣传委员,蒋锡久任社会服务员。

1991年6月,农工党华中理工大学第二届支部委员会成立,谭丕林任主委,程光弼任副主委,沈慧珍、韩承松任组织委员,温进之任宣传委员,叶和清任社会工作委员。

1991年9月,农工党同济医科大学第三届总支委员会成立,杨焜任主委,胡国栋、邵明忠任副主委,施晓东、刘锦芝任组织委员,万贤华任社会工作员,蒋锡久任宣传委员。

1994年5月,农工党梨园医院支部成立,陈良珍任主委,张学盐任组织委员,张伟峰任宣传委员及社会工作员。

1995年6月,农工党同济医科大学第四届总支委员会成立,彭孝廉任主委,秦惠基、胡国栋、万贤华、余漠山、刘锦芝任委员。

1998年3月,农工党华中理工大学支部换届,叶和清、沈慧珍、温进之任委员。

1999年3月,农工党梨园医院支部换届,吴洪生任主委,张学盐任副主委,黄家胜为委员。

1999年7月,农工党同济医科大学第五届总支委员会成立,彭孝廉任主委,刘锦芝、杨经华任副主委,师洪、吴洪生、熊承良、方红任委员。

2000年10月23日,农工党华中科技大学第一届委员会成立,师洪任主委,叶和清、张传汉、熊承良任副主委。

2007年1月30日,农工党华中科技大学第二届委员会成立,师洪任主委,熊承良、张传汉、胡一帆任副主委。

2011年10月11日,农工党华中科技大学第三届委员会成立,师洪任主委,张传汉、朱长虹、吴康兵任副主委。

2016年12月21日,农工党华中科技大学第四届委员会成立,陈立波任主委,吴康兵、郭小梅、缪小平、黄昆、柴新群、王文清任副主委。

2021年10月8日,农工党华中科技大学委员会第五次代表大会召开,省政协副主席、农工党湖北省委会主委杨玉华,校党委副书记马建辉,农工党湖北省委会副主委侯晓华到会。民革华中科技大学委员会主委、化学与化工学院副院长谭必恩教授代表兄弟民主党派致贺词。大会选举产生农工党华中科技大学第五届委员会,刘剑峰任主委,王文清、张书勤、胡辉、翁雨雄、黄昆任副主委。

截止2023年6月,农工党华中科技大学委员会有农工党党员172人,其中农工党中央委员1人,农工党省委会副主委1人、常委2人、委员1人;省政协常委1人、省政协委员2人,市政协常委1人、市政协委员1人,市政府参事1人。

2021年10月8日,农工党华中科技大学委员会第五次代表大会召开

第二节　主要工作及成绩

一、思想建设

农工党华中科技大学委员会坚持把习近平新时代中国特色社会主义思想作为一切工作的根本遵循，努力加强自身建设，不断增强"四个意识"，坚定"四个自信"，做到"两个维护"，不断提高"五种能力"。每月定期组织讨论会，学习中共十八大、十九大、二十大，农工党全国代表大会会议精神等；传达和学习中央和湖北省委统战工作会议精神；组织党员开展《中国共产党统一战线工作条例》学习交流，探讨如何在主动担当中践行合作初心、在履职尽责中汇聚奋进力量。

认真开展"两学一跟"学习教育、"不忘合作初心，继续携手前进"主题教育活动；开展中共党史学习教育活动，切实提高学习成效，做到学史明理、学史增信、学史崇德、学史力行；积极承办并参与华中科技大学党委统战部主办的"华中大同心论坛"；每年定期拜访慰问农工党老党员。

2017年3月2日，农工党华中科技大学委员会举办"两学一跟"专题学习会

2022年1月21日，农工党华中科技大学委员会在学校"统战之家"召开工作总结会

2005年，纪念中国农工民主党建党75周年，农工党华中科技大学委员会同济医学院支部举办座谈会，发表纪念征文稿，参加农工党中央举办的学习"党章"知识竞赛活动及学习"意见"活动。

2018年11月，农工党华中科技大学委员会赴红色教育基地——河南省林州市红旗渠开展学习实践活动。

2019年11月21日，农工党华中科技大学委员会"不忘合作初心，继续携手前进"主题教育活动座谈会在同济医学院附属协和医院召开。全国人大常委会副委员长、农工党中央主席陈竺出席会议并讲话。校党委书记邵新宇致欢迎辞。湖北省政协副主席、农工党湖北省委会主委杨玉华主持会议。座谈会上，农工党华中科技大学委员会主委陈立波汇报了开展主题教育活动的情况。来自附属协和医院支部、同济医院支部的农工党党员代表分别从加强理论学习、参政履职、党员发展、后备干部培养、基层组织活动开展等方面做了汇报。陈竺认真听取与会代表的发言，和与会代表亲切交流、不时回应党员关切，现场气氛热烈。

2019年，陈美玲参加农工党中央"不忘合作初心，继续携手前进"主题教育活动调研座谈会。陈超、赵凯参加华中科技大学统一战线在重庆举办的培训班。农工党华中科技大学委员会承办华中科技大学"华中大同心论坛"，周宜开作"全面实施健康中国战略"主题报告。张传汉、郭小梅、许爱军、潘友民、房明浩、张万广、常慕君、王文清参加农工党中央基层组织调研座谈会和"不忘合作初心，继续携手前进"主题教育活动座谈会。

2020年10月，王文清参加中央社会主义学院举办的第43期民主党派干部培训班。

2021年12月，蒋新农参加湖北省社会主义学院举办的农工党党务工作培训班。

2022年3月至4月，付杰参加湖北省社会主义学院举办的全省民主党派中青年骨干培训班。

2022年10月8日，承办"喜迎二十大 同心跟党走"第二十六期华中大同心论坛，组织观看《习近平出席中央统战工作会议并发表重要讲话》学习视频。刘剑峰分享学习体会。谢佳分享锚定学科前沿、服务国家战略的科技攻关经历。

2022年10月29日，承办"学习二十大 同心跟党走"第二十九期华中大同心论坛，农工党湖北省委会组织部部长刘路、宣传部部长张妮参加论坛。刘剑峰、王文清、胡辉、张书勤、谢佳、曹卫、贾海波、赵凯、魏柏、付杰、蒋新农等分享学习中共二十大报告心得体会。

2022年10月29日，农工党华中科技大学委员会承办"学习二十大 同心跟党走"第二十九期华中大同心论坛

2023年6月,根据农工党湖北省委会和学校党委工作部署,农工党华中科技大学委员会启动"凝心铸魂强根基、团结奋进新征程"主题教育。

二、参政议政,建言献策

2001年3月,龚非力撰写的《深入实施〈中华人民共和国献血法〉,全面推动武汉市无偿献血工作的建议》在武汉市政协九届四次会议上列为重点提案。

2008年10月,熊承良撰写《关于规范医疗广告》《整合优势资源,促进湖北省生物医药的发展》等建议,得到湖北省委省政府领导高度重视,转相关部门认真承办并分别给予回复。同年12月,在湖北省计划生育委员会(简称计生委)的民主座谈会上,熊承良就湖北省计划生育事业的科学发展提出建议和意见,得到省计生委领导高度重视转相关部门进行研究并落实。

2009年,周宜开撰写的《关于整治医疗市场,打击非法行医的几点建议》《关于构建和谐医患关系的几点建议》被武汉市政府有关部门采纳。侯晓华撰写的《关于"建立武汉市青少年白血病互助救助基金"的建议》被列为武汉市政协重点提案;12月,在武汉市各有关部门共同努力下,"武汉市青少年白血病救助基金"筹资活动启动。

2010年,周宜开督办的湖北省政协重点提案《关于进一步做好我省农村土地流转工作的建议》,受到中共湖北省委省政府高度重视。侯晓华在武汉市政协会议中提出的《立足发展,关注民生,扩大医保受益面》被列为市政协重点发言。熊承良撰写的《关于十二五期间加快湖北卫生事业发展的建议》被省政协《议政建言》第13期转载,与师洪联名提出的《关于加快推进我省食品安全监督体系建设的提案》《关于建立社会家庭闲置物品调剂市场的建议》受到省领导好评。

2017年10月,黄昆撰写的《"七个坚持发展"全面推进"五个湖北"

建设》论文获农工党湖北省委会第五届"同心建支点"优秀论文。

2018年6月，缪小平参加中共武汉市委政党协商座谈会，作《促进文化遗产活态传承 推动武汉文化强市建设》发言。

2020年政协武汉市第十三届委员会第四次会议期间，刘剑峰提交《关于武汉市投入专项经费成立武汉重点实验室的建议》提案；2021年武汉市"两会"期间，应邀做客《长江日报》两会直播间，就学习2021年《政府工作报告》分享心得体会。

2021年，许爱军的提案《关于加强非医疗专业人员进入隔离区防护培训与监管的建议》被农工党中央采纳并在线发表；农工党华中科技大学委员会协和医院支部的提案《多措并举，加强互联网医院建设》被农工党中央《信息专报》录用，并上报全国政协；农工党华中科技大学委员会同济医学院支部的提案《关于促进我省仿制药行业高质量发展的建议》《湖北省医疗应急物质储备管理办法（试行）》《加速建设我省应急物质保障储备体系的建议》被湖北省政协采纳；付杰的参政议政课题成果《提高城镇污水处理厂应对重大疫情发生的能力》获农工党湖北省委会采用；胡辉撰写的《关于进一步发挥科技在改善空气质量中作用的建议》经武汉市政府参事室上报武汉市政府。

2022年11月，中共湖北省委召开政党协商座谈会，就加快建设科技强省教育强省，问计于各民主党派、工商联和无党派人士。刘剑峰代表农工党湖北省委会作题为《打通科技成果转化"高速路"，在构建新发展格局中抢占先机》发言。

三、爱岗敬业，服务社会

1994年，农工党华中科技大学委员会同济医学院支部为"中国初级卫生保健基金"捐款300元。

1998年，湖北省遭受百年未遇的特大洪涝灾害，农工党同济医科大学支部捐款730元和大量衣物、棉被物资。

2002年11月，周宜开担任领队、肖谷欣担任顾问，联合华中科技大学党委统战部在华中科技大学举行主题为"传播科学，维护和平，促进发展"大型义诊活动。

2006年11月，张传汉、郭小梅、于步润、师洪、柴新群、高峰参加在华中师范大学举办的"国际科学与和平周"大型义诊活动。

2007年11月，郭小梅作为主讲人，在由华中科技大学党委统战部和离退休工作处联合举办的"心血管疾病防治"专题讲座上为华中科技大学教职工普及心血管疾病防治知识。

2008年5月汶川地震，农工党华中科技大学委员会全体党员密切关注地震动态，随时听从调遣，以不同的方式支援灾区。黎宁在手术台上接医院的任务通知后，作为湖北省专家组成员参加湖北省医疗队奔赴抗震救灾前线（四川绵阳），圆满完成护送42位重伤员来汉治疗任务。

2009年，农工党华中科技大学委员会组织农工党员赴洪湖支持仙洪实验区开展大型医疗义诊。农工党华中科技大学委员会梨园医院支部每周末送医送药到红安老区，2个多月间足迹遍及13个敬老院，受到群众及当地政府的好评。

2009年，胡道立参加筹备"辉煌六十年——中华人民共和国成立60周年成就展"活动，并捐赠自己收藏的200多册珍贵图书。

2010年以来，农工党华中科技大学委员会同济医学院支部援助湖北省大悟县新城镇失学儿童，及对贵州省"鄂黔前进助学班"对口帮扶捐款活动，持续十余年。

2010年，农工党华中科技大学委员会各支部党员在贵州严重干旱和玉树地震灾情发生时踊跃捐款，为支援灾区尽一分力量。

2010年，侯晓华2次赴蔡甸及江夏区基层医院举办消化系统疾病的专题讲座。张传汉、周碧云在随州参加"国际疼痛周"义诊活动。王萍多次参加湖北省卫生厅专家组检查团，赴宜昌、荆州、潜江等地开展医疗质量病历专项检查工作。

2012 年 5 月，农工党华中科技大学委员会同济医院支部赴黄陂区人民医院，与农工党黄陂区总支联合举办"环境与健康"主题义诊，并围绕宣传周主题为发展绿色经济和低碳生活进行宣教。

2019 年 1 月，胡辉参加农工党中央对口的贵州大方县扶贫活动。

2020 年 8 月，胡辉、谢佳、吴康兵参加"湖北省加快化工产业转型升级"专题调研座谈会。

2020 年 8 月，吴康兵参加由湖北省政协副主席、农工党湖北省委会主委杨玉华带领的调研组，赴武汉、黄冈两地，就省政协十二届十次常委会议课题"加快化工产业转型升级"开展专题调研。

2023 年 4 月 22 日，在农工党华中科技大学委员会同济支部主委王文清带领下，由附属同济医院心血管内科、心脏大血管外科、急诊与重症医学科、麻醉科、口腔科、肿瘤科、检验科、药学部等 15 名农工党党员组成的义诊团队，赴监利市人民医院开展纪念中共中央发布"五一口号"75 周年义诊活动。

四、党派荣誉

（一）获农工党中央表彰的集体和个人奖项

2001 年，农工党华中科技大学委员会荣获"基层组织建设优秀奖"。

2003 年，农工党华中科技大学委员会获评"抗击非典先进集体"。

2004 年，农工党华中科技大学委员会获评"2003-2004 年度社会服务工作先进集体"。

2006 年，同济医学院支部获"2005-2006 年度社会服务工作先进集体"。

2008 年，农工党华中科技大学委员会获评"抗震救灾先进集体"。

2017 年 5 月，农工党华中科技大学委员会获评"中国农工民主党坚持和发展中国特色社会主义学习实践活动优秀基层组织""中国农工民主党开展坚持和发展中国特色社会主义学习实践活动组织建设工作先进集体"。

2020年12月，同济医院支部、协和医院支部分别获评"抗击新冠肺炎先进集体"。

2003—2004年，师洪获评"社会服务工作先进个人"。

2007—2008年，牟中新获评"抗震救灾先进个人"。

2009年，黎宁获评"抗震救灾优秀党员"。

2017年11月，陈立波获评"开展坚持和发展中国特色社会主义学习实践活动先进个人"；王文清获评"开展坚持和发展中国特色社会主义学习实践活动优秀党员"。

2018年5月，王文清获评"优秀党员"。

2020年9月，陈立波获评"全国抗击新冠肺炎疫情先进个人"；11月，王文清获评"优秀党员"；房明浩、曹卫、杨霞获评"抗击新冠肺炎疫情先进个人"。

（二）获农工党湖北省委会表彰的集体和个人奖项

1999年，同济医科大学支部获评"工作先进基层组织"，协和医院支部获评"咨询工作先进集体"。

2000年，同济医科大学支部获评"工作先进基层组织"，主校区支部获评"组织工作先进基层组织"。

2001年，农工党华中科技大学委员会获评"宣传工作先进集体"，主校区支部、同济医学院支部、协和医院支部分获评"2000—2001年度咨询服务工作先进集体"。

2005年，同济医学院支部获评"学《意见》、学《党章》、学《读本》活动优秀组织奖""2004—2005年度先进党组织"；农工党华中科技大学委员会、协和医院支部分获评"2004—2005年度社会服务工作先进集体"。

2008年，农工党华中科技大学委员会获评"抗震救灾先进集体"；

同济医院支部获评"基层组织建设年"活动先进集体；同济医院支部、协和医院支部分别获评"2007—2008年度社会服务工作先进集体"。

2020年8月，在"传承薪火，奋勇前行"——农工党湖北省委员会纪念中国农工民主党成立90周年暨表彰大会上，同济医院支部获评"优秀基层组织"。

1998年，杨经华获评"支援抗洪救灾工作先进个人"。

1999年，周泰康、杨经华获评"优秀党员"；杨焜、杨经华获评"宣传工作先进个人"；彭孝廉获评"咨询工作""提案工作"先进个人；师洪获评"咨询工作先进个人"。

2000年，杨经华、师洪获评"组织工作优秀党员"；肖谷欣、师洪获评"咨询服务工作先进个人"；熊承良获评"参政议政工作先进个人"。

2001年，肖谷欣、师洪获评"咨询服务工作先进个人"；熊承良获评"参政议政工作先进个人""提案工作先进个人""基层组织建设年优秀党员"。

2003年，周宜开、王萍获评"抗击非典优秀党员"；姚丽玲、王萍、吴洪生获评"防治非典型肺炎优秀农工党员"。

2005年，王萍、师洪、孙立敏、张传汉获评"社会服务工作先进个人"；柴新群、张文、刘云海获评"优秀党员"

2007年，王萍、师洪获评"社会服务工作先进个人"；熊承良获评"基层组织建设年先进个人"。

2008年，张传汉、柴新群、郭小梅、张文获评"社会服务工作先进个人"；侯晓华获评"理论工作先进个人"；张传汉获评"宣传工作先进个人"；叶和清、朱长虹、柴新群、黎宁获评"基层组织建设年先进个人"；牟中新、黎宁、邓霞飞获评"抗震救灾先进个人"。

2015年5月，王文清获评"参政议政先进个人"。

2020年12月，许爱军、吴亮、郭小梅、吴志刚获评"抗疫先锋"。

第三节　历任主要负责人介绍

● 谭丕林（农工党华中工学院小组组长　任期：1954.8—1955.2；农工党华中工学院第一届支部委员会主委　任期：1955.3—1957.5；农工党华中工学院第四届支部委员会主委　任期：1984.9—1988.3；农工党华中理工大学第一、二届支部委员会主委　任期 1988.3—1991.12）

谭丕林（1921.11—2014.2），广西玉林人。1953年加入农工党，1986年加入中国共产党。第六届湖北省政协委员。1949年毕业于广西大学理工学院机械系。华中科技大学机械科学与工程学院教授。1976年到1986年连续11年被华中工学院评为先进教师。1985年被农工党中央授予"为四化建设服务成绩显著"表彰奖，1987年被湖北省政协授予"为改革和建设做出贡献"表彰奖。参编的《机械设计自学入门》于1987年被中国科学技术协会、新闻出版署、广播电影电视部、中国科普创作协会共同评为"全国科普优秀作品"二等奖。

● 陈珽（农工党华中工学院第二届支部委员会主委　任期：1957.5—1957.12）

陈珽（1919.4—2011.3），贵州修文人。1953年加入农工党，1959年加入中国共产党。第八届湖北省人大代表，第二、三、四届湖北省政协委员。华中科技大学教授、博士生导师，我国著名自动控制及系统工程专家，华中科技大学自动控制及系统工程专业创始人，中国系统工程学科创始人之一。

第二篇　华中科技大学民主党派工作概述

1942年毕业于湖南大学电机系并留校任教，1944年在交通大学（上海交通大学前身）攻读硕士学位，毕业后历任上海交通大学讲师、贵州大学讲师、副教授、湖南大学副教授。1953年调入新成立的华中工学院任电工教研室主任。1957年创办华中工学院自动控制专业，并任自动控制教研室主任；1978年创办华中工学院系统工程专业。1981年，华中工学院系统工程专业获批为中国首批硕士及博士学位授权学科，陈珽为第一批博士生导师。历任华中工学院自动控制教研室主任、电机系副主任、仪器仪表系主任、无线电系主任、副教务长、自动控制系主任、系统工程研究所所长、华中工学院副院长（1979—1984）、华中工学院研究生院院长（1984—1988）、华中理工大学研究生院院长（1988—1991）。

● **邹锐（农工党华中工学院第二届支部委员会主委　任期：1957.12—1966.5）**

邹锐（1923.4—2015.12），江西临川人。1956年加入农工党。第五届武汉市政协委员。1945年毕业于中正大学电机系。华中科技大学电力系教授，武汉市科学技术协会第三、四、五届委员会委员。曾任中国电机工程学会理论电工专业委员会副主任委员兼电路理论及应用分专业委员会主任委员，武汉（南方九省）电工理论学会和湖北省电路理论与系统学会理事长，《中国电机工程学报》编委等职。

● **吕继绍（农工党华中工学院第三届支部委员会主委　任期：1980.10—1984.9）**

吕继绍（1926.1—2010.3），江西赣州人。1957年加入农工党。曾任农工党中央委员会委员,农工党湖北省第一、二、三届委员会副主委，

第六、七届湖北省政协委员,第七届武汉市人大代表,第五届武汉市政协委员。1950年南昌大学电机系毕业,1955年毕业于哈尔滨工业大学研究生班。1955年任教于华中工学院,历任电力系电自教研室副主任、教授。著有《电力系统继电保护原理与运行》《继电保护整定计算与实验》《电力系统继电保护设计原理》等多部著作。

● 金慰鄂（农工党武汉医学院第一届支部委员会主委　任期：1983—1985.8）

金慰鄂（1933.10—2021.7），上海市人。1981年加入农工党。1952年毕业于同济大学医学院。1952年至1958年在同济医科大学微生物教研室任高级实验员,1958年调协和医院中心实验室任副主任、副主任技师、主任技师。参加科研课题4项,其中《双桥PAP法对流行性出血热各脏器病毒抗原定位的研究》获湖北省政府科技成果奖二等奖,主编、参编专业书籍23种,发表论文21篇,综述50余篇,科普文章千余篇。曾任湖北省、武汉市免疫学会常务理事,湖北省科普作家协会会员,2000年获湖北省优秀科普创作奖。

● 杨焜（农工党同济医科大学第一、二、三届支部委员会主委　任期：1985.8—1995.6）

杨焜（1923.5—），湖南邵阳人。1982年加入农工党。第六、七、八届湖北省人大常务委员会委员。1948年毕业于国立中正医学院。1948年至1951年任武汉大学医学院助教。1952年转入中南同济医学院，历任助教、讲师、副教授、教授。曾任同济医科大学校务委员、校科协委员、基础医学部学术委员。多次被评为校先进工作者，两次受到湖北省政协"为四化建设做出显著贡献"表彰与奖励。

● **彭孝廉**（农工党同济医科大学第四届支部委员会主委　任期：1995.6—1997.7）

彭孝廉（1938.7—2020.1），湖北武汉人。1991年加入农工党。第七、八届湖北省政协委员。华中科技大学同济医学院附属协和医院血液科教授、主任医师、博士生导师。从事普通内科、血液科临床实践40余年，具有丰富的血液病诊治临床经验，尤其擅长诊治各种类型的贫血，包括急慢性白血病、淋巴癌、骨髓在内的各种血液系统肿瘤及各种出血性疾病。

● **杨经华**（农工党同济医科大学第五届支部委员会主委　任期：1997.7—2001.10）

杨经华（1938.2—），湖北武汉人。1988年加入农工党。1999年、2000年两次被农工党湖北省委评为优秀党员。1999年所在支部被评为农工党湖北省先进支部、咨询服务工作先进集体，获农工党湖北省委会千禧年新春文艺汇演二等奖和组织奖。1998年被评为农工党湖北省委会"支援抗洪抢险救灾工作先进个人"。1999年获评农工党湖北省"宣传工作先进个人"。2006年所在支部获"学《意见》、学《党章》、学《读本》优秀组织奖"。

● **陈良珍（农工党梨园医院第一届支部委员会主委 任期：1994.5—1999.3）**

陈良珍（1936.11—），上海市人。1985年加入农工党。华中科技大学同济医学院附属梨园医院口腔科副主任医师。1960年毕业于四川医学院口腔系，任职湖北医学院附属一医院口腔科医师，1961至1962年在中国人民解放军第四军医大学进修口腔矫形临床及教学，历任湖北神农架林区医院口腔科医师、武汉市第一医院口腔科主治医师，1985年任梨园医院口腔科副主任、副主任医师。

● **吴洪生（农工党梨园医院第二届支部委员会主委 任期：1999.3—2000.10）**

吴洪生（1953.3—），河南蔚县人。1994年加入农工党。华中科技大学同济医学院附属梨园医院中西医结合科副主任医师。1977年毕业于湖北中医学院中医专业，任职湖北省五七干校医院医师。1979年来梨园医院工作，历任中西医结合科主治医师、副主任医师。1987年获梨园医院先进工作者称号，2003年获华中科技大学同济医学院优秀工会干部称号。

● **师洪（农工党华中科技大学第一、二、三届委员会主委 任期：2000.10—2016.12）**

师洪（1955.10—），山东东阿人。1998年加入农工党。第九、十、十一届湖北省政协委员，农工党湖北省第六、七届委员会常委，华中科技大学同济医学院附属协和医院主任医师、副教授、硕士生导师。曾赴

德国 Tuebingen 大学耳鼻喉科医院内耳研究小组工作两年，承担国家自然科学基金项目 1 项。长期从事耳鼻咽喉科临床工作，擅长耳部疾病的诊断及治疗，特别在化脓性中耳炎、分泌性中耳炎及突发性耳聋等疾病的诊断和手术、综合治疗方面有丰富的临床经验。

● 陈立波（农工党华中科技大学第四届委员会主委 任期：2016.12—2021.6）

陈立波（1972.10—），江苏泗洪人。2012 年加入农工党。农工党湖北省第八届委员会常委、医药卫生委员会主任，农工党武汉市第十一届委员会副主委，第十三届武汉市政协委员，武汉市江汉区第十五届人大常务委员会委员。曾任华中科技大学同济医学院附属协和医院教授、主任医师、博士生导师，协和江北医院（武汉市蔡甸区人民医院）院长。2015 年至 2016 年挂职武汉市江汉区卫计委副主任。2020 年获"全国抗击新冠肺炎疫情先进个人"荣誉称号，"湖北五一劳动奖章"获得者。教育部"新世纪优秀人才"、武汉市创新人才、武汉市"黄鹤英才计划"入选者。主持国家自然科学基金项目等近 10 项课题，国内外发表著作 50 余篇，授权专利 7 项。国内外多种学术期刊编委、审稿人，国家自然科学基金委员会、教育部、卫生部等项目评审专家。

● 刘剑峰（农工党华中科技大学第五届委员会主委 任期：2021.10—）

刘剑峰（1971.3—），湖南邵阳人。2021 年加入农工党。农工党中央第十七届委员会委员，农工党湖北省第九届委员会副主委。第十三

届湖北省政协常委，政协武汉市第十二届委员会委员、第十三届常委，武汉党外知识分子联谊会副会长，华中科技大学党外知识分子联谊会副会长。华中科技大学生命科学与技术学院院长、教育部分子生物物理重点实验室主任、教授、博士生导师，国家级人才计划入选者，享受国务院政府特殊津贴荣誉。荣获中国侨界贡献奖、中国药理学会施维雅药理学优秀工作者、"谈家桢生命科学创新奖"、湖北省"百人计划"以及法国政府颁发的"法国棕榈骑士教育勋章"等荣誉和称号。

第四节 人物风采

● 翦天聪（农工党中央原副主席、湖北省委会原主委，中国伊斯兰教协会委员）

翦天聪（1921.7—2007.8），维吾尔族，湖南桃源人，著名历史学家翦伯赞之子。1956年加入农工党。农工党中央第九届常委，农工党中央第十、十一届副主席，农工党中央第十二、十三届名誉副主席，农工党湖北省第一届委员会代主委，农工党湖北省第二、三届委员会主委。全国政协第七、八届常委，第四届湖北省政协委员、第六、七届湖北省政协副主席，武汉市第七届人大常委会副主任。曾任中国伊斯兰教协会委员，湖北省、武汉市伊斯兰教协会副会长、名誉副会长，武汉市伊斯兰教协会副主任。华中科技大学能源与动力工程学院教授。

1944年毕业于西南联大机械系，先后担任驻我国云南抗日美军空军翻译员，中南矿冶学院讲师、华中工学院动力工程系火电教研室主任，湖北省电机工程学会理事兼汽轮机专委会主任，武汉市电机工程学会副理事长。1975年，负责武汉市青山热电厂7号机组功频电液调节系统研制课题，填补了当时中南地区电液调节技术的空白，获湖北省政府科技成果奖。1984年主编全国高校通用教材《汽轮机原理》，被评为能源部优秀教材二等奖。

鄢天聪悉心宣传中国共产党的民族政策、宗教政策，多次随全国政协、农工党中央、湖北省政协赴全国有关地方开展调查研究，及时反映民情民声，落实有关提案，为民族大团结、为民族区域的经济建设作出了积极的贡献。

- **周泰康**（"中国人民抗日战争胜利70周年"纪念章获得者、农工党武汉市委会原副主委）

周泰康（1921.12—2019.8），湖南长沙人。1952年加入农工党。1985年加入中国共产党。农工党武汉市第六届委员会副主委兼秘书长，第六、七届武汉市政协常委、市政协科教文卫主任。1988年退休后，担任农工党武汉市委会顾问、武汉市政协老委员联谊会理事、华中科技大学瑜珈诗社副社长等。

1944年作为国立中央大学电机系应届毕业生入伍，担任盟军翻译员，参加过衡阳保卫战。1949年在美国哈佛大学工程研究院获硕士学位，是新中国成立后回国的爱国侨胞。1953年作为筹备委员会委员参与组建华中工学院。历任湖南大学副教授、华中工学院副教授、工会副主席、华中理工大学教授。编写全国试用教材《电力系统》（1958年中国工业出版社），1978年作为主要参加者编写教材《电力系统动态模拟》，在"全国电力系统动态模拟培训班"使用。《大机组晶体管保护装置》获1984年省（黑龙江）部级科技成果奖一等奖，《电力系统无功功率经济调度软件》获 1991 年武汉市科技进步奖二等奖、湖北省科技进步奖二等奖。是最早一批获国务院颁发政府特殊津贴的专家，获国家教委颁发的"任教 30 年以上老教师"荣誉奖章，2015 年获"中国人民抗日战争胜利 70 周年"纪念章。

● **肖谷欣（农工党湖北省委会原主委、武汉市委会原主委）**

肖谷欣（1932.10—2006.6），湖南桃江人。1982 年加入农工党。农工党中央第十、十一届委员会委员、第十二届委员会常委，农工党湖北省第二、三届委员会副主委、第四届委员会主委、第五届委员会名誉主委，农工党武汉市第五届委员会副主委、第六届委员会主委。第九届全国政协委员，湖北省人大第七届常务委员会委员，第六届湖北省政协委员、第七届省政协常委、第八届省政协副主席，第七、八届武汉市政协副主席。

华中科技大学同济医学院附属协和医院教授、主任医师。我国外科学著名专家，20 世纪 60 年代在国内率先开展创伤微循环障碍研究及静脉高营养实施措施、猪皮异种移植覆盖烧伤创面技术和锁骨下静脉穿刺技术研究，提高了当时国内烧伤病人的诊疗技术与预后恢复。

● **周宜开（农工党中央原常委、湖北省委会原主委）**

周宜开（1946.12—），湖南武冈人。1997 年加入农工党。农工党中央第十三、十四届常委，农工党湖北省第五、六届委员会主委。第十、十一届全国政协委员，湖北省第九、十届政协副主席。1969 年毕业于武汉大学，1981 年至今在同济医科大学（现华中科技大学同济医学院）工作，二级教授、博士生导师。获省部级科技进步奖 2 项，中华预防医学二等奖 2 项。撰写《现代卫生检验》（人民卫生出版社）、《环境医学概伦》（科学出版社）、《卫生检验检疫》（人民卫生出版社）等专著。2006 年被评为华中科技大学师德先进个人，2008 年荣获中华预防医学会公共卫生与预防医学发展贡献奖，2010 年被评为华中科技大学"三育人奖"。曾先后主持国家自然科学基金项目、国家"十五""十一五"重点科技攻关项目、国家重大基础研究项目（973 课题）、国家重大专项等课题研究。

● 龚非力（农工党中央原委员、湖北省委会原副主委、武汉市委会原主委）

龚非力（1942.11—），上海人。1996 年加入农工党。农工党中央第十二、十三届委员会委员，农工党湖北省第四、五届委员会副主委，农工党武汉市第七、八届委员会主委，第九、十届武汉市政协副主席。

1968 年毕业于广州中山医科大学医疗系。1988 年获德国 ESSEN 大学博士学位。现任华中科技大学同济医学院免疫学二级教授、博士生导师、器官移植研究所兼职教授，曾任同济医学院图书馆馆长、基础医学研究所所长、免疫学系主任。

先后主持多项国家自然科学基金项目、国家重大基础研究项目（973 课题），获省部级自然科学奖、科技进步奖 3 项、中华医学奖二等奖 2 项。主编《中华医学百科全书·免疫学分卷》、"基础免疫和临床免疫学丛书"、《医学免疫学》（1～4 版）（全国医学院校本科生／研究生教材，获教育部优秀教材二等奖）等。1994 获"湖北省有突出贡献的中青年专家"荣誉称号，2001 年被评为"全国优秀教师"，2003 年被评为首届教育部及湖北省教学名师，2004 年获湖北省"三育人奖"，2007 年获中山大学"柯麟医学奖",2008年获首届中国免疫学会"杰出学者奖"。曾任中国免疫学会副理事长、中国－德国医学会会长、卫生部"全国高等医药院校教材编审委员会"副主任、中国红十字总会"中国造血干细胞捐赠者资料库"专家组副组长。

● **刘祖黎**(农工党中央原委员、湖北省委会原副主委)

刘祖黎(1943.8—)广东中山人,1997年加入农工党。农工党中央第十一、十二、十三届委员,农工党湖北省第四、五届委员会副主委,第八届湖北省政协常委,湖北省人大第十届常委会委员,湖北省第九届妇联副主席(兼)。

1966年毕业于北京大学,1968年来华中工学院任教至今。现任华中科技大学物理学院教授、博士生导师,曾任物理系副系主任。长期致力于低温等离子体物理和材料科学以及纳米材料在医学领域的研究与应用。1982年至1984年在美国明尼苏达大学物理系做 Research Associate 工作,1992年应马来亚大学物理系邀请进行科研合作访问,曾多次应意大利国际理论物理中心、香港中文大学物理系、德国杜伊斯堡大学等邀请进行学术交流和访问。先后主持6项国家自然科学基金重大项目和国家重大基础研究项目(973课题)。获国家优秀仪器奖1项、湖北省自然科学奖一等奖、二等奖、三等奖各1项,国家专利10项,获湖北省优秀教师称号。

● **熊承良**(农工党中央原委员、湖北省委会原副主委)

熊承良(1954.9—),湖南岳阳人。1997年加入农工党。农工党中央第十五届委员会委员,农工党湖北省第八届委员会副主委,第十二届湖北省人大常委会委员,第九、十届湖北省政协委员。华中科技大学同济医学院二级教授、博士生导师。

1987年获同济医科大学硕士学位，1997年、2005年作为高级访学者访学耶鲁大学妇产科系精子生理学实验室和牛津大学生理学系。历任华中科技大学同济医学院计划生育研究所所长（三届）、同济医学院生殖医学中心（武汉华科生殖专科医院）院长、国家生育调节药物临床试验机构主任、湖北省人类精子库主任。国家自然科学基金委员会二审专家，先后主持国家自然科学基金项目、国家"十五"攻关项目、"十一五"及"十二五"支撑计划项目、国家计生委项目等课题研究。发表学术论文200余篇，其中SCI收录100余篇。主编的《人类精子学》获2003年全国优秀科技图书奖三等奖及2005年中国图书奖，主编全国高等学校教材《临床生殖医学》（第二版）、牵头主编"不孕不育诊断与治疗丛书"。获湖北省科技进步奖一等奖（参与）、二等奖（排名第一）1项，全国妇幼健康科学技术奖一等奖（排名第一）1项、二等奖（排名第一）各1项，中华医学科技奖一等奖1项（子项目排名第一）。1999年享受国务院政府特殊津贴，2003年、2006年被评为国家人口与计划生育科技先进工作者。

● **侯晓华（农工党中央原委员、湖北省委会原副主委、武汉市委会原主委）**

侯晓华(1961.1—)，山西文水人。1995年加入民盟，民盟中央第九届委员会委员。2005年加入农工党。农工党中央第十四、十五、十六届委员会委员，农工党湖北省第六、七、八届委员会副主委，农工党武汉市第九、十、十一届委员会主委，第八届湖北省政协委员、第九届湖北省政协常委、第十二届湖北省政协委员，第十一、十二、十三届武汉市政协副主席。

1983年毕业于武汉医学院临床专业，1986年获同济医科大学附属协和医院内科学硕士学位，1994年获上海医科大学（现复旦大学上海医学院）消化内科医学博士学位。曾任同济医学院副院长、附属协和医院院务委员会副主任、内科教研室主任、诊断学教研室主任、消化科主任。现任华中科技大学同济医学院附属协和医院消化病研究所所长、主任医师、教授、博士生导师。享受国务院政府津贴、国家卫计委突出贡献中青年专家、湖北省医学领军人才。主持国内功能性疾病指南8项，参与国际指南4项。发表SCI论文270余篇，主编著作15部，主持11项国家自然科学基金课题（重点项目2项），主持2项卫生部部属医院临床学科重点项目，参与973、十一五、十二五、十三五、十四五等国家级科研项目，获"国家名医 优秀风范""全国三育人先进个人""规范化住院医生培训全国先进个人"等荣誉称号，曾获湖北省科技进步奖一等奖1项、二等奖2项、三等奖1项，华夏医学科技奖三等奖1项；曾获美国动力学会杰出青年研究者奖、国际EGG学会杰出青年研究者奖、吴阶平医学研究奖和保罗－杨森药学研究奖等多项荣誉。

第五节 大事记

1954年8月，农工党华中工学院小组成立。

1955年3月，农工党华中工学院第一届支部委员会成立。

1957年5月，农工党华中工学院第二届支部委员会成立。

1980年10月，农工党华中工学院第三届支部委员会成立。

1983年，农工党武汉医学院第一届支部委员会成立。

1984年9月，农工党华中工学院第四届支部委员会成立。

1985年8月，农工党同济医科大学总支成立，下设附属同济医院、协和医院及校本部三个支部。

1985年，覃天聪当选农工党湖北省第一届委员会代主委。

1987年，覃天聪当选农工党湖北省委会主委（至1997年）。

1988年，覃天聪当选农工党中央副主席（至1997年）。

1988年3月，农工党华中理工大学支部委员会成立。

1989年3月，农工党同济医科大学第二届总支委员会成立。

1991年6月，农工党华中理工大学第三届支部委员会成立；12月，第四届支部委员会成立。

1991年9月，农工党同济医科大学第三届总支委员会成立。

1994年5月，农工党梨园医院支部成立。

1995年6月，农工党同济医科大学第四届总支委员会成立。

1999年7月，农工党同济医科大学第五届总支委员会成立。

2000年10月23日，农工党华中科技大学第一届委员会成立。

2002年5月，周宜开当选农工党湖北省委会主委、农工党中央常委（至2013年）。

2007年1月30日，农工党华中科技大学第二届委员会成立。

2007年12月，侯晓华当选农工党第十四届中央委员会委员。

2011年10月11日，农工党华中科技大学第三届委员会成立。

2012年12月，侯晓华当选农工党第十五届中央委员会委员。

2015年，周泰康获"中国人民抗日战争胜利70周年"纪念章。

2016年12月21日，农工党华中科技大学第四届委员会成立。

2017年，由华中科技大学同济医学院作为主编单位，周宜开任主编，汇聚环境卫生学领域著名专家学者历经6年编纂完成的《中华医学百科全书·环境卫生学卷》（国家重点出版工程）于同年6月正式出版发行。

2017年12月，侯晓华当选农工党第十六届中央委员会委员。

2019年11月21日，农工党华中科技大学委员会"不忘合作初心，继续携手前进"主题教育活动座谈会召开。全国人大常委会副委员长、农工党中央主席陈竺出席会议并讲话。校党委书记邵新宇致欢迎辞。湖北省政协副主席、农工党湖北省委会主委杨玉华主持会议。

2021年10月8日,农工党华中科技大学第五届委员会成立。

2022年4月,农工党湖北省第九次代表大会选举产生农工党湖北省第九届委员会,刘剑峰当选农工党湖北省委会副主委,王文清、翁雨雄当选常委,黄昆当选委员,蒋新农当选内部监督委员会委员。

2022年12月,刘剑峰当选农工党第十七届中央委员会委员。

(刘剑峰、王文清、胡辉、翁雨雄、吴康兵、蒋新农、赵凯、谢佳)

第六章

中国致公党华中科技大学委员会

第一节　历史沿革

1989年10月，致公党同济医科大学支部成立，曾仁端任主委，有成员15名，致公党协和医院小组并入支部。

1992年6月，致公党武汉市第一次代表大会在同济医院召开，致公党武汉市委员会成立，同济医科大学曾仁端当选副主委。10月，致公党同济医科大学总支委员会成立。

1996年4月，致公党华中理工大学支部成立，有成员5名（吴郑植，朱华吉，胡维智，朱建新，陈少华），主委吴郑植，组织委员朱建新，

1996年4月，致公党华中理工大学支部成立

宣传委员陈少华。

2000年12月21日，致公党华中科技大学总支委员会成立，主委曾仁端，副主委吴继洲、吴郑植，委员陈素华、朱建新、林洪、陈少华。成员中有全国政协委员、致公党中央常委、致公党湖北省委会主委姚凯伦，湖北省政协常委、致公党湖北省委会副主委、武汉市政协常委、致公党武汉市委会副主委、药学院院长吴继洲，武汉市人大常委会委员、致公党武汉市委会副主委曾仁端，致公党江汉区工委主委、武汉市政协委员林洪。

2000年12月21日，致公党华中科技大学总支委员会成立

2007年1月21日，致公党华中科技大学第二届总支委员会成立，主委宁琴，副主委陈素华、康玲、林洪。

2013年5月30日，致公党华中科技大学第三届总支委员会成立，主委宁琴，副主委陈素华、李建军、林洪、朱建新。

2018年7月15日，致公党华中科技大学第一届委员会成立，陈素华当选主委，刘新明、朱建新、王学仁、李建军、黎维勇当选副主委。

2021年4月25日，致公党华中科技大学委员会第二次党员代表大会在校召开。致公党武汉市委会副主委康玲，校党委副书记马建辉到会并讲话。民建华中科技大学委员会主委韩民春代表兄弟民主党派致贺词。会议由致公党武汉市委会副主委周天磊主持。大会选举产生致公党华中科技大学第二届委员会，郭安源当选主委，王学仁、鲍立泉、王磊、喻银燕当选副主委，张才华、施春阳、徐刚、刘敬喜、胡静、刘璇、王升当选委员，刘璇兼任秘书长。

截至2023年6月，致公党华中科技大学委员会有党员71人，其中致公党省委会常委2人、委员1人，致公党市委会副主委1人、委员2人，区工委主委1人、副主委2人、常委1人、委员3人；省政协常委1人、市政协委员3人，区人大代表1人，区政协常委3人，区政协委员4人。

2021年4月25日，致公党华中科技大学委员会第二次党员代表大会召开

第二节　主要工作及成绩

一、思想建设

进入新时代，致公党华中科技大学委员会始终坚持把思想建设和政治建设放在第一位，不断强化参政党意识，积极参加"坚持和发展中国特色社会主义学习实践"等主题教育活动。通过各种形式组织党员认真学习中共十八大以来习近平同志系列重要讲话精神，认真学习十九大、二十大报告，深刻领会习近平新时代中国特色社会主义思想，组织开展

《中国共产党统一战线工作条例》学习交流，探讨如何在主动担当中践行合作初心、在履职尽责中汇聚奋进力量。曾仁端《参政议政要做到一、二、三、四》被推荐为致公党中央纪念中国致公党成立 90 周年征文，并在致公党湖北省委会纪念大会上作专题报告。

抗战胜利 70 周年之际，老党员温少曼出版文集《抗战风雨路》，并为致公党沈阳市委会"庆祝中国致公党建党 90 周年暨抗战胜利 70 周年画展"提供画作。配合民主党派"不忘合作初心，继续携手前进"主题教育活动，致公党华中科技大学委员会与致公党武汉市硚口区工委会在 2019 年底联合举办了"第一届主题教育活动暨党课培训班"，邀请老党员曾仁端讲述致公党与中国共产党风雨同舟的光辉历史。

2019 年 11 月，致公党华中科技大学委员会与致公党硚口区工委会联合举办迎接新中国成立 70 周年暨第七届世界军人运动会羽毛球－乒乓球联赛；致公党华中科技大学委员会联合致公党湖北省中医院支部赴丹江口官山镇吕家河革命传统教育基地——红三军团司令部旧址和新四军遗址接受革命传统教育；致公党华中科技大学委员会承办第三期华中大同心论坛，何岭松作《论青年教师教学能力与素养提升之道》主题报告。

2021 年 6 月 20 日，致公党华中科技大学委员会 18 人赴黄陂姚家山，参加学校党委"同心跟党走 携手共奋进"学党史主题实践活动。

2021 年 7 月 1 日，何岭松作为教育部模范教师代表团成员受邀在天安门现场参加中国共产党百年庆典大会，部分党员在校学习和观看了百年庆典直播。7 月 3 日，致公党华中科技大学委员会 20 余名党员开展线上学习讨论，深入学习习近平总书记庆祝中国共产党成立 100 周年大会的重要讲话精神，并邀请何岭松介绍其在天安门现场参加庆典的学习经历和体会。

2022 年 1 月 8 日，致公党华中科技大学委员会近 30 名党员在学校新落成的统战之家会议室开展学习贯彻中共十九届六中全会精神座谈会暨 2021 年度工作总结会，参观新布置的"致公之家"。

2022年4月1日，致公党华中科技大学委员会联合民革华中科技大学委员会承办第二十期华中大同心论坛。陈向东、袁烨、郭安源、陶光明等4名民主党派成员围绕医工、医理等多学科交叉研究工作体会，分享坚守教育报国初心，勇担科技创新使命的心得体会，抒发党外知识分子将个人理想追求融入国家发展大局的家国情怀。

2022年10月9日，承办"喜迎二十大同心跟党走"第二十七期华中大同心论坛，组织观看《习近平出席中央统战工作会议并发表重要讲话》学习视频。姚凯伦分享坚持高质量培养人才、带领团队推动国家脉冲强磁场科学中心一期工程建设的故事和心得体会，以及做好参政议政工作的经验。

2022年11月22日，承办"学习二十大 同心跟党走"第三十四期华中大同心论坛。郭安源、陈向东、王学仁、鲍立泉、徐刚、喻银燕、张才华、施春阳、刘敬喜、万谦、刘懿等分别结合本职工作和学科特色，围绕报告中健康中国建设、青年人才培养、科技创新等主题分享二十大报告学习体会。康玲代表致公党武汉市委会讲话。校党委常委、副校长湛毅青受邀参加论坛。

2022年11月22日，致公党华中科技大学委员会承办"学习二十大同心跟党走"第三十四期华中大同心论坛

2023年4月16日，致公党华中科技大学委员会一行赴黄石调研考察。致公党中央原常委、致公党湖北省委会原主委姚凯伦参加活动。中共黄石市委统战部副部长黄佳君，湖北理工学院党委统战部常务副部长袁斌，致公党黄石市委会主委、湖北理工学院支部主委、化学学院院长卢小菊教授，致公党黄石市委会专职副主委谈力全、副主委熊海玮、刘红日等参加调研。调研组考察了首批入选国家级创新创业教育实践基地的湖北理工学院大学生创新创业基地，观看了创新创业成果展，并与致公党湖北理工学院支部围绕科技成果转化、项目合作等进行了深入交流。

2023年4月16日，致公党华中科技大学委员会一行赴黄石调研考察

2023年6月，根据致公党武汉市委会和学校党委工作部署，致公党华中科技大学委员会启动"凝心铸魂强根基、团结奋进新征程"主题教育。组织党员赴八七会议会址纪念馆和武汉中共中央机关旧址纪念馆学习，重温中国共产党为中国人民谋幸福、为中华民族谋复兴的光辉历程，接受革命传统教育。

二、参政议政，建言献策

致公党华中科技大学委员会鼓励党员积极投身于民生热点问题，积极建言献策。

曾仁端撰写的社情民意曾多次获国家、省、市领导批示。其中被中央统战部采用4件（其中1件获国务院副总理批示）、全国政协采用1件、致公党中央采用3件、湖北省委办公厅采用2件、省委统战部采用5件、省政协采用8件、立案7件，多次荣获致公党中央、省、市先进个人称号。提案《关于加快堤防建设，确保三年内完成长江、汉江干堤武汉段加固任务案》《关于加快武汉历史文化名城的建设》《保护和扩大公共绿地、实施夏季降温工程》等被武汉市政府采纳。在武汉市十届人大一次会议上，《关于把创建武汉山水园林城市列入本届议案》《关于确保国有下岗职工基本生活，确保企业离退休人员养老金按时足额发放案》被列入武汉市人大第1、2号议案，这两项议案同时被评为"武汉市民最满意的人大议案"并受到市委和市政府的表彰。曾仁端被武汉市人大誉为提（议）案最多、质量最高的人大代表。2007年，曾仁端撰写的《关于加强科研经费管理工作的建议》作为致公党湖北省委员会提案，获国家领导人批示。

吴继洲在2001年提交的《多党合作应注意处理的八大关系》获致公党中央优秀论文奖，《用邓小平理论指导党派行为》获湖北省委统战部优秀论文奖。

在第十届全国政协大会期间，姚凯伦提出《建立大学生重大疾病医疗保障制度》《关注跨区域河流污染，建立流域统一管理体制》《关于重点高校扩大留学生招生的建议》等十多件提案，《人民日报》以"祖国花朵更强壮"为题，在"委员一日"中对姚凯伦的提案做了专访；中新社在题为"中国河流'跨界污染'治理成当务之急"的新闻中，对姚凯伦的提案进行了报道。在"武汉·中国光谷"筹建之初，姚凯伦向武汉市委市政府提出《创造良好的投资环境和创业环境，建设好"武汉·中国光谷"》的建议。建议指出：要创造良好的投资环境，要增强竞争意识，要吸引人才、培养人才，要扩大风险投资基金，要设立"武汉·中国光谷"论坛。这些建议在随后的建设中都一一被采纳。姚凯伦在武汉市政协九届三次会议上提交《大学、高中扩招后要稳定和提高教育质量》的提案，得到了省委领导的重视。2011年全国"两会"期间，姚凯伦提出《要提高高等院校和科研院所青年知识分子生活待遇》的提案。

康玲撰写的社情民意《"大江、大湖、大武汉"的饮水安全问题》被致公党中央采用。康玲多次撰写武汉市政协集体提案及市委双月座谈会发言稿，受到市委、市政府主要领导充分肯定。以"加快推进武汉超算中心建设，推动大数据产业发展"为题，代表致公党市委会在武汉市政协大会上发言；以"充分发挥'一主引领'作用，全力打造国家科技创新中心"为题，代表致公党市委会教科卫体专委会在武汉市政协大会上发言；以"建设创新智城，引领长江新城发展"为题，代表致公党市委会教科卫体专委会在武汉市政协常委会上发言；关于"保护城市湖泊，共建美好家园"的建议被写进市政协工作报告，并作为重点督办提案。

陈素华多次就医疗改革、高校学生思想建设、毕业生就业等问题在致公中央调研会、武汉市政协会议上多次发言。在政协武汉市第十三届委员会第一次会议的市长-政协委员协商座谈会上，陈素华代表致公党界别作"关于加快武汉航空港建设，打造国际门户枢纽的建议"，并就医疗价格、大学生就业、残障人士出行安全等问题接受电视、报刊等新闻媒体采访。2021年市政协大会期间，陈素华代表致公界别在联组讨论会上做了"打通互联网医疗服务价格体系的最后一公里"发言，根据发言完稿的社情民意被武汉市政协、湖北省政协、致公党中央采用。"关于建立长效机制，破解儿童就医难的建议"被省政协采用。

王学仁主笔申请获得致公党武汉市委会2019年度重点调研课题3项（《高新区专利产品知识产权保护现状调查》《武汉市地下空间规模化、区域化和系统化模式研究》《武汉市新近留学回汉高端人才职业发展现状调查》），2020年度重点调研课题1项（《关于完善公共卫生应急管理体系的建议》），调研报告均获得好评；社情民意《关于统一新型肺炎危重症救治临床方案的建议》《关于妥善安置因新型冠状病毒隔离家庭中未成年子女的建议》被致公党中央采用,《关于在抗击疫情结束后召开公开听证会的建议》《关于不留死角地落实"应收应治"的建议》等多个提案被省政协采用。

施春阳撰写的《关于重视同济医院中医药防治困境,对防疫的重点中药材实施集中管理和供应的建议》被致公党中央采用。

陈少华完成致公党中央委托课题"发挥文化建设在实施乡村振兴战略中的作用",该课题报告被致公党中央和致公党湖北省委会采用;撰写的《关于全面提高我省公众科学素养的建议》提案被湖北省政协十一届二次会议立案,《关于加强我省文化资源库建设的建议》提案被湖北省政协十一届一次会议立案,获致公党湖北省委会奖励。参与致公党湖北省委会文化专委会撰写的《加强农村文化场馆建设 搭建基本公共文化服务平台》调研报告被致公党湖北省委会采用。

朱建新向洪山区政协提交"借助教育信息化平台,深化教育改革的试点工作"提案获采纳。

鲍立泉撰写的《打造国家科教研学高地,引领大学之城现代服务产业发展》《领航特教发展,彰显洪山温度》两项提案分别获洪山区政协2019年和2021年建言献策一等奖;作为课题负责人,完成洪山区委统战部调研课题"优化资源配置,推进高校科技成果转化工作研究"获得2020年度洪山区统一战线调研成果一等奖。

王磊牵头与致公党华中科技大学一支部党员合作完成武汉市委会调研课题"合力发展武汉的OLED产业",并提交武汉市经济和信息化委员会,为武汉新型显示产业发展提供发展思路,助力武汉显示产业。

2022年9月,陈向东在省政协月度专题协商会上作"加强围产期保健医疗服务,营造良好生育环境"主题发言,为科学实施三孩生育政策及配套措施建言献策。

郭安源在2022年牵头承担的致公党湖北省委会和致公党武汉市委会重点课题,组织调研并执笔撰写了《加强生物医药研发与转化,促进湖北科技与经济发展》和《加强生物医药研发与转化，促进武汉科技与经济发展》的调研报告，并在 2023 年 1 月政协武汉市第十四届委员会第二次会议上作大会发言。

三、爱岗敬业，服务社会

2013—2017 年，致公党华中科技大学委员会主校区支部积极参加致公党洪山区工委发起的捐资助学活动，每年资助湖北通城县麦市镇 4 位家庭经济困难但学业优良的初、高中学生。2015 年，支部还组织麦市镇学生来校参观学习，鼓励他们增强信心，刻苦学习，早日成才。

致公党党员积极参加医院、党派、政协等组织的义诊活动，深入湖北长阳县等老少边穷地区，在公益事业活动中宣传国家政策、支援新农村建设。

姚凯伦、吴继洲于 2006 年 11 月分别主持致公党湖北省委会和武汉市委会联合举办的捐赠助学及送医送药活动。

姚凯伦带领致公党湖北省委会的主要领导成员于 2006 年 12 月赴湖北省国家级贫困县、革命老区阳新县王英镇新屋村，带着爱心物资和现金帮扶该村新农村建设。

吴继洲在 2008 年武汉市各民主党派向四川汶川地震灾区捐赠仪式上，率市委机关、各区工委和市直属支部共计捐人民币 45100 元，日元 10000 元。

陈素华受湖北省卫生厅（湖北省卫健委）委派，以特派专家身份，赴国家级贫困县——恩施州巴东县工作数月，在县委县政府、县卫生局大力支持下，通过理论培训、临床指导等形式，帮助县、乡两级卫生系统建立和完善各项规章制度，提高产科服务能力，开展新医疗技术业务，受到当地政府及卫生系统广泛欢迎，湖北省卫生厅（湖北省卫健委）曾专门组织材料报送卫生部（国家卫健委）。

陈素华为武汉女子监狱改造人员教授妇女生殖健康知识，多次利用业余时间赴湖北红安、麻城、恩施等地义诊，担任武汉市硚口区创建全国残疾预防综合试验区试点项目工作技术指导总负责人。柳林捐助湖北通城县麦市中学 3 名学生，并将该校 10 余名受捐助的学生接到武汉，带她们参观湖北省博物馆、华中科技大学、武汉大学，激励她们努力学习报效祖国。林洪赴西藏医疗支援 1 年，陈素华赴拉萨市人民医院指导工作，宋晓东援疆工作 1 年。李建军、吴丰顺受聘湖北省"同心·院士专家服务团"成员，为地方经济社会发展贡献力量。

康玲带头组织武汉市致公党员捐款 14000 余元，为云南省宁蒗彝族自治县宁利乡牛窝子村小学的彝族孩子们捐赠一台希沃教学一体机，通过网络连接知识的海洋，改善学校师生的教学和学习条件，帮助大山深处彝族小学生了解外面的世界，并为他们提供丰富的网络教学资源。

刘新明挂职黄冈市卫生局副局长 2 年，促使黄州区人民医院与华中科技大学同济医学院附属同济医院形成联盟医院，同济医院每周安排多位教授到黄州区医院工作，得到当地卫生行政主管部门及老百姓高度评价，其先进事迹刊登于《湖北日报》。

王学仁挂职武汉市红十字会医院副院长 1 年，建立了"同济医院－红十字会医院教学科研、临床密切合作模式"。

王春旭挂职荆门市二医院副院长 1 年，指导该院成功申请国家卫计委课题 1 项、省级课题 6 项、市级课题多项。

施春阳入选湖北省委人才工作领导小组等选派的"科技副总"（湖北凌晟药业有限公司）。

陈少华在 2019 年 1 月代表致公党湖北省委会文化专委会组织"送文化下乡"活动，到湖北黄梅县杨树林村开展春节前为村民书写对联活动。

朱建新于 1996 年荣获国家科技进步奖三等奖（工程图自动输入与智能识别）、2008 年荣获湖北省科技进步奖二等奖（混合型多用途智能卡操作系统及系列产品）。2016 年至 2019 年被洪山区人大常委会聘为洪山区人民陪审员。

万谦获张树政糖科学奖优秀青年奖（2017）、Thieme Chemistry Journals Award（德国，2018）、T. Ogawa Young Investigator Award（英国 2019）、药明康德生命化学学者奖（2020）、湖北省自然科学奖一等奖（2021 第二完成人）。

袁烨针对信息物理系统机理建模取得良好成果，成果荣获 2020 年 IEEE 信息物理系统委员会青年科学家提名奖、2020 年华中科技大学"重大学术进展"（第一完成人）。曾获华中科技大学"我最喜爱教师班主任"（2017）等荣誉。

徐刚成功预测多种拓扑量子材料，获"2018 年度中国科学院杰出科技成就奖（集体）"；积极为"两个中心"建设建言献策，撰写的《关于加快推进国家重大基础设施——脉冲强磁场实验装置优化提升的建议》被采用为 2021 年度武汉市政协常委专题协商会发言。

刘璇立足专业积极参与乡村振兴，为云南省临翔区人民医院医护人员做信息素养提升专题讲座，开展智力帮扶。作为指导教师，带领华中科技大学学生团队荣获第三届湖北省高校"学术搜索挑战赛"团队特等奖。2020 年 2 月，为防疫一线的武汉万松街商一社区捐赠酒精，支持疫情防控。

郭安源针对肿瘤生物信息研究开发了多个广泛使用的方法和数据库，成果入选 2019 年度"中国生物信息十大进展"，入选 2020 年和 2021 年爱思唯尔中国高被引学者，获教育部高等学校科学研究二等奖（第一完成人）。指导的学生获湖北省优秀博士学位论文和优秀学士论文等。

刘敬喜紧密结合国家开发北极航线、挖掘北极地区价值、建设冰上"丝绸之路"等重大战略需求，针对极地严寒环境，提出极地海洋工程钢结构疲劳和断裂评估方法，并应用于北极地区最大型液化天然气工程－亚马尔项目，获得中国海洋学会海洋科学技术成果一等奖（2021 年，第二完成人）。

2020 年新冠疫情暴发，致公党华中科技大学委员会同济医学院两个支部（同济一支部、同济二支部）及协和医院支部党员不忘"健康所系，性命相托"初心誓言，坚守岗位，双岗建功：①运用专业知识撰写防疫提案、建议 29 件，其中曾仁端 2 件、陈素华 5 件、王学仁 19 件、施春阳 2 件、董庆建 1 件。②陈素华、王学仁、施春阳、彭澍等积极组织防护用品募捐。彭澍作为志愿者参加国内外捐赠防护物资的标准转换和翻译工作，并在国际一流期刊发文介绍同济医院胸外科抗疫经验，受到致公党湖北省委会表彰。③陈素华参与撰写并负责定稿《武汉同济医院－新型冠状病毒感染的肺炎流行期间孕产妇及新生儿管理指导意见》（第一版、第二版）；完成《同济医院新型冠状病毒感染的肺炎诊疗快速指南》（第三版）中的产科内容；主编《新型冠状病毒肺炎产科防护手册》并由人民卫生出版社出版发行。④刘新明担任武汉市光谷科技会展中心方舱医院院长助理兼医务处处长，编撰制定《光谷科技会展中心方舱医院工作手册》《光谷科技会展中心方舱医院材料汇编》，得到了国家卫健委等各方认可。⑤喻银燕被各大新闻媒体誉为"最美面罩姐姐"，她双目凝视、眉头紧蹙、睫毛挂着汗珠、防护面罩带着水雾的工作照广为流传。

2022 年，王学仁挂职山西白求恩医院麻醉科主任。

四、党派荣誉

2002 年，吴郑植被评为"武汉市优秀政协委员"。

2006 年 9 月，曾仁端被评为致公党中央"先进个人""全省政协信息工作先进个人"。

2007 年 4 月，致公党华中科技大学总支主校区支部被评为致公党武汉市委会"参政议政先进工作集体"。

2008 年 3 月，武汉市妇联分别授予宁琴、康玲为武汉市"三八红旗手标兵"和武汉市"三八红旗手"称号。

2009 年 9 月，康玲被评为湖北省"三八红旗手"，同济医学院支部被评为"致公党湖北省政治交接学习教育活动先进集体"。

2011年11月，陈素华被致公党湖北省委会评为"树立和践行社会主义核心价值体系、推进基层组织建设年活动先进个人"。

2014年4月，陈少华被评为"致公党武汉市委参政议政先进个人"。

2015年5月，同济医学院支部被评为致公党武汉市委会"创先争优"先进基层组织。

2017年7月，曾仁端被致公党湖北省委会评为"2012-2017年度优秀致公党员"。以华中科技大学同济医学院和附属同济医院为主体的致公党硚口区工委会获评"中国致公党坚持和发展中国特色社会主义学习实践活动先进集体"。

2018年4月，曾仁端、王学仁、陈素华等被评为致公党武汉市委会"社情民意及宣传信息工作先进个人"。

2019年12月，喻银燕被评为致公党中央"优秀党员"；鲍立泉被评为"致公党武汉市委参政议政先进个人"、政协洪山区第九届委员会"优秀委员"、获政协洪山区委员会建言献策一等奖。

2020年12月，陈向东、童巧霞、喻银燕被评为致公党中央"抗疫先进个人"；陈向东、彭澍被评为"致公党湖北省抗疫先进个人"；童巧霞、王学仁、汪理、彭澍被评为致公党武汉市委会"抗疫先进个人"；陈素华、王学仁、施春阳、徐刚被评为致公党武汉市委会"参政议政先进个人"。致公党华中科技大学委员会协和支部被评为致公党武汉市委会"先进集体"。以华中科技大学同济医学院和附属同济医院为主体的致公党硚口区工委会被评为"致公党武汉市委先进集体"。

2021年12月，鲍立泉获政协洪山区委员会建言献策一等奖。

2022年3月，致公党华中科技大学委员会被评为"致公党武汉市委会参政议政工作先进集体"，致公党华中科技大学委员会华科大一支部、同济一支部被授予致公党武汉市委会"创造先进基层组织争当优秀致公党员"活动先进支部，王升、鲍立泉获评"创造先进基层组织争当优秀致公党员"活动先进个人；王学仁、刘新明、陈素华、徐刚、郭安源、彭澍、鲍立泉获评致公党武汉市委会"参政议政工作先进个人"。康玲获政协武汉市第十三届委员会"优秀政协委员"。

第三节　历任主要负责人介绍

● 曾仁端（致公党同济医科大学支部委员会主委　任期：1989.10—1992.10；致公党同济医科大学总支委员会主委　任期：1992.10—2000.12；致公党华中科技大学第一届总支委员会主委　任期：2000.12—2007.1）

曾仁端（1934.6—），福建泉州人，印尼归侨。1988年加入致公党。致公党武汉市第一、二届委员会副主委，武汉市第九、十届人大常委会委员。1957年毕业于华中师范大学物理系。华中科技大学教授、硕士生导师。曾任武汉市海外交流协会常务理事、中国医学物理学会常委和副理事长，中国医学影像技术研究会理事、中国医学物理学会中南地区协作组副组长、湖北省物理学会医学物理专业委员会副主任，1992年开始享受国务院政府特殊津贴。1995年被列入英国剑桥国际名人中心国际医学界名人录，被聘请为该中心顾问并获荣誉证书。所撰写多项提案曾受到中央统战部、湖北省委统战部、民主党派中央和湖北省委会、武汉市委会等高度重视，曾被武汉市人大誉为提（议）案最多、质量最高的人大代表。

● 吴郑植（致公党华中理工大学第一届支部委员会主委 任期：1996.4—2000.12）

吴郑植（1958.11—），湖北汉川人。1989年加入致公党。致公党湖北省第一届委员会委员，第八、九、十届武汉市政协委员，第四、五、六批武汉市监察局特邀监察员。第六届洪山区政协委员，致公党洪山区工委会第一届副主委、致公党洪山区关山直属支部主委，洪山区侨联第二届委员会常委。

1982年毕业于华中师范学院（现华中师范大学）生物学专业，任教于湖北省孝感地区汉川卫生学校，1984年任汉川卫生学校副校长。1986年调入华中工学院附属中学任教，2000年1月任华中工学院附属中学副校长。2006年调入海南省海口市景山学校任教，2012年任该校校长。2017年在福建欧氏教育集团任督学校长，2018年任莆田砺志国际学校校长，2019年5月任砺青中学校长。2019年7月调任广西贺州市黄姚高级中学校长。2002年获武汉市优秀政协委员称号，2005年被评为致公党中央"优秀组织工作者"，2014年获全国基础教育百佳杰出校长称号，2017年被评为海口市"双创"先进个人。

● 陈素华（致公党华中科技大学第二届总支委员会副主委 任期：2007.1—2013.5；致公党华中科技大学第三届总支委员会副主委（主持工作）任期：2013.5—2018.7；致公党华中科技大学第一届委员会主委 任期：2018.7—2021.4）

陈素华（1961.5—），湖北武汉人。1999年加入致公党。致公党湖北省第一、二、三届委员会委员、第四届委员会常委，致公党武汉市第五、六届委员会委员、硚口区工委会主委，第十二、十三届武汉市政协委员，第十、十一届硚口区政协常委、提案委员会副主任，第十四届

硚口区政协常委、民族宗教和台港澳侨暨海外联络委员会副主任,第十三、十四届硚口区人大常委会委员。现任华中科技大学同济医学院附属同济医院医学遗传科规范化培训基地主任,妇产科三级教授、主任医师、博士生导师,出生缺陷防控一级咨询师。长期从事出生缺陷防控及围产期保健的临床、教学及科研工作,兼任全国出生缺陷防治人才培训项目专家组成员、中国医师协会毕业后教育医学遗传科专业委员会委员、中国医师协会医学遗传医师分会常委、中国妇幼保健协会双胎妊娠专业委员会常委、中华预防医学会出生缺陷预防与控制专业委员会委员、中国出生缺陷干预救助基金会出生缺陷防控咨询师专家委员会委员、中国出生缺陷干预救助基金会遗传病诊治专项基金专家组成员、湖北省罕见病医学中心胎儿罕见病协作组组长等。科研工作获教育部提名国家科技进步奖一等奖、湖北省科技进步奖一等奖、武汉市科技进步奖一等奖、中华医学科技奖三等奖等,临床及教学工作多次获华中科技大学及附属医院奖励,撰写的多件社情民意信息被致公中央采用。

● **郭安源（致公党华中科技大学第二届委员会主委 任期：2021.4—）**

郭安源（1980.3—）,江西永丰人。2016年加入致公党。致公党湖北省第五届委员会委员,致公党武汉市第七届委员会委员,第十四届武汉市政协委员。现任华中科技大学生命科学与技术学院二级教授、博士生导师,国家级人才计划入选者。本科毕业于南开大学,博士研究生毕业于北京大学。成果入选2019年度"中国生物信息学十大进展",获2020年教育部高校科学研究优秀成果奖（科学技术）二等奖,

2020—2022年连续入选爱思唯尔"中国高被引学者"。担任中国抗癌协会肿瘤标志分会肿瘤测序与大数据专家委员会副主任委员,中国生物工程学会计算生物学与生物信息分会等多个专业学会委员和常委。在学生培养工作中卓有成效,获华中科技大学本科教学质量奖二等奖、优秀班主任、湖北省优秀博士学位论文指导教师。

第四节　人物风采

● 姚凯伦（全国政协原委员，致公党湖北省委会第一任主委）

姚凯伦（1944.1—），浙江湖州人。1999年加入致公党。第十、十一届全国政协委员,致公党中央第十三届常委,致公党湖北省第一、第二届委员会主委,致公党武汉市第三届委员会主委,第九、十届武汉市政协常委。华中科技大学二级教授、博士生导师,多年被评为特聘教授（领军岗）,国家脉冲强磁场科学中心第一期首席科学家、工程技术副总监,第二期国家科学技术委员会委员（2021—2026年）,享受国务院政府特殊津贴。1966年复旦大学物理系毕业。1980年至1983年在美国做访问学者,1987年破格晋升为教授,历任华中理工大学物理系主任,理学院副院长,复旦大学兼职教授。曾任国家自然科学基金委员会杰出青年基金数理学部评委,国家重点实验室评估专家组成员,国家攀登计划"量子调控"专家组成员,"国家十三五重大科学装置前沿研究"指南编写专家组成员,湖北省物理学会副理事长。

长期从事凝聚态物理研究。主持十余项国家自然科学基金项目和多项国防科工委项目和国家攀登计划、863项目、973项目。获湖北省自然科学奖一等奖、二等奖、全国百篇优秀博士论文指导教师奖、湖北省科技进步奖特等奖，国家科技进步奖一等奖等。发表论文五百余篇，被引用上万次。

● **罗丽兰（全国人大原代表，致公党中央原委员，原同济医科大学附属同济医院院长）**

罗丽兰（1932.2—2022.10），湖南衡阳人。1988年4月加入致公党，1988年6月加入中国共产党。第七、八届全国人大代表，致公党中央第八届委员会委员。同济医科大学附属同济医院院长（1988—1992年），华中科技大学同济医学院附属同济医院生殖医学中心教授、主任医师、博士生导师。

1955年毕业于中南同济医学院，毕业后于武汉同济医院妇产科从事妇产科及生殖医学临床、教学和科研工作。曾任同济医科大学妇产科学系主任，同济医科大学计划生育研究所副所长。1992年享受国务院政府特殊津贴，是我国著名的妇产科学和生殖医学专家。

曾任中华医学会常务理事，中国医学科学院学术委员会委员，中华医学会湖北省分会副会长，妇产科学会主任委员，湖北省计划生育学会常委，武汉市医学会常务理事，武汉市妇联副主任。1984年获世界卫生组织资助赴新加坡深造，随后到英国、瑞典、美国等多地访问，回国后致力于开展计划生育及辅助生殖医学的研究。率先在国内妇产科领域开展腹腔镜手术，率先在国内生殖领域开展腹腔镜下输卵管内配子移植、卵巢移植、排卵障碍性不孕的病理生理学研究并通过成果鉴定。被湖北省人民政府及政协授予"有突出贡献的先进个人"，多次获湖北省科技进步奖、武汉市计划生育及妇幼工作"先进个人"、同济医院"杰出贡献奖"等荣誉称号。主编的专著《不孕与不育》《生殖免疫学》《妇科保留功能性手术》,至今仍指导生殖医学的临床工作。

● 吴继洲(致公党武汉市委会原主委)

吴继洲(1949.12—),湖北武汉人。1996年加入致公党。政协湖北省第十届委员会常委,致公党中央参政议政专家委员会专家,致公党湖北省第一、二届委员会副主委,致公党武汉市第一、二届委员会委员、第三届委员会副主委、届中调整任主委、第四届委员会主委。政协武汉市第九届委员会委员、第十、十一届委员会常委。政协武汉市硚口区第九、十、十一届常委,历任致公党硚口区工委会副主委、主委。日本京都大学药学博士,历任同济医科大学药学院院长、华中科技大学药学系主任,天然药物化学与资源评价湖北省重点实验室主任、武汉市天然药物工程中心主任等。现任华中科技大学二级教授、博士生导师,享受国务院政府特殊津贴。1999年在中央社会主义学院第四期民主党派中青年干部培训班学习期间,撰写的《新时期党派成员要正确处理八大关系》发表于《中央社会主义学院学报》2000年第2期,获致公党中央优秀论文奖。

获省部级科技进步奖一、二、三等奖共7项,发表科研论文近200篇。国家精品课程、国家精品平台课程"天然药物化学"负责人。1992年获中国药学会青年科技奖,1995年获吴阶平-保罗·杨森医药学研究奖植物化学专业二等奖。1998年被卫生部授予有突出贡献的中青年专家称号,2006年获华中科技大学伯乐奖。

第五节 大事记

1988年12月,中国致公党召开第九次全国代表大会,罗丽兰当选中央委员。

1989年10月，致公党同济医科大学支部成立。

1990年5月，黄念棠荣获"全国模范护士"称号，受邀在人民大会堂作先进事迹报告。

1992年6月，致公党武汉市委员会成立，曾仁端任副主委。

1996年，致公党武汉市委会进行届中调整，增补吴继洲等为市委会委员。4月，致公党华中理工大学支部成立。

2000年12月21日，致公党华中科技大学第一届总支委员会成立。

2002年11月，中国致公党第十二次全国代表大会召开，曾仁端、吴继洲作为代表参会。

2007年1月21日，致公党华中科技大学第二届总支委员会成立。

2007年7月，致公党武汉市委会主办"庆祝香港回归十周年温少曼先生画展"。

2008年3月，武汉市妇联分别授予宁琴、康玲为武汉市"三八红旗手标兵"和武汉市"三八红旗手"称号。

2010年12月，致公党中央"树立和践行社会主义核心价值体系、推进基层组织建设"活动总结表彰会在北京召开，吴继洲参会并代表致公党武汉市委会发言。

2013年，中国华侨出版社出版发行的"中国华侨历史学会文库"之《荆山楚水系侨心》中记录了湖北38名归国华侨的感人事迹，曾仁端的事迹被列入其中，是书中38人中唯一的致公党党员。

2013年5月30日，致公党华中科技大学第三届总支委员会成立。

2018年7月15日，致公党华中科技大学第一次代表大会选举产生华中科技大学第一届委员会。

2021年4月25日，致公党华中科技大学第二届委员会成立。

2021年10月，致公党武汉市第七次代表大会选举产生致公党武汉市第七届委员会，康玲当选副主委，郭安源、刘新明当选委员。

2022年4月，致公党湖北省第五次代表大会选举产生致公党湖北省第五届委员会，康玲、陈向东当选致公党湖北省第五届委员会常委，郭安源、刘新明当选致公党湖北第五届委员会委员。

（陈素华、郭安源、徐刚、施春阳、王磊、王学仁、喻银燕、王春旭、鲍立泉、刘璇）

第七章

九三学社华中科技大学委员会

第一节 历史沿革

1956年3月，经九三学社中央批复，同意成立九三学社武汉医学院小组，是武汉地区最早的四个九三学社基层小组之一。小组共有3名社员——周裕德、涂登榜、管汉屏，组长由周裕德担任。1956年11月，九三学社武汉医学院小组先后发展龙名扬、朱师墨、汪伯渊、沈良祥、薛兴尧、何玉兰、陈东丰、黄德善、康维卿等9人入社，小组成员达到12人。管汉屏任九三学社武汉分社筹委会科学文教委员会委员。

1959年3月，九三学社武汉医学院支社成立，龙名扬任主委，周裕德、涂登榜、朱师墨、沈良祥任委员。

1979年，组织活动恢复，重新组建武汉医学院小组，组长龙名扬。1983年小组改选后由沈良祥任组长，何玉兰任副组长。

1984年11月，九三学社华中工学院小组成立，组长张良皋，有社员9人。

1986年，九三学社同济医科大学支社成立，金士翱当选第一届支社主委，何玉兰、皮玉生当选委员。

1987年9月4日，九三学社华中工学院支社成立，张良皋当选为主委，陈敏卿、曾育星当选为委员。

1988年3月5日，九三学社武汉城建学院小组成立，组长范勤年，有社员 3 人。

1990 年 11 月，九三学社华中理工大学第二届支社成立，赵成学当选主委，彭保权、胡庆辉当选委员。

1991 年 9 月，九三学社武汉城建学院小组增补卢兆俊为副组长。

1993 年 11 月，金士翱当选九三学社同济医科大学支社主委。

1996 年 7 月，九三学社华中理工大学第三届支社成立，郑楚光当选主委，周井炎当选副主委，彭保权、陆遂丽当选委员。

1996 年 7 月，九三学社同济医科大学第二届支社成立，田玉科当选支社主委，吴克兰、潘铁成当选副主委。

1996 年，九三学社武汉城建学院支社成立，卢兆俊当选主委，陶振民、资建民当选委员。到合校前，有社员 12 人。

1999 年 7 月，九三学社同济医科大学委员会成立，易继林当选为九三学社同济医科大学第一届委员会主委，潘铁成、吴克兰当选副主委，吴华、刘光辉当选委员。

2001 年 1 月 12 日，同济医科大学、华中理工大学和武汉城建学院三所学校的九三学社基层组织合并成立九三学社华中科技大学第一届委员会，易继林当选主委，潘铁成、周井炎当选副主委，吴克兰、彭保权、陆遂丽、胡幸生当选委员。

2007 年 5 月 9 日，九三学社华中科技大学第二届委员会成立，易继林当选主委，潘铁成、毛靖、唐和清、周井炎当选副主委，蔡慧俭、胡幸生当选委员。

2013 年 9 月 28 日，九三学社华中科技大学第三届委员会成立，毛靖当选主委，李箭、田德安、宫念樵、沈轶当选副主委，吴云霞、刘承美、刘木根、臧春艳当选委员。

2018 年 3 月 9 日，九三学社华中科技大学第四届委员会成立，毛靖当选主委，李箭、刘心雄、宫念樵、史岸冰当选副主委，刘木根、徐业彬、陈静、臧春艳、董凌莉、刘海霞、吴云霞、方育梅当选委员。

2021 年 11 月 22 日，九三学社华中科技大学委员会第五次代表大会召开。全国人大常委会委员、省政协副主席、九三学社中央常委、九三学社湖北省委会主委、中国工程院院士秦顺全，校党委副书记马建辉，省政协副秘书长、九三学社湖北省委会副主委应楚洲等参会。民革华中科技大学委员会主委、化学学院副院长谭必恩教授代表兄弟党派致贺词。大会选举产生九三学社华中科技大学第五届委员会，毛靖当选主委，史岸冰、宫念樵、陈蓉、郭新当选副主委，吴云霞、董凌莉、刘海霞、汤绍涛、陈勇、李中伟、臧春艳、薛宇当选委员。新设秘书长一职，由李中伟兼任。

2021年11月22日，九三学社华中科技大学委员会第五次代表大会召开

截至2023年6月，九三学社华中科技大学委员会有九三学社社员146人，其中九三学社省委会副主委1人、常委1人、委员1人，九三学社市委会常委1人；省政协常委1人，市政协常委1人，市政协委员2人，区政协委员1人；省政府参事1人，市政府参事1人。

第二节　主要工作及成绩

一、思想建设

进入新时代以来，九三学社华中科技大学委员会定期组织社员学习党史、社史，不断增强社员坚持和维护中国共产党领导的多党合作和政治协商制度的自觉性、坚定性，传承九三学社"爱国、民主、科学"的优良传统，引导社员正确认识国情、省情、市情、校情，围绕中心服务大局，发挥民主党派优势，积极开展参政议政，建言献策，服务社会活动。

九三学社华中科技大学委员会认真组织学习习近平总书记的十九大、二十大报告及历次全会会议精神、"七一"重要讲话精神等；组织开展"美丽中国"理论学习，认真开展"两学一跟"学习教育、"不忘合作初心，继续携手前进"主题教育活动、中共党史学习教育活动等，切实提高学习成效，做到学史明理、学史增信、学史崇德、学史力行。

九三学社华中科技大学委员会还组织社员参观中山舰、同济医院院史馆，增加爱国爱集体的意识；参加九三学社中央科技创新和成果转化活动；组织社员赴延安革命根据地参观学习，组织社员参加恩施州来凤县老茶村的扶贫活动；组织社员参加中央、省、市社会主义学院教育培训、华中科技大学统一战线远程网络教育培训；组织社员开展《中国共产党统一战线工作条例》学习交流，探讨如何在主动担当中践行合作初心、在履职尽责中汇聚奋进力量。

2020年11月6日，九三学社华中科技大学委员会承办第九期华中大同心论坛

2022年5月11日，华中科技大学"社员之家"授牌仪式在统战之家举行。九三学社湖北省委会副主委徐礼华、付文芳、陈蓉，一级巡视

员应楚洲，二级巡视员、组织部部长陈建虹，九三学社省委会机关人员以及学校社员代表等20余人参加活动。

2022年10月23日，举行"学习二十大　同心跟党走"第二十八期华中大同心论坛暨"矢志不渝跟党走、携手奋进新时代"政治交接主题教育推进会。九三学社省委会专职副主委付文芳，九三学社省委会副主委陈蓉，九三学社省委会常委王伦澈参加活动并讲话。陈蓉、郭新、薛宇、钟继新等分享开展学科交叉研究的实践成果，陈勇、叶巾祁就如何结合科技创新撰写提案分享心得。毛靖主持活动。

2023年6月，根据九三学社湖北省委会和学校党委工作部署，九三学社华中科技大学委员会启动"凝心铸魂强根基、团结奋进新征程"主题教育。

二、参政议政，建言献策

九三学社华中科技大学委员会始终坚持正确政治方向，坚持"协调关系、汇集力量、建言献策、服务大局"，积极履行政治协商、民主监督、参政议政职能。

1998年，郑楚光参加全国政协大会，提交的有关脱硫减排的提案，获评全国政协优秀提案。

2004年，郑楚光以全国政协委员个人的名义向全国政协十届三次会议提交《关于解决中央一号文件贯彻落实中出现的新问题》提案，入选《政协第十届全国委员会提案及办理复文选》（2005年卷）。郑楚光与湖北省农业厅有关领导及工作人员一起前往宜昌等地，就"为发展我省畜牧业，使农民增收的建议"重点提案督办进行调研。

2004年，郑楚光提出《完善政协工作的法律地位确保政治职能的有效发挥》引起较大反响，获中共湖北省委主要领导批示，省委统战部根据批示草拟了《中共湖北省委、湖北省人民政府关于保障非中共代表人士参政议政工作权利、条件和待遇的若干意见》。2004年4月25日，中共湖北省委办公厅、湖北省人民政府办公厅联合发文《关于保障非中共代表人士参政议政时间、工作条件及待遇的通知》。文件对非中共代表人士参加培训、会议、视察、调研等社会活动的时间等问题做了详细规定和经费保障，对非中共代表人士参政议政成果贡献特别突出的也做了奖励规定。文件下发后，一些地方和单位对非中共代表人士逐步解决有关待遇，调动了广大非中共代表人士的积极性，为民主党派成员履行参政议政、民主监督营造了宽松环境。

2005年，在十届全国人大三次会议上，田玉科向大会提交《关于完善医疗药品管理政策综合治理药品价格虚高的建议》。郑楚光向全国政协提交《论完善我国农村土地使用权流转机制》《建议加快三峡工程建设进度，提前实现175米水位蓄水发电等问题》提案。

田玉科在担任湖北省政协副主席期间，所承担的主席重点课题"完善大病保险制度"和"社会资本办医疗机构"，其成果作为省政协会议大会发言及九三学社湖北省委会集体提案。

2006年4月，陶振民提出《应纠正中招"三限生"市场化的倾向》，武汉市教委认真听取意见并开始在初升高中取消了调节生。

2010年3月，邬红娟在湖北省政协十届三次会议上提交集体提案《关于加强南湖地区水生态环境治理的建议》，陶振民在湖北省政协十届三次会议上作《利用生态资源打造武汉城市圈健康经济的建议》书面发言。

2012年，郑楚光撰写的《关于农村新型经济组织融资供需均衡的思考》获九三学社湖北省委会参政议政成果特等奖。

2013年，陈锦富获九三学社湖北省委会参政议政成果一等奖、优秀信息员一等奖。孙学东完成的"养老模式与养老者需求研究"课题被湖北省科协评为"最佳建议选题奖"。

2015年，毛靖的提案《加强养老服务业标准化建设》获湖北省主要领导批复，并立项为省长督办提案。陈勇在2020年新冠疫情防控的关键时刻，向武汉市政府提交《关于加强疫情防控期间环境应急管控的建议》《关于后疫情时期加强环境管理工作的建议》提案，获武汉市主要领导批示并采纳。

2020年1月，鲁友明在全国政协大会上提交《支持湖北省重大科技基础设施建设》提案。陈蓉在中国发展论坛2020"创新发展 赢得未来"上作题为"坚持四个面向，建设创新国家"大会发言。

2021年1月，宫念樵在湖北省政协十二届四次会议上作《以5G新基建夯实湖北产业现代化发展基础》大会发言。毛靖在湖北省政协月度协商会上作《关于长期护理保险试行中的问题及建议》大会发言。

2022年11月，陈蓉在中共湖北省委政党协商会上，代表九三学社湖北省委会就加快建设科技强省做"做大做强高新技术企业，加速科技强省建设"主旨发言。

三、爱岗敬业，服务社会

1983年，金士翱的《硝酸甘油注射液制备及在麻醉学上的应用》获湖北省科技进步奖三等奖。

1986年，金士翱的"带微处理机的心功能监护系统"获湖北省卫生厅科技进步奖二等奖。何玉兰的"结膜及角膜炎症刮片细胞的研究"获湖北省卫生厅科技进步奖二等奖。郝连杰的"辣根过氧化物酶－抗辣根过氧化物酶复合物制备及其在体内检查HBV标志物的应用"获湖北省卫生厅科技进步奖二等奖、湖北省科技进步奖三等奖。胡仁昭"尿石成分和结构理化分析的研究"获湖北省卫生厅科技进步奖二等奖、湖北省科技进步奖三等奖。

1988年，郝连杰的"乙肝病人自发性抑制T细胞功能及其与T细胞亚群关系研究"获湖北省卫生厅科技进步奖三等奖，"慢性肝炎的病理研究"获国家教委科技进步奖二等奖。何玉兰的"结膜及角膜炎症刮片细胞的研究"获湖北省科技进步奖二等奖。

1990年，杨明山的《血浆交换疗法在抢救某些危重病人中的应用》获湖北省卫生厅科技进步奖三等奖。郝连杰的《急性乙肝患者肝内单个核细胞和ＨＬＡ抗原的研究》获国家教委科技进步奖三等奖。于昌松的《胆道流体动力学与胆石成因的实验研究》获国家教委科技进步奖三等奖。粟载福的《人类高分辨染色体及其在医学中的应用》获湖北省科技进步奖二等奖。郝连杰的《慢性肝炎的病理研究》获卫生部科技成果推广奖三等奖。吴克兰的《脑胶质瘤高温综合治疗》获武汉市科技进步奖三等奖。

1992年，郝连杰的"流行性出血热病毒多肽抗原分析及其临床意义研究"获国家教委科技进步奖二等奖，"PAP制备及其在临床免疫病理中的应用"获卫生部医药卫生科技成果推广奖三等奖。何玉兰的"异体皮肤作为填压材料在视网膜脱离手术中的应用"获湖北省科技进步奖二等奖。吴克兰参与的"胎脑移植治疗低能儿童"获湖北省科技进步奖二等奖、武汉市科技进步奖二等奖。

1994年，郝连杰的《流行性出血热特异性免疫复合物形成及其致病性研究》获国家教委科技进步奖三等奖，《非标记性抗体性技术及其在临床免疫研究中的应用》获湖北省科技进步奖二等奖。

1995年，田玉科的《重度多发性创伤患者免疫功能改变与多系统器官功能衰竭的关系》论文获中华医学会麻醉学会第二届全国中青年学术会议优秀论文一等奖。金士翱、田玉科《重度多发性创伤患者免疫功能改变与多系统器官功能衰竭的关系》获湖北省卫生厅科技进步奖二等奖。

1997年11月28日至30日，田玉科带领九三学社同济医科大学支社9名专家教授利用周末休息时间到湖北荆门航天部宏图飞机制造厂开展义务医疗，共为200多名职工开展诊治，并在条件极为简陋的情况下为一位老工人施行了胆囊切除手术。在担任湖北省政协副主席期间，田玉科多次带队赴十堰市张湾区调研精准扶贫，实地考察了张湾区西沟乡沙洲村、黄龙镇斤坪村等地的农村综合环境整治、产业扶贫、移民搬迁、贫困户建档立卡等情况。

1998年，长江流域遭遇百年不遇的特大洪水。社员们响应中共湖北省委省政府的号召，按照九三学社省委会要求，积极为灾区人民捐款捐物。据不完全统计，九三学社华中理工大学支社 16 人捐款 3310 元，捐物 130 件；九三学社同济医科大学支社 33 人捐款 2670 元，捐物 291 件；九三学社武汉城建学院支社 12 人，捐款 2250 元，捐物 116 件。九三学社同济医科大学支社还组织医疗队前往簰洲湾为救灾军民和当地群众义诊。

1998 年，田玉科的《重度多发性创伤患者血清白介素—6 及肿瘤坏死因子与多器官衰竭的关系》论文获湖北省第七届自然科学优秀学术论文奖一等奖。张良皋为九三学社省直在汉基层社员及新闻单位作《"九省通衢"宏观设计与洪泛区聚落建设模式》专题讲座。1998 年、1999 年，郝连杰分别在华中师范大学和武汉化工学院作艾滋病预防科普知识讲座，宣传预防艾滋病的科普知识。

1999 年，郑楚光的科研成果获"973"第二批立项，受聘为"973"项目首席科学家，系华中理工大学首位"973"项目首席科学家，并于 2006 年再次获聘。

1999 年，廖晓昕获评"全国宝钢优秀教师奖"、华中理工大学"优秀研究生指导教师"。

2000 年，郑楚光在九三学社省委会全委（扩大）会议期间作《能源与环境》专题讲座。孙学东在 2014 年一年内举办了 6 场社会科普公益活动和 12 场科普讲座，共发表 3 篇科技论文和 56 篇科普文章。

2001 年，金士翱《深低温停循环下脑保护的实验研究》获云南省科技进步奖三等奖。田玉科《椎管腔移植嗜铬细胞及转脑啡肽基因细胞治疗慢性疼痛的研究》获湖北省科技进步奖三等奖。

2002 年，郑楚光荣获国家自然科学奖二等奖，为学校获国家自然科学奖项第一人，并于 2014 年再次获得国家自然科学奖二等奖。

2002 年，易继林《有关肝外科手术系列研究技术改进》获中华医学科技进步奖一等奖，同年获湖北省重大科学技术成果奖。

2003 年，社员积极投入抗击"非典"战斗中。九三学社华中科技大学委员会捐款 1200 元，许多社员向中共党组织提交请战书奔赴抗击"非典"一线。

2003 年，廖晓昕《动力系统的稳定性理论和应用》获湖北省自然科学奖一等奖，其专著《稳定性的数学理论及应用》获中国国家图书奖。邬红娟《武汉梅院泥灌区生态节水优化模式及其自动化》获湖北省科技进步奖二等奖。

2009 年 11 月，汤绍涛主持了中国首例坐骨连体婴儿分离手术。这一手术具有极大难度，在华中科技大学同济医学院附属协和医院小儿外科、泌尿外科、整形外科、骨科、麻醉科等 8 个科室 30 多名医护人员 17 个小时的不懈努力下终获成功，并被央视、新华网、《光明日报》等多家知名媒体广泛报道。

2011 年 2 月，郑楚光受聘为中美清洁能源中心的联盟主任。

2013 年 3 月，孙学东当选湖北省科普作家协会医学科普创作专业委员会副主任、第三届湖北省老年学学会老年心理学专业委员会副主任。

2013 年 9 月，在国家第一个法定"老人节"，毛靖带领九三学社华中科技大学委员会的委员们走访慰问九三学社的老教授、老专家，向他们致以节日的问候，送去组织的温暖，该活动被九三学社中央网站作为头版头条进行了报道。同年，宫念樵赴随州市卫生局，协同湖北省红十字会和随州市红十字会，对下辖二级以上医院开展中国公民器官捐献培训工作。

2013 年 9 月，陈勇挂职荆门市环境保护局副局长。

2013 年 11 月，董凌莉入选教育部"新世纪优秀人才支持计划"，被列入武汉中青年医学骨干人才培养计划。

2015 年 5 月，方育梅到洪湖人民医院进行职工职业宣教活动获当地群众好评；汤绍涛主持完成中国第一例 daVinci 机器人腹腔镜巨结肠手术。

2015 年 5 月，李箭赴十堰地区调研地质灾害。

2015 年 12 月，宫念樵当选九三学社中央青年工作委员会委员，臧春艳获"九三学社建社七十周年征文大赛一等奖"、国网冀北电力公司科技进步奖三等奖。

2016年，李箭担任湖北省省级政风督查员，在荆州市和荆门市督查政府部门尽职履责情况。吴云霞挂职硚口区卫计委副主任，参与"武汉硚口环同济健康城"项目。

2017年11月，赵逵在浙江卫视讲《中华好故事——川盐古道上的文化遗存》，为大众普及中华优秀文化。

2018年，郑楚光、汤绍涛分别获2018年湖北省技术发明奖一等奖。臧春艳获国网天津市电力公司科技进步奖一等奖。孙学东书稿《医护患——战友情》获九三学社中央主席韩启德院士题字，被湖北省老年学会评为"学会工作先进个人"，被武昌区老科技工作者协会评为"全国老科技工作者日先进个人"。

2018年10月，在华中科技大学同济医学院附属同济医院风湿免疫内科举办的"世界关节炎日"活动中，董凌莉作关节炎健康专题讲座并现场答疑，刘智勇作健康医疗学术报告。

2019年9月，宫念樵挂职湖北省恩施州卫生健康委员会副主任。

2019年，郭新获湖北省自然科学奖一等奖，陈忠勇获湖北省科技进步奖一等奖。

2020年，九三学社华中科技大学委员会坚持战斗在抗击新冠疫情最前线。毛靖作为学校护理学院院长，积极组织筹划开展线上老年护理培训，制作精品课程《新型冠状肺炎疫情下的老年人照护》，提高老年人及其护理人员对新型冠状病毒感染的认识与防范，学习掌握个人防护措施，努力降低老年人的感染率以及感染后的重症率及死亡率，并联合美国约翰霍普金斯大学护理学院开展新冠病毒感染相关的科研合作。

史岸冰协调基础医学院抗疫药物和抗体研发工作，团队筛选出5种潜在新冠病毒药物抗体研究进入临床实验。

宫念樵指导和协调恩施州新冠肺炎病人筛查和医疗救治工作，负责和组织外援专家团队开展远程会诊救治，建立了恩施州器官移植病人的医疗支持和保障机制，保障了器官移植病人的医疗救治和医疗安全。

冯俊积极联系全国各大中医院知名专家实施临床新冠病毒感染病人的中西医联合治疗，筹集大量珍贵中药材，并在多位中医知名专家帮助下制成中药颗粒剂免费提供给临床使用。

周群主动参与同济医学院防控点值守任务，为居民配送物资和药品，杨乐筹措各类物资金额共计254.2065万元。

汤绍涛坚持每天到儿科病房查房，并实现患者和家长零感染；在物资最紧缺的时候，以个人名义从中华儿童慈善基金会和其他多种渠道募集到小儿专用口罩2400个，防护服1000套，消毒液201桶，消毒剂50箱，有力支持了附属协和医院小儿外科和整个医院的抗疫。

曾宪林带领医疗组对附属协和医院骨科的一名被新冠病毒感染的规培生进行及时医疗救助和心理辅导，并号召社员为其捐款；方育梅请愿参加附属协和医院临时组建的捐赠办公室值班和科室的轮班工作。

臧春艳协助美国休斯敦华夏学人协会，将对方捐赠的慈善物资对接华中科技大学同济医学院附属协和医院西院；积极参加学校高端医疗装备工程研究院的筹建工作；远程指导国家级、省级、校级和院级大学生科技创新项目各1项。

2020年9月，黎培员挂职海南省文昌市人民医院副院长。臧春艳当选IEEE PES中国区高压绝缘技术委员会内绝缘分委会常务理事。

2021年4月，九三学社湖北省委会发布报道《心到实至 踏实历练——记九三学社社员宫念樵在恩施州卫生健康委员会挂职经历》。2021年5月，《团结报》发布报道《带着"忐忑"去挂职——九三学社社员宫念樵的挂职践悟》。

2021年5月，毛靖当选中华口腔医学会理事、湖北省口腔医学会正畸专委会主任委员。

2021年9月，陈蓉获2021年度腾讯"科学探索奖"，以表彰她作为"选择性原子层沉积技术"的开拓者在集成电路制造领域所做出的突出贡献，其事迹被网易新闻、《长江日报》等多家媒体报道。

2021年，史岸冰获批国家自然科学基金重点项目及国家重点研发计划，并在国际一流期刊 JCB 发表最新研究成果；当选国家"十四五"普通高等教育规划教材评审专家、中国生物物理学会"亚细胞结构与功能分会"副会长、湖北省生物化学与分子生物学学会理事长。

2021年3月，臧春艳入选英国工程技术学会特许工程师（IET Chartered Engineer），当选 IEEE PES 中国区变电站技术委员会智能巡检技术分委会常务理事及中国电工技术学会高级会员，获批国家自然科学基金"智能电网联合基金和国家电网公司重点科技项目"（联合主持）。

2022年，毛靖获 2021 年度湖北省科技进步一奖等奖，鲁友明获 2021 年度湖北省自然科学奖一等奖。

2022年7月，陈锦富牵头完成的课题"高校党外知识分子服务地方经济社会发展的问题与对策研究"获湖北省高校统战理论研究会论文一等奖，该成果同时获 2022 年度全省统战工作实践创新成果一等奖。

2022年9月，郁伯铭获国际科学组织 Vebleo 协会授予的 Vebleo Fellow 荣誉称号，以表彰他在分形几何学领域取得的突出成就。

2022年12月，臧春艳当选美国电气与电子工程师协会女工程师委员会武汉区域（IEEE WIP Region 10）代表，获 2021 年度山西省科学技术进步奖三等奖、山西省电力公司科技进步奖二等奖、南方电网超高压输电公司科技进步奖三等奖。

四、党派荣誉

2003年，九三学社华中科技大学委员会（以下简称委员会）获评九三学社湖北省委会先进基层组织。周井炎、陶振民、刘光辉被评为"先进社务工作者"。

2005年，委员会获评九三学社湖北省委会先进基层组织。

2007年，委员会获评九三学社湖北省委会社会服务先进省直基层组织。

2010年，委员会获评九三学社湖北省委会社会服务先进省直基层组织、九三学社湖北省委会社会服务先进集体、九三学社湖北省委会优秀委员会。

2010年，周井炎被评为九三学社中央"优秀社员"。

2013年，委员会获评九三学社湖北省委会社会服务先进省直基层组织、九三学社湖北省委会社会服务先进集体。毛靖获九三学社湖北省委会"新闻宣传先进个人三等奖"。陈锦富获九三学社湖北省委员会"参政议政成果一等奖""优秀信息员一等奖"。

2014年3月，毛靖、孙学东、宫念樵、臧春艳获评九三学社湖北省委会"优秀社员"。陈锦富获九三学社湖北省委员会"反映社情民意信息工作优秀信息一等奖"。

2015年3月，委员会获评九三学社中央全国优秀委员会、九三学社湖北省委会社会服务先进集体、九三学社湖北省优秀委员会。毛靖获评九三学社中央"全国优秀社员"，臧春艳获九三学社中央"九三学社建社七十周年征文大赛一等奖"。

2016年3月，委员会获评九三学社湖北省委会先进基层组织、社会服务先进集体。李箭获九三学社湖北省委会"优秀信息员"。

2017年3月，委员会获评九三学社湖北省委会先进基层组织。李箭获九三学社湖北省委会"优秀信息员"。

2018年3月，委员会获评九三学社湖北省委会先进基层组织。毛靖获九三学社湖北省委会"参政议政先进个人二等奖"，宫念樵获九三学社湖北省委会"优秀社务工作者"。

2019年3月，委员会获评九三学社湖北省委会先进基层委员会。宫念樵获九三学社湖北省委会"优秀社员"。

2020年12月，委员会获评九三学社中央新冠疫情防控工作全国先进集体，九三学社湖北省委会社会服务先进集体、新闻宣传工作先进集体。冯俊、高峰、宫念樵获评"九三学社新冠疫情防控工作全国先进个人"。杨博、张子云、刘栋、潘超、申铭、李双、杨辉、陈明兵、黎培员、杨乐、汤绍涛、熊志勇获评九三学社新冠肺炎疫情防控工作"全国抗疫先锋"。

2021年3月，委员会获评九三学社湖北省委会社会服务先进集体、新闻宣传先进集体。毛靖、宫念樵获评九三湖北省委会"优秀社员"，陈锦富获九三学社湖北省委会"参政议政先进个人一等奖"，毛靖获九三学社湖北省委会"参政议政先进个人二等奖"。

2022年3月，宫念樵获评"九三学社湖北省委2017—2022年模范社员"。

第三节　历任主要负责人介绍

● **周裕德（九三学社武汉医学院小组第一任组长 任期：1956.3—1959.3）**

周裕德（1906.11—1998.2），湖北武汉黄陂人。1956年加入九三学社。九三学社湖北省委的创始人和领导人之一。九三学社中央第六、七届委员会委员，九三学社湖北省第一届委员会副主委，九三学社湖北省第二届委员会名誉主委，九三学社武汉分社第一届委员会委员、第二届委员会秘书长、第三届委员会副主委，九三学社武汉市第四届委员会副主委、主委；武汉市第三、四、五届人大代表，武汉市第六届人大常委会委员，武汉市第一、二、三、四届政协常委，武汉市第五、六届政协副主席。

1934年毕业于北京协和医学院。1934年至1938年在湖南湘雅医学院、长沙仁术医院任外科医师。1938年至1947年，先后任贵阳医学院讲师、副教授、教授、附属医院外科主任，贵阳省立医院外科主任、副院长，昆明惠滇医院院长兼外科主任。1947年后，历任武汉大学医学院附属医院外科教授兼主任、院长。1949年至1955年，历任汉口协和医院副院长、院长。自1956年起，接任中南同济医学院、武汉医学院医疗系主任和同济医院院长。早年从事腹外的医疗教学工作，是我国老一辈整形外科专家和医院管理专家，享受国务院政府特殊津贴。参加沈克非主编的我国外科专著《外科学》编写工作。担任医院行政领导工作长达40余年，积累了丰富的管理经验，十分重视科技信息，利用多种方法普及微机知识，为提高临床诊断的准确性和工作效率奠定了良好基础，曾被聘为湖北省医院管理学会顾问。

● **龙名扬（九三学社武汉医学院支社第一任主委 任期：1959.3—1983.3）**

龙名扬（1916.9—1988.12），湖北汉阳（今武汉市蔡甸区）人。1956年加入九三学社。武汉市第三、四、五届政协委员。放射学教授，硕士生导师。同济医科大学附属同济医院放射学科主任，中华医学会湖北省放射学会主任委员、《临床放射学》杂志主编，著名放射学专家和医学教育家。

1946年赴美国旧金山那特曼医院进修放射学诊断，1947年7月回国任武汉陆军总院放射科主任，服役两年。1949年受聘到武汉大学医学院任放射学副教授、武大医院放射科主任。20世纪50年代，上海同济大学医学院迁汉与武汉大学医学院合并，1956年附属同济医院及医疗系建立放射学科教研室，龙名扬调任教研室代主任，1958年任主任直至1987年退休。长期结合临床致力于早期肺癌、肺血吸虫、尘肺等研究，经常下到矿井实地勘察，尤其在膏矿炭黑尘肺的研究方面取得重大进展，在国内首次发表"肺血吸虫病的病理X线研究"论文。晚年长期患病，慢性肾功能衰竭期间仍抱病坚持到科室上班、阅片、教学，住院卧床还在病榻上坚持指导硕士研究生的科研工作。

● 沈艮祥（九三学社武汉医学院小组第二任组长 任期：1983.6—1986.6）

沈艮祥（1922.3—2011.3），安徽泾县人。1956年加入九三学社。九三学社第八届中央委员会委员、第九届中央参议委员会委员，九三学社湖北省第一届委员会副主委，九三学社武汉市第四、五、六届委员会副主委兼秘书长，第六届武汉市政协委员、第七届武汉市政协常委、第八届武汉市政协常委兼副秘书长。

1949年毕业于上海同济大学医学院，先后任上海同济大学附属中美医院耳鼻喉科助教、讲师，武汉医学院附属第一医院耳鼻喉科讲师、副教授、教授，同济医科大学附属协和医院耳鼻咽喉科教研室副主任。1953年参加上海市组织的抗美援朝医疗队工作；1980年参加中国援阿尔及利亚医疗队，驻外工作2年。在国内最早开展鼻中隔重建术和扁桃体周围脓肿急性期手术，在疑难疾病诊治方面具有丰富经验和独到见解。

● 金士翱（九三学社同济医科大学支社第一、第二任主委 任期：1986.6—1996.7）

金士翱(1923.10—2023.1)，安徽滁县人。1980年加入九三学社。第七届武汉市政协委员、医卫体委员会副主任。1989年被评为"武汉市优秀政协委员"。

1949年毕业于上海同济大学医学院。1949年至1950年任南京中央医院外科住院医师，1950年7月回到上海同济大学医学院附属同济医院外科工作。1953年在上海同济医院建立麻醉学专业组，1954年底随医院迁来武汉，担任同济医科大学附属同济医院麻醉科主任，是同济医院麻醉学科的带头人之一。1980年晋升教授、主任医师。历任中华医学会湖北分会和武汉分会麻醉学会主任委员、名誉主任委员，全国麻醉学会委员副主任委员、名誉顾问。1988年曾担任中德医学协会副秘书长和中德医学协会湖北分会副理事长。曾担任《中华麻醉学杂志》和《临床麻醉学杂志》副主编，《医学百科全书麻醉学分卷》编委，《国外医学麻醉学与复苏分册》常务编委，是卫生部规划教材高等医药院校《外科学》和《黄家驷外科学》中麻醉章节的主要编写人，也是全国麻醉学专业教材的主审人。1994年起享受国务院政府特殊津贴。

● **张良皋（"中国人民抗日战争胜利60周年纪念章""中国人民抗日战争胜利70周年纪念章"获得者　九三学社华中工学院小组第一任组长，九三学社华中理工大学支社第一任主委，任期：1984.11—1990.11）**

张良皋（1923.5—2015.1），湖北武汉人。1984年加入九三学社。1947年毕业于中央大学建筑系，是享誉中外的民族建筑大师，著名建筑教育家，华中工学院建筑系创始人之一。张良皋博古通今，学贯中西，著述颇丰，硕果累累，是巴楚建筑文化学缔造者、红学家、诗人。在耄耋之年两次获得国家自然科学基金项目，撰写出版十余部学术论著，尤以《武陵土家》《巴史别观》《匠学七说》等为巴楚建筑文化学的研究为经典。2013年获"中国民族建筑事业终身成就奖"。

● **范勤年（九三学社武汉城建学院小组组长　任期：1988.3—1996.7）**

范勤年（1936.1—），江苏无锡人。1986年加入九三学社。华中

科技大学建筑与城市规划学院副教授。1956年于同济大学毕业后分配到冶金部北京黑色冶金总院建筑组。1957年调至冶金部黑色冶金武汉分院，多次获该院先进生产者称号、武汉钢铁公司技术革新标兵；1980年至1982年，参与黄鹤楼重建方案设计，获湖北省、武汉市建筑先进生产者称号和湖北省图书馆、《湖北日报》优秀通讯员称号。1984年调至武汉城建学院任教，与南京大学合作《贵州省黄果树区域旅游资源考察开发研究》获贵州省科技进步奖。曾获教育部先进科技工作者三等奖。

● **赵成学（九三学社华中理工大学支社第二任主委 任期：1990.11—1996.7）**

赵成学（1940.5—），甘肃张掖人。1986年加入九三学社。九三学社湖北省第二届委员会常委。第七届湖北省政协委员，曾任中华全国总工会执行委员。

1962年毕业于西北大学化学系。其"有机氟化学及自由基化学"获国家自然科学奖三等奖（1982年），"阳离子基化学研究"获美国化学会石油化学部最高奖（1984年），1986年获上海市人民政府"大功奖"，"有机单电子转移反应的化学及顺磁共振研究"获国家教委科技进步奖二等奖（1993年），"剑麻柔软剂合成及应用"获农业部科技进步奖三等奖（1993年），"全氟酰基过氧化物及其氮氧自由基衍生物化学"获上海市科技进步奖三等奖（2000年）。1996年后调至上海交通大学任教，1997年获上海交通大学"优秀教师一等奖"，1999年获"宝钢优秀教师一等奖"。中国化学会《有机化学》杂志编委。

● 郑楚光（九三学社华中理工大学支社第三任主委 任期：1996.7—1997.9 九三学社省委会原主委 任期：1997.6—2011.11)

郑楚光（1945.2—），湖北监利人。1987年加入九三学社。第十、十一、十二届九三学社中央常委，九三学社湖北省第三、四、五届委员会主委，第九届全国政协委员，第十、十一届全国政协常委，第八、九、十届湖北省政协副主席。

1986华中理工大学博士研究生毕业留校任教，先后任副教授、教授、博士生导师、华中理工大学能源科学与工程学院院长、煤燃烧国家重点实验室主任。1991年被国家授为"有突出贡献的博士学位获得者"。1999年受聘为学校首位国家"973"重大项目首席科学家，2006年再次受聘为"973"项目首席科学家。2002年获得学校首个国家自然科学奖二等奖、2014年再获国家自然科学奖二等奖，获国家科技攻关和省部级科技奖励10多项。2022年，荣获中国工程热物理学会"燃烧学杰出贡献奖"。现为中美清洁能源联合研究中心清洁煤技术联盟中方主任，湖北省气候变化专家委员会主任，湖北省能源标准化委员会主任委员，国家"十三五"能源领域科技创新规划咨询专家组成员。

● 田玉科（九三学社同济医科大学支社第三任主委 任期：1996.7—1999.7 九三学社省委会原主委 任期：2011.11—2017.6)

田玉科（1953.7—），湖北五峰人，土家族。1989年加入九三学社。第十、十一、十二届九三学社中央委员，第十二、十三届九三学社中央常委。九三学社湖北省第二届委员会常委，九三学社湖北省第三、四、五届委员会副主委，九三学社湖北省第五、六届委员会主委。第九、

十、十一届全国人大常委会委员、全国人大民族委员会委员，第十二届全国政协常委、第十一届湖北省政协副主席，第八、九、十届湖北省妇联执委，第十、第十一届湖北省妇联副主席。曾任华中科技大学同济医学院院长、武汉欧美同学会副会长、武汉经济技术开发区管理委员会副主任、湖北省科学技术协会副主席，现为湖北省老科技工作者协会副理事长。

1974年毕业于武汉医学院。1974年至今，历任武汉医学院／同济医科大学附属同济医院麻醉科住院医师、总住院医师、主治医师、ICU副主任、副教授、麻醉学教研室副主任、教授、主任医师、华中科技大学同济医学院附属同济医院麻醉学教研室主任、博士生导师，华中科技大学同济医学院麻醉学研究所所长。获湖北省科技进步奖二等奖、三等奖各1项，湖北省卫生厅科技进步奖二等奖1项，武汉市科技进步奖三等奖2项，国家发明专利1项。2009年入选德国麻醉与危重医学协会会士。

● **周井炎**（九三学社华中理工大学支社第四任主委 任期：1997.9—2001.1）

周井炎（1939.8—），江苏常熟人。1990年加入九三学社。1961年华东师范大学化学系毕业后来华中工学院任教，主要从事无机化学、生物无机化学的教学和科研工作，曾任华中理工大学药物研究所所长、生命化学研究室（无机化学教研室）主任。主编《生物无机化学实验》（华中理工大学出版社，1993年）、《无机化学习题精解》（科学出版社，1999年）、《基础化学实验》（华中科技大学出版社，2004年）、《烟

· 295 ·

草质检手册》（科学出版社，1997年），参编《无机化学》《纳米医药》《化学生物学与生物技术》《硒的化学、生物化学及其在生命科学中的应用》等著作。

获得河南省科技进步奖一等奖1项，湖北省科技进步奖三等奖1项，1998年、2001年两次获华为奖，1999年获华中理工大学教职工敬业奖，1999年获东方通信奖，2000年被评为湖北省师德先进个人，2010年被评为九三学社中央"优秀社员"。

● **易继林（九三学社同济医科大学委员会主委，九三学社华中科技大学委员会第一、第二任主委 任期：1999.7—2013.9）**

易继林（1953.12—），湖北公安人，华中科技大学同济医学院附属同济医院普通外科教授、主任医师，博士生导师。1990年加入九三学社。九三学社湖北省第三、四届委员会常委，第九、十届湖北省政协委员，湖北省政府参事。

1975年毕业于武汉医学院医学系，1987年赴德国海德堡大学学习并获医学博士学位，1992年作为高级访问学者在德国艾尔兰根大学外科医院进修。历任同济医科大学附属同济医院外科常务副主任、普通外科主任、甲乳外科主任。获国家科技进步奖二等奖、中华医学科技奖一等奖各1项、湖北省科技进步奖二等奖1项、湖北省政府科技成果三等奖1项、湖北省重大科学技术成果奖1项。2014年获湖北省人民政府参事室参政建议三等奖，2015年获湖北省人民政府参事室参政建议二等奖，2018年获湖北省人民政府发展研究奖三等奖，2019年获湖北省政府办公厅参政建议二等奖。中国外科医师协会常务委员，中华医学会外科分会感染学组委员，湖北省普通外科学会委员，武汉医学会普外学会常委；《临床外科杂志》《腹部外科》《肝胆胰外科杂志》等10种杂志编委。

- **毛靖（九三学社华中科技大学委员会第三、四、五任主委 任期：2013.9—）**

毛靖（1962.12—），湖北武汉人。2003年加入九三学社。九三学社湖北省第七届委员会常委，政协武汉市第十一、十二、十四届委员、十三届常委。全国三八红旗手、湖北省劳动模范，武汉市三八红旗手、武汉市劳动模范。2014-2015年度九三学社中央参政议政工作先进个人、全国优秀社员，政协武汉市第十二届优秀委员，武汉市第十二届妇女大会"美丽女人科教之花人物"。现任华中科技大学同济医学院护理学院院长、口腔医学院副院长，附属同济医院口腔医学中心副主任、正畸科主任，博士、二级教授、主任医师、博士生导师。

1983年毕业于湖北医学院（2000年并入武汉大学）口腔系，曾留学德国3年。获湖北省科技进步奖一等奖、二等奖、三等奖、武汉市科技进步奖三等奖各1项，湖北省教学成果一等奖1项。主持"863"项目、国家自然科学基金项目、教育部科学技术研究重大项目等课题31项，作为主编、副主编完成十三五、十四五国家级规划教材的编写，其他著作18部，获国家专利2项。国际牙医师学院院士、教育部高等学校口腔医学专业及护理学专业教学指导委员会委员、中华口腔医学会口腔正畸委员会常务理事、湖北省口腔医学会副会长、湖北省口腔正畸专委会主任委员、武汉市口腔正畸专委会副主任委员、武汉市健康与护理学会理事长。

第四节　人物风采

● 管汉屏（全国人大原代表，同济医科大学附属协和医院心外科创始人之一）

管汉屏（1914.4—2009.4），湖北蕲春人。1956年加入九三学社。第六届全国人大代表，第二、三届湖北省政协委员，第四届湖北省政协常委、第六届湖北省政协委员。1939年毕业于北京协和医学院，获医学博士学位。1947年赴美国深造，专攻胸外科。1950年回国，历任武汉大学医学院外科主任、教授、武汉医学院心血管疾病研究所所长、同济医科大学附属协和医院外科主任、博士生导师。享受国务院政府特殊津贴。1990年获"早年回国定居专家"称号。

在20世纪50年代实施中南地区和全国范围的全肺切除术、心脏动脉导管结扎术等"五个第一"。1961年至1966年，主持和参与180余次体外循环心内直视手术的动物实验，实验动物成活50%以上。在体外循环的实验研究、心脏手术的基础研究方面先后发表20多万字有价值的论文。其中《弥漫性血管内凝血》《微循环》等4篇论文被节录2万多字，载入《医学百科全书》。几十年来，为心外科的发展倾注了全部心血，使同济医科大学／华中科技大学同济医学院心血管疾病的研究始终处于湖北省领先地位，培养了大批医学专门人才。

● 鲁友明（全国政协原委员）

鲁友明（1962.12—），湖北麻城人。2017年加入九三学社。第十三届全国政协委员，武汉市政府参事。

曾任路易斯安那州立大学新奥尔良医学中心Bollinger冠名终身正

教授。2010年放弃加拿大国籍，恢复中国国籍，国家级人才计划入选者、湖北省特聘专家、武汉市优秀科技工作者，获教育部首届黄大年式教学团队称号，享受国务院政府特殊津贴。华中科技大学基础医学院原院长。现任华中科技大学同济医学院副院长、教育部脑医学基础研究创新中心主任。长期致力于研究"神经突触可塑性与学习记忆的分子机理"。先后主持国家自然科学基金委员会创新研究群体项目、重大研究计划项目、重点国际合作项目、重点项目（5项）和重大仪器专项等数项国家科研项目，获国家发明专利2项。以第一作者和通信作者发表SCI论文100多篇，其中在Cell、Science、Nature Neuroscience、Neuron等世界知名期刊发表论文19篇，引用16,200次，入选2014—2023年爱思维尔中国论文高被引神经科学家。

● **陈蓉（九三学社湖北省委会副主委）**

陈蓉(1978.8—)，湖北武汉人。2021年加入九三学社。第十一、十二届湖北省政协委员。九三学社湖北省第八届委员会副主委。中国科协第十届全国委员会委员，欧美同学会第八届理事会理事、武汉市欧美同学会副秘书长、华中科技大学欧美同学会秘书长，湖北省妇女人才促进会副会长。现任华中科技大学机械科学与工程学院副院长，二级教授、博士生导师。

2001年毕业于中国科学技术大学，2006年获美国斯坦福大学博士学位。毕业后分别在美国应用材料公司和英特尔研究院担任高级技术职务。2011年回国，从事微纳制造的前沿交叉领域，开展原子层沉积方法、工艺与装备的研究。国家级人才计划入选者。发表SCI论文170余篇，主编中英文出版物5部，获授权专利100余项、含10余项国际专利。先后获 IEEE SMC 杰出学术贡献奖、日内瓦发明展特别金奖、金奖，湖北省技术发明奖一等奖、湖北省专利奖、全国颠覆性技术创新大赛优胜奖等。2020年入选"科创中国"先导技术榜单、2021年荣获腾讯"科学探索奖"、2022年荣获中国青年科技奖、2023年荣获中国科协求是杰出青年成果转化奖、获评"湖北省三八红旗手"、荣获"武汉楷模"称号等。

第五节　大事记

1956年3月22日，九三学社武汉医学院小组成立。

1958年，周裕德、涂登榜当选九三学社武汉分社委员。涂登榜当选九三学社武汉分社副主委及组织部部长，周裕德兼九三学社武汉分社宣传学习委员会副主委。

1959年3月，九三学社武汉医学院支社成立。

1979年4月29日，重新组建九三学社武汉医学院小组。

1983年，九三学社武汉医学院小组改选。

1984年11月，九三学社华中工学院小组成立。

1986年，九三学社同济医科大学支社成立。

1987年9月4日，九三学社华中工学院支社成立。

1988年3月5日，九三学社武汉城建学院小组成立。

1991年3月，张良皋、赵成学任九三学社湖北省委会科技委员会委员，郑楚光任九三学社湖北省委会文教医卫委员会委员。

1997年1月，郑楚光当选湖北省政协副主席、九三学社湖北省委会主委（至2011年）。1998年，郑楚光当选九三学社中央常委（至2012年）。

1996年6月，九三学社武汉城建学院支社成立。7月，九三学社同济医科大学第二届支社成立、九三学社华中理工大学第三届支社成立。

1997年5月，郑楚光荣获"湖北省劳动模范"称号。

1999年7月，九三学社同济医科大学委员会成立。

2001年1月12日，九三学社华中理工大学支社、同济医科大学委员会、武汉城建学院支社合并组建为九三学社华中科技大学委员会。

2003年4月，九三学社湖北省委会成立《九三湖北社讯》编辑委员会，田玉科任编委会主任。

2005年，张良皋获"中国人民抗日战争胜利60周年纪念章"。

2007年5月9日，九三学社华中科技大学第二届委员会成立。

2009年，毛靖获评武汉市三八红旗手、武汉市劳动模范荣誉称号。

2011年，田玉科当选湖北省政协副主席、九三学社湖北省委会主委（至2017年）；2012年，当选九三学社中央常委（至2017年）。

2013年9月28日，九三学社华中科技大学第三届委员会成立。

2013年12月，张良皋获"中国民族建筑事业终身成就奖"。

2015年9月，张良皋获"中国人民抗日战争胜利70周年纪念章"。

2017年，郑楚光获日内瓦国际发明金奖。

2018年3月，鲁友明当选全国政协第十三届委员会委员。

2018年3月9日，九三学社华中科技大学第四届委员会成立。

2019年4月，董凌莉被湖北省总工会授予"湖北五一劳动奖章"。

2021年11月22日，九三学社华中科技大学第五届委员会成立。

2021年9月，陈蓉获腾讯基金会"科学探索奖"。

2021年，汤绍涛获中华医学科技奖二等奖。薛宇入选"湖北省创新群体"成员。

2021年4月，李中伟获日内瓦国际发明展览会金奖。

2022年4月，九三学社湖北省第八次代表大会选举产生九三学社湖北省第八届委员会。陈蓉当选九三学社湖北省委会副主委，宫念樵当选九三学社湖北省委会常委，董凌莉当选九三学社湖北省委会委员。

2022年5月11日，九三学社湖北省委会首个基层组织"社员之家"在校挂牌。

2022年，柯岚入选全国"高校网络教育名师培育支持计划"，获评"湖北好网民榜样"。姚永刚获达摩院青橙奖。董凌莉获"十大医学先锋专家"称号。陈蓉荣获中国青年科技奖。

2023年，陈蓉荣获中国科协求是杰出青年成果转化奖，获评"湖北省三八红旗手"，荣获"武汉楷模"称号。

（毛靖、宫念樵、臧春艳、吴云霞、陈蓉、李中伟）

第三篇

华中科技大学统战团体工作概述

第一章

华中科技大学归国华侨联合会

第一节 历史沿革

1957年9月，华中工学院成立学生归侨小组，蓝占刚任组长。蓝占刚毕业后，由蔡运伦任组长，总人数30人。同年，武汉医学院学生侨联小组成立，宋凯荣任组长。

1960年，华中工学院教工归侨小组成立，组长为黄碧罗。1982年5月，归侨人数增加到27人，为了便于开展工作，决定成立一个大组，两个小组。黄碧罗任大组组长，朱月珍任第一小组组长，李泮泓任第二小组组长。

1980年，武汉医学院侨联小组重新建立，张国高任组长，1985年更名为同济医科大学侨联小组。

1987年7月至1997年4月，同济医科大学归国华侨联合会共换届选举成立三届委员会，张国高、余火光先后担任侨联历届主席。

1988年4月18日，华中理工大学归国华侨联合会成立。在4月19日委员会第一次会议上，副校长钟伟芳当选为主席。

1989年10月21日，武汉城市建设学院成立第一届侨联小组，杨振玉任组长。

1991年11月27日，召开同济医科大学第二次归侨侨眷大会，余火光任侨联主席。

1993年12月16日，华中理工大学召开第二次归侨侨眷代表大会，钟伟芳担任主席，杨叔子为名誉主席。

1994年9月，武汉城市建设学院成立第二届侨联小组，杨振玉任组长。

1997年4月，召开同济医科大学第三次归侨侨眷代表大会，余火光任主席，张国高、李慰玑为名誉主席。

1998年12月1日，华中理工大学召开第三次归侨侨眷代表大会，钟伟芳担任主席。

2000年11月，华中科技大学归国华侨联合会成立，裘法祖、杨叔子任名誉主席，钟伟芳任主席，余火光、朱月珍任常务副主席。湖北省侨联主席赵春生到会祝贺并讲话，杨叔子院士、校党委副书记冯向东、统战部部长邓华和参加。

2005年6月，学校第二次归侨侨眷代表大会举行，选举产生了华中科技大学第二届侨联委员会，杨叔子任主席，朱月珍、连祥卿任常务副主席。湖北省侨联主席赵春生、校长助理杨思学、统战部部长邓华和以及160名代表参加了大会，武汉大学、武汉理工大学、华中师范大学等兄弟院校统战部门负责人参加了会议。

2006年9月，全国侨联在北京举行庆祝中国侨联成立50周年大会。黄碧罗、朱月珍、李泮泓、钟伟芳、王锋等5人获得"侨联工作年满20年以上"荣誉证书。

2007年6月，中国侨联工作会议在杭州召开，全国100多家高校、科研院所、大型企事业单位的侨联与会。校侨联副主席曹素华作了题为《围绕大局找亮点，发挥侨力天地宽——在活动中展现侨的魅力》的发言。

2009年5月，学校第三次归侨侨眷代表大会在八号楼报告厅举行，选举产生了校侨联第三届委员会，杨叔子院士任主席，何光源、朱月珍任常务副主席。

2013年5月，校侨联成功承办了湖北省第九次在汉高校、科研院所、大型企事业单位侨联联席会议，受到省侨联和兄弟单位的一致好评。

2014年9月，学校第四次归侨侨眷代表大会在八号楼报告厅举行，选举产生了校侨联第四届委员会，邵新宇任主席，卢群伟、杨汉南任常务副主席。

2018年4月，因工作需要，校侨联第四届委员会进行届中调整，邵新宇不再担任校侨联主席，谭必恩任主席。

2020年11月，学校第五次归侨侨眷代表大会举行，选举产生了第五届侨联委员会，谭必恩任主席，万谦、卢群伟、朱良如、朱明强、余虓任副主席，顾馨江任秘书长。

2020年11月18日华中科技大学第五次归侨侨眷代表大会召开

第二节 主要工作及成绩

华中科技大学侨联以党的历届会议精神为指导，在湖北省侨联的指导和学校党委的领导下，在侨联全体委员及广大归侨侨眷的共同努力与支持下，围绕学校的中心工作，以凝聚侨心、汇集侨智、发挥侨力、维护侨益为主线,积极开展形式多样、富有特色的活动,取得了令人瞩目的成绩。

一、加强自身建设

校侨联坚持以邓小平理论、"三个代表"重要思想、科学发展观、习近平新时代中国特色社会主义思想为指导,注重理论学习和宣传、交流,积极建设学习型侨联组织,不断提高委员们的学习能力、服务能力和工作能力。

2017年以来,校侨联专门组织研讨班,向全校侨联干部认真传达和学习党的十九大、二十大精神,把广大归侨侨眷和侨联干部的思想和行动统一到落实党的群众路线教育实践活动上来,把广大归侨侨眷、海外侨胞的智慧和力量凝聚到推进全面建设社会主义现代化国家的实践中来。

定期召开全委会或全委扩大会议,传达、学习上级侨联的会议精神,把握重点、拓展思路,有针对性地进行工作部署。定期研究工作计划、制定工作方案、通报工作进展,保证每项工作任务能顺利开展和完成。组织侨联委员、侨联小组组长、归侨侨眷代表到武汉市民之家、中山舰博物馆等爱国主义教育基地参观学习,了解国情,增强了相互间的交流和友谊。

二、推进社区侨务工作

(1)建成"侨之家"。2012年,在学校的关心和支持下,校侨联建成首家湖北高校"侨之家",同时配备了专门的工作人员,热心为华侨华人、归侨侨眷提供必要的服务和帮助。

(2)完善工作网络。为确保工作的正常开展,校侨联与统战部和社区建立了联席会议制度,共同探讨侨务工作中遇到的问题。校侨联还建立、健全了15个社区侨联小组，协助配合社区开展与侨相关的工作。

（3）开展侨情调查。校侨联在全校范围开展了侨情普查。侨情调查分两个层面进行，一是学校层面上的侨情普查，从学校人事处信息查询归侨侨眷情况，进行核实；二是进社区侨情详查，由社区居委会负责，挨家挨户上门核实。根据核实后的情况，建立了相应的工作档案。通过调查，基本摸清了侨联工作对象的底数，为进一步做好侨务工作打下了坚实的基础。

（4）普及侨法进社区。校侨联采用"侨法宣传角"、社区的宣传橱窗、组建侨法宣传员队伍等方式宣传《中华人民共和国归侨侨眷权益保护法》《湖北省实施 ＜中华人民共和国归侨侨眷权益保护法＞办法》等涉侨政策和法规。

三、心中有侨，为侨服务

心中时刻有侨，在困难中体现侨的温暖，在服务中表现侨的魅力，这是学校在为侨服务、维护侨益中的一大特色。工作中主要做到以下几点：

（1）走访慰问归侨侨眷。校侨联委员、组长常到归侨侨眷家里走访，了解他们的实际困难和需求，积极向学校有关部门反映，尽量帮助解决问题。

（2）关爱归侨侨眷空巢老人。不少归侨侨眷老人的子女远在海外，校侨联与社区共同建立了归侨侨眷空巢老人档案，通过多种方式关心他们的生活。定期上门慰问或联系青年志愿者为他们提供及时的、个性化服务。

（3）为归侨侨眷祝寿。关心归侨侨眷的精神需要和心理需求。从1992年起，校党委统战部、校侨联每年给年满70周岁、80周岁、90周岁、100周岁的归侨侨眷送去党和学校的关怀和温暖，并举办集体生日会。

四、汇聚侨智，发挥侨力

目前学校侨情的一个显著特点是高层次留学人才为主的新归侨迅速增加，因而校侨联的工作不但要落实党的侨务政策，而且还要发挥侨务资源优势，服务国内经济社会发展，服务科教兴国。

（1）坚持在工作中实施凝聚人心工程。把党的侨务政策和校党委的关心，通过校侨联传递到千家万户，传递到归侨侨眷的心中，努力形成万众一心谋发展的良好氛围。

（2）多渠道、多角度宣传归侨侨眷报效祖国的事迹。完成了入编中国侨联大型系列丛书《侨星谱》的9位侨联会员材料的收集及编写工作。完成了湖北省侨界百人数据库相关资料的收集、整理、报送。

（3）加强侨务引智引资工作。学校新引进的高层次人才基本上是海外华人、华侨和归侨，他们在学校的发展与建设中发挥了重要作用。

（4）校侨联积极加强参政议政工作，反映社情民意。2010年11月向中国侨联报送"两会"侨界人大代表、政协委员有关涉侨议案素材2件。2012年2月，国务院侨办国内司王萍副司长调研考察校侨联工作。2014年3月，武汉市外侨办来校开展归侨创新创业调研。2014年4月，湖北省侨办领导来校调研。校归侨侨眷代表在这些调研中积极建言，为相关部门的决策提供依据。

（5）多年来，校侨联还积极向各级侨联组织推荐优秀人才。2010年校侨联10名代表参加湖北省侨联第九次归侨侨眷代表大会，何光源当选为湖北省侨联副主席，谭必恩当选为侨联常委，杨叔子、金海被聘为委员会顾问。2013年4名归侨侨眷成为湖北省侨联青年委员会委员，叶升平当选为"湖北省侨界对外交流理事会理事"，王秀萍当选为"湖北省侨界理事会理事"。2010年，校侨联3名代表参加洪山区第三次归侨侨眷代表大会，谭必恩当选为区侨联副主席。

五、奖励和荣誉

1982年，王美婵被评为湖北省归侨先进工作者。

1982年5月，吴驯叔被评为省归侨先进工作者。

1982年5月、1986年10月、1988年10月、1997年6月、1999年5月、2004年6月，黄碧罗在湖北省侨务系统召开的归侨侨眷代表大会、表彰大会上分别荣获"归侨侨眷先进个人""侨务系统先进工作者""侨务工作先进个人""侨务系统双文明先进工作者""省侨联工作积极分子"等称号。

1983年1月，华中工学院被国务院侨办和中国侨联评为"全国侨务工作先进集体"。

1986年10月，吴驯叔在省侨联纪念中国侨联成立30周年大会上被评为"归侨侨眷先进个人"。

1988年10月，邓仲通在省侨务系统"双文明"表彰大会上被评为"侨务系统双文明先进工作者"。

1989年12月18日，在第四次全国归侨代表大会上，张培刚、林少宫被评为全国优秀归侨侨眷知识分子。

1992年，刘爱珍获评湖北省侨务工作先进个人。

1992年4月，王锋在省侨务工作表彰大会、省侨界先进个人先进集体表彰大会上均荣获"侨务工作先进个人"。

1992年，谢渝珠被评为湖北省侨务工作先进个人。

1993年，杨凤仙被评为湖北省侨务工作先进个人。

1994年4月25至28日，在湖北省第六次归侨侨眷代表大会上，校侨联荣获湖北省"为八五计划和十年规划作贡献活动"先进集体称号，林少宫教授被评为"归侨侨眷先进个人"。刘爱珍、郭英杰被评为湖北省侨务工作先进个人。

1994年4月，14位归侨侨眷喜获第一届"梁亮胜侨界科技奖励基金"。

1995年，刘爱珍获评湖北省侨务工作先进个人。

1995年，杨凤仙被评为湖北省侨务工作先进个人。

1995年，郭英杰获评湖北省侨务工作先进个人。

1995年12月，14位归侨侨眷喜获第二届"梁亮胜侨界科技奖励基金"。

1996年，黄明芳获评湖北省侨务工作先进个人。

1997年6月，杨叔子在省外事侨务主任会议暨归侨侨眷先进个人、外事侨务系统先进工作者表彰大会上被评为"归侨侨眷先进个人"。

1997年10月，20位归侨侨眷喜获第三届"梁亮胜侨界科技奖励基金"。

1997年12月29日，周济教授、张勇传院士等12位同志获"梁亮胜侨界科技奖励基金"。

1997年，黄明芳获评湖北省侨务工作先进个人。

1997年，薛德麟被评为湖北省侨界模范奖。

1997年，李蔚玑被评为湖北省侨界模范奖。

1997年6月，李嗣晃被评为省归侨侨眷先进个人。

1997年，朱景申被评为湖北省侨界模范奖。

1998年，裘法祖被评为湖北省侨界双文明建设先进个人。

1998年，蓝鸿钧被评为湖北省侨界双文明建设先进个人。

1998年，朱长庚被评为湖北省侨界双文明建设先进个人。

1998年，郭英杰获评湖北省侨务工作先进个人。

1999年5月，叶妙元、李适民、杨振玉在省侨界先进个人先进集体表彰大会上被评为"归侨侨眷先进个人"，肖行定被评为"先进侨务工作者"。

1999年5月，王锋在省侨务工作表彰大会、省侨界先进个人先进集体表彰大会上均荣获"侨务工作先进个人"。

1999年，王美婵省侨联先进个人。

1999年，杨凤仙被评为湖北省侨务工作先进个人。

1999年，李蔚玑被评为省侨联先进个人。

1999年，朱景申被评为省侨联先进个人。

1999年10月，黄碧罗被授予"全国归侨侨眷先进个人"称号。

2000年2月，32位归侨侨眷喜获第四届"梁亮胜侨界科技奖励基金"。

2001年12月，14位归侨侨眷喜获第五届"梁亮胜侨界科技奖励基金"。

2004年3月，学校共有22归侨侨眷，21个项目获湖北省侨联第六届"梁亮胜侨界科技奖励基金"奖。

2004年5月，第八次湖北省归侨侨眷代表大会上，校侨联被评为全国先进单位（全省共评3个），校侨联副主席黄碧罗被评为全国归侨先进个人，校侨联常务副主席朱月珍教授被推荐为全国侨代会代表。

2004年7月20日，第七次全国归侨侨眷代表大会在京召开，校侨联获"中国侨联先进集体"。黄碧罗荣获"全国归侨侨眷先进个人"称号。

2004年，余火光被评为湖北省侨联先进个人。

2005年12月，18位归侨侨眷喜获第七届"梁亮胜侨界科技奖励基金"。

2006年11月，汪海建被评为省侨联信访先进工作者。

2007年，10位归侨侨眷荣获第二届"中国侨界贡献奖"。

2008年1月，13位归侨侨眷喜获第八届"梁亮胜侨界科技奖励基金"。

2009年7月6日，校侨联被中国侨联评为"全国侨联系统先进基层组织"。

2009年朱月珍被评为"全国归侨侨眷先进个人"。

2010年8月24日，中国侨联在京举办"第十届海外高新技术人才为国服务暨第三届新侨创新成果交流会"。会上，学校有6位教授受到表彰。

2010年，校党委统战部副部长邓建平被评为"湖北省侨联工作先进工作者"，何光源、曹素华、邓光彦被评为"湖北省归侨侨眷先进个人"。

2011年3月，18位归侨侨眷喜获第九届"梁亮胜侨界科技奖励基金"。

2012年3月14日，学校社区被国务院侨办授予"全国社区侨务工作示范单位"，5月26日建立基地并挂牌。此次全国共有80家单位入选国务院侨办挂牌联系的全国社区侨务工作示范点，华中科技大学是全国唯一入选的高校。

2011年5月，6位归侨侨眷荣获第三届"中国侨界贡献奖"。

2012年，李亮获评"全国归侨侨眷先进个人"，邓建平获评"全国侨联系统先进工作者"。

2011、2012、2013年度校侨联分别荣获武汉市文明社区和市老龄工作模范社区；2012年分别荣获武汉市和谐社区和"两型社区"创建先进社区；2012、2013分别荣获关山街关爱服务创新工作二等奖。

2012年5月26日，"全国社区侨务工作示范单位"揭牌仪式在校举行

2012年2月，20位归侨侨眷喜获第十届"梁亮胜侨界科技奖励基金"。

2012年8月10日，由中国侨联主办，中国科学院、中国科协和国家知识产权局协办的第四届新侨创新成果交流会在北京人民大会堂举行，华中科技大学4人荣获"第四届中国侨界贡献奖"。

2014年2月26日，湖北省侨联召开第九届五次全委会，会上颁发了第11次"梁亮胜侨界科技奖励基金"，13名侨界专家学者获奖，其中，7人荣获二等奖，6人荣获三等奖。

2014年9月12日，在中国侨联"第五届新侨创新成果交流表彰活动"上，团队和8位个人获2014年中国侨联"中国侨界贡献奖"。

2015年5月27日至28日，湖北省第十次归侨侨眷代表大会在武汉召开，校侨联喜获"全省侨联系统先进集体"称号，电气学院卢新培被评为"全省归侨侨眷先进个人"，校党委统战部许昌敏被评为"全省侨联系统先进工作者"。

2014年，华中科技大学"侨之家"获评"全国社区侨务工作明星社区"。

2016年3月30日，湖北省侨联召开第十届二次全委会，会上颁发了第十二次"梁亮胜侨界科技奖励基金"，全省共有21名侨界专家学者获此奖励（一等奖空缺）。华中科技大学共有11名侨界专家学者获奖，获奖人数居全省之首，其中，8人荣获二等奖，3人荣获三等奖。

2016年9月，中国侨联第六届新侨创新创业成果交流暨中国侨联新侨创新创业联盟成立大会在京举行。华中科技大学6位教授及团队获得表彰。

2017年6月，湖北省委统战部召开湖北省"同心·院士专家服务团"工作会。总结表彰第一届"同心·院士专家服务团"先进单位和先进个人，成立第二届"同心·院士专家服务团"。校党委统战部被评为支持湖北省"同心·院士专家服务团"工作先进单位，谭必恩被评为湖北省"同心·院士专家服务团"先进个人。学校共有12名教授入选湖北省第二批"同心·院士专家服务团",谭必恩被聘请为湖北省第二批"同心·院士专家服务团"副团长。

2018年4月,湖北省侨联"梁亮胜侨界科技奖励基金"第13次奖励公布,全省共有32名侨界专家学者获此奖励。华中科技大学两名教授囊括全部一等奖,7名教授获二等奖。

2018年8月29日,第十次全国归侨侨眷代表大会召开。李德群院士获评"全国归侨侨眷先进个人",谭必恩教授获评"全国侨联系统先进个人"。

2018年5月,邵新宇荣获第七届"中国侨界贡献奖"一等奖。

2020年12月1日,中国侨联第八届新侨创新创业成果交流活动在京举行。同济医学院附属协和医院主任医师、美国归侨郑昕教授荣获"中国侨界贡献奖"一等奖。全国人大常委会副委员长白玛赤林,全国政协副主席万钢等参加活动并为获奖者代表颁奖。

2021年1月8日,中国侨联"关于通报全国侨联系统抗击新冠肺炎疫情先进集体和先进个人名单的公示公告":华中科技大学侨联获先进集体,王红(同济医院侨联小组组长)、张勇(协和医院侨联小组组长)、王秀萍(梨园医院侨联小组组长)获先进个人。

2021年7月23日至24日,湖北省第十一次归侨侨眷代表大会在汉召开。会议表彰了全省侨联系统先进集体、先进个人表彰决定和第十四届"湖北省侨联梁亮胜侨界科技奖励基金"。校侨联获"全省侨联系统先进集体",校党委统战部张波获评"全省侨联系统先进个人",10位侨界专家学者分获"湖北省侨联梁亮胜侨界科技奖励基金"二、三等奖(一等奖空缺)。

2022年5月20日,11位归侨侨眷喜获第十五届"湖北省侨联梁亮胜侨界科技奖励基金"二、三等奖(一等奖空缺)。

2022年6月6日,获评湖北省侨联"四星级示范侨之家"称号。

2022年9月21日,基础医学院教授,美国侨眷李和荣获中国侨联第九届"侨界贡献奖"。

2023年1月20日,华中科技大学"侨之家"获评中国侨联2021—2022年度全国侨联系统"侨胞之家"典型选树单位,是湖北省唯一入选高校。

华中科技大学历届"中国侨界贡献奖"获奖情况如表2所示;历届"梁亮胜侨界科技奖励基金"获奖情况如表3所示。

表2 历届"中国侨界贡献奖"获奖人员名单

项目	创新人才奖	创新成果奖	创新团队奖
第二届 (2007年)	骆清铭、朱宏平、解孝林、王国斌、肖传国、廖玉华、邹萍、陈孝平、马丁、龚建平		
第三届 (2011年)	王擎、李亮、陆培祥、陈建国、谭必恩	金海	
第四届 (2012年)	黄云辉	刘胜	宁琴团队、王建枝团队
第五届 (2014年)	丁汉、卢新培、曾志刚	马丁、邬堂春、陈汉平、邵增务	金海团队
第六届 (2016年)	马丁、刘剑峰、廖玉华、陈蓉	韩宏伟	邵新宇团队
第七届 (2018年)	邵新宇		
第八届 (2020年)	郑昕		
第九届 (2022年)	李和		

备注:2018年前,中国侨界贡献奖分为创新人才奖、创新成果奖、创新团队奖

表3 历届"梁亮胜侨界科技奖励基金"获奖人员名单

届数	一等奖及以上	二等奖	三等奖
第一届（1994年4月）	裘法祖（特等奖）、黎克英、张诚生	李适民	张建军、丘军林、熊国庆、叶妙元、梁汉、韩家俊、朱炎昌、李慰玑、张国高、薛德麟
第二届（1995年12月）	杨叔子、许实章	周济	朱培蒂、李柱、蒋克生、叶能安、阮玉、施占华、郑丽援、林金铭、戴同、陈世蓉、薛德麟
第三届（1997年10月）	周济、郝连杰	王志光、黄树槐、杨学军、程祖海、张国高、蓝鸿钧	郑莉援、张培刚、叶妙元、贝恩海、向忠祥、张勇传、戴同、戴植本、李慰玑、罗端德、裘法祖、朱长庚
第四届（2000年2月）	段正澄、邓聚龙、周济	赵学田、肖祥芷、刘沛、叶升平、黄树槐、李佐宜、杨叔子、蓝鸿钧、朱长庚、车东媛、郝连杰、罗丽兰、董永绥	曾汉才、左武忻、黄乃瑜、余俊、张勇传、林汉同、徐辉碧、林更琪、朱培蒂、姚斌、杨克冲、叶鲁卿、李晓平、刘树茂、刘毓谷、章咏裳
第五届（2001年12月）	周济	黄树槐、郑楚光、李适民、叶鲁卿、李佐宜、林更琪、程愿应、李志远	费奇、黄文奇、陈德树、梁年生、裴先登

续表

届数	一等奖及以上	二等奖	三等奖
第六届 (2004年3月)		黄树槐、郑楚光、程时杰、段正澄、廖晓昕、王乘、陈卓宁、金海	李德群、易新建、陈传波、陈立亮、谢洪泉、詹琼华、丘纪华
第七届 (2005年12月)		段正澄、郑楚光、樊明武、余调琴、金海、龚树平、程时杰、王乘、龚建平、裘法祖	刘云生、李适民、冯玉才、熊有伦、王新房、杨为民、刘继红（女）、李超英
第八届 (2008年1月)		段正澄、易新建、金海、王乘、廖玉华、王春友、王国斌、李德群、陈立亮	陈建国、黄树槐、徐辉碧、刘沛
第九届 (2011年3月)	程时杰	王新房、陈卫红、马丁、段正澄、邵新宇、金海、王乘、李德群、郑楚光、曾绍群、陈吉红、陈学东	易新建、唐跃进、张端明、郭兴蓬、袁松柳
第十届 (2012年2月)	段正澄	王建枝、姚凯伦、汪道文、邬堂春、袁晶、金海、马丁、伍欣星、李德群、罗小平、陈吉红	潘恒、叶升平、张勇传、陈孝平、宁琴、崔崑、黄德修、杨述华
第十一届 (2014年2月)		马丁、王春友、宁琴、陈建国、陈学东、邵新宇、胡豫	王芳、杨叔子、郁伯铭、罗小平、郭莲军、熊有伦

续表

届数	一等奖及以上	二等奖	三等奖
第十二届（2016年3月）		马丁、刘德昌、陈卫红、陈学东、邵新宇、郑楚光、徐竞、廖玉华	陈吉红、袁晶、曾绍群
第十三届（2018年4月）	邵新宇、李德群	谭必恩、金海、魏守平、陆培祥、陈吉红、常立文、陈学东	
第十四届（2021年7月）		王春友、陈吉红、陈蓉、罗小平、罗欣、单斌、胡德胜	王鸡魁、郭涛、樊明武
第十五届（2022年5月）		刘剑峰、陈学东、金海、唐明、缪向水	申燕、刘东、李德群、余虓、唐江、屠国力

第三节　历任主要负责人介绍

● **张国高（同济医科大学侨联第一届主席　任职时间：1987.7—1991.11）**

张国高（1923.12—2003.8），广东梅州人，中共党员。1947年毕业于同济大学医学院，教授，博士导师，享受国务院政府特殊津贴。原同济医科大学职业医学研究所所长，曾任中华预防医学会物理因素致职业病诊断鉴定委员会委员，中华预防医学会湖北分会副会长，武汉分会劳卫职业病学会主委,《同济医科大学学报》编委。主编《高温生理与卫生》(获卫生部1996年优秀著作三等奖),副主编《现代劳动卫生学》,主审《物理因素职业卫生》,参编《百科全书(生物学)》等,《劳动卫生学》全国教材编委,发表论文百余篇。我校高温科研组创建人,领导承担国家及部省级课题15项,如"热应激蛋白及其在职业卫生中应用的研究"等,已通过省部级鉴定的9项课题居全国领先,达国际先进水平,其中6项分获部省级科研成果二等奖,使华中科技大学同济医学院高温研究成为全国中心。创建厂校合办的职业医学研究所,巩固了教学、科研基地。

- **余火光(同济医科大学侨联第二、三届主席 任职时间:1991.11—1997.4)**

余火光(1934.9—2021.12),广东大埔人,中共党员,原同济医科大学社会科学部哲学教授。

1953年3月从印尼回国后考入武汉市四中,1956年考入中南政法学院(一度改名为湖北大学,现为中南财经政法大学),1960年毕业于原湖北大学政治系,同年分配到武汉医学院从事哲学教学工作,曾开设马克思主义哲学和逻辑学,并担任教研组长和哲学教研室主任及湖北省哲学学会理事。先后参加过《法制教育教程》等教材的编写工作,并担任过《法学概论与卫生法》的编委、《马克思主义哲学》的主编。1986年被评为哲学副教授,1992年9月被评为哲学教授。兼任湖北省五届、六届、七届侨联委员、常委,同济医科大学侨联第一届副主席,第二、三届主席,华中科技大学首届侨联常务副主席,华中科技大学老教授协会理事。

- **钟伟芳（华中理工大学侨联第一、二届主席，华中科技大学侨联第一届主席，任职时间：1988.4—2005.6）**

钟伟芳（1935.10—），广东省梅州人，中共党员、教授、博士生导师，享受国务院政府特殊津贴。

1958年毕业于华中工学院机械工程系后留校任教，2006年退休。1964—1965年大连理工大学力学系进修，1982年1月至1983年9月美国俄亥俄州立大学工程力学系访问学者，1984—1992年任华中工学院/华中理工大学副校长，1993—1996年任华中理工大学常务副校长，任职期间，还兼任两届华中理工大学科技协会主席、两届华中理工大学侨联主席。曾任中国力学会理事、湖北省力学会理事长。2006年获归侨侨眷先进个人奖。代表学校参加四次中美大学校长会议。2000年获校"伯乐"奖。著有《高等弹性力学》《弹性波的散射理论》两部专著。

任教以来，为本科生、硕士生、博士生讲授过"材料力学""弹性力学""高等弹性力学"等课程，两次获校优秀教学质量一等奖，指导培养了硕士、博士研究生三十多人。主持承担国家自然科学基金重点科研课题，国防科工委、航天部课题，国家教委博士点基金课题、船舶工业总公司课题，以及与香港城市大学的合作项目等十多个课题研究。在《力学学报》《固体力学报》《华中科技大学学报（自然科学版）》等刊物发表论文50余篇。

- **杨叔子（华中科技大学侨联第二、三届主席　任职时间：2005.6—2014.9）**

杨叔子（1933.9—2022.11），江西湖口人，中共党员，中国科学院院士，曾任华中理工大学校长、华中科技大学学术委员会主任，著名

第三篇 华中科技大学统战团体工作概述

机械工程专家、教育家。

党的十五大、十六大代表,中国科学院技术科学部副主任,国务院学位委员会学科评议组成员,全国博士后科研流动站评审会专家组成员,国家科技奖励评议组成员,教育部高等学校文化素质教育指导委员会主任,中国高等教育学会副会长,中国机械工业教育协会副会长,教育部高等学校机械学科教学指导委员会主任,中华诗词学会名誉会长,中国机械工程学会特邀理事,湖北省人民政府咨询委员会主任委员,湖北省科协副主席,湖北省高级专家协会会长。

荣获国家级有突出贡献专家、全国教育系统劳动模范、全国高校先进科技工作者、全国优秀教师等称号,全国五一劳动奖章获得者。荣获国家自然科学奖、国家发明奖、省部级科技奖20项,专利5项。在国内外发表学术论文800余篇,出版专著教材14部,获国家级、省部级教学、图书重要奖励13项。指导的研究生中,已有百余人获博士学位,博士后已有10余人出站。由他任编委会主任、汇集国内高校人文讲座精品的《中国大学人文启思录》一书,已发行数十万册。发表有关教育方面的论文300余篇。

● 邵新宇(华中科技大学侨联第四届主席 任职时间:2014.9—2018.4)

邵新宇(1968.11—),江苏靖江人,中共党员,机械制造自动化专家,长江学者特聘教授,国家杰出青年科学基金获得者,中国工程院院士。

2008年7月起历任华中科技大学副校长、常务副校长。2017年12月任华中科技大学党委书记。2021年9月任科技部党组成员、副部长。2022年9

月任湖北省政府党组成员、副省长。

长期从事机械、激光加工工艺与装备，以及制造系统优化的研究和开发。发明复杂薄壁件大功率激光加工新工艺，主持研制成功我国首条轿车和商务车车身顶盖－侧围激光焊接生产线、国际首台车身不等厚板激光曲线切焊一体化装备；攻克发动机曲轴精磨、缸体精镗关键技术难题并研制成功成套装备，主持研发成功整车与发动机制造执行优化系统；成果在一汽、东风、上汽、广汽等生产一线应用；面向航空航天、海工船舶等关键零部件高质高效制造需求，主持研发了多能场复合加工工艺与装备，应用于国家型号产品和重点项目。作为第一完成人获国家科技进步一等奖1项、二等奖1项、湖北省技术发明奖与科技进步奖一等奖各1项，获何梁何利基金科技进步奖、光华工程科技奖等。出版专著3部，获授权发明专利60余项，发表论文300余篇。

曾担任国家自然科学基金委员会"高性能制造装备的基础研究"创新群体牵头人、科技部先进制造领域"重大装备与工艺技术"主题专家组组长、"数控一代机械产品创新应用示范工程"专家组组长、发改委制造装备数字化国家工程研究中心主任、广东华中科技大学工业技术研究院院长、国务院学科评议组成员，以及教育部高等学校文化素质教指委主任委员等。

● **谭必恩（华中科技大学侨联第五届主席　任职时间：2018.4—）**

谭必恩（1971.7—），湖北恩施人。全国侨联委员、湖北省侨联副主席、洪山区侨联主席、华中科技大学侨联主席，民革湖北省第十三届委员会副主委，第十、十一、十二届湖北省政协委员，第十四届湖北省人大常委会委员，华中科技大学化学与化工学院院长。（详见第154页）

第四节 人物风采

● **裘法祖（中国科学院院士，著名外科学家）**

裘法祖（1914.12—2008.6），浙江杭州人。著名外科学家，华中科技大学同济医学院教授、博士生导师，中国科学院院士。第四、五、六、七届全国人大代表，第四届全国政协委员，第五届湖北省人大常委会委员、第三、四、六届武汉市人大代表。1936年在上海同济大学医学院前期结业后赴德国慕尼黑大学医学院留学，1939年获博士学位，在附属医院任职至副主任医师，获德国外科专科医师证书。1945年受聘为都尔士市立医院外科主任。1946年11月回国。（详见第176页）

● **张培刚（著名经济学家）**

张培刚（1913.7—2011.11），湖北省黄安县（今红安县）人，美国哈佛大学经济学博士，著名经济学家，发展经济学奠基人，杰出教育家。

中华外国经济学说研究会名誉会长，湖北省首届"荆楚社科名家"，入选2009年新中国成立60周年功勋湖北100人，2011年获"华中科技大学终身成就奖"。

1934年，张培刚在中央研究院社会科学研究所任助理研究员，从事农村经济调查研究工作，撰写了《清苑的农家经济》《广西粮食问题》《浙江省食粮之运销》三本专著，均由商务印书馆出版；此外他还在《独立评论》《东方杂志》等刊物上发表了40余篇论文。1945年10月，他完成的《农业与工业化》英文论文稿，获哈佛大学1946-1947年度经济学专业最佳论文奖和"大卫·威尔士奖"。此文几经出版，被国际学术界誉为发展经济学奠基之作，张培刚被誉为发展经济学奠基人之一。

1946年10月，受武汉大学校长周鲠生的邀请，张培刚第一次回国，担任武汉大学教授兼经济系主任。1948年担任联合国亚洲及远东经济委员会顾问及研究员，同时仍兼任武汉大学经济系主任。第二次世界大战结束，联合国成立。为收集资料，继续研究农业与工业化，张培刚接受了导师布莱克的推荐，1948年1月出任联合国亚洲及远东经济委员会顾问及研究员，同时仍兼任武汉大学经济系主任。1949年春，张培刚考虑到战后的中国必将走向工业化，遂毅然辞去了联合国的职务，放弃个人的名利，婉拒了导师布莱克和厄谢尔要他回哈佛大学教书的两次来函的邀请，放弃了可获得更高学术成就的机遇和大好前程，怀着满腔爱国热忱，报效祖国的一片赤子之心再次归来，回到珞珈山，继续任教于武汉大学。新中国成立后，张培刚在武汉大学担任过校委会常委、总务长兼经济系主任、代理法学院院长。1952年底张培刚被调任负责华中工学院建校的基建工作。1978年底，党的十一届三中全会召开，此时的张培刚已年逾花甲，家国情怀，无怨无悔，他以老牛奋蹄的精神回到阔别近30年的学术界。应中国社会科学院的邀请，编写《政治经济学辞典》，又与厉以宁合作撰写《宏观经济学和微观经济学》《微宏观经济学的产生和发展》，继而主编《新发展经济学》一书。在华中工学院创办经济学科，为国家培养经济学人才。

为了推动我国对发展经济学的研究和传播，1992年建立了张培刚发展经济学研究基金会，其宗旨是以严谨的科学态度，立足中国，面向世界，不断探索与研究我国和发展中国家如何有效地实现工业化和现代化的理论。基金会从2006年起，设立了优秀成果奖，每两年评选一次。2018年，为了鼓励经济学青年人才成长，基金会又设立了青年学者奖，每年评选一次。迄今，已有多名老中青年学者获得此奖。基金会还定期举办系列讲座和学术活动，在学术界已产生广泛影响。此外，基金会还在张培刚的家乡湖北省红安县和辽宁省岫岩满族自治县开展了资助贫困学生的助学公益活动。

第三篇　华中科技大学统战团体工作概述

● 林少宫（著名经济学家）

林少宫（1922.12—2009.11），出生于北京，祖籍广东信宜。1944年毕业于中央大学（现南京大学）经济学系。1946—1947年任上海暨南大学统计学助教。1947年秋赴美留学，1949年夏在路易斯安那州立大学获经济学硕士学位，1952年秋在伊利诺伊大学获经济学哲学博士学位。1953-1954年在俄亥俄州地顿大学经济系任教。1954年7月毅然回国。1955年3月起在华中工学院任教，曾任数学系教授、数量经济研究所所长、经济管理学院院长、经济学院顾问、特聘教授、博士生导师、数量经济与金融研究中心主任等职。曾兼任全国工科院校应用概率统计委员会主任、中国工程概率统计学会理事长、中国现场统计研究会名誉理事长、中国数量经济学会顾问、清华大学等高校兼职教授、《数理统计与管理》杂志主编等职。其突出贡献包括推动了数理统计这门学科在我国的发展；研究并推广了正交试验设计，给社会带来可观的经济效益；倡导和推动计量经济学在我国的引进和普及，并在教学和科研中突出强调数学与经济学的结合，培养了一批现代经济学的优秀人才。曾获"全国优秀归侨知识分子""全国优秀质量管理工作者"等称号和华中科技大学"伯乐奖"。其事迹被收入《世界（教育界）名人录》和《中国世纪专家传略》等传记丛书。1991年起享受国务院政府特殊津贴。

● 马丁（妇产科学专家）

马丁（1957.4—），中共党员，中国工程院院士。教授、主任医师，博士研究生导师。现任华中科技大学同济医学院附属同济医院妇产科学系主任。妇产科学界首位国家杰出青年基金获得者和"肿瘤侵袭转移"973项目首席科学家。

担任中华医学会妇科肿瘤学分会荣誉主任委员。现任国家妇产科重

点学科主任、国家妇产疾病临床研究中心主任、湖北省医学会副会长、中国医疗保健国际交流促进会常务理事兼妇儿医疗保健分会主任委员。30多年来一直从事临床医疗工作，具有坚实理论基础和丰富临床实践经验，擅长妇科肿瘤及普通妇科疾病的诊断和治疗，精于妇科手术、腔镜及机器人手术，同时在妇科肿瘤防治和肿瘤转移及转化医学等临床科学研究方面做出卓越贡献。首次发现中国人宫颈癌易感高危基因和人乳头瘤病毒（HPV）致癌整合位点，开拓创新宫颈癌早期防治前移的新策略；创新宫颈癌治疗技术，在根治宫颈癌的同时，保留妇女生育功能。

主持制定我国妇科肿瘤临床诊疗标准／指南／共识8部，主编全国医学生八年制教材《妇产科学》、医学生英文医学教材《妇产科学》和《常见妇科恶性肿瘤诊治指南》（第五版）。以第一完成人获国家科技进步奖二等奖、中华医学科技奖二等奖、教育部自然科学奖一等奖及湖北省科技进步奖一等奖和二等奖多项，2015年获何梁何利科技奖。在国内外妇产科学界和肿瘤研究领域具有较高的影响力和知名度。

● **黄碧罗**（全国归侨侨眷先进个人）

黄碧罗（1933.6—2015.11），祖籍福建厦门。

1951年6月抗美援朝，黄碧罗将自己从国外带回来的全部家当捐献购买华侨号飞机。1951年12月她投入到土地改革运动，成为一名剿匪战士。

1959年湖北省侨联成立，第二年黄碧罗就开始从事侨联工作，先后担任武汉医学院／同济医科大学归侨小组组长，第二届到第八届湖北省侨代会代表委员、常委，校侨联一届到四届副主席。合校后，又担任华中科技大学侨联第一、二届副主席。

1999年7月和2004年6月两次荣获国务院侨办、中国侨联联合颁发的"全国归侨侨眷先进个人称号"。

2015年11月18日因病去世，临终之际，黄碧罗向学校侨联捐赠1万元人民币，表达对学校及侨联工作的热爱。

● 温少曼（著名画家）

温少曼（1919.11—2023.1），顺德龙山人。著名画家、中国第二代水彩画家、动画设计师。湖北省、武汉市美术家协会会员，湖北省高校书画协会常务理事。

1940年在香港加入由茅盾先生创立的左翼社团"中华全国文艺界抗敌协会香港分会"，以画笔宣传抗战救亡。1945年拜师我国著名油画大师、辛亥革命先驱、中国油画第一人李铁夫门下学习绘画。1950年加入由关山月、廖冰兄等发起的香港左翼组织"人间画会"，参与绘画巨幅共和国领袖毛泽东巨像（高30米）。1950年参加"港九美术界庆祝广州解放赴穗参观团"，参与各项进步思想及爱国运动。1951年携眷回内地，定居上海，供职于同济大学医学院公共卫生学院宣教组。随医学院迁汉，学校改名为中南同济医学院，主管该校宣教美术设计和教育技术中心动画室业务。

退休后，应湖北电视台之聘，负责美术动画卡通节目组建工作，所创作的动画美术片《青蛙斗老虎》获国家文化部门特别奖项。

● 朱月珍（全国归侨侨眷先进个人）

朱月珍（1944.7—），出生于印度尼西亚，1960年归国。1980年，仅凭着英文打字机，将52万字的《英语水平考试指南》正式出版。这本书从1981年出版到1984年共再版十次，总共发行了120万册，1986年被评为"一九八六年全国优秀畅销书"。

1990年赴美国进修攻读硕士学位。回国后，她立即做了三件事：一是研究学习策略，提高学习效率；二是改进教学方法，开设博士生英语模拟国际学术会议课堂；三是编写湖北省非英语专业硕士研究生英语教材。1994年晋升教授，1995年获宝钢教育奖，1996年获国家社科基金项目。

1994年，被选为湖北省归国华侨委员会常委，校侨联常务副主席后，连任三届直至退休。2009年，在第八次全国归侨侨眷代表大会上，被评为"全国归侨侨眷先进个人"。

第五节　大事记

为做好侨联工作大事记，同时便于理清脉络，校侨联工作大事记按时间和校区分为三个部分，其中合校前分为主校区和同济校区两个部分，合校后为一个部分。专此说明。

一、华中工学院、华中理工大学侨联（1957—2000年）

（一）华中工学院学生归侨小组（1957—1960年）

1957年9月，华中工学院成立学生归侨小组，蓝占刚任组长，蓝占刚毕业后，由蔡运伦任组长，人数30人。

（二）华中工学院侨联小组（1960—1988年）

1960年，成立华中工学院归侨小组，组长黄碧罗。

1964年11月，湖北省召开第二届归侨代表大会，会议内容是总结工作，修改章程和换届选举。黄碧罗参加。

1975年3月，华中工学院副院长孙盛海主持召开归侨会议，宣布归侨小组恢复活动。黄碧罗任组长。

1978年湖北省政协召开第四届会议，会上成立政协华侨小组，检查落实侨务政策。刘忠、黄碧罗为成员。

1978年12月，党的十一届三中全会召开以后，在学院党委领导下，全面落实党的各项政策，为归侨解决工作和生活中的实际困难。

1979年10月，湖北省召开侨务会议暨湖北省第三次归侨代表大会。党委统战部李晓树、校归侨侨眷代表黄碧罗参加会议。

1982年5月，归侨人数增加到27人，为了便于开展工作，决定成立一个大组，两个小组。黄碧罗任大组组长，朱月珍任第一小组组长，李泮泓任第二小组组长。

1982年5月，湖北省召开归侨侨眷和侨务工作积极分子表彰大会，黄碧罗被评为侨务工作先进工作者，吴驯叔被评为归侨先进工作者。

1983年元旦，武汉地区共24所高校的归侨侨眷500余人，在华中工学院西边体育馆举行联欢。湖北省侨办副主任戴宏，省侨联主席谢心正到会祝贺并讲话。党委副书记王树仁到会并讲话，统战部部长周书珍、校归侨侨眷代表黄碧罗参加。

1983年1月，全国归侨侨眷、侨务工作者先进分子、先进集体表彰大会在北京举行，华中工学院获评"全国侨务工作先进单位"，是全国唯一获此殊荣的高校。校党委副书记杨玉来参加会议并领奖。

1984年召开全国第三次归侨代表大会，林少宫当选委员。

1987年5月，华中工学院成立"三胞"联谊会，会员100多人参加。通过无记名投票，选举朱孝谦同志为会长，曹玉璋和傅国樑为副会长，黄碧罗为秘书长。

（三）华中理工大学归国华侨联合会（1988—2000年）

1. 第一届委员会（1988—1993年）

1988年4月，华中理工大学第一届归国华侨联合会隆重召开，会上通过了《华中理工大学归国华侨联合会组织条例》。校党委副书记姚启和、副校长姚宗干以及统战部部长陈步清等参加大会。

1988年11月，湖北省海外联谊会成立，李晓树、黄碧罗当选理事。

1989年起，归侨林金铭被选为全国第七届、第八届人大代表。

1989年12月，全国归侨第四次代表大会在北京召开，张培刚、林少宫被评为全国优秀归侨侨眷知识分子。

1992年，湖北省侨界知识分子联谊会成立，钟伟芳、林金铭、林少宫、张培刚为联谊会成员。

1992年5月，全国侨联副主席陈兰通、湖北省侨联副主席杨福臣来校指导工作，校党委副书记姚启和、副校长钟伟芳参加接待。

1993年5月，归侨林金铭当选为湖北省第七届人大常委会副主任（曾任省民盟主委）。

2. 第二届委员会（1993—1998年）

1993年12月，华中理工大学召开第二次归侨侨眷代表大会，总结工作和换届选举。湖北省侨办主任李达开，省侨联副主席叶丽珠到会祝贺并讲话。杨叔子校长、党委副书记梅世炎参加大会。

1994年4月，激光技术与工程研究院教授、侨眷李适民被选为湖北省侨联"梁亮胜侨界科技奖励基金"基金会理事。

1994年4月，湖北省召开第六次归侨侨眷代表大会，议题是总结工作及换届选举。刘忠、朱月珍、黄碧罗参加大会，朱月珍当选为常委。

在湖北省"为'八五'计划和十年规划作贡献活动"中，华中理工大学荣获湖北省侨联工作先进集体，林少宫荣获先进个人。

1994年4月，首届湖北省"梁亮胜侨界科技奖励基金"颁奖大会召开(1991—1992)，华中理工大学8名归侨、侨眷获奖。

1994年6月，全国第五次归侨侨眷代表大会在北京召开，华中理工大学副校长、校侨联主席钟伟芳参加大会。张诚生荣获"八五"计划和十年规划有突出贡献科技工作者，获荣誉证书。

1995年1月，在湖北省侨联第二届"梁亮胜侨界科技奖励基金"

颁奖大会（1993—1994）上，12名归侨、侨眷获奖。

1997年12月，湖北省侨联召开第三届"梁亮胜侨界科技奖励基金"颁奖大会（1995—1996），12名归侨、侨眷获奖。

1998年5月，侨眷杨叔子荣获全国五一劳动奖章。

3. 第三届委员会（1998年至2000年11月）

1998年12月，华中理工大学召开第三次归侨侨眷代表大会，议题是总结工作和换届选举。湖北省侨联主席赵春生、省侨办主任丘文华到会祝贺并讲话，在汉部分兄弟院校到会祝贺。校党委书记朱玉泉、副书记刘献君、参加大会，朱玉泉书记代表党委讲话。

1999年6月，"留学人员参与高校先进制造技术虚拟研究中心建设"项目第一次工作会议在华中理工大学举行，来自美国、加拿大、英国等国家和我国香港地区从事先进制造领域研究的18名学者聚集在一起，讨论"先进制造技术虚拟研究中心"有关建设问题。

1999年7月，杨叔子参加全国第六届侨代会。会上，表彰了893名归侨侨眷个人，黄碧罗受表彰。表彰了135名优秀侨务工作者，校党委统战部副部长王锋获此殊荣。由国家副主席胡锦涛颁发奖状，国家主席江泽民等中央领导同与会代表合影留念。

1999年11月，侨眷周济被评为中国科学院院士。

1999年11月，全国高校第三届侨务工作研讨会在广州暨南大学召开，党委统战部副部长王锋、校侨联副主席陈崇源参加研讨会。

2000年3月，湖北省侨联第四届"梁亮胜侨界科技奖励基金"颁奖大会(1997—1998)，23名归侨侨眷获奖。

二、武汉医学院、同济医科大学侨联（1957—2000年）

（一）武汉医学院学生侨联小组（1957—1966年）

1957年，武汉医学院学生侨联小组成立，宋凯荣任组长。

(二) 武汉医学院侨联小组 (1980—1987年)

1980年，侨联小组重新建立，张国高任组长，余火光、曾仁端任副组长。

1985年，更名为同济医科大学侨联小组。

1986年，余火光被湖北省侨联评为侨联工作积极分子。

(三) 同济医科大学归国华侨联合会 (1987—2000年)

1. 第一届委员会 (1987—1991年)

1987年7月，同济医科大学归国华侨联合会第一届委员会成立，张国高任侨联主席，李慰玑、罗丽兰、叶志雄、余火光、曾仁端、陈映玲、林碧莲、谢渝珠任副主席，起草并通过了《同济医科大学归国华侨联合会组织条例》。

1988年，召开同济医科大学侨联表彰"双文明"建设积极分子暨龙年联欢会"，13位归侨侨眷获"双文明"建设积极分子称号。校侨联被评为湖北省侨办、侨联"双文明"建设先进单位，裘法祖、兰鸿钧、朱长庚评为先进个人；中国侨联"侨界宣传月"活动中，薛德麟、兰鸿钧评为"全国优秀归侨侨眷知识分子"，在全国第四次侨代会上受到表彰。

2. 第二届委员会 (1991—1997年)

1991年11月，召开"三胞三属"联谊会成立暨第二次归侨侨眷大会，通过了"三胞三属"联谊会章程，并进行了侨联换届选举，同济医科大学归国华侨联合会第二届委员会由余火光任主席，曾仁端、李慰玑、谢渝珠、陈兆聪、连祥卿、廖玉华、林碧莲、陈映玲、方淑贤、刘美玲、吴耀任副主席。童尔昌任"三胞三属"联谊会会长，叶世铎、蔡宏道、邵丙阳任名誉会长。

1992年，裘法祖当选中科院院士。刘筱娴获全国"五一劳动奖章"。

1983年、1988年、1993年，罗丽兰当选为全国人大代表。

1994年，蔡红娇获全国侨联先进个人，石佑恩被评为全国教育系统劳模，获人民教师奖章。

1996年同济医科大学侨联被评为湖北省先进集体。

1996年，童尔昌担任全国政协委员。肖谷欣当选为省政协常委。

1996年，薛德林、杨焜当选为湖北省人大代表，杨焜为人大常委会委员。

1996年，李慰玑当选全国第五次侨代会代表。李慰玑、兰鸿钧、黄念棠参加了国务院侨办组织的参观活动。

1996年，裘法祖被聘为省侨联知识分子联谊会顾问，罗丽兰当选为联谊会常务理事。裘法祖、罗丽兰被聘为湖北省侨联名誉顾问，余火光当选为省侨联常委。

1996—1999年期间，裘法祖获梁亮胜侨界科技奖励基金特等奖，薛德麟、李蔚玑、朱炎、张国高、韩家俊、陈世蓉获梁亮胜侨界科技奖励基金三等奖。

3. 第三届委员会（1997—2000年）

1997年4月，召开同济医科大学第三次侨代会、第二届"三胞三属"联谊会，选举产生第三届侨联委员会、修改了侨联章程，张国高、李慰玑为名誉主席，余火光任主席，曾仁端、陈映玲、谢渝珠、林碧莲任副主席，罗丽兰当选联谊会会长。

1998年，组织70多位归侨侨眷参加全国侨联、国务院侨办等单位举办的《归侨侨眷权益保护法有奖知识竞赛》，被评为全省组织工作先进单位。同济医科大学侨联被评为全国侨联先进集体，薛德林、李慰玑、朱景申获省侨界模范奖。

1999年10月，来自日本、美国、加拿大等国的13名留学人员齐聚同济医科大学，为国内新兴学科——生物医学光子学研究出谋划策，并举行了第一次成果交流汇报会。中共湖北省委书记贾志杰专程来学校会见这13名留学海外的专家学者。

三、华中科技大学侨联大事记（2000 年至今）

（一）华中科技大学归国华侨联合会第一届委员会（2000.11—2005.5）

2000 年 11 月，华中科技大学归国华侨联合会（简称"校侨联"）成立。

2001 年 4 月，学校归侨侨眷共 300 多人为支持北京申办 2008 年奥运会，进行了网上签名活动。

2002 年，湖北省成立越、老、柬联谊会，归侨李泮泓选为副会长，张谨选为理事。

2002 年 1 月，湖北省侨联第五届"梁亮胜侨界科技奖励基金"颁奖大会(1999—2000)召开，14 名归侨、侨眷获奖。

2003 年湖北省政协第九届代表大会，郑楚光当选副主席。

2003 年 9 月，熏风亭破土动工。为庆祝华中科技大学成立三周年、华中理工大学建校五十周年，2002 年初，9 位资深民主党派人士和侨联负责人发出倡议"联合筹款，并在喻家山上建筑风雨亭一座"。此倡议得到民主党派和归侨侨眷的支持和慷慨解囊。

2003 年 9 月，校侨联举行中秋联谊会。校侨联委员、部分归侨侨眷和校统战部的同志 30 余人欢聚一堂。

2004 年 7 月，全国第七次归侨侨眷代表大会在北京召开，朱月珍参会。校侨联被评为全国侨联工作先进单位，黄碧罗被评为全国归侨侨眷先进个人。国家领导人同与会代表合影留念。

2004 年 5 月，湖北省侨联召开第六届"梁亮胜侨界科技奖励基金"颁奖大会(2001—2002)，15 名归侨、侨眷获奖。

2004 年 10 月，统战部、校侨联为 27 位年满 60 周岁、70 周岁、80 周岁和 90 周岁的归侨、侨眷举行了简朴而隆重的集体生日会。

2004 年 11 月，在武汉市洪山区第二次归侨侨眷代表大会上，生命科学与技术学院副院长何光源教授当选为洪山区侨联第二届委员会副主席，附中吴郑植老师当选洪山区侨联第二届委员会常委，电气学院叶妙元教授担任洪山区侨联第二届委员会委员。

2005年4月，同济医学院侨联召开第三届第四次归侨侨眷代表大会。选举产生了第四届侨联委员会委员。校统战部部长邓华和、院统战部部长谢正学参加会议并讲话。全院60名归侨侨眷代表参加会议。

2005年5月，主校区侨联举行第四届第四次归侨侨眷代表大会暨委员会换届选举。200多名归侨侨眷参加了大会。主校区侨联副主席李泮泓介绍了换届选举的准备情况。主校区侨联常务副主席朱月珍作第四届侨联委员会工作报告。报告回顾了主校区侨务工作的历史，介绍了近五年侨务工作取得的成绩。杨叔子院士、统战部部长邓华和作大会发言。

（二）华中科技大学归国华侨联合会第二届委员会（2005.6—2009.5）

2005年6月，学校第二次归侨侨眷代表大会在八号楼报告厅举行。湖北省侨联主席赵春生、校长助理杨思学、杨叔子院士、统战部部长邓华和以及160名代表参加了大会。武汉大学、武汉理工大学、华中师范大学等兄弟院校统战部门负责人也参加了会议。

2006年1月，湖北省侨联召开第六届"梁亮胜侨界科技奖励基金"颁发大会(2003—2004)，18名归侨侨眷获奖。

2006年6月，澳门"澳鄂大专人士协会奖学基金"，资助优秀贫困学生捐赠仪式在华中科技大学学术报告中心举行。

2006年9月，为纪念中国侨联成立50周年暨校侨联成立49周年，经主校区侨联和同济医学院侨联推荐，校党委统战部与校侨联委员会研究决定，对钟伟芳等104人予以表彰，并分别授予他们归侨侨眷先进个人、侨界科技贡献奖、优秀侨务工作者荣誉称号。

2006年10月，召开由校党委统战部和校侨联联合主办的"中国侨联成立50周年暨华中科技大学侨联成立49周年庆祝大会"。省侨联主席赵春生、副主席杜式新，校侨联主席杨叔子，校党委副书记刘建凡，校民主党派负责人和企业代表以及一百多位校侨联先进个人参加了庆祝大会。

2006年10月，校侨联召开委员会，朱月珍主持。会议部署2007年侨联工作，提议通过曹素华（兼秘书长）、陈英汉（兼秘书长）为校侨联副主席，汪海建为秘书长，陈玉萍为副秘书长。

2006年10月，全国第五届高校侨务工作研讨会在北京师范大学召开，共93所大学160多人参会，国务院侨办副主任许汉声、全国侨联副主席李本钧出席表示祝贺。校侨联副主席兼秘书长曹素华参会，并在会上宣读论文《'有为'才'有位'——在困难中体现侨的温暖，在活动中展示侨的魅力》，受到与会者好评。

2006年10月，校侨联为老归侨侨眷过集体生日。校党委副书记刘建凡参加活动。

2007年4月，校侨联副主席邓光彦、曹素华参加"武汉市侨联八届三次全会"。听取市侨联负责人传达王兆国在中国侨联七届四次全委会上的讲话精神，审议市侨联《2006年工作报告》。

2007年5月，中国侨联主办的"第二届归侨侨眷创业成果交流会"在北京举行。10名留学归国人员荣获"科技创新人才奖"，党委统战部荣获"优秀组织工作奖"。校光电国家重点实验室常务副主任骆清铭作为"科技创新人才奖"获得者代表作题为"卓越追求，为国争光"的经验交流。

2007年6月，中国侨联工作会议在杭州召开，全国100多家高校、科研院所、大型企事业单位侨联与会。湖北省由省侨联副主席杜式新带队，武汉大学、华中科技大学侨联参加，校侨联副主席曹素华作题为"围绕大局找亮点，发挥侨力天地宽—在活动中展现侨的魅力"的大会报告。

2007年9月，在校党委支持下，校侨联举行"侨法宣传角"揭碑仪式。华中科技大学"侨法宣传角"是武汉地区高校唯一的侨法宣传角，说明湖北省侨办对校侨务工作的重视和肯定。

2007年10月，校侨联联合三家附属医院与湖北省侨办共同组织侨界医疗专家"送温暖"医疗服务队，赴襄樊市、神农架林区开展了为期6天的送医送药义诊和健康咨询活动，义诊活动共接诊病人1000多名，免费送药1万多元。

2007年10月，校侨联成立50周年庆祝联欢大会在经济学院报告厅举行。为纪念校侨联成立50周年，出版了《华中科技大学侨联五十周年纪念画册》，画册收集了各个历史时期的照片342张，真实记录了校侨联50年的发展历程、50年的辉煌佳绩，为校侨联留下了一份宝贵的历史资料。

2007年12月，校侨联常务副主席连祥卿参加省侨联第八届七次常委会。

2008年，校统战部制定了《关于在我校开展侨情调研的实施方案》，侨联填写《在汉高校、科研院所、企事业单位老归侨状况调查表》，人事处填写《在汉高校、科研院所、企事业单位回国留学人员状况调查表》。

2008年7月，分别召开了关于留学归国人员从事的专业以及适应和发展状况，以及关于留学归国人员有何实际困难和要求，如优化工作环境、营造宽松学术氛围、创造公平竞争机制等问题的座谈会。人事处、国际交流处、统战部、校侨联、有关院系等单位负责人和10余位留学归国人员参加座谈会。

2008年10月，30余位60、70、80、90周岁的归侨侨眷欢聚一堂，共度生日。校党委统战部部长向太斌等参加祝寿会，会议由校侨联副主席、校医院副院长祝海涛主持。

2009年2月，湖北省侨联八届十次常委会和八届六次全委会召开。省侨联常委及委员朱月珍、连祥卿及余火光等3人参加会议。

2009年3月，在第99届国际三八妇女节之际，朱月珍、杨振玉、邓光彦和陈英汉代表校侨联分别看望慰问美国归侨吴驯叔副教授、日本归侨谭艳群副教授、日本归侨郑丽娟副研究员等几位归国华侨。

2009年3月，校侨联召开第二届第六次全委会。

(三) 华中科技大学归国华侨联合会第三届委员会 (2009.5—2014.9)

2009年5月，华中科技大学第三次归侨侨眷代表大会隆重举行，校党委副书记欧阳康以及统战部部长向太斌、校侨联全体委员和160余位归侨侨眷代表参加会议，校侨联常务副主席朱月珍作工作报告。会议选举产生了第三届校侨联委员会（由24人组成），杨叔子院士再次当选为校侨联主席，朱月珍、何光源当选为常务副主席，金海、曹素华（兼秘书长）、邓光彦、叶进当选为副主席，祝海涛、吴耀、陈英汉、汪海建、彭兆丽当选为常委，尹春萍、王秀萍、叶升平、何亮、杨群、连祥卿、陈万新、陈卫红、陈玉萍、廖芳、谭必恩、薛松为委员。大会表彰了向太斌、黄碧罗等99名先进侨务工作者和先进归侨侨眷。

2009年7月，第八次全国归侨侨眷代表大会上，华中科技大学侨联获得"全国侨联系统先进基层组织"称号，校侨联常务副主席朱月珍被评为全国先进归侨。

2009年9月，由省侨办主办，荆州市外侨局、宜昌市外侨办、校统战部协办的"侨爱工程——送温暖医疗队"，在省侨办副主任曾照祥、省侨办国内处处长杨一以及学校侨联副主席邓光彦的带领下，奔赴荆州市和宜昌市，开展义诊活动。医疗队由附属协和医院、同济医院、梨园医院、校医院5位专家和武汉市金方中医药研究所1名主任医师组成，涉及心血管内科、消化内科、妇科、儿科、中医科5个专科。

2009年9月，校侨联委员王秀萍在湖北省侨联喜迎国庆暨省侨联成立50周年晚会上荣获三等奖。

2009年10月，校侨联举办重阳祝寿座谈会。校党委副书记刘建凡、校侨联主席杨叔子院士与40多位60岁、70岁、80岁、90岁的归侨侨眷代表欢聚一堂，互致问候。统战部副部长邓建平以及校侨联全体委员参加。

2009年10月，在新中国成立60周年和"中秋"佳节临近之际，校侨联有关负责人分别到归侨林少宫、吴驯叔，协和医院妇产科原主任李慰玑，侨眷、心外科原主任兰鸿钧家里走访慰问。

2010年2月，校党委副书记欧阳康陪同湖北省台湾事务办公室副主任傅丽华、省台办联络处唐传林处长一行，慰问了经济学院副教授、老归侨吴驯叔。校党委统战部部长向太斌，校侨联常务副主席朱月珍等参加慰问。

2010年4月，校侨联参加省侨联第六次在汉高校、科研、企事业单位侨联联席会议并作汇报。

2010年5月，因原华中科技大学侨联常务副主席何光源调任湖北省侨联驻会副主席，经全委会讨论，一致通过增选谭必恩委员为华中科技大学侨联常务副主席。

2010年6月，召开纪念《归侨侨眷权益保护法》颁布实施二十周年暨华中科技大学合校十周年大会。湖北省侨联副主席何光源、湖北省侨办国内处处长杨一、校统战部部长向太斌等，以及全体侨联委员、侨联组长、侨联积极分子和新侨代表汇聚一堂，共话奋进。

2010年8月，中国侨联主办的"第十届海外高新技术人才为国服务暨第三届新侨创新成果交流会"在北京举行。会上，华中科技大学有6位归侨侨眷教授受到表彰。

2010年10月，校侨联举行归侨侨眷祝寿会。校党委副书记欧阳康与40多位60岁、70岁、80岁归侨侨眷代表，欢聚一堂，互致问候。校侨联常务副主席谭必恩、朱月珍和部分委员以及统战部部长向太斌等参加活动。

2011年3月，校侨联10名代表参加湖北省侨联第九届归侨侨眷代表大会，何光源当选为湖北省侨联副主席，谭必恩当选为侨联常委，杨叔子院士、金海教授被聘为该届委员会顾问。校统战部邓建平副部长被评为省侨联工作先进工作者，何光源、曹素华、邓光彦被评为省侨联归侨侨眷先进个人。

2011年3月，湖北省侨联第九届"梁亮胜侨界科技奖励基金"颁奖仪式在洪山礼堂隆重举行,程时杰院士等18名归侨侨眷分获一、二、三等奖,获奖人数和获奖金额再次位居湖北省各高校和大型企事业单位之首。

2011年4月,增选曹素华为侨联常务副主席、杨汉南为侨联秘书长。

2011年11月,增选何亮为校侨联常委、顾馨江为校侨联委员。

2012年2月,湖北省侨联青年委员会成立大会暨第十次湖北省侨联"梁亮胜侨界科技奖励基金"颁奖典礼在湖北饭店举行。段正澄院士等46名科技战线归侨侨眷的44个项目获得奖励,其中20名归侨侨眷分获一、二、三等奖,获奖人数和获奖金额再次位居湖北省各高校和大型企事业单位之首。

2012年3月,校侨联被国侨办授予"全国社区侨务工作示范单位",此次全国共有80家单位入选国务院侨办挂牌联系的全国社区侨务工作示范点,华中科技大学是全国唯一入选的高校社区。5月26日举行揭牌仪式。湖北省侨办国内处处长杨一、华中科技大学党委副书记欧阳康、侨联主席杨叔子、校长助理袁国祥、统战部部长李新主等参加。

2012年6月21日,中国侨联组织的"健康光明行"活动启动仪式在宜昌市中心医院隆重举行。九三学社社员刘海霞等5位附属协和、同济医院的专家分别在宜昌和宜都为237名贫困白内障患者实施了复明手术,其中年龄最大的94岁,最小的51岁。

2012年8月,由中国侨联主办,中国科学院、中国科协和国家知识产权局协办的第四届新侨创新成果交流会在北京人民大会堂举行,华中科技大学四位教授获得"第四届中国侨界贡献奖"表彰。其中,材料学院黄云辉教授荣获创新人才奖;机械学院刘胜申报项目"LED封装若干关键技术及其在灯具中的应用"荣获创新成果奖;致公党主委、同济医院宁琴申报项目"炎性损伤性疾病的发生机制与分子靶向干预",基础医学院王建枝申报项目"重大脑疾病研究"荣获创新团队奖。

2013年4月,湖北省第九次在汉高校、科研院所、大型企事业单位侨联联席会议在华中科技大学召开。省侨联副主席何光源,省侨联联络部部长欧梁峰，校党委副书记欧阳康，校侨联常务副主席谭必恩、校统战部部长李新主等，以及在汉各兄弟单位侨联主要负责人参加会议。校侨联副主席谭必恩作题为"华中科技大学开展社区侨务工作的做法"的报告，从整合力量、为侨服务、凝聚侨心、集中侨智等四个方面介绍了校侨联开展社区侨务工作的经验。

2013年10月，重阳节前夕，校党委统战部、校侨联联合组织了2013年归侨侨眷祝寿会。27位年满70、80、90岁的归侨侨眷代表参加活动，常务副校长罗俊参加祝寿会。

2014年2月，湖北省侨联召开第九届五次全委会，会上颁发了第11次"梁亮胜侨界科技奖励基金"，华中科技大学13名侨界专家学者获奖。

2014年3月，武汉市外事侨务办公室副主任何伟、侨港澳处处长卢峰等4人来校调研归侨创新创业发展情况。校侨联常务副主席谭必恩、秘书长卢群伟介绍了归侨侨眷在学校建设与发展中发挥作用的情况。

2014年4月，由湖北省侨联副主席何光源等领导组成的调研组一行到校调研侨务工作。何光源表示，华中科技大学侨联的侨务工作一直是湖北省侨务工作的一面旗帜，省侨联将一如既往地支持学校侨联开展各项工作。

（四）华中科技大学归国华侨联合会第四届委员会（2014.9—2020.10）

2014年9月，华中科技大学第四次归侨侨眷代表大会隆重召开。湖北省侨联党组书记、主席谢余卡，校党委常务副书记丁汉初、常务副校长邵新宇参加大会。学校历届侨联委员代表和学校归侨侨眷代表近100人参加大会。大会选举产生了由万谦、王秀萍、叶升平、叶进、卢群伟、朱明强、张鹃、杨汉南、邵新宇、何亮、苏莉、顾馨江、夏帆、谭必恩、薛松等29名委员组成的校侨联第四届委员会，聘请杨叔子为侨联名誉主席。

换届大会后，校侨联第四届侨联委员会举行了第一次全体会议，选举产生了以邵新宇为主席，卢群伟、杨汉南为常务副主席，万谦、叶进、谭必恩为副主席，顾馨江为秘书长的新一届侨联领导班子。新当选的侨联第四届委员会主席邵新宇表示，新一届侨联委员会将在校党委领导下，团结和联系广大归侨侨眷、海外侨胞，紧紧围绕学校和湖北省的中心工作，凝聚侨心、汇集侨智、发挥侨力、维护侨益，为早日建成世界一流大学，湖北"建成支点、走在前列"和中华民族的伟大复兴做出更大的贡献。

2014年9月，在中国侨联"第五届新侨创新成果交流表彰活动"上，学校8位个人和团队获2014年中国侨联"中国侨界贡献奖"（湖北省共有17位个人和团队获奖）。

2014年9月，学校与省外侨办共同组织的"侨爱工程——送温暖医疗队"，前往黄冈市团风县和浠水县开展义诊活动。医疗队由附属协和医院、附属同济医院、附属梨园医院的9名专家组成，涉及心血管内科、消化内科、妇科、儿科、肝病、耳鼻喉、老年病、康复科、药剂科等科别。

2014年10月，校党委统战部和校侨联为70、80、90岁的归侨及侨眷举办了集体祝寿会。

2015年1月，校侨联、校留联会召开2014年工作总结暨联欢会。常务副校长邵新宇，党委统战部部长李新主、校侨联委员、校留联会理事、学校归侨侨眷和留学人员代表共计80余人齐聚一堂。党委统战部副部长邓建平主持会议。

2015年1月，省外侨办副主任冯细国、国内侨务处处长杨一等来校调研侨务工作，与校归侨侨眷代表进行了座谈，慰问了校侨联名誉主席杨叔子院士和归侨吴驯叔教授。参观了华中科技大学社区"侨之家"，听取了邓建平和校侨联常务副主席卢群伟关于创建"全国社区侨务工作明星社区"工作的汇报，冯细国对华中科技大学社区在社区侨务工作中加强组织建设，建立了13个侨务工作联络组等工作给予了高度评价。

2015年3月，华中科技大学2015年侨联第一次常委会在"侨之家"

会议室顺利召开，校侨联常务副主席卢群伟、副主席万谦等常委和校党委统战部部长李新主等15人参加会议。会议由侨联常务副主席杨汉南主持。

2015年5月，湖北省第十次归侨侨眷代表大会在武汉召开。华中科技大学张勇传院士等60余位归侨侨眷代表参加会议。校侨联常务副主席、生命学院卢群伟当选常务委员，校侨联副主席、协和医院叶进担任委员。校侨联获"全省侨联系统先进集体"称号，电气学院卢新培被评为"全省归侨侨眷先进个人"，党委统战部许昌敏被评为"全省侨联系统先进工作者"。

2015年5月，举办"华中科技大学归侨、留学回国人员学术研讨会——谈生物与化学"。校党委统战部成员、校侨联部分委员、留学回国人员联谊会部分理事，以及化学与化工学院、生命学院的部分师生到场听会。

2015年8月，国侨办秘行司信息中心任启标主任在省外侨办国内侨务处处长杨一的陪同下来校"侨之家"调研。校党委统战部部长李新主、"青年计划"入选者万谦（校侨联副主席）、刘华北等归侨代表参加调研汇报。

2015年9月，学校10名侨界医疗专家，组成侨爱医疗队，奔赴潜江、天门、应城进行了3场义诊活动。

2015年10月，举行2015年校归侨侨眷祝寿会。

2015年11月，学校7位代表参加武汉市第十次归侨侨眷代表大会。苏莉教授担任武汉市侨联第十届委员会委员，陈蓉教授被聘为第十届委员会顾问。

2015年12月，印尼泗水新中三语（印尼语、英语和汉语）学校校长陈锦球在省侨办国外侨务处陶新林的陪同下，专程到同济医学院社区看望老归侨、基础医学院曾仁端教授。

2016年1月，校欧美同学会和校侨联举行2015年工作总结暨2016年新春联谊会。武汉市委统战部联络处处长马杰、调研员陈东到会，学校归侨侨眷代表、留学人员代表和党委统战部全体成员20余人参加会议。校留联会秘书长程润文主持会议。

2016年3月，湖北省侨联召开第十届二次全委会，会上颁发了第十二次"梁亮胜侨界科技奖励基金"，全省共有21名侨界专家学者获此奖励（一等奖空缺）。华中科技大学有11名侨界专家学者获奖，获奖人数居全省参评单位之首。

2016年9月，中国侨联第六届新侨创新创业成果交流暨中国侨联新侨创新创业联盟成立大会在北京举行。华中科技大学有6位教授及其团队获得表彰，获奖总数居全省参评单位之首。

2016年11月，中国侨联向从事侨联工作20年以上的5997名工作者颁发了荣誉证书，其中湖北省143人，华中科技大学8位老师获此殊荣，他们是朱月珍、李泮泓、杨振玉、邓光彦、李国光、曾仁端、陈英汉、薛松。

2016年10月，举行2016年校归侨侨眷祝寿会。近40位年满70、80、90周岁的归侨侨眷寿星代表参加祝寿会。

2017年1月，湖北省侨联党组书记、主席谭作刚，组织权益部部长刘兆林一行来校，看望慰问归侨侨眷。常务副校长、校侨联主席邵新宇热情接待。

2017年9月，华中科技大学与省外侨办共同组织的"侨爱工程——温暖医疗队"前往襄阳市南漳县、保康县开展为期4天的义诊活动。

2017年11月，2017年归侨侨眷祝寿会举行。30多位年满70、80、90周岁的归侨侨眷代表参加，校党委书记路钢，常务副校长、校侨联主席邵新宇参加了活动。

2018年3月，湖北省侨联"梁亮胜侨界科技奖励基金"第13次奖励公布，华中科技大学2名教授囊括全部一等奖，7名教授获二等奖，获奖级别居全省参评单位之首。

2018年4月，校侨联召开全体委员会议，届中调整选举校侨联第四届委员会主席。化学学院副院长、民革华中科技大学委员会主委谭必恩当选为校侨联第四届委员会主席。

2018年4月，中国侨联基层建设部综合处处长马鑫一行来校调研侨联组织建设工作，湖北省侨联副主席舒正荣参加调研。校党委副书记马建辉、校侨联主席谭必恩陪同调研。

2018年6月，"全国高校侨联与新侨人才工作交流会"在安徽合肥举行，校侨联主席谭必恩参加会议并作了大会交流发言，受到了中国侨联领导的高度评价。

2018年8月，第十次全国归侨侨眷代表大会在北京人民大会堂开幕。校侨联主席谭必恩作为归侨侨眷代表参加大会，并担任中国侨联第十届委员会委员，成为湖北唯一来自高校的委员。李德群、谭必恩被评为"全国归侨侨眷先进个人"。

2018年9月，校侨联召开全委会传达学习第十次全国归侨侨眷代表大会会议精神。

2018年10月，校侨联代表队在武汉市侨界乒乓球联谊赛中获得亚军。

2018年11月，校侨联组织开展以"弘扬爱国奋斗精神，建功立业新时代"为主题的学习归侨侨眷前辈诵读会。

2018年12月，2018年归侨侨眷祝寿会举行。校党委书记邵新宇、副书记马建辉参加活动，祝寿会由马建辉主持。

2019年9月，迎接中华人民共和国成立70周年之际，学校举办"我和我的祖国——2019年归侨侨眷祝寿会"。校党委书记邵新宇、副书记马建辉参加活动，祝寿会由马建辉主持。

2020年7月，洪山区第四次归侨侨眷代表大会召开，校侨联主席谭必恩当选为洪山区第四届侨联主席。

2020年8月，中国侨联党组书记、主席万立骏一行来校调研。湖北省侨联党组书记、主席谭作刚，校党委书记邵新宇、副书记马建辉参加调研。邵新宇向万立骏一行介绍了疫情防控情况和近几年学校侨联工作开展情况，并就相关问题展开了交流和讨论。随后，万立骏一行看望慰问了因新冠病毒感染去世的中国工程院院士、侨界杰出人士段正澄的家属。

2020年8月，校归侨侨眷代表朱良如、马静参加中央统战部举办的归侨侨眷知识分子国情考察活动。

（五）华中科技大学归国华侨联合会第五届委员会（2020.11—）

2020年11月，根据疫情防控常态化要求和前期调研情况，决定不集中举办祝寿会，通过祝寿信和生日蛋糕券的方式将学校党委的关怀和美好祝愿送到每位寿星身边。学校37位年满70周岁、80周岁、90周岁的归侨、侨眷寿星纷纷表示：感谢学校党委送来的问候，在这样一个特殊的时期，让他们感受到了来自学校党委的关心和侨联大家庭的温暖。

2020年11月，学校第五次归侨侨眷代表大会召开，选举产生了校侨联第五届委员会，省归国华侨联合会（以下简称省侨联）党组书记、主席谭作刚，副校长湛毅青参加大会。谭必恩当选主席，万谦、卢群伟、朱良如、朱明强、余虓当选副主席，顾馨江任秘书长。

2020年11月，校侨联与省外侨办共同组织两支"侨爱工程——送温暖医疗队"，先后到黄冈市的黄州区、团风县和孝感市的孝昌县和安陆市等地为偏远农村群众开展了义诊活动。同济医学院附属协和医院、附属同济医院、附属梨园医院的17名专家参与了此次活动。

2020年12月，中国侨联第八届新侨创新创业成果交流活动在京举行。华中科技大学同济医学院附属协和医院主任医师、归侨郑昕教授荣获"中国侨界贡献奖"一等奖。全国人大常委会副委员长白玛赤林，全国政协副主席万钢等参加活动并为获奖者代表颁奖。

2021年1月，校侨联获评全国侨联系统抗击新冠肺炎先进集体，附属同济医院侨联小组组长王红，附属协和医院侨联小组组长张勇、附属梨园医院侨联小组组长王秀萍获评先进个人。

2021年5月，中国侨联推进全国高校侨联建设工作经验交流会在上海举行。中国侨联党组书记、主席万立骏出席会议并讲话。会议由中国侨联党组成员、副主席程学源主持。华中科技大学侨联主席谭必恩教授参加会议并作交流发言。近80所高校相关领导及31个省级侨联负责同志共150余人参加会议。

2021年7月，湖北省第十一次归侨侨眷代表大会在汉召开。大会选举产生了湖北省侨联第十一届委员会和新一届领导班子。校侨联主席、化学学院副院长谭必恩教授当选省侨联副主席（挂职），校侨联副主席、附属同济医院主任医师余虓，校侨联副主席、协和医院主任医师朱良如当选委员。会议宣读了全省侨联系统先进集体、先进个人表彰决定和"湖北省侨联梁亮胜侨界科技奖励基金"表彰决定，校侨联获评"全省侨联系统先进集体"，1人获评"全省侨联系统先进个人"，10位老师分获"湖北省侨联梁亮胜侨界科技奖励基金"二、三等奖（一等奖空缺）。

2021年7月，在湖北省第十一次归侨侨眷大会上，谭必恩当选省侨联副主席

2021年11月，学校党委根据疫情防控要求，调整祝寿会形式。在校党委副书记马建辉的带领下，校侨联主席谭必恩、各寿星所在院系党委主要负责人为38位归侨侨眷祝寿，并赠送生日蛋糕、鲜花和贺卡。

2022年4月，省侨联十一届二次全委会议召开，省委常委、统战部部长尔肯江·吐拉洪出席会议并讲话。会议增选了省侨联十一届委员会委员、常委，选举施政同志为省侨联主席。省侨联委员、校侨联副主席、附属协和医院消化内科主任医师朱良如教授参加会议并作交流发言。

2022年5月，第十六届全省高校、科研院所、大型企事业单位侨联联席会议在襄阳召开，省侨联党组书记、主席施政，副主席谭必恩，襄阳市政府副市长龙小红参加会议。谭必恩作关于侨联历史、组织建设、权益保护等方面专题报告。校侨联副主席、武汉光电国家研究中心朱明强教授参会并作交流发言。

2023年1月，中国侨联内刊《基层侨联建设》以"初心如磐担使命 同心奋进谱新篇——华中科技大学'侨之家'建设取得积极成效"为题，介绍了华中科技大学侨联在侨务工作中的经验做法。

2023年3月，省侨联党组书记、主席施政一行来校调研。校党委书记李元元，校党委副书记张耀，省侨联党组成员、副主席王慧萍，省侨联副主席、校侨联主席谭必恩参加调研。

2023年3月，省侨联党组书记、主席施政一行来校调研

2023年5月23日，襄阳市侨联党组书记、主席陈红一行到校侨联参观调研。

2023年5月26日，中国侨联秘书长、办公厅主任陈迈一行来校调研。

（谭必恩、卢群伟、朱月珍、陈英汉、

顾馨江、张鹃、何亮、郭新、薛松、戴菲）

第二章

华中科技大学欧美同学会（留学人员联谊会）

第一节 历史沿革

华中科技大学从创校之初就与留学归国人员渊源至深。1953 年成立的华中工学院筹备委员会中，筹委会主任兼第一任校长查谦曾于 1923 年获美国明尼苏达大学物理学博士学位，筹委会委员周泰康也曾于 1949 年获美国哈佛大学工程研究院硕士学位。多年来，学校的发展与进步一直离不开留学归国人员的巨大贡献，包括"中国外科之父"裘法祖、机械工程专家周济等。近年来，随着国家实力的不断增强，越来越多的海外留学人才回国效力，为国服务。到目前为止，华中科技大学在职的留学归国人员达到千余人，成为创建世界一流大学的一支重要力量。留学归国人员活跃在教学科研一线，发挥专业基础扎实、国际视野开阔、管理理念先进的优势，在学校各项工作中发挥了积极作用，做出了突出贡献。

华中科技大学留学归国人员联谊组织成立于 21 世纪初。2000 年 7 月，一群从日本留学归来的教职工聚集在一起，成立了武汉地区第一个留日归国人员的组织"华中科技大学留日归国人员联谊会"。联谊会的成立，为留日归国人员学成归来、报效祖国、发挥特殊作用，提供了一个交流平台。在此基础上，"华中科技大学欧美同学会（留学人员联谊会）"（以下简称校欧美同学会）于 2006 年 3 月 8 日正式成立。为了便于开展活动，2008年1月，校欧美同学会对组织结构进行了调整，下设欧美同学分会和留日同学分会两个分会。2011年5月，校欧美同学会对组织负责人进行了调整，设常务理事8人，理事20人。2015年1月5日，选举产生了38名校欧美同学会第二届理事会理事。2019年6月27日，选举产生了39名校欧美同学会第三届理事会理事。

2006年3月8日，选举产生校欧美同学会第一届理事会，杨叔子任会长，程时杰任常务副会长，王乘、刘伟、田玉科、黄德修、黄一夫、邵新宇任副会长。邵新宇任欧美同学分会会长，黄一夫任留日同学分会会长。

2015年1月5日，选举产生了校欧美同学会第二届理事会，邵新宇任会长，丁汉、田玉科、刘德明、余翔、陈建国、郭兴蓬、谢长生任副会长。

2019年6月27日，选举产生了校欧美同学会第三届理事会，丁汉任会长，田玉科、刘德明、何西森、苏颖、李骥、周军、胡鹏、蒋凯、董凌莉、廖小飞、谭渊、翟天佑任副会长。

第二节　主要工作及成绩

校欧美同学会自成立以来，在学校党委的指导下，在组织建设、开展联谊、政治学习、服务学校、服务社会、宣传报道等方面都做了大量的工作。

一是组织规模不断扩大。校欧美同学会成立之初，在册人员仅有百余人，在此基础之上，组织机构不断健全完善。经过14年的发展，人员不断增加，力量不断增强，发挥的作用也越来越大。

二是开展联谊活动，加强会员及留学人员之间的交流。积极组织留学归国人员参加校党委统战部的文艺汇演，参加在武汉大学举办的两校留学归国人员羽毛球联赛活动，参加湖北省及武汉市欧美同学会的联谊活动，参加省市举办的音乐会等活动。这些活动扩大了校内外留学人员之间的交流，提高了校留联会的凝聚力，也激发了留学归国人员对学校的向心力和身为"华中大人"的荣誉感。同时，发挥联系广大留学人员的桥梁和纽带作用，积极反映留学归国人员的意见和要求，维护他们的合法权益，关心他们的工作和生活，把留联会办成留学归国人员之家，团结广大留学归国人员，在引进人才、促进学校发展中发挥更大的作用。

三是积极参加全国及省市活动，组织开展政治学习与爱国主义教育。校欧美同学会会代表积极参加国家及湖北省、武汉市统战部门组织的各类讨论、联谊或庆祝大会，包括欧美同学会成立100周年庆祝大会、全国归侨侨眷代表大会、湖北省政协会议、湖北省党外知识分子联谊会等。此外，组织广大留学归国人员认真学习了习近平总书记在欧美同学会成立100周年大会上的讲话精神，积极投身于振兴中华的伟大事业中，把民族的梦想、祖国的梦想化为个人的梦想、家庭的梦想，把自己的发展和人生的追求融入祖国发展和学校发展中，坚持党的领导，坚定中国特色社会主义信念，加强道德修养，掌握真才实学，练就过硬本领，努力成为堪当大任、能做大事的优秀人才，在教书育人、科学研究和学科建设中做出更大成绩。

四是为学校国际化发展积极做贡献。校留学归国人员有着很好的留学背景和与国际学界的密切联系，在学校国际化发展进程中主动作为，为推动构建"教授为桥梁、院系为基地、学校提供支持和引导"的学校国际合作与交流工作格局做贡献。

五是发挥特长，服务社会与社区。组织校留学归国人员中的医学专家，在校老年活动中心举办面向离退休老同志及其家属的健康讲座以及义诊活动。在2020年抗击新冠疫情的战斗中，留学归国人员更是积极奋战在一线救治、患者收纳、募捐捐赠、科学抗疫、建言献策等各条战线上，为武汉和全国疫情的有效控制做出了重要贡献。疫情期间，留学归国人员、协和医院消化内科教授蔺蓉，在发热门诊从事危重患者抢救和病人转诊工作。欧美同学会副会长、协和医院神经内科教授苏颖,连续52天工作在发热门诊调配组,负责患者出入院的联络协调。留美归国的机械学院教授兼华中数控股份有限公司董事长陈吉红,组织华中数控员工加班加点,满负荷开发生产新一代智能测温红外热像仪,并与卓尔公益基金会共同向武汉市、湖北省各地市州及全国各地捐赠了一百多台人体测温红外设备,这些设备被安装在武汉市火神山医院、雷神山医院、天河机场、全国支援武汉医疗队集中居住的宾馆等重要场所。留学归国人员、管理学院教授邓世名,在疫情期间积极搜集相关信息,多次撰写相关建言,多次上报社情民意为湖北省政协提供决策参考。

六是支持和鼓励留学归国人员立足本职工作、敬业爱岗、多出成绩。1991年1月,学校14位同志受到中宣部、国家教委等表彰。其中周济、余胜生被评为有突出贡献的回国留学人员。1997年1月,学校被人事部、国家教委评为"留学工作先进单位",李培根、王乘、朱耀庭、周祖德4人被评为"优秀留学回国人员"。积极宣传留学回国人员在本职工作岗位中取得的优秀成绩,包括学术进展、创新创业、抗击疫情等。曾在《长江日报》以"弘扬留学报国爱国主义传统 实现民族复兴梦"为题,报道了宁琴、刘胜的留学报国事迹。宁琴荣获由武汉欧美同学会(留学人员联谊会)评选的第二届"留学报国贡献奖";刘胜获评为"优秀留学人员"。此外,还积极引导、协助、选拔和推荐杰出的留学归国人员申报湖北省、武汉市欧美同学会主办的"报国奖"评选活动,并进一步在更大范围宣传"报国奖"获得者的先进事迹,扩大学校的影响,激励更多的留学归国人员向他们学习。

欧美同学会(中国留学人员联谊会)于2020年3月组织开展的"留学报国战'疫'有我"主题征文活动,附属协和医院陈向东的征文《劈波斩浪的"插管突击队"超越生死时速》荣获一等奖,附属同济医院郑华的征文《抗"疫"日记》荣获二等奖。

第三节　历任主要负责人介绍

● 杨叔子：(华中科技大学欧美同学会（留学人员联谊会）第一届会长　任职时间：2006.3—2015.1)

杨叔子(1933.9—2022.11)，江西湖口人，中共党员，中国科学院院士，曾任原华中理工大学校长、华中科技大学学术委员会主任，华中科技大学欧美同学会（留学人员联谊会）第一届会长，著名机械工程专家、教育家。（详见第322页）

● 邵新宇：(华中科技大学欧美同学会（留学人员联谊会）第二届会长　任职时间：2015.1—2019.6)

邵新宇（1968.11—），江苏靖江人，中共党员，中国工程院院士，曾任华中科技大学党委书记，科技部党组成员、副部长，华中科技大学欧美同学会（留学人员联谊会）第二届会长，现任湖北省政府党组成员、副省长。（详见第323页）

● 丁汉（华中科技大学欧美同学会（留学人员联谊会）第三届会长　任职时间：2019.6—）

丁汉（1963.8—），安徽枞阳人。中共党员，中国科学院院士，教授，博士生导师，机械电子工程专家。

1997年获国家杰出青年基金资助，2001年受聘为教育部长江学者特聘教授，2005年和2011年两任"973"项目首席科学家。担任IEEE自动化科学和工程汇刊副主编(2003—2007)、主编(2011—)，IEEE/ASME机电一体化汇刊技术编辑(2010—)。

长期从事数字制造理论与技术研究，建立了复杂曲面宽行加工理论，突破了多轴联动高效加工的关键技术；提出了高速加工稳定性分析的全离散法，保证了复杂工况下无颤振高效加工；提出了机器人操作规划的空间几何推理方法，研制了大叶片机器人"测量－操作－加工"一体化（3M）磨抛系统。研究成果在航天、能源和汽车领域得到应用。出版专著3部，发表SCI论文150余篇。授权发明专利20余项。获国家自然科学奖二等奖1项、国家科技进步奖二等奖2项、三等奖1项，省部级科技进步奖7项。

第四节　人物风采

● 李德群（中国工程院院士）

李德群（1945.8—2022.9），江苏泰州人。中共党员，中国工程院院士，教授，博士生导师，著名材料成形专家，全国高校黄大年式教师团队负责人，全国优秀科技工作者。

先后担任华中科技大学材料科学与工程学院院长、国务院学位委员会材料学科评议组成员、国际先进成型技术学会创会监事、中国模具工业协会特邀顾问、中国塑料工程学会塑料机械及模具分会副理事长等。长期致力于材料成形数字化与智能化研究，取得了卓越成就。研发出冲压模CAD、塑料模CAD/CAM系统，填补了国内空白，为开创我国模具数字化研究做出了重要贡献；率先在我国开展塑料注射成形模拟研究，创建的表面模型成为国际主流技术，在国际上产生了重要影响；推动材料成形与人工智能融合，研发出注射成形智能装备，引领了成形装备智能化的发展方向。成果广泛用于航空航天、汽车交通、电子电器等领域，在国防建设和国家支柱产业发展中发挥了重要作用。

先后获国家科技进步奖二等奖3项,国家自然科学奖二等奖1项,国际先进成型技术学会终身成就奖,以及湖北省首届杰出人才奖。主持国家级教学团队和国家精品课程,出版专著、教材21部,获省部级教学成果一等奖3项。指导研究生106名,为党和国家培养了一大批材料成形领域的栋梁之材。

● 陈孝平(中国科学院院士)

陈孝平(1953.6—),安徽阜南人。中共党员,中国科学院院士,教授、主任医师,博士研究生导师,华中科技大学同济医学院名誉院长,同济医院外科学系主任、肝胆胰外科研究所所长。肝胆胰外科领域专家,器官移植教育部重点实验室主任、国家卫生健康委员会器官移植重点实验室主任、中国医学科学院器官移植重点实验室主任,中国人体器官捐献管理中心专家委员会主任委员。

在肝胆胰外科领域做出了较系统的创新性成果:提出新的肝癌分类和大肝癌可安全切除的理论;建立控制肝切除出血技术3项和肝移植术1项;提出小范围肝切除治疗肝门部胆管癌的理念,建立不缝合胆管前壁的胆肠吻合术和插入式胆肠吻合术;改进了胰十二指肠切除术操作步骤,创建陈氏胰肠缝合技术等。这些理论和技术在全国32个省级行政区推广应用,效果显著。

获国家科技进步奖二等奖、国家级教学成果奖二等奖、教育部提名国家科技进步奖一等奖、中华医学科技奖一等奖、何梁何利基金科学与技术进步奖、中国抗癌协会科技奖一等奖、湖北省科技成果推广奖一等奖、湖北省科技进步奖一等奖各1项,并获得中国肝胆胰外科领域杰出成就金质奖章、湖北省科学技术突出贡献奖。先后被评为全国教学名师、全国卫生单位先进个人、卫生部有突出贡献的中青年专家、全国五一劳动奖章和全国医德标兵。2017年获得亚太肝胆胰协会颁发的突出贡献金质奖章，2019年获得全国"最美科技工作者"称号，2020年获得全国创新争先奖章。英国爱丁堡皇家外科学院荣誉院士。University of Insubria 前任校长 Renzo 教授在《Nature》发表署名文章，称陈孝平为"国际肝胆胰外科技术改进与创新的领导者"。

现任亚太腹腔镜肝切除推广与发展专家委员会主席，中国腹腔镜肝切除推广与发展专家委员会主任委员，国际肝胆胰协会中国分会主席，亚太肝癌协会常委，美国外科学会 Honorary Fellowship，美国外科学院 Fellowship，国际外科专家组（ISG）成员，中华医学会外科学分会常务委员兼肝脏学组组长，中国医师协会外科医师分会副会长和器官移植分会副会长，武汉医学会会长。

第五节 大事记

2000年7月8日，学校成立"留日同学会"，将学成归来、正在华中科技大学工作的70余名留日人员聚集在一起，大会通过了《留日同学会章程》，选举产生了理事会。会长彭文生，副会长张兴敏、肖诗亮、陈建桥，秘书长程润文，副秘书长官阳。

（一）华中科技大学欧美同学会（留学人员联谊会）第一届理事会（2006.3—2015.1）

2006年3月，华中科技大学欧美同学会（留学人员联谊会）第一届理事会正式成立。选举产生会长杨叔子，常务副会长程时杰，副会长王乘、刘伟、田玉科、黄德修、黄一夫、邵新宇；任命了秘书长邓建平，副秘书长刘琼、程润文。

2007年12月，留日同学在不同的岗位上发挥业务专长，为学校锦上添花，开展了留日归国人员联谊会，举行"迎新春"专家义诊活动。

2008年1月，校欧美同学会对组织结构进行了调整，下设欧美同学分会和留日同学分会两个分会。欧美同学分会：会长邵新宇，副会长鄢明玉、余翔、李和、黄眭、程龙献，秘书长刘琼。留日同学分会：会长黄一夫，副会长周建波、张兴敏、陈俊生、肖诗亮、徐可树、郭兴蓬、程润文，秘书长程润文。

2008年1月，华中科技大学欧美同学会与武汉欧美同学会联合举办新年晚会，王乘副校长致辞。

2013年3月，统战部召开留学归国人员座谈会。统战部、人事处、欧美同学会留学人员联谊会、校侨联等单位负责人与学校留学归国人员代表汇聚一堂，围绕留学人员工作成绩、面临的困难、进一步发挥作用的建议等开展了互动交流。统战部部长李新主主持座谈会。

2013年9月，《长江日报》以"弘扬留学报国爱国主义传统 实现民族复兴梦"为题，报道了武汉欧美同学会留学人员的创新创业风采，宁琴、刘胜两位教授的留学报国事迹获专版报道。

2013年10月，中国欧美同学会成立100周年庆祝大会在北京人民大会堂举行。李培根校长作为武汉市代表团团长出席会议，校欧美同学会副会长兼秘书长余翔，以及武汉光电国家实验室、武汉锐科光纤激光器技术有限公司闫大鹏作为武汉市欧美同学会代表团成员参会。

2013年11月，武汉市欧美同学会举办"学习贯彻习近平总书记在欧美同学会成立100周年庆祝大会上的讲话精神"专题座谈会，校欧美同学会常务理事兼副秘书长程润文参加。

2013年12月，湖北省党外知识分子联谊会第四次会员代表大会召开，选举产生了第四届党外知识分子联谊会领导班子。省委常委、统战部部长张岱梨出席会议并讲话。学校31位会员代表参加大会。留学归国人员电气学院袁小明、机械学院刘胜、化学学院王艳、基础医学院卿国良当选为省第四届党外知识分子联谊会常务理事,其中袁小明当选为副会长。

2014年7月,省委统战部刘爱党副部长率队来校调研留学回国人员工作。校党委常务副书记丁汉初参加了调研活动。党委统战部部长李新主主持座谈会。

2014年12月,为了促进留学回国人员之间的交流、联谊,并增强教师健身意识,校欧美同学会和武汉大学欧美同学会共同举办两校留学人员羽毛球联谊赛。

(二)华中科技大学欧美同学会(留学人员联谊会)第二届理事会(2015.1—2019.6)

2015年1月,华中科技大学欧美同学会(留学人员联谊会)第二届理事会选举产生了38名理事会理事。会长邵新宇,副会长丁汉、田玉科、刘德明、余翔、陈建国、郭兴蓬、谢长生,秘书长程润文。

2015年1月,校侨联、校欧美同学会在校工会多功能厅举行2014年工作总结暨联欢会。常务副校长邵新宇,党委统战部部长李新主、校侨联委员、校欧美同学会理事、学校归侨侨眷和留学人员代表共计80余人齐聚一堂。

2015年5月,举办华中科技大学归侨、留学回国人员"谈生物与化学"学术研讨会。校党委统战部人员、校侨联部分委员、留学回国人员联谊会部分理事,以及化学与化工学院、生命科学与技术学院的部分师生到场听会。

2015年5月,湖北省委统战部副部长刘爱党等一行来校调研归国留学人员工作。校党委统战部部长李新主、校欧美同学会秘书长程润文和归国留学人员代表基础医学院李和教授、外国语学院谭渊教授、生命学院贾海波副教授、同济医院王良教授等参加座谈会。

2015年10月,由武汉欧美同学会主办,武汉大学欧美同学会承办,华中科技大学欧美同学会、光谷菁英荟联谊会协办的第二届武汉市欧美同学会羽毛球团体友谊赛在武汉大学医学部体育馆开赛。

2015年11月，中美联合2015知识产权培训班在华中科技大学管理学院开幕。就国际合作中的知识产权问题，中外法律专家为与会技术人员提供培训。校欧美同学会副会长、校中美清洁能源联合研究中心项目中方知识产权负责人余翔发表讲话。

2015年11月，《长江日报》第8版在"奏出时代强音留学归国人员在创新创业中实现报国理想"专栏，报道华中科技大学留学归国人员、光电信息学院刘德明教授"在光纤光学领域取得创新性成就、为光学工程学科名列全国第一作出突出贡献"的先进事迹。

2015年11月，校欧美同学会受邀派代表参加"欧美同学会·中国留学人员联谊会"来鄂调研座谈会。

2016年1月，校欧美同学会和校侨联召开2015年工作总结暨2016年新春联谊会。武汉市委统战部联络处处长马杰、调研员陈东参加会议，学校归侨侨眷代表、留学人员代表和党委统战部全体成员20余人参加会议。校留联会秘书长程润文主持会议。

2017年6月，校欧美同学会（留学人员联谊会）组织13名代表到孝昌县开展精准扶贫活动调研，了解驻巴石村工作队扶贫工作开展情况，并为精准扶贫对象送去慰问物资。

2018年12月，湖北欧美同学会（湖北留学人员联谊会）第二届理事会第一次会议在武汉召开。副校长陈建国等16位归国留学人员代表参加了会议。

（三）华中科技大学欧美同学会（留学人员联谊会）第三届理事会（2019.6—）

2019年6月27日，华中科技大学欧美同学会（留学人员联谊会）第三届理事会选举产生了39名理事。会长丁汉，副会长田玉科、刘德明、何西淼、苏颖、李骥、周军、胡鹏、蒋凯、董凌莉、廖小飞、谭渊、翟天佑，秘书长陈蓉。

杨叔子院士（前排右一）、邵新宇（后排右三）、丁汉（后排右一）三任会长在欧美同学会（留学人员联谊会）第三次会员代表大会期间亲切合影

2019年6月27日，校欧美同学会（留学人员联谊会）
第三次会员代表大会召开

2019年8月，国家自然科学基金委员会公布2019年度国家杰出青年科学基金建议资助项目申请人名单，党外代表人士缪小平，归国留学人员黄永安、高庆蕾、卢兴入选。

2020年11月，第十期华中大同心论坛暨归国留学人员学术交流会召开。论坛聚焦生物医疗与工程技术的交叉融合与创新，邀请多位归国留学人员进行跨学科交流。副校长张新亮，校留联会会长、机械学院院长丁汉院士参加论坛。论坛由校党委统战部主办，校欧美同学会承办。

2020年12月，武汉市欧美同学会（留学人员联谊会）第三次会员代表大会在市政府礼堂召开。校欧美同学会会长丁汉当选为武汉欧美同学会（留学人员联谊会）第三届理事会会长。李德仁、李培根、叶朝辉、张联盟、徐红星五位院士被聘请为第三届理事会名誉会长。

2021年9月，武汉欧美同学会秘书长、校欧美同学会秘书长、机械学院陈蓉教授获2021年腾讯"科学探索奖"。

2021年11月3日，校欧美同学会与武汉大学欧美同学会、武汉欧美同学会合办了"武大－华科归国留学人员先进制造论坛"。武汉欧美同学会陈茉秘书长参加论坛。

2022年1月，武汉市委常委、统战部部长杨玲一行来校看望中国工程院院士、武汉欧美同学会名誉会长李培根，中国科学院院士、武汉欧美同学会会长丁汉。市委统战部常务副部长赵学龙、校党委副书记马建辉、党委统战部常务副部长杨筱、机械学院党委书记高亮等参加慰问。

2022年1月，武汉欧美同学会秘书长、校欧美同学会秘书长、机械学院陈蓉教授荣获中国人民政治协商会议湖北省第十二届委员会"优秀政协委员"称号。

2022年10月16日，中国共产党第二十次全国代表大会在北京人民大会堂开幕。校欧美同学会第三届理事会成员集中观看了大会直播，并交流了学习二十大报告的心得体会。

2023年2月，武汉欧美同学会秘书长、校欧美同学会秘书长、机械学院陈蓉教授荣获中国科协第二十五届"求是杰出青年成果转化奖"，同年11月获第十七届中国青年科技奖。

2023年2月10日，湖北欧美同学会第二届常务理事会第三次会议在武汉召开。校欧美同学会副秘书长张晓东参加会议。

2023年4月，丁汉院士荣获"中国产学研合作突出贡献奖"，其团队获美国机械工程学会机床与量具奖。

（丁汉、陈蓉、张晓东）

第三章

华中科技大学民族团结进步促进会

第一节 历史沿革

1990年4月27日,华中理工大学民族工作小组成立。马金城任组长,韦世鹤、吴永波为副组长。校党委副书记姚启和、党委统战部部长陈步清参加会议。

1991年11月,同济医科大学少数民族联谊组成立。

1998年10月,华中理工大学少数民族联谊会在赤壁市陆水湖举行会议。根据工作报告及华中理工大学少数民族联谊会章程(草案),原工作小组更名为华中理工大学少数民族联谊会,选举马金城为少数民族联谊会会长,陈国清、韦世鹤、吴永波、韦忠朝为副会长,焦力炜为秘书长。党委统战部副部长王锋参加会议。

2001年7月9日,华中科技大学少数民族联谊会正式成立。成立大会由党委统战部部长邓华和主持,党委副书记刘献君到会祝贺并讲话。武汉市民族宗教局局长吕盛东和湖北省委统战部民族宗教处负责人余鹏对学校民族团结工作给予了充分肯定。武汉市民族宗教局副局长阳国安还向学校少数民族联谊会赠送了书籍。全校16个少数民族253名教工的50名代表参加会议。大会一致选举马金城为联谊会会长,罗启发、陈国清、韦世鹤、韦忠朝、蓝寿荣、焦力炜、刘保玉、金红为副会长，焦力炜为秘书长。

2001年7月9日，华中科技大学少数民族联谊会成立大会召开

2004年10月30日，"武汉市少数民族联谊会"更名为"武汉民族团结进步促进会"。更名大会上，华中科技大学少数民族联谊会会长马金城因积极支援贫困地区文化事业建设受到表扬。翦天聪继续当选为武汉民族团结进步促进会名誉会长，马金城、赵振羽、赵元弟等3人当选为常务理事，刘建平为理事，焦力炜为副秘书长，熊蕊等6人为武汉民族团结进步促进会会员。会前，武汉市委统战部、市民族宗教事务局的领导会见了熊蕊、赵元弟、刘建平等，感谢他们对民族团结工作的大力支持，希望他们一如既往地为武汉市的经济繁荣与社会稳定作出贡献。

2006年7月，根据工作需要，经学校少数民族联谊会会长、副会长及秘书长商量，并征得校党委统战部同意，决定增补覃璇为学校少数民族联谊会副秘书长。

2011年起，华中科技大学每年举办少数民族文化节。文化节包括少数民族文化展览和歌舞晚会两个部分，吸引了各族师生参加，来自维吾尔族、哈萨克族、藏族、回族等多个少数民族的学生充分展示自己民族的文化、历史、风俗等。

2013年1月，来自回族、土家族、满族、壮族、布依族、维吾尔族、汉族等10多个民族的近百名师生代表齐聚一堂，参加学校民族团结进步促进会换届大会，见证了"华中科技大学少数民族联谊会"正式更名为"华中科技大学民族团结进步促进会"这一历史时刻。从"联谊"到"促进民族团结"，是深入贯彻落实党的民族政策、调整联谊会工作重心的具体体现。大会审议通过了《少数民族联谊会工作报告》《修改华中科技大学民族团结进步促进会章程的报告》和《民族团结进步促进会选举办法》，选举产生了民族团结进步促进会委员会委员。王小平和熊蕊为会长，赵元弟、韦忠朝、吴涛和刘婵娟为副会长，覃璇为秘书长，粟晓丽任副秘书长。

新修订的《华中科技大学民族团结进步促进会章程》，分为总则、任务、组织三章，增加了有关少数民族学生管理的内容，明确了委员会委员产生方式和加入促进会的程序。章程规定校民族团结进步促进会的任务是：学习、宣传党的民族政策和法律法规，维护和增强民族团结，促进和谐校园建设；密切联系少数民族教职工，关心少数民族教职工的思想、工作和生活，及时反映他们的意见、要求和建议，维护合法权益，并积极引导少数民族教职工为学校建设和发展多作贡献；加强少数民族师生的联系，协助学校有关部门做好少数民族学生的工作，关心他们的学习和生活，营造团结、和谐氛围；在校党委的领导下，贯彻落实党和政府制定的有关民族政策、法规，努力完成上级组织交办的任务；开展联谊活动，增进民族情谊，丰富文化生活，交流学习工作经验。

2019年12月5日，华中科技大学民族团结进步促进会第三次会员代表大会召开，审议《民族团结进步促进会第二届委员会工作报告》，审议通过《民族团结进步促进会第三届委员会委员选举办法》，同时选举产生民族团结进步促进会第三届委员会。马彦琳任会长，龙洪波、刘雅然、宋静、赵元弟、郭峥、黄贝娜任副会长，陈小丽任秘书长，帕鲁克·甫拉提、粟晓丽任副秘书长。

第二节　主要工作及成绩

华中科技大学民族团结进步促进会根据学校党委、党委统战部和省市有关部门的统一安排部署，以习近平新时代中国特色社会主义思想为指导，在继承和发扬历年开展民族团结进步工作好经验、好做法的基础上，与时俱进；围绕"铸牢中华民族共同体意识"这条新时代民族工作的主题主线，以各民族"共同团结奋斗，共同繁荣发展"为主题，全面贯彻党的民族政策，围绕党的中心任务和学校中心工作，积极开展民族团结进步活动，使学校的民族团结进步事业进一步巩固，各项工作顺利开展，为建设世界一流大学贡献力量。

一、自身建设

民族团结进步促进会成员认真学习党中央关于民族工作的重要精神，把贯彻落实中国共产党关于民族问题的基本理论和基本政策等与自身工作紧密结合，将党的关爱传达到民族师生身边。

（一）积极开展政治理论学习

经民族团结进步促进会委员会统筹，推荐学校11人参加武汉民族团结进步促进会第四届会员大会学习交流；组织部分委员参加统战部主办的"协商民主与参政能力建设"讲座；组织各族教师代表参加学校统一战线学习培训班，聆听专家们关于统一战线几个重要问题的主题报告；组织教师代表参加集中收看中国共产党第十九次、第二十次全国代表大会开幕会活动；组织委员参加学校统一战线传达学习党的十九大、二十大精神座谈会；推荐委员陈小丽参加2017年鄂湘粤三省高校统战理论研讨会暨湖北高校统战理论研究会第33次年会。这些工作培养了一批立场坚定、思想过硬的少数民族人才，为落实各项民族政策营造良好氛围。

（二）积极参加统一战线活动

联系校出版社捐赠近万元图书，帮助武汉市经济开发区龙湖回族村开设村阅览室；2008年参加武汉市关于"3·14事件"民委座谈会，做好民族团结稳定工作；建言学校有关院系关心民族学生的成长，加强民族学生教育管理。2011年5月中旬，与学校人大代表、政协委员、民主党派成员、归侨侨眷、留学归国人员等代表共20人赴重庆，参观中国民主党派历史陈列馆、渣滓洞、红岩村、中央南方局、周公馆、桂园等。在统战部组织的建党90周年"同心同行文艺演出"庆祝大会上，组织学校各民族师生载歌载舞，表达与中国共产党同心同行的决心与信心。

（三）开展民族联谊活动

2011年开始，学校每年举办石榴红文化节。石榴红文化节起初仅是少数民族学生文化交流的载体，命名为"少数民族文化节"。为体现中华民族丰富多彩的文化，加强各民族学生的文化交流，"少数民族文化节"改名为"民族文化节"。为更加体现中华民族一家亲的良好氛围，2019年开始"民族文化节"正式改名为"石榴红文化节"。文化节晚会上，各民族学生通过舞台展现独特的艺术文化，增进交往、交流、交融，强化对中华文化的认同，营造中华民族大团结的良好氛围。2011年11月，举办首届民族文化节晚会。2012年10月，举办第二届民族文化节晚会。2013年10月，举办第三届民族文化节文艺表演。2014年10月，举办第四届民族文化节文艺表演。2015年11月，举办"促进文化交流，增进民族团结"第五届少数民族文化节。2016年11月，举办第六届民族文化节。2018年11月，举办"携手奋进新时代，同心共筑中国梦"第八届民族文化节。2019年11月，举办"同心奋进七十载，喻家山下石榴红"石榴红文化节。

2017年10月成立石榴籽合唱团。合唱团由一群热爱音乐、阳光向上的各民族学生组成，包含维吾尔族、哈萨克族、藏族、汉族、回族、布依族等多个民族。旨在为音乐爱好者提供学习的平台，促进各民族学生的交往、交流和交融。合唱团坚持"用歌曲传递正能量"的原则，弘扬爱国主义精神，充分展示各民族学生的精神风貌和艺术风采，同时凝聚和带动少数民族学生提升人文艺术素养，展现学生们良好的精神风貌。2017年10月，合唱团参加"青春心向党，红歌颂中华"红歌合唱晚会。2019年7月，为了迎接中华人民共和国70华诞，合唱团成员主唱主演并参与拍摄了《喻家山下石榴红，青春献礼新时代》，该视频在学校各大新媒体平台播出，为七一献礼，为祖国喝彩。2020年疫情期间，合唱团也积极开展云合唱，为抗击疫情发声助力。

2018年11月，学校举办"携手奋进新时代，同心共筑中国梦"第八届民族文化节

积极开展主题教育活动。组织民族学生开展"不忘初心，牢记使命"主题教育活动，激励各民族学生全力投入到学习和活动中，为学校高水平大学建设、民族团结贡献力量。2018年12月，赴北京参观改革开放

40 周年展。2018 年赴深圳开展暑期实践。2019 年 1 月，2019 年寒假本科留校学生慰问座谈会举行，校领导邵新宇、李元元、湛毅青、梁茜参加，并与各民族学生亲切交流。2019 年 5 月，民族学生"五月的鲜花"主题活动举行。2019 年 9 月，本科学生骨干赴北京参观"伟大历程 辉煌成就——庆祝中华人民共和国成立 70 周年大型成就展"。2019 年，民族学生赴"施洋烈士陵园"开展祭扫活动。2020 年 1 月，2020 年春节留校民族学生新春团年饭举行，校党委常委、副校长梁茜参加，并与各民族学生亲切交流。2022 年 10 月至 11 月，组织各民族学生观看党的二十大开幕会，开展"党的二十大和我的红色寻访"主题宣讲、"学习二十大 青春向未来"定向越野活动。

二、参政议政，建言献策

2008 年 10 月，熊蕊当选全国总工会十五大代表。

2008 年，熊蕊当选为湖北省第十一届人大代表并当选省人大常委会委员，参加湖北省第十一届人民代表大会会议。

2009 年和 2010 年，武汉市少数民族联谊会理事、市人大代表刘建平积极参加武汉市人大提案工作。

1998 年、2003 年、2008 年，校少数民族联谊会名誉会长田玉科当选第九届至第十一届全国人大代表、全国人大常委会委员、全国人大民族委员会委员，2013 年当选第十二届全国政协常委。

2011 年 12 月，王小平任湖北省伊斯兰教协会第五届常委兼副秘书长，2018 年 1 月王小平连任省伊斯兰教协会第六届常务理事兼副秘书长。

2012 年、2017 年赵元弟担任武汉市第十二届政协委员、武汉市第十三届政协委员。

2003 年、2008 年，熊蕊先后当选湖北省第十届、第十一届人大代表、省人大常委会委员。

积极参政议政，为学校、地方经济社会发展建言献策。合校之初，针对少数民族学生需求，在学校修建民族风味食堂问题上，学校统战部和少数民族联谊会配合学校做了大量调查研究工作，为学校决策提供了重要依据。学校先后修建两个民族风味食堂，解决了少数民族学生和教师的就餐问题，维护了学校和谐发展。

武汉市少数民族联谊会理事、市人大代表刘建平积极参加武汉市人大提案工作。王小平为湖北省伊斯兰教协会第五届委员会常委和副秘书长，为湖北省民族宗教工作尽心尽力。赵元弟为武汉市政协委员，2016年受武汉市政协民族宗教专委会委托，负责撰写了《关于我市宗教房产自养情况的调研报告》，为提高武汉市各宗教团体的自养能力，贯彻落实我国宗教实行独立自主自办方针，促进武汉和谐社会建设作出了一定贡献。金闻文在教代会上提交《恢复部分教职工保留津贴中清真饮食补贴的建议》提案，受到了领导和教职工的好评。

三、服务民族师生

密切联系少数民族教职工，关心少数民族教职工的思想、工作和生活，维护合法权益，并积极引导少数民族教职工为学校建设和发展多作贡献。贯彻党的民族政策，始终把培养和选拔少数民族干部作为一项重大任务，采取具体有效的措施，取得良好成效。

（一）做好少数民族干部培养工作

推荐少数民族教职工参加武汉市民委组织的少数民族干部培训班，先后推荐赵元弟和覃璇参加培训。杨年红、魏震参加2013年武汉市民族宗教委员会少数民族干部培训班，粟晓丽参加2015年武汉市民族宗教委员会少数民族干部培训班。

公共管理学院刘建平参加湖北大学副校长竞聘，于2009年至2011年担任湖北大学副校长，后因工作业绩显著被选派至鄂州市担任鄂州市副市长，2020年起担任湖北大学校长。

（二）关心少数民族教职工

校民族团结进步促进会在校统战部网页上介绍各民族的风俗、服饰等，使大家相互了解，减少不必要的矛盾。重大节日看望为学校民族团结工作作出贡献的老同志遗孀以及生病的少数民族教工。一些少数民族干部走上了学校中层领导岗位，在教学、科研、社会活动中积极发挥作用，取得突出成就。

（三）协助做好民族学生工作

民族团结进步促进会部分成员在学校职能部门、院系工作，长期与学生接触，注重在思想上强化引领、在学业上指导帮扶、在生活上关爱尊重，全方位促进学生成长成才。热情帮助少数民族学生解决实际困难，营造和谐、良好的学习氛围，充分突出学校民族教育优势。民族学生教育管理服务工作坚持立德树人为根本任务，以学风建设为重要抓手，坚持问题导向，精准施策育人，扎实推进民族学生教育管理服务工作，培养感党恩、听党话、跟党走的社会主义可靠接班人。

四、获奖情况

2003年6月，武汉市少数民族联络委员会委员、华中科技大学少数民族联谊会会长、校办副主任马金城同志被武汉市人民政府授予"民族团结进步先进个人"称号。

2008年，覃璇荣获"武汉市民族团结进步先进个人"称号。

2010年2月，马金城荣获省委、省政府授予的"湖北省民族团结进步模范个人"称号。

2010年4月，武汉民族团结进步促进会常务理事、市青联委员赵元弟荣获第八届"武汉十大杰出青年"称号。

第三节　历任主要负责人介绍

● 马金城（华中科技大学少数民族联谊会会长　任职时间：1990.4—2013.1）

马金城（1945—），男，回族，河北沧州人，中共党员，四级教育职员。

1990年至1998年，任华中理工大学少数民族工作小组组长；1998年至2001年，任华中理工大学少数民族联谊会会长；2001年至2013年，任华中科技大学少数民族联谊会会长；2018年被选为武汉市民族团结进步促进会常务理事。2003年荣获武汉市人民政府"民族团结进步先进个人"称号；2010年荣获湖北省委、省人民政府授予的"湖北省民族团结进步模范个人"荣誉称号。撰写的《努力做好新形势下的民族团结工作》《加强民族团结，共同繁荣进步》等论文，分别发表在《华中理工大学学报（社会科学版）》《统一战线》等杂志。

随着党中央"西部大开发"战略的推进，越来越多的少数民族学子来到华中科技大学，为了解决他们的饮食问题，马金城多次到中南民族大学等高校调研，撰写了三次调查报告提交学校领导，在校领导的决策和支持下，民族风味食堂迅速建立，受到各民族学子的欢迎。

● 王小平（华中科技大学民族团结进步促进会第二届会长　任职时间：2013.1—2019.12）

王小平（1952.8—）男，回族，湖北枣阳人，中共党员，四级事业职员。1978年3月考入华中师范大学中文系，1982年1月毕业分配到武汉医学院工作。历任同济医科大学校报编辑部主任、校党委宣传部副

部长、校党委组织部部长等职务。

2000年起,先后担任华中科技大学同济医学院党委副书记、同济校区党工委书记等职务,2013年5月退休。2012年1月至2019年12月任华中科技大学民族团结进步促进会会长。2011年12月至2018年1月任湖北省伊斯兰教协会第五届常委兼副秘书长,2018年1月连任湖北省伊斯兰教协会第六届常务理事兼副秘书长。

● **熊蕊(华中科技大学民族团结进步促进会第二届会长 任职时间:2013.1—2019.12)**

熊蕊(1956.12—),女,回族,中共党员,华中科技大学教学名师。

多年从事教学、科研和教学管理、教学研究与教学改革、拔尖创新人才培养和试点学院工作。历任华中科技大学电气与电子工程学院副院长、教务处常务副处长、启明学院常务副院长、信息化管理办公室主任等职。2013年1月至2019年12月任华中科技大学民族团结进步促进会会长。历任湖北省第十届、第十一届人大代表,湖北省第十一届人大常委会委员、民宗侨外专门委员会委员;中国造船学会电子技术委员会委员,中国通信学会电磁兼容委员会委员,电磁兼容性国防科技重点实验室客座教授,第二、三届机械工业教育协会常务理事,电气工程与自动化学科教学指导委员会副主任委员、电力电子与电力传动分委员会副主任委员,国际性期刊 EMI and EMC 中文版编审委员会成员;华中科技大学电工电子国家级实验教学示范中心、电工电子国家级教学团队负责人之一,省级精品课程负责人。获部级科技进步奖一等奖1项、三等奖2项,湖北省教学成果一等奖3项、二等奖 1 项，编写出版本科生教材《信号与控制综合实验》、研究生教材《电磁兼容基础及应用》。

- 马彦琳（华中科技大学民族团结进步促进会第三届会长　任职时间：2019.12—）

马彦琳（1965.1—），女，新疆昌吉人。现任华中科技大学党委统战部常务副部长、华中科技大学民族团结进步促进会第三届会长。（详见第 119 页）

第四节　人物风采

- 翦天聪（中国伊斯兰教协会委员）

翦天聪（1921.7—2007.8），维吾尔族，湖南桃源人，著名历史学家翦伯赞之子。1956 年加入农工党。曾任中国伊斯兰教协会委员，湖北省、武汉市伊斯兰教协会副会长、名誉副会长，武汉市伊斯兰教协会副主任。（详见第 244 页）

- 田玉科（全国人大代表）

田玉科（1953.7—），湖北五峰人，土家族。1989 年加入九三学社。曾任华中科技大学同济医学院院长、武汉欧美同学会副会长、武汉经济技术开发区管理委员会副主任、湖北省科学技术协会副主席，现为湖北省老科技工作者协会副理事长。（详见第 294 页）

● **赵元弟（第十二届、十三届武汉市政协委员）**

赵元弟（1972.3—），男，回族，湖北武汉人，中共党员，二级教授，博士生导师。

1999年于武汉大学分析化学专业获理学博士学位；2000年任新加坡国立大学化学系Research Fellow；2001年任华中科技大学生命科学与技术学院副教授，并于2003年破格评聘为教授，2004年选聘为博士生导师。历任华中科技大学生命科学与技术学院生物医学工程系副系主任、系主任；现为生命科学与技术学院副院长、纪委书记，校华中卓越学者特聘教授，校民族团结进步促进会副会长。

主要从事纳米生物光子学与生物传感技术研究，包括纳米探针标记技术、基于纳米探针的生物医学传感技术等。先后主持1项国家重点研发计划项目、1项国家863项目及其滚动项目，9项国家自然科学基金项目及多项省部级项目的研究工作。获教育部2001年度"跨世纪优秀人才"称号并获得相应基金的资助；2003年入选"湖北省新世纪高层次人才工程"（第二层次）；2005年获得霍英东教育基金会第十届高等院校青年教师奖（研究类，二等奖）；2006年获湖北省青年杰出人才基金资助,同年还获得教育部高等学校科学技术奖(自然科学奖)一等奖(排名第三)；2008年获湖北省自然科学奖一等奖（排名第三）；2010年获国家自然科学奖二等奖（排名第二）；2014年入选武汉市黄鹤英才科技计划。近年来发表SCI论文近180篇，论文被SCI他引5000余次，同时获得国家发明专利授权22项。

第五节 大事记

1990年4月，华中理工大学少数民族工作小组成立。马金城任组长，韦世鹤、吴永波为副组长。

1998年10月，华中理工大学少数民族联谊会成立，马金城为会长，陈国清、韦世鹤、吴永波、韦忠朝为副会长，焦力炜为秘书长。

（一）华中科技大学民族团结进步促进会第一届委员会（2001.7—2013.1）

2001年7月，华中科技大学少数民族联谊会成立，50名少数民族教职工代表参加会议。马金城当选为会长。罗启发、陈国清、韦世鹤、韦忠朝、蓝寿荣、焦力炜、刘保玉、金红当选为副会长，焦力炜兼任副秘书长。

2002年，在少数民族联谊会的提议下，学校连续开设了两个民族风味餐厅。

2004年，"武汉市少数民族联谊会"更名为"武汉民族团结进步促进会"。在更名大会上，翦天聪继续当选为武汉民族团结促进会名誉会长，马金城、赵振宇、赵元弟为武汉民族团结促进会常务理事，刘建平为理事，焦力炜当为副秘书长。

2004年12月，全校统战理论研讨会暨迎新联欢会召开，省委统战部、省高校工委、市委统战部等上级机关的领导同志和校党委书记朱玉泉、校长樊明武、党委副书记刘献君等参加了大会。会上，少数民族联谊会代表韦忠朝等同志进行了专题发言。

2006年4月，学校召开全国两会精神报告会。全国人大常委会委员、省九三学社副主委、同济医学院院长田玉科，全国政协常委、省九三学社主委、能源学院煤燃烧国家重点实验室郑楚光，全国政协委员、省致公党主委、物理系姚凯伦传达了全国人大十届四次会议和全国政协十届四次会议精神。校党委书记朱玉泉为大会致辞，副书记刘建凡主持会议。

2006年4月，校党委统战部组织学校7个民主党派和侨联、少数民族联谊会、欧美同学会等组织和团体共50余名代表，在军山"地球村"

举行联谊活动。党委统战部部长向太斌讲话，希望大家在交流思想中增进友谊，为学校的发展再作新贡献。少数民族联谊会会长马金城交流了少数民族联谊会的工作情况。

2006年6月，武汉市民族宗教事务委员会在武昌区召开全市少数民族联系点工作会议。校少数民族联谊会会长马金城介绍了学校民族团结工作。

2006年7月，增补覃璇（女，壮族，中共党员，科技处干部）为校少数民族联谊会副秘书长。

2007年9月，校党委统战部选派少数民族联谊会副秘书长覃璇参加了武汉市第四期少数民族中青年干部培训班。

2007年4月，校党委召开全国两会精神报告会。全国人大常委会委员、省九三学社副主委、附属同济医院田玉科，全国政协常委、省政协副主席、省九三学社主委、能源学院郑楚光，全国政协委员、省政协副主席、省农工党主委、公共卫生学院周宜开分别进行了传达。校党委书记朱玉泉，党委副书记欧阳康、刘建凡参加会议，刘建凡主持报告会。全校各二级单位党组织负责人、统战干部、统战委员，民主党派和无党派人士、侨联、少数民族联谊会成员，以及机关干部等300余人参加了会议。

2007年11月，校党委统战部部长向太斌带队，由校民革、民盟、民建、民进、农工党、致公党、九三学社等7个民主党派，侨联、少数民族联谊会、欧美同学会等3个团体，省政府参事、无党派人士代表组成考察团共60人，赴天门进行"县域经济与武汉城市圈发展情况调研"。

2008年3月，附属同济医院召开全院干部扩大会议，学习贯彻全国两会精神。各民主党派主要负责人应邀参会。第十一届全国人大常委会委员田玉科专题传达了全国人大会议精神。

2008年4月，全国两会精神报告会在管理学院学术报告厅举行。全国人大常委会委员、九三学社中央委员、省九三学社副主委、省妇联副主席、附属同济医院田玉科，全国政协常委、省政协副主席、九三学社中央常委、省九三学社主委、煤燃烧国家重点实验室郑楚光,全国政协委员、致公党中央委员、省致公党主委、物理系姚凯伦分别作了报告。校党委常务副书记冯友梅主持报告会。

2008年,少数民族联谊会参加武汉市关于"3·14事件"民委座谈会,做好民族团结稳定工作,并建言学校有关院系关心少数民族学生成长,加强少数民族学生教育。在汶川地震后,联谊会通过各渠道组织捐款、捐物、献血,积极参与救灾工作。

2009年1月,学校各民主党派和群团组织工作总结交流会在南三楼201会议室召开。校党委副书记欧阳康参加会议。参加会议的有民革、民盟、民建、民进、农工党、致公党和九三学社等7个民主党派,侨联、少数民族联谊会、欧美同学会等3个团体的学校负责人。省委统战部办公室、知识分子工作处、党派处、干部处、政策研究室等5个职能部门的负责人应邀参会。会议由校党委统战部部长向太斌主持。

2010年2月,省委、省政府在东湖宾馆召开湖北省第三次民族团结进步表彰大会。会上80个模范集体和98名模范个人受到表彰。校少数民族联谊会会长马金城同志被授予"湖北省民族团结进步模范个人"称号。

2011年12月,同济校区党工委书记王小平当选为省伊斯兰教协会常委兼副秘书长,生命学院赵元弟当选为委员。

2012年5月,校党委统战部召开主题为"庆五四,迎校庆,我为学校发展作贡献"各界青年座谈会,参加座谈会的有民主党派成员、政协委员、归侨侨眷、少数民族教工代表,座谈会由统战部部长李新主主持,校长助理袁汉桥在会上讲话。

(二)华中科技大学民族团结进步促进会第二届委员会(2013.1—2019.12)

2013年1月,"华中科技大学少数民族联谊会"更名为"华中科技大学民族团结进步促进会"。校党委副书记欧阳康、武汉市民宗委副主任夏铭、市委统战部三处处长徐军等参加会议。大会由武汉市民族团结进步促进会常务理事、生命学院赵元弟主持，会长马金城作工作报告。

2014年3月，武汉市政协副主席石大鸿，市政协常委、民族宗教委员会主任麻杰，市政协常委、民族宗教委员会副主任傅景云来校看望市政协委员、生命学院赵元弟。校党委统战部部长李新主陪同看望。

2014年3月，学校传达学习全国两会精神报告会举行。全国两会代表、委员冯丹、田玉科畅谈体会，传达两会精神。报告会由校党委常务副书记丁汉初主持。

2014年5月，校民族团结进步促进会接武汉市民族宗教事务委员会通知，向学校及时转发了《武汉市伊斯兰教协会发放2014年清真牛羊肉补贴公告》。

2014年10月，按照学校统一部署教育事业统计年报工作要求，在党委统战部指导下，在人事处支持下，民族团结进步促进会对全校少数民族教职工的个人信息作了收集和汇总，摸查并建设全校少数民族教职工数据库。

2016年，校民族团结进步促进会组织学校少数民族师生代表集体观看爱国主义电影《马本斋和他的母亲》。

2017年4月，学校召开少数民族流动人口服务管理工作会议，传达学习相关文件精神，研究部署落实措施。校党委组织部、宣传部、学生工作部、后勤集团、华中大社区等17个部门和单位主要负责人参加会议。会议由统战部部长杨筱主持。与会人员集体学习了中央、省委关于民族工作的有关精神。17个部门的主要负责人交流了加强少数民族流动人口服务管理工作的做法和经验，汇报了遇到的困难和问题，并提出了有关建议。

2017年10月，中国共产党第十九次全国代表大会在北京召开。校民族团结进步促进会通过多种形式，组织各民族教职工收看十九大开幕会。会后，他们结合实际，纷纷表达自己的感想和心声。

2017年11月，校民族团结进步促进会委员参加学校党委召开的统一战线传达学习中共十九大精神座谈会。十九大代表、校党委书记路钢向学校各级人大代表、政协委员，各民主党派负责人、无党派人士代表及统战团体负责人传达学习中共十九大精神。

2018年1月，为认真贯彻落实党的十九大精神、推动民族交往交流交融，举办了主题为"同话民族情，共绘复兴梦"的民族文化节。

2018年12月，校民族团结进步促进会代表与学校7个民主党派成员代表、无党派人士代表以及校侨联、校欧美同学会（留学人员联谊会）代表一同在一号楼211会议室集中收看了庆祝改革开放40周年大会直播。校党委副书记马建辉参加了活动。

2019年4月，组织民族学生开展爱国主义教育活动。

2019年5月，华中科技大学举办民族学生"五月的鲜花"主题活动。

2020年1月，举行春节留校民族学生新春团年饭，校党委常委、副校长梁茜参加。

2022年10月，组织各民族学生观看党的二十大开幕会。

2022年11月，组织2022级民族新生开展"党的二十大和我的红色寻访"主题宣讲。

2022年11月，组织各民族学生开展"学习二十大 青春向未来"定向越野活动。

（三）华中科技大学民族团结进步促进会第三届委员会（2019.12—）

2019年12月，校民族团结进步促进会第三次会员代表大会召开，校党委副书记马建辉参加会议，校党委统战部常务副部长杨筱主持。校民族团结进步促进会第二届委员会会长熊蕊作工作报告。大会选举产生了校民族团结进步促进会第三届委员会委员，召开了校民族团结进步促进会第三届委员会（扩大）第一次会议，选举产生了会长、副会长，任命了秘书长和副秘书长。

2019年12月，为帮助港澳台学生及民族学生了解中华民族的悠久历史和优秀文化，组织少数民族学生参加校党委开展的"华夏名岗，汉阳龟山"为主题的学习体验活动。校历史研究所副所长夏增民进行讲解。

2019年12月5日，校民族团结进步促进会第三次会员代表大会召开

2020年3月，学校统一战线通过网络、视频形式组织民族团结进步促进会委员会成员认真学习习近平总书记在湖北省考察新冠肺炎疫情防控工作重要讲话精神。

2020年5月，学校少数民族人大代表、政协委员积极关注两会动态，热烈讨论两会话题，高度赞扬两会成果。

2020年12月，校民族团结进步促进会（以下简称校民促会）召开学习交流会。会长马彦琳作题为《中华民族一家亲，同心共筑中国梦》的报告，组织班子成员集中学习了党的十八大以来习近平总书记关于民族团结工作重要论述精神，回顾总结了校民促会发展历程和前两届校民促会为促进民族团结进步所做的各项工作，提出新一届民促会委员会的工作要求。副校长解孝林参加会议并讲话。本次学习交流会的开展，促进了校民促会委员会成员之间的沟通交流，提高了民族工作的认识。

2021年5月，为进一步深化少数民族学生党史教育，追寻红色足迹，传承革命精神，组织50余名民族学生骨干赴武汉红色基地开展"奋斗百年路，启航新征程"主题党史学习教育。

2021年7月，全国少数民族参观团座谈会在北京召开。全国抗击新冠疫情先进个人、武昌区政协委员、附属梨园医院重症医学科主任、副主任医师马静参加了座谈会并发言。

2020年12月，校民族团结进步促进会召开学习交流会

2021年8月，校党委常委会传达学习中央民族工作会议精神。校党委书记邵新宇主持。

2021年9月，民族学生就业动员会暨"职场入门券"第一期就业政策宣讲及简历制作培训举行，活动为即将毕业的民族学生作就业形势分析、专项就业动员和求职培训等，帮助民族学生明确就业目标，做好就业准备。

2022年3月，民族学生党员代表、石榴籽合唱团成员和民族团结服务联合会成员50余人前往青年园，开展"缅怀英雄校友，传承红色基因"祭扫活动。

2022年12月，承办"学习二十大 同心跟党走"第三十五期华中大同心论坛，组织学习贯彻党的二十大精神。

2023年5月，赵元弟、王小平分别当选湖北省伊斯兰教协会常务理事兼副秘书长、副监事长。

2023年6月,校民族团结进步促进会组织参观"铸牢中华民族共同体意识"主题展。

(陈小丽、赵元弟、帕鲁克·甫拉提、粟晓丽、马金城、王小平、熊蕊)

第四章

华中科技大学党外知识分子联谊会

第一节 历史沿革

华中科技大学党外知识分子联谊会（简称校知联会）是由华中科技大学党外知识分子尤其是无党派人士自愿组成的全校性、联合性的社会团体，是湖北省党外知识分子联谊会（简称省知联会）分会组织，成立于2020年1月7日。时任湖北省委统战部副部长汪海涛、校党委书记邵新宇、校长李元元以及湖北省委统战部、湖北省委教育工委、省知联会有关部门负责人、学校各民主党派、统战团体主要负责人及成员代表、学校统一战线工作领导小组成员单位主要负责人、二级单位党组织主要负责人和统战委员、90名无党派人士正式代表等100多人参加了成立大会。清华大学、浙江大学、上海交通大学、中山大学、武汉大学、同济大学、吉林大学、山东大学等兄弟高校发来贺信贺电。成立大会由校党委副书记马建辉主持。

李元元对校知联会提出三点希望：一是加强学习，统一思想，凝聚共识，更好发挥党外知识分子作用，共同为国家富强和民族复兴不懈努力；二是充分发挥学校党外知识分子人才荟萃、智力密集的独特优势，积极作为；三是积极搭建合作交流的平台，使校知联会成为学校人才成长的摇篮。

邵新宇对党外知识分子工作提出三点要求：一是把握正确政治方向，加强理想信念教育，引导广大党外知识分子至诚报国、心有大我；二是加强自身建设，发挥校知联会作为学校党委联系党外知识分子的桥梁和纽带作用；三是各级党组织要高度重视，为党外知识分子、无党派人士的发展创造条件，校党委统战部要为校知联会提供指导、支持和服务，形成工作合力。

汪海涛充分肯定了学校党外知识分子工作取得的成绩，并对校知联会工作提出要求：一是强化思想引领，切实把校知联会建设成为党外知识分子学习教育的基地；二是积极创造条件，努力把校知联会建设成为党外知识分子发挥作用的平台；三是注重培养锻炼，不断将校知联会建设成为党外知识分子成长进步的摇篮；四是改进方式方法，着力把校知联会建设成为党外知识分子联谊交友的家园。

大会审议通过了《华中科技大学党外知识分子联谊会章程》，选举产生了校知联会第一届理事会理事和会长、副会长，通过了秘书长和副秘书长人选。袁小明任会长，王琳、刘剑峰、刘梅、余永林、吴庆文、陈先红、张果、李晓南、胡清华、夏奇、徐鸣、程文青任副会长，张波任秘书长，鄢之、肖先金任副秘书长。

第二节　主要工作及成绩

一、同心抗疫

2020年年初，新冠疫情暴发。学校知联会在校党委领导下，坚定信心，众志成城，团结广大无党派人士在前方医院和后方校园两个战场发挥优势，贡献力量。2020年3月，习近平总书记赴武汉考察疫情防控工作，令人鼓舞。省知联会副会长、校知联会会长袁小明第一时间发声，表示"习总书记对武汉人民的高度肯定必将温暖和激励着1000多万武汉人取得抗击疫情的最终胜利。"湖北省知联会网络界人士分会会长、校知联会副会长、新闻与信息传播学院陈先红率领省网联会向省网络界代表人士发出《携手筑牢打赢疫情防控阻击战的舆论阵地》倡议书，引导舆论正能量，携手同心抗疫情。

无党派人士、同济医院感染科副主任医师郭威第一批进驻发热门诊，被央视报道"不想当英雄，只想父老乡亲不受病痛折磨"。

无党派人士、法医学系刘良团队率先开展世界首例新冠肺炎患者遗体解剖，成果"病理改变"内容在国家卫生健康委发布的《新型冠状病毒肺炎诊疗方案》（试行第七版）中首次体现。2020年5月30日，刘良荣获第二届"全国创新争先奖"。

无党派人士、光学与电子信息学院院长唐江认真落实疫情防控期间"推迟开学、按时开课"的要求，第一时间主持召开新学期全院教职工视频会议，就疫情防控、本科生和研究生教育及在线教学、科研等各项工作做全面部署和动员。

无党派人士、电气与电子工程学院副院长李红斌带领教务员、辅导员，深入各年级工作群、课程群，开展深入细致的学情调查与线上指导。

无党派人士、基础医学院病理学系主任王国平牵头建设"病理学"慕课，面向全国几十所医科院校开放，选修量高达4.55万余人次，同时还主动承担本校医科学生网络授课和网上答疑任务，耐心细致的教学受到学生们的欢迎。

无党派人士、校知联会副会长、公卫学院张果通过学校统战部建议湖北省向国家请求医疗（传染、呼吸等科大夫和护士）支援。

二、立德树人

无党派人士、物理学院副院长吴庆文作为EHT中国团队成员，参与获取人类首张"黑洞"照片的科研活动。

无党派人士,光学与电子信息学院院长、武汉光电国家研究中心副主任唐江,无党派人士,材料科学与工程学院教授、校欧美同学会(留学人员联谊会)副会长翟天佑入选2019年全球"高被引科学家"名单。

无党派人士、校医院副院长、主任医师李晓南于2021年12月4日,在第八届中国全科医学大会、中华医学会全科医学分会年会上获得"2021年度吴阶平全科医生奖"。本年度全国共有5名全科医生获奖,湖北省仅1人获评。

市政协常委、无党派人士、管理学院刘志学,市政协常委,无党派人士、基础医学院胡清华于2022年1月4日获评"武汉市政协第十三届委员会优秀政协委员"。

省政协委员,无党派人士,省新的社会阶层人士联谊会副会长兼网络界人士分会会长、新闻与信息传播学院陈先红于2022年1月21日获评"湖北省优秀政协委员"。

市政协委员、无党派人士、附属协和医院检验科主任、再生医学中心主任王琳于2022年5月被共青团中央、全国青联授予"中国青年五四奖章"。

三、建言献策

2019年1月,市人大常委会委员、无党派人士、建筑与城市规划学院副院长谭刚毅在武汉市第十届人民代表大会第四次会议上建议:要实现地铁与公交无缝衔接,提出"地铁送到站,公交送到家"是城市建设精细化管理的重要体现,也是服务民生的重要举措。

2019年1月,省政协委员、省新的社会阶层人士联谊会副会长兼网络界人士联谊会会长、无党派人士、新闻学院陈先红在政协湖北省第十二届二次会议上,围绕省长政府工作报告提出的"芯产业""城市""区域""协调发展"等四个关键词的相关建议,被列入《两会专报》,旨在推动"一芯两带三区"湖北区域和产业战略布局落地落实。

2020年疫情期间，市知联会副会长、校知联会副会长、市政协常委、生命学院副院长刘剑峰提交《关于启动武汉网格化管理，到社区到户到人》；无党派人士、湖北省政协委员、管理学院邓世名向学校统战部提交《建立新型网上P2P医疗援助模式，缓解恐慌对抗情绪，合理处置四类人员打赢疫情阻击战》。校知联会副会长、市政协委员、基础医学院胡清华向市政协提交了《顺延寒假、缩短暑假，完成学校春季教学》《关于推进新冠肺炎死亡患者实行病理解剖的建议》。

2020年1月，无党派人士、省政协委员、省新联会副会长兼网络界人士分会会长、中国故事创意传播研究院院长、新闻学院陈先红在省两会上提交两项提案。其中《把湖北建设成中国故事创意传播示范省的建议》被"会后专报"采纳，在《在湖北率先倡导春节期间穿传统服装，铸牢中华民族共同体意识》提案中，陈先红建议从理念宣传、视觉设计、制定规范等6方面打造春节传统服饰IP，创造性传承和保护中国传统礼仪服饰的举措。

2020年7月，省政协委员、无党派人士、管理学院邓世名在省政协月度专题协商会上，作题为《制定高端人才个税优惠政策，助力湖北抢占人才引进的制高点》的发言。针对"2019年开始实施的个人所得税，对于收入较高的高端人才个税负担很重"，邓世名建议完善和更新现有的人才项目和政策，由相关部门规定具体的人才标准，补贴政策可在特定区域内实行，政策的周期保持一定稳定性，征税的基准应针对个人或家庭的整体收入等。

2021年1月，省政协委员、无党派人士、电气学院副院长李红斌在省两会上，提交联名提案《筹建湖北绿色电力实验室，推进湖北新能源产业高质量跨越式发展》，建议尽快筹建以风电、光伏能等可再生能源大规模开发利用为目标的绿色电力实验室，实现能源转型，建设清洁低碳、安全高效的现代能源体系。李红斌表示，绿色电力实验室的筹建，旨在突破新能源消纳关键技术和装备的瓶颈，同时也为光谷科技大走廊、长江经济带建设提供重要支撑。省政协委员、无党派人士、华中科技大学知联会副会长、新闻学院陈先红《关于抗疫成功后举行全民公祭活动》提案获"省政协十二届三次会议以来好提案（20件）"。陈先红《关于把与爱同行惠游湖北活动提升为"湖北惠游节"的建议》提出，把"与爱同行 惠游湖北"阶段性活动成果固定下来，打造特色鲜明、寓意深刻、独一无二的"湖北惠游节"，以文旅产业振兴助推湖北"十四五"规划和经济社会高质量发展。

2022年1月，市人大常委会委员、无党派人士、建规学院副院长谭刚毅在市两会上，提交《关于优化道路标识线，保障高架快速路畅通的建议》提案，并在审议政府工作报告提出，建议将制度创新写进政府工作报告；打造环大学创新创业经济带，建立小微企业－大型企业－头部企业良好的生存和发展机制；重视城市更新，加大社区建设和基层社会治理等。市政协常委、无党派人士、市知联会理事、管理学院刘志学在联组讨论会上就《积极服务构建新发展格局，高质量建设武汉现代流通体系》进行发言，建议科学做好武汉现代流通体系建设规划，加快武汉商贸流通转型升级，打造一批具有国际竞争力的武汉现代流通企业、物流企业和供应链管理服务企业，优化武汉现代流通物流网络和交通集疏运体系建设，强化打造"汉交会"品牌。

第三节　主要负责人介绍

● 袁小明（华中科技大学党外知识分子联谊会第一届会长　任职时间：2020.1—）

袁小明（1966.5—），男，无党派人士，华中科技大学电气与电子工程学院教授，湖北省知联会副会长。国家重点基础研究计划（973计划）项目"大规模风力发电并网基础科学问题"首席科学家，国家高技术研

究计划（863计划）新型电力电子关键技术及装备主题专家，国家十三五规划智能电网技术与装备重点专项专家组成员，教育部科技委能源学部委员。

1998—2000年瑞士苏黎世联邦理工学院任研究员。2000—2010 GE全球研究中心任电力电子技术研究室经理、电气化平台召集人、电气总工程师，是GE历史上首位华人总工程师。2010年8月来华中科技大学工作。拥有近30项授权美国专利，19项国内专利。袁小明是GE可再生能源发电故障穿越技术、虚拟同步发电技术的发明人，是变流器比例谐振控制技术的奠基人。率先倡导电力电子化电力系统安全稳定问题的研究，创建了多尺度建模、分析和控制的幅频调制同步动力学理论体系。

第四节　人物风采

- **程时杰（中国科学院院士）**

程时杰（1945.7—），湖北通山人。中国科学院院士，IEEE终身会士，电力系统学家，曾担任国务院学位委员会电气工程学科评议组成员。

获评国家有突出贡献的中青年专家，湖北省优秀科技工作者，湖北省科技精英，湖北省优秀教师。

长期致力于电力系统及其自动化领域的研究，在电力系统最优控制、自适应控制、智能控制、次同步振荡，人工智能在电力系统中的应用以及储能技术在电力系统中的应用等方面取得了众多研究成果。获国家科技进步奖二等奖3项，国家教学成果奖二等奖 2 项，省自然科学奖一等奖 1 项，省科技进步奖一等奖 3 项、二等奖 2 项，出版学术专著 1 部。

第五节　大事记

● 华中科技大学党外知识分子联谊会第一届委员会（2020.1—）

2020 年 1 月 7 日，华中科技大学党外知识分子联谊会成立。湖北省委统战部副部长汪海涛、校党委书记邵新宇、校长李元元以及湖北省委统战部、湖北省委教育工委、湖北省知联会有关部门负责人、学校各民主党派、统战团体主要负责人及成员代表、学校统一战线工作领导小组成员单位主要负责人、二级单位党组织主要负责人和统战委员、90 名无党派人士正式代表等 100 多人参加了成立大会。校党委副书记马建辉主持大会。大会选举产生了华中科技大学党外知识分子联谊会第一届理事会理事和会长、副会长，通过了秘书长和副秘书长人选。党外知识分子联谊会成立大会后，校党委举办了"同心筑梦"2020 年统一战线新年联欢晚会。

2020 年 1 月 7 日，华中科技大学党外知识分子联谊会成立

2022年12月28日，湖北省党外知识分子联谊会第五次会员代表大会在武汉召开。袁小明任第五届理事会副会长，王琳、吴庆文任常务理事，刘梅、张果、夏奇、徐鸣、唐江任理事。

2023年6月，按照省党外知识分子联谊会和校党委工作部署，启动"凝心铸魂强根基，团结奋进新征程"主题教育。

（袁小明、李小猛、张波、党娜）

结语
——成长、发展、奋进

结语——成长、发展、奋进

固本强基聚合力（1952—2000 年）

华中科技大学由原华中理工大学、同济医科大学、武汉城市建设学院于 2000 年 5 月 26 日合并成立。1952 年至合校前，华中理工大学、同济医科大学、武汉城市建设学院党委始终坚持党对统一战线工作的领导，坚定不移地学习宣传贯彻党的统一战线理论方针政策，尤其是通过贯彻落实历次全国统战工作会议精神，不断做好党外知识分子统战工作，学校统战工作逐步迈入制度化、规范化轨道，为合校后的统战工作奠定了良好基础。

一、认真学习贯彻党的路线方针政策和历次全国统战工作会议精神

学习贯彻党的知识分子工作的方针和政策。1956 年 1 月，党中央召开关于知识分子问题的会议，首次提出我国知识分子的绝大多数已经是劳动人民知识分子的观点，进一步阐明了改善对知识分子的安排使用、给予必要的工作条件和适当待遇等政策。1956 年 2 月，第六次全国统战工作会议召开，强调进入社会主义社会后，教育工作是统一战线的中心工作。2 月 22 日和 6 月 8 日，华中工学院党委分别召开知识分子座谈会和民主党派座谈会，学习宣传贯彻党对知识分子的有关政策。

1962 年 4 月，第十二次全国统战工作会议召开，强调统一战线是长期的，统战工作是得到益处的，是三大法宝之一。同年 8 月，华中工学院党委召开政治工作会议，时任党委书记朱九思在总结发言中强调指出，"党的领导，不是靠下命令，而是首先靠我们各级党组织认真贯

彻执行党的方针政策和上级的指示；其次是要靠全体党员很好地工作，团结广大群众，团结党外人士。"根据党的八大和第十二次全国统战工作会议精神，1965年华中工学院党委分两期从党外知识分子中选派了40～50名领军人物，参加湖北省委统战部组织的政治学习。

学习贯彻落实党对民主党派工作的基本方针与政策。1956年9月，党的八大明确提出党同民主党派团结合作、共同推进社会主义建设的"八字方针"，即"长期共存、互相监督"。1956年10月，第七次全国统战会议召开，学习贯彻"八字方针"。同年12月13日，华中工学院党委召开各民主党派负责人座谈会，研讨如何结合建校初期人员来自全国各地的实际情况正确贯彻"八字方针"，并强调团结建校，强调党与非党的合作，强调发挥知识分子的作用，注意听取各民主党派意见和建议。1961年4月21日，武汉医学院党委决定在认真贯彻党的"八字方针"和抓好职工生活、保健的基础上，采取过渡性的教学方案，保证重点科研项目，搞好整风及调查研究等工作。

贯彻落实新时期党的统一战线政策。党的十一届三中全会后，我国进入新的历史时期。统战工作进入一个崭新的发展时期。党在新时期的统一战线政策、知识分子政策、侨务政策、民族政策分别在华中工学院（1988年更名为华中理工大学）、武汉医学院（1985年更名为同济医科大学）、武汉城市建设学院得到良好贯彻。

1979年4月，第十四次全国统战工作会议召开，会议强调新时期的统一战线肩负着为四个现代化服务和统一祖国的双重任务，同时确定统战部在知识分子工作方面的任务是"了解情况、综合研究、掌握政策、调整关系"。1981年12月，第十五次全国统战会议召开，会议确定了爱国统一战线的地位及作用等重要问题，明确统一战线十个方面的工作范围和对象，强调抓紧落实各项统战政策工作。华中工学院党委统战部按照院党委工作要求，与相关部门协同对"文革"中受到伤害的知识分子开展甄别平反工作，先后落实政策共368人。1984年2月，华中工学院党委发布《关于我院落实知识分子政策工作的意见和安排的通知》，

结语——成长、发展、奋进

成立院检查落实知识分子政策小组,检查在政治上、工作上、生活上、学习上影响知识分子发挥作用的情况,采取面上普查与召开座谈会、典型经验和突出问题调查研究相结合等方法,听取人大代表、政协委员、民主党派成员对落实知识分子政策的意见和建议。武汉医学院党委和武汉城市建设学院党委也采取多种措施认真贯彻落实党的知识分子政策。

1986年11月,第十六次全国统战工作会议召开,明确爱国统一战线的目标和任务。1987年3月27日,华中工学院党委召开常委会,强调学校统战工作必须贯彻执行上级提出的"三个服务"的思想(为推动"一国两制"的方针实施服务,为建设社会主义物质文明和精神文明服务,为社会主义民主和法制建设服务),调动一切积极因素,为把学校建设成一流大学服务。

1989年12月,中共中央发布《关于坚持和完善中国共产党领导的多党合作和政治协商制度的意见》。华中理工大学校党委加强对该意见的宣传、贯彻和落实,1990年印发《关于认真贯彻执行中央〈关于坚持和完善中国共产党领导的多党合作和政治协商制度的意见〉的通知》,并组织学习贯彻。

1990年6月和1993年11月,第十七次、第十八次全国统战工作会议先后召开,均明确强调做好统一战线工作的重要意义。华中理工大学党委、同济医科大学党委、武汉城建学院党委认真贯彻全国统战工作会议精神,制定了一系列制度,进一步加强学校统一战线工作,推动形成了上下联动、党政齐抓共管的统一战线工作格局。

二、逐步健全学校统一战线工作体制机制

建立统战工作机构。1954年5月,中南局批准华中工学院(1988年更名为华中理工大学)成立党组,朱九思任党组书记,熊小村、洪德铭、汲新、华青禾为党组成员,其中汲新担任统战委员,学校统一战线工作从此开端。1955年6月,华中工学院成立第一届党委,朱九思任党委书记,

党委副书记熊小村分管统战工作。1957年2月，武汉医学院成立第一届党委，党委副书记张泽生分管统战工作。1963年，武汉医学院党委统战部成立，与党委办公室合署办公。1980年2月，华中工学院党委恢复组建党委统战部。1985年12月，同济医科大学党委统战部成立。1996年1月，武汉城建学院党委统战部成立。健全的工作机构为统战工作的开展奠定了良好的基础。

制订统战工作制度。为更好发挥统一战线法宝作用，华中理工大学党委、同济医科大学党委、武汉城建学院党委均制定了一系列工作制度，推动统一战线工作走向制度化、规范化。

1990—1995年，华中理工大学党委出台《关于认真贯彻执行中央〈关于坚持和完善中国共产党领导的多党合作和政治协商制度的意见〉的通知》《关于印发"党总支统战委员主要职责"的通知》《关于转发〈关于进一步加强高等学校统一战线工作的意见〉的通知》等多项制度文件。1992年4月28日，华中理工大学党委常委会明确了学校统战工作的相关制度措施：一是每学期至少召开一次党委负责人与民主党派负责人的座谈会；二是遇有重大问题，及时召开民主党派负责人参加的通气会；三是统战工作的重要文件和会议精神要及时在党内传达学习；四是邀请各民主党派、侨联等群团组织的负责人列席参加学校重大活动。

1992年，同济医科大学党委建立党委常委分工联系民主党派负责人、无党派知名人士的制度，进一步完善和健全民主党派情况通报会制度、座谈会制度、阅文制度、用车制度、党委与党外人士"结对子、交朋友"制度等，学校重大决策或重要人事安排出台前，征求民主党派、无党派人士和侨联、知联会负责人的意见和建议，重要活动邀请各民主党派、群团组织负责人列席参加。

1993年、1998年武汉城市建设学院党委先后下发《关于进一步加强统一战线工作的意见》和《关于进一步做好党外人士工作 进一步发挥统战对象的作用的意见》等文件。坚持每半年召开一次民主党派和党外人士座谈会；涉及学校建设与发展的重要会议，会前均听取民主党派及党外人士代表意见和建议，并邀请代表列席参会。

三、重视民主党派基层组织建设工作

1951年1月、1952年6月，中共中央分别召开了第二次和第三次全国统战工作会议，强调中国共产党要帮助民主党派发展组织。

1954-1955年，华中工学院有民盟、农工党两个民主党派支部，民革、民建两个民主党派小组。有民主党派成员41人，其中民盟盟员22人，陈泰楷任民盟支部主任；农工党党员11人，谭丕林任农工党支部主任。民革党员6人，杨赞陵任民革小组组长；民建会员2人，赵学田任民建小组组长。"文革"期间，相关组织活动停止。十一届三中全会以后，华中工学院党委召开民主党派恢复基层组织座谈会，鼓励大家加强团结、同心同德，为实现"四化"而奋斗。截至1987年4月，华中工学院共有5个民主党派基层组织，民主党派成员98人。其中，民革党员3人、民盟盟员48人、民建会员7人、农工党党员32人、九三学社社员8人。

1956年底，武汉医学院先后建立了民盟、农工党、九三学社等民主党派的基层组织，共有成员58人。1985年统战部成立，协助民盟等3个民主党派学校基层组织恢复活动，后又组建了民革、民建、民进、致公党支部。1987年底，同济医科大学共有民主党派成员143人，其中，民盟同济医科大学支部58人、农工党同济医科大学总支55人、九三学社同济医科大学支部20人、致公党同济医科大学小组4人、民建同济医科大学小组4人、民革党员1人、民进会员1人。

1986年，武汉城建学院民盟小组成立。1988年3月5日，九三学社武汉城建学院小组成立。1988年6月24日，民盟武汉城建学院第一届支部委员会成立。截至1990年，武汉城市建设学院共有民主党派成员26人。

四、积极开展统战理论研究

为贯彻落实党的统一战线理论方针政策,以统战理论创新推动统战工作创新,华中理工大学党委、同济医科大学党委、武汉城建学院党委紧密围绕党和国家的大政方针开展统战理论研究工作,强化理论研究,着力提高统战工作科学化水平。

1987年6月17日,华中工学院成立统战理论研究会。1988年1月14日,华中理工大学举行首次统战理论研讨会,要求各级干部加强统战理论和政策的学习,提高对新时期统战工作重要性的认识。1990年5月28日至6月14日,为总结回顾党的十一届三中全会以来学校统一战线工作,广泛宣传党的统一战线政策,校党委统战部联合各民主党派支部、校侨联、三胞联谊会等举办统一战线图片展,近五百幅照片反映了学校统战工作在校党委领导、各民主党派和其他统战成员的共同努力下所取得的成绩。1991年,组织统战干部和统战成员参加"全省统战知识竞赛",荣获组织奖。1993年12月,学校召开第二次统战理论和统战工作研讨会,省、市委统战部和湖北省统战理论研究会的有关负责人参加会议。1995年,学校举行统战理论报告会,邀请湖北省委统战部副部长陈奇文作题为《两面旗帜 两个联盟》的报告。1998年6月,华中理工大学召开第三次统战理论和统战工作研讨会。会议总结了近五年来学校统战理论和统战工作研究取得的丰硕成果,表彰了13位统战理论和统战工作研究积极分子。同年,作为会长单位,组织召开湖北省高校统战理论研究会第14次研讨会。

1986年11月18日,同济医科大学召开首次统战理论研讨会。1987年4月7日成立同济医科大学统战理论研究会,通过统战理论研究会章程,选举理事会成员。1987—1999年,每年召开统战理论研讨会,评选和表彰统战理论研究优秀成果。1991年,组织统战干部和统战成员参加"全省统战知识竞赛",荣获组织奖。1997年、1999年分别组织统战干部和统战成员参加"香港回归""澳门回归"《中华人民共和国归侨侨眷权益保护法》知识竞赛 3 次，参加人员 1800 余人次。1999 年荣获湖北省侨务办公室、侨联颁发的知识竞赛组织奖。

1991 年 11 月，武汉城建学院参加在中南财经政法大学召开的武汉地区高校统战工作研讨会，并提交《高校党员干部要善于和党外人士交朋友》《认真做好高校非党知识分子工作》进行交流。1996 年，学院开展对党外知识分子现状和对策的调研，对近年来知识分子流失现象进行全面调查，完成了三个典型人物和党外知识分子现状和对策的调研课题，获得湖北省委统战部表扬。1997 年 12 月，成功承办湖北高校统战理论研讨会，深受省委统战部和兄弟高校好评。

五、高度重视侨务工作

侨联工作历来受到学校领导的重视与支持，侨联组织随着学校的发展而发展，随着学校的壮大而壮大。从 1957 年开始，华中工学院和武汉医学院分别成立归侨小组，"文革"十年被迫停止。党的十一届三中全会召开以后，全面落实党的各项政策。为了更好地凝聚侨心，学校党委加强对侨联的组织建设。1987 年 7 月，同济医科大学成立侨联；1988 年 4 月，华中理工大学成立侨联；1989 年 10 月，武汉城市建设学院成立侨联小组。1987 年 5 月，华中工学院成立三胞联谊会；1991 年，同济医科大学成立三胞三属联谊会。

华中理工大学党委、同济医科大学党委、武汉城市建设学院党委认真落实"一视同仁、不得歧视、根据特点、适当照顾"的侨务政策，采取多项措施确保上级政策落到实处：一是开展侨务政策宣讲，二是重视对归侨的思想教育工作，帮助解决困惑；三是对归侨一视同仁，不得歧视，大胆使用，妥善安排；四是按照相关政策文件，在解决归侨子女升学就业、住房困难、夫妻分居等方面适当照顾；五是根据党员标准，吸收归侨入党；六是重视人才和技术引进，开展对外联系；七是加强对侨务工作的领导，支持侨联、侨务小组开展活动等。

认真学习宣传贯彻《中华人民共和国归侨侨眷权益保护法》及"湖北省实施办法",举办一系列报告会和座谈会,把发挥学校广大归侨侨眷作用和保护他们的合法权益作为经常性重要工作,以诚相待,热心服务。同时注重加强思想政治工作,通过组织学习班、报告会、参观考察等,进行爱国主义教育。注意培养归侨侨眷骨干,重视发挥作用的同时,也为他们排忧解难。从1992年起,华中理工大学党委每年在重阳节为年满60、70、80、90周岁的归侨侨眷举办祝寿等联谊活动,凝聚侨心,增强侨联的向心力,使侨联真正成为归侨侨眷之家。

(陈步清 王锋 邓建平 许昌敏 陈攻 陈强)

结语——成长、发展、奋进

与时俱进谱新篇（2000—2012年）①

2000年5月26日，原华中理工大学、同济医科大学、武汉城市建设学院合并成立华中科技大学。进入新世纪，党的统一战线工作也随着世情、国情的变化，有了新的更高要求。合校后至党的十八大召开以前，党的十六大、十七大和第十九次全国统战工作会议、第二十次全国统战工作会议、第一次全国高校统战工作会议先后召开。这一时期，华中科技大学党委以党的十六大、十七大精神为指导，认真学习贯彻中共中央《关于进一步加强中国共产党领导的多党合作和政治协商制度建设的意见》《关于巩固和壮大新世纪新阶段统一战线的意见》等文件精神，深入学习贯彻第十九次、第二十次全国统战工作会议精神，以新世纪合校为学校统战工作发展契机，坚持党的领导，与时俱进加强统战工作，团结一切可以团结的力量，群策群力，为学校的改革发展、建设和谐校园服务，不断推动学校统战工作开创新局面。

一、聚焦合校实际，在加强组织建设上下功夫

结合合校后各民主党派组织调整和建设融合相关实质问题展开工作。校党委召开各校区民主党派和侨联负责人会议，向大家通报合校以来学校有关工作情况及工作规划，组织各党派支部和侨联负责人就合校后如何更有利地开展各项活动展开研讨，团结各民主党派、统战团体

---

① 参考文献：邓建平、黄明芳撰写的《肝胆相照、荣辱与共——华中科技大学统一战线30年》一文（来源：2009年华中科技大学出版社出版的《华中科技大学跨越式发展之路》）

积极配合做好理顺情绪、化解矛盾、提高认识等工作。2000年10月至2001年7月，在校党委的领导下，经与各党派、统战团体负责人，各民主党派省委会、市委会及湖北省委统战部、武汉市委统战部沟通协调，7个民主党派校级组织、侨联和少数民族联谊会全部建立。一批政治素质高、群众基础好、年富力强的党外专家、学者经推荐进入民主党派和统战团体学校领导班子。

二、强化理论武装，在加强思想政治建设上下功夫

学校党委把民主党派基层组织的思想政治建设放在首位，强化政治理论学习，打牢思想基础。一是组织骨干成员认真学习邓小平理论、"三个代表"重要思想和科学发展观，引导他们自觉为建设社会主义和谐社会和中国特色社会主义做贡献。校党委召开党外代表人士座谈会，听取党外代表人士对学校开展学习实践活动、促进科学发展的意见和建议，与会代表围绕"培养什么人，怎样培养人""办什么样的大学，怎样办好大学"展开热烈讨论。2009年4月10日，7个民主党派学校委员会（或总支委员会）联合向全校统一战线发出积极参与学校深入学习实践科学发展观活动的倡议书。2001—2005年，根据湖北省党委统战部、省委党校《关于在党校开设统战理论课的通知》要求，校党委在学校党校开设统战理论课，进行统一战线理论和政策的宣传教育，普及统一战线知识，讲授党课70多场，听众达16000多人次。二是面向民主党派、统战团体开展多渠道、多途径、多形式的学习教育活动。在无党派人士中开展以"自觉接受中国共产党的领导，坚持走中国特色社会主义道路"为主题的教育活动，组织学校无党派人士代表和各民主党派负责同志到红安参观学习；以庆祝建党90周年和纪念辛亥革命100周年为契机，组织学校人大代表、政协委员、民主党派成员、归侨侨眷、少数民族教职工、归国留学人员和统战干部代表赴重庆开展主题教育实践活动，深化对中国共产党领导的多党合作和政治协商制度的理解和认识。

三、发挥优良传统，在支持党外人士参与学校管理上下功夫

合校后，校党委更加重视发挥党外人士参与学校民主监督、民主管理和推动经济社会发展的积极作用。结合新的学校发展、学科建设、人才队伍建设、学生工作和校园建设等一系列重大问题召开"双月座谈会"，广泛听取党外人士意见，"要尽快实现学校实质性合并，加快学校发展步伐""学校的科研要紧跟国家的迫切需要""建立若干科研大平台，以提高资金使用效率""人才引进也要讲效率"等建议都被学校党委采纳，极大地激发了党外人士的建言献策热情。学校也多次在全市、全省和全国高校统战工作会议上介绍支持党外人士建言献策的经验做法。《中国统一战线》杂志（中央统战部主管）分别于2004年刊发《高质量开好"建言献策"会》、2006年刊发《高校落实党领导的多党合作制的有益探索》，两次向全国各级统战部门介绍学校党委认真开好双月座谈会的经验。2003年，由学校各民主党派组织、校侨联、校少数民族联谊会和社会友好人士等共同筹款建成的"熏风亭"，作为学校首个统一战线标志性建筑，成为学校统一战线在校党委领导下精诚团结、共谋发展的历史见证。

四、重视队伍建设，在培养和使用结合上下功夫

学校认真贯彻执行把一部分优秀人员留在党外的政策规定，在校党委的培养与积极举荐下，建设了一支政治坚定、素质优良、数量充足、结构合理、作用突出的党外代表人士队伍。

协助各民主党派抓领导班子和后备干部队伍建设，把政治上靠得住、工作和作风上过硬、群众信任的党外人士充实到领导岗位或向省市级党派推荐，或选派到省市社会主义学院学习培训。在2001—2011年民主党派中央、省、市级组织换届或届中调整中，华中科技大学共有69人次进入中央、省、市各民主党派领导班子。其中，10人次担任农

工党湖北省委会、武汉市委会主委,致公党湖北省委会、武汉市委会主委以及九三学社湖北省委会主委,8人次进入民主党派中央领导班子。2003年、2008年各级人大、政协换届中,2人连任全国人大常委会委员、全国政协常委;3人次当选湖北省人大常委会委员,2人连任湖北省政协副主席,44人次当选湖北省政协委员(其中10人次当选湖北省政协常委)。

2003年在全校50个院系领导班子中,有39名党外人士担任领导职务,其中有9人任正职(含5个院系正职)。还有一批同志进入了学校各层次党外干部队伍的"人才库"。校外积极向有关上级单位推荐我校优秀的党外代表人士,经协商推荐与选举,我校3位民主党派成员分别担任武汉市东西湖区副区长、武汉市青山区副区长、武汉市人民政府副市长。

五、支持发挥优势,在服务社会中彰显作为

学校党委重视发挥党外人士在建言献策、服务社会中的积极作用,出台保障非中共代表人士参政议政时间工作条件及待遇的政策,极大地激发了党外人士双岗建功的热情。

建言献策方面,学校统一战线成员履职尽责,双岗建功,所撰写多项提案受到中央统战部、省委统战部、民主党派中央和湖北省委会的高度重视,多项提案建议被全国政协、湖北省政协和民主党派中央采用,致公党党员曾仁端教授撰写的《关于把创建武汉山水园林城市列入本届议案》《关于确保国有下岗职工基本生活,确保企业离退休人员养老金按时足额发放案》两项议案同时被评为"武汉市民最满意的人大议案",受到市委和市政府的表彰。曾仁端教授被武汉市人大誉为提(议)案最多、质量最高的人大代表,是学校党外知识分子双岗建功的典型代表。

服务社会方面,学校统一战线成员积极作为,彰显担当。在抗击"非典"中,1名统一战线成员担任武汉市"非典"防治信息组负责人,1

名同志被抽调到科技部"非典"科技攻关领导小组办公室工作,为抗击非典作贡献。在汶川地震、玉树地震发生后,学校组织统一战线成员奔赴灾区,积极救治伤员,捐款捐物,关心灾区人民,农工党华中科技大学委员会被农工党中央评为"抗震救灾先进集体",民进华中科技大学委员会同济医院支部被民进湖北省委会评为"抗震救灾先进集体"。

(邓华和 许昌敏 黄讷敏)

同心奋进创一流（2012—2023 年）

党的十八大以来，以习近平同志为核心的党中央统筹中华民族伟大复兴战略全局和世界百年未有之大变局，从治国理政的战略高度对统战工作作出全面部署。华中科技大学党委深入学习贯彻习近平总书记关于做好新时代党的统一战线工作的重要思想和党的二十大精神，把学习贯彻中央和省委统战工作会议精神作为重要政治任务，认真落实《中国共产党统一战线工作条例》，加强党对学校统战工作的全面领导，以凝聚共识为根本，以爱国奋斗为目的，强化党外知识分子思想政治引领，鼓励他们落实立德树人根本任务，为党育人、为国育才，为建设新时代卓越华中大、建设社会主义现代化强国、实现中华民族伟大复兴争创一流、再立新功。

一、坚持党的领导，大统战工作格局不断完善

学校党委把深刻领悟"两个确立"，坚决做到"两个维护"，与贯彻落实党中央关于统一战线的重大决策部署结合起来，加强党对学校统战工作的全面领导，履行统战工作主体责任，不断完善大统战工作格局。

加强党的全面领导。校党委把统战工作摆在重要位置，成立了由校党委书记、校长担任"双组长"的统一战线工作领导小组，通过校党委常委会研究部署统战工作，通过校党委理论学习中心组传达学习重要文件，推进党中央关于统一战线工作决策部署落地落实。出台了贯彻落实《中国共产党统一战线工作条例》实施细则，加强和改进新时代学校党外知识分子思想政治工作、铸牢中华民族共同体意识等 29 项学校统战

工作制度文件，不断提升统战工作科学化规范化制度化水平。落实联谊交友工作要求，每名校领导与2～3名党外人士开展联谊，学校各级党员领导干部与520名党外人士结对子、交朋友，把广大党外知识分子紧密团结在党的周围。

全面压实工作责任。将履行统战工作情况纳入二级单位党组织全面从严治党责任落实情况集中检查，推动统战工作在院系落实落细。联合院系、举办"华科大同心论坛"，共同打造统战工作品牌；建立"同心悦谈"学校民主党派、统战团体秘书长联席会议制度，重视发挥学校民主党派组织、统战团体在党外知识分子思想政治工作中的作用，不断完善学校党委统一领导，统战部牵头协调，统一战线工作领导小组成员单位分工负责，各二级单位党组织各司其职、密切配合的大统战工作格局。

不断增强工作力量。认真落实学校党委常委担任统战部部长要求，不断加强统战部门建设。明确院系党委书记抓基层统战工作职责，配备院系专兼职统战委员，夯实基层统战工作基础。重视加强对学校专兼职统战干部的教育培训，举办"不忘初心、牢记使命"主题教育暨学习贯彻习近平总书记关于加强和改进统一战线工作的重要思想报告会，学习贯彻《中国共产党统一战线工作条例》专题辅导报告会等，不断增强统战干部做好新时代统战工作的责任感和使命感，提高履职能力和水平。

二、强化思想引领，共同思想政治基础更加巩固

学校党委坚持与时俱进、守正创新，找准党外知识分子思想政治工作的着眼点和着力点，不断拓展工作形式，强化政治引领，提升工作实效。党外人士坚定不移听党话、矢志不渝跟党走的政治自觉进一步增强，团结奋斗的共同思想政治基础更加坚实稳固。

以主题教育凝聚共识。学校党委围绕中央重大决策部署、重要时间节点，系统谋划各类主题教育，不断增进共识，铸牢思想根基。组织学

校统一战线学习中共十八大、十九大和二十大精神，学习习近平总书记考察湖北重要讲话精神。围绕改革开放40周年、新中国成立70周年、中国共产党成立100周年等重大时间节点，组织统一战线骨干成员赴延安、红安、重庆、西柏坡等地开展革命传统和多党合作历史教育。组织统一战线骨干成员代表集中收看习近平总书记在庆祝中国共产党成立100周年大会上的重要讲话，并举办座谈会。支持学校各民主党派、无党派人士开展"不忘合作初心，继续携手前进""学党史 跟党走""学习二十大 同心跟党走""凝心铸魂强根基、团结奋进新征程"等主题教育。在弘扬优良传统中传承政治共识，在加强思想交流中深化政治共识，在参与社会实践中巩固政治共识。2012年以来，党外知识分子参加学校党委组织开展的学习培训、主题活动近9000余人次。

以共同目标凝聚力量。学校党委坚持召开党外人士座谈会、学校情况通报会，听取他们对学校改革发展建设和教学科研等各方面工作的意见建议。涉及全校性有关重要会议、校领导班子述职述廉、民主推荐干部等，邀请民主党派负责人、无党派代表人士参加。2012年以来，学校结合《华中科技大学章程》制订、校园规划修编、学校发展规划制订、学校党代会、教代会报告起草以及"不忘初心、牢记使命"主题教育、党史学习教育活动等，召开党外人士座谈会，聆听真知灼见、收集务实之策，汇聚同心共建新时代卓越华中大的合力。

以创新方式凝聚智慧。2019年3月，学校创办"华科大同心论坛"，为党外知识分子"展才气接地气"搭建平台。4年来，校党委统战部组织156名党外专家学者聚焦科教兴国战略、人才强国战略、创新驱动发展战略和乡村振兴战略等国家战略，畅谈心怀"国之大者"，实现双岗建功的心得体会，用新发展理念凝聚共识，助力党外知识分子通过学术交流、研讨碰撞、调研实践，发现真问题、研究真学问，不断增强党外知识分子思想政治工作的实效性。截至2023年6月，该论坛已举办42期，累计有5092人次参与。2023年6月，"华科大同心论坛"获评湖北省高校统战工作十佳品牌。

以阵地建设凝聚人心。2021年11月，学校建成"统战之家"。在学校中心地段选定占地1000多平方米院落，为7个民主党派学校委员会、4个统战团体提供了独立的办公和活动空间。"统战之家"公共区域设有可容纳40人的会议室、同心书屋和接待室，会议室内装有配置齐全的视频会议系统，是学校广大统一战线成员开展学习、交流和资源共享的平台。按照"有内涵、有活力、有温度"的目标，努力把"统战之家"建设成为学校党外知识分子思想政治工作的阵地。2023年6月，"统战之家"获评湖北省高校统战工作十佳创新实践站。

三、坚持守正创新，各领域工作广度深度更加拓展

学校党委深入学习贯彻中央统战工作会议、中央民族工作会议、第二次全国高校统战工作会议、全国宗教工作会议等会议精神，做好学校各领域统战工作。学校党外知识分子、归国留学人员、归侨侨眷等统战成员人数众多，统战工作广度和深度不断拓展，团结服务的"同心圆"越来越大。

民主党派和无党派人士工作不断加强。学校党委贯彻落实党中央关于加强中国特色社会主义参政党建设"三个文件"精神，支持7个民主党派学校委员会不断加强自身建设。协商制定《协助民主党派学校委员会做好发展成员工作流程》，支持各民主党派学校委员会按照"严格政治标准、坚持质量优先、体现界别特色"等要求规范新时代组织发展工作。学校党委加强对民主党派换届工作的政治领导，坚持科学统筹，指导7个民主党派学校委员会选优配强领导班子。2021—2022年，7个民主党派学校委员会圆满完成换届，顺利实现新老交替、完成政治交接。88名政治过硬、务实担当、业绩突出、群众公认的民主党派代表人士当选7个民主党派学校委员会及支部负责人，平均年龄48岁，其中国家级人才计划入选者26人。学校党委重视加强无党派人士工作。2020年成立党外知识分子联谊会，为党外知识分子搭建沟通交流、建言献策

的平台。2022年协助做好民主党派省级组织换届人选推荐工作，协助省委调研组完成对民主党派省级层面代表人士人选调研工作。学校党委统战部受邀在湖北省委统战部举办的2023年全省民主党派基层组织建设工作交流会上作交流发言。

党外代表人士队伍建设工作不断加强。学校党委把党外代表人士队伍建设纳入干部和人才队伍建设总体规划，建立党外代表人士发现、培养、使用工作机制。开展学校党外中青年骨干教师情况调研，建立中青年党外人才信息库。党委办公室、校长办公室、组织部、宣传部、统战部、教师工作部等统战工作领导小组成员单位会同纪检监察机构办公室、校学术委员会办公室以及相关二级单位党组织，从廉洁自律、思想政治素质、意识形态领域、学术诚信等方面严把人选政治关。会同二级单位党组织加强对党外代表人士的日常管理，通过年度考核、任职考察以及述职和民主评议等，重点了解掌握政治思想、履行职责、廉洁自律等情况，特别是在重大原则问题上的政治立场。2017年以来，遴选67名党外中青年骨干参加中央、省、市统一战线培训；结合全省"年轻干部成长工程""十个一批"挂职工作，选派20名党外青年骨干到湖北恩施和孝感、云南临沧、山西太原以及武汉市各城区挂职，引导党外人士在学习实践中不断增进政治认同、思想认同、理论认同、情感认同。推荐64人次担任各级党外人大代表、政协委员、政府参事，37人在民主党派中央和省委会、市委会任职，选拔任用党外中层干部50人，其中正职19人。学校42个教学科研单位中，有11个单位行政主要负责人为党外干部。

铸牢中华民族共同体意识不断增强。学校党委以铸牢中华民族共同体意识为主线，全面加强爱国主义教育和新时代高校民族团结进步教育，构建课堂教学、实践教育、校园文化建设等多维一体育人平台。发挥课题主渠道作用，增进"五个认同"。将铸牢中华民族共同体意识教育作为爱国主义教育的重要组成部分，纳入"马克思主义理论课""形势与政策课"和"深度中国"等"爆款"思政课中，贯穿于思政教学各个方面。开展主题教育实践活动，搭建各民族师生交往交流交融平台。以"新时代党旗领航工程"为统领,开展主题党日、团日工作,搭建民族学生入党爱党教育平台,引导各族学生强化国家观念、激发爱国意识和爱国情感。选派各族学生赴新疆、西藏、云南、贵州等民族地区开展"三下乡"社会实践活动,打造"行走的思政课"。细化工作举措,强化管理服务。在学工部门成立民族团结教育办公室,专项负责民族学生教育管理服务工作。通过选留优秀本校毕业生、公开招聘等形式先后招录6名民族专职辅导员,形成学校党委指导,学生工作部统筹,各职能部门协同,内派管理教师协助,院系具体负责的民族学生教育管理服务工作模式。全面推进混班教学、混班住宿,组建"石榴籽合唱团"、开展民族团结征文演讲比赛、举办"石榴红文化节"等,促进多民族文化交流。在民族学生学业、就业、家庭困难等方面做好关怀、帮扶工作。学校党委坚决落实党中央关于宗教工作的决策部署,坚持教育与宗教相分离原则,筑牢抵御渗透和防范校园传教的防火墙。

港澳台侨工作不断深化。学校党委支持校侨联、校欧美同学会(留学人员联谊会)在省侨联、省欧美同学会(留学人员联谊会)的指导下,按照章程开展工作。每年组织侨界医疗专家组成侨爱医疗队,赴英山、红安、潜江等地开展义诊活动,为地方群众送医问诊献爱心。1992年以来,坚持每年举办归侨侨眷祝寿会,为年满70周岁、80周岁、90周岁的归侨侨眷集体庆生。在港澳台学生中开展国情和中国传统文化教育,不断增强其民族认同、国家认同和制度认同。2012年,学校被评为"全国社区侨务工作示范单位",2014年,学校被评为"全国社区侨务工作明星社区"。2012年以来,72人次获得"梁亮胜侨界科技奖励基金",21人次(团队)获得"中国侨界贡献奖"。2023年,学校"侨之家"获评中国侨联2021—2022年度全国侨联系统"侨胞之家"典型选树单位,是湖北省唯一入选的高校。中国侨联内刊《基层侨联建设》以"初心如磐担使命 同心奋进谱新篇——华中科技大学'侨之家'建设取得积极成效"为题,介绍了华中科技大学侨联在侨务工作中的经验做法。

统战理论研究和信息宣传工作不断加强。2017年起,学校每年划拨 20 万元专项经费，支持包括统战干部在内的广大教师聚焦高校统战工作中的热点、难点问题，开展统战理论与实践研究。2012 年以来，学校 2 项课题成果获评全国统战理论政策研究创新成果三等奖，3 项课题成果获省委统战部主要负责同志肯定批示，5 项课题成果获评全省统战理论政策研究创新成果一等奖。4 次获评全省统战理论政策研究创新成果组织奖，6 次获评湖北省高校统战理论研究优秀组织单位，31 人次获评优秀论文奖。学校重视利用新媒体，不断拓宽学校统战信息宣传工作渠道和力度。2019 年开通全省高校首个统一战线官方微信公众号"华中大统一战线"，疫情期间，通过公众号开设"携手同心战疫情"专栏，在全省高校发出《致全校统一战线成员的一封信》，率先宣传学校统一战线抗击疫情先进人物事迹，暖人心、强信心。2012 年以来，学校 5 次被评为全省统战信息工作先进单位，6 人次获评全省统战工作优秀信息员。

四、支持发挥作用，统一战线法宝作用更加凸显

学校党委重视发挥党外代表人士独特优势作用，充分激发党外知识分子创新创造、锐意进取的激情和服务国家的热情，鼓励他们以统一战线"所长"服务改革发展"所需"，在助力学校"双一流"建设和国家社会经济发展中双岗建功，再立新功。

在落实立德树人根本任务中创先争优。党外知识分子是学校落实立德树人根本任务的重要力量。学校党委坚持牢牢把握工作的主动性，鼓励党外教师心怀"国之大者""省之要事"，在教育教学改革、科研创新中创先争优，立足本职建功立业。学校 55 门国家级一流课程中，16 门课程主持人由党外人士担任。2018 年以来，学校获得的 12 项国家自然科学奖、技术发明奖、科技进步奖等奖项中，党外知识分子牵头或参与有 5 项。四年一评的国家级教学成果奖，学校作为第一完成单位获奖 7 项，其中党外知识分子牵头和参与 5 项；2 名党外知识分子分别入选

国家级教学名师、"湖北名师工作室"主持人。2 名无党派人士荣获全国创新争先奖，2 名党外人士牵头或负责的团队分别入选首批和第二批"全国高校黄大年式教师团队"。

在服务国家战略和重大需求中双岗建功。学校党委大力支持党外知识分子围绕实现高水平科技自立自强、建设全国构建新发展格局先行区、加强生态环境保护等建言献策，服务国家和地方经济社会高质量发展。据不完全统计，2017 年以来，学校党外知识分子向党中央、各级人大、政府、政协和民主党派中央等提交的建议、提案共 410 余条。其中，117 项建言被省委省政府、全国人大、省（市）政协和民主党派中央采用或督办。2017 年，学校获评湖北省"同心·院士专家服务团"工作先进单位，9 名统战成员获省委统战部点名表扬。2017 年以来，民革、民盟、民建、民进、农工党、致公党、九三学社等 7 个党派学校委员会获所在民主党派中央、省委会参政议政、反映社情民意、组织建设、宣传工作、抗击新冠疫情等各项奖励 25 项，其中获民主党派中央奖项 6 项。6 名统战成员被评为"全国抗击新冠肺炎疫情先进个人"，98 名民主党派成员荣获所属民主党派中央及省委会授予的"抗疫先进个人"称号，2 名民主党派成员被所属民主党派中央评为"全国社会服务暨脱贫攻坚工作先进个人"。

（许昌敏　陈强　黄讷敏　党娜）

附录 A

学校历届各级人大代表、政协委员、政府参事、文史馆员名单[①]

A.1 学校历届各级人大代表名单

机构	届次	时间	名单
全国人大	第三届	1965.1—1975.1	于光元、刘乾才、杨述祖、姚永政、吕富华、查谦
	第四届	1975.1—1978.3	裘法祖
	第五届	1978.3—1983.6	裘法祖
	第六届	1983.6—1988.4	裘法祖、罗丽兰、管汉屏
	第七届	1988.4—1993.3	罗丽兰、林金铭、裘法祖
	第八届	1993.3—1998.3	罗丽兰、林金铭
	第九届	1998.3—2003.3	田玉科（常委会委员）、周济
	第十届	2003.3—2008.3	田玉科（常委会委员）、路钢、樊明武
	第十一届	2008.3—2013.3	田玉科（常委会委员）、李培根、路钢
	第十二届	2013.3—2018.3	马新强、王国斌、冯丹、李培根、刘英姿

[①] 数据均为不完全统计，人大代表、政协委员、政府参事排序不分先后，部分名单由于资料缺失，无法统计在内。

附录 A 学校历届各级人大代表、政协委员、政府参事、文史馆员名单

续表

机构	届次	时间	名单
全国人大	第十三届	2018.3—2023.3	丁烈云、马新强、冯丹
	第十四届	2023.3—	尤政、冯丹、马新强、汪道文
湖北省人大	第二届	1958.12—1964.9	唐哲、涂登榜
	第三届	1964.9—1966.6	唐哲（常委会委员）、殷传昭、金问琪、章元瑾、涂登榜、钱衍、王毓琛、叶康民、刘乾才
	第五届	1980.1—1983.4	唐哲（常委会副主任）、裘法祖（常委会委员）、刘颖（常委会委员）、吉民生、杨述祖、刘毓谷、彭汉臣、丁诗健、高宇昭、马毓义
	第六届	1983.4—1988.5	唐哲（常委会副主任）、汪吉宝（常委会委员）、杨焜（常委会委员）、刘颖（常委会委员）、过晋源、张国高、彭汉臣、任元、吴驯叔、姜孟文
	第七届	1988.5—1993.5	唐哲（常委会副主任）、杨焜（常委会委员）、肖谷欣（常委会委员）、汪吉宝（常委会委员）、刘忠（常委会委员）、戴闰柱
	第八届	1993.5—1998.1	林金铭（常委会副主任）、杨焜（常委会委员）、余胜生（常委会委员）、薛德麟、余枢、戴闰柱、陈珽
	第九届	1998.1—2003.1	余胜生（常委会委员）、周宜开（常委会委员）、胡适耕、黄光英、陈璐璐、余枢、杨焜（顾问）
	第十届	2003.1—2008.1	刘祖黎（常委会委员）、余胜生（常委会委员）、熊蕊、黄光英
	第十一届	2008.1—2013.1	熊蕊（常委会委员）

· 419 ·

续表

机构	届次	时间	名单
湖北省人大	第十二届	2013.1—2018.1	余翔（常委会委员）、熊承良（常委会委员）、夏家红、马小洁
	第十三届	2018.1—2023.1	余翔（常委会委员）、杨超（常委会委员）、刘争（常委会委员）、周华民
	第十四届	2023.1—	余翔（常委会委员）、谭必恩（常委会委员）、陆培祥（常委会委员）、李元元、万谦、朱良如、李云程
武汉市人大	第一届	1954.8—1956.12	姚永政、唐哲、梁之彦、查谦、刘乾才
	第二届	1956.12—1958.11	姚永政、查谦、刘乾才、谢毓晋、唐哲
	第三届	1958.11—1961.6	谢毓晋、裘法祖、杨述祖、周裕德、陈任、刘乾才
	第四届	1961.6—1963.7	杨述祖、周裕德、陈任、裘法祖、彭天琦
	第五届	1963.7—1979.12	周裕德、吕富华、杨文远、陈任
	第六届	1979.12—1983.3	周裕德（常委会委员）、裘法祖、吕富华、杨文远、丁诗健
	第七届	1983.3—1988.3	翁天聪（常委会副主任）、吕富华、段生福、邵明忠、何玉兰、吕继绍
	第八届	1988.3—1993.3	邵明忠、何玉兰、王慕逊、段生福、喻俊芳、王晓瑜
	第九届	1993.3—1998.1	曾仁端（常委会委员）、龚维龙（常委会委员）、吴人亮、周俊安、黄念棠、喻俊芳、王晓瑜、张碧晖
	第十届	1998.1—2003.1	曾仁端（常委会委员）、周敬宣（常委会委员）、王汉蓉、洪光祥、吴华、喻俊芳、周济

附录 A　学校历届各级人大代表、政协委员、政府参事、文史馆员名单

续表

机构	届次	时间	名单
武汉市人大	第十一届	2003.1—2007.1	周敬宣（常委会委员）、向继洲、王国斌、刘英姿、喻俊芳
	第十二届	2007.1—2012.1	王国斌、刘建平
	第十三届	2012.1—2017.1	张晓玲（常委会委员）、李保峰（常委会委员）、刘英姿、康玲、王国斌、李亦武
	第十四届	2017.2—2022.1	谭刚毅（常委会委员）、陈建国、马新强、王国斌、吴菁
	第十五届	2022.1—	谭刚毅（常委会委员）、刘继红、张玉、刘本德
洪山区人大	第八届	1987.2—1990.2	李升浩、张诚生、陈辉
	第十届	1993.2—1997.12	陈复生、倪伟桥
	第十一届	1997.12—2002.12	叶和清、刘英姿、倪伟桥
	第十二届	2002.12—2006.11	王汉蓉、叶和清、刘建平
	第十三届	2006.11—2012.3	康玲、何锡章、许德胜
	第十四届	2012.3—2017.3	许德胜、叶升平、钟瑛
	第十五届	2017.3—2021.12	杨广笑、戴洁
	第十六届	2021.12—	倪小玲、李化、张健
硚口区人大	第三届	1958.5—1961.2	朱玉英
	第四届	1961.2—1963.5	朱玉英
	第五届	1963.5—1966.5	童尔昌、宋之桢
	第六届	1979.4—1983.12	童尔昌、宋之桢、裘法祖
	第七届	1983.12—1987.2	金珊英
	第八届	1987.2—1990.2	罗丽兰
	第九届	1990.2—1993.2	刘锦芝

续表

机构	届次	时间	名单
硚口区人大	第十届	1993.2—1997.12	刘锦芝
	第十一届	1997.12—2002.12	刘长金
	第十二届	2002.12—2006.11	牛安欧、方锋
	第十三届	2006.11—2011.11	刘良（常委会委员）、陈素华、沈关心、朱小松、方锋
	第十四届	2011.11—2016.12	陈素华（常委会委员）、黄昆、宋玉娥、朱小松
	第十五届	2016.12—2021.12	胡华成、宋玉娥、宋晓东
	第十六届	2021.12—	施春阳、赵骎、李亚萍
江汉区人大	第十二届	2002.12—2006.12	张永学
	第十三届	2006.11—2011.11	张永学
	第十四届	2011.11—2016.12	舒晓刚、陈璐璐
	第十五届	2016—2021.12	陈立波（常委会委员）、杨操
	第十六届	2021.12—	杨操、赵艳霞
武昌区人大	第十一届	2002.12—2006.11	文秀英
	第十二届	2006.11—2011.11	黄畦
	第十三届	2011.11—2016.12	
	第十六届	2021.12—	马静（常委会委员）、王剑明
汉南区人大	第十届	2021.12—	彭义香
东西湖区人大	第十一届	2021.12—	郭科、周国锋、周静
孝感市孝南区人大	第七届	2021.11—	范亚斌

附录 A　学校历届各级人大代表、政协委员、政府参事、文史馆员名单

A.2　学校历届政协委员名单

机构	届次	时间	名单
全国政协	第三届	1959.4—1964.12	唐哲
	第四届	1964.12—1978.2	唐哲、裘法祖
	第五届	1978.3—1983.6	唐哲、于光元、杨述祖、刘颖
	第六届	1983.6—1988.3	唐哲（常委）、于光元、杨述祖、刘颖
	第七届	1988.3—1993.3	翁天聪（常委）、童尔昌、周克定
	第八届	1993.3—1998.3	翁天聪（常委）、童尔昌、周克定
	第九届	1998.3—2003.3	郑楚光、肖谷欣、陶醒世
	第十届	2003.3—2008.3	郑楚光（常委）、周宜开、姚凯伦
	第十一届	2008.3—2013.3	郑楚光（常委）、周宜开、姚凯伦
	第十二届	2013.3—2018.3	田玉科（常委）、丁烈云
	第十三届	2018.3—2023.3	鲁友明、胡豫
	第十四届	2023.3—	舒晓刚、韩民春
湖北省政协	第一届	1955.1—1959.6	赵学田、李赋京
	第二届	1959.6—1964.9	唐哲（副主席）、刘乾才（常委）、范乐成（常委）、杨晟、赵学田、管汉屏、刘颖、陈珽、章元瑾
	第三届	1964.9—1978.1	唐哲（副主席）、范乐成（常委）、杨晟（常委）、刘颖、陈日曜、赵学田、宋名通、管汉屏、陈珽、徐云英
	第四届	1978.1—1983.4	唐哲（副主席）、梁之彦（副主席）、谢毓晋（副主席）、刘颖（常委）、过晋源（常委）、管汉屏（常委）、杨晟（常委）、蔡桂茹（常委）、宋名通（常委）、于光元、陈珽、陈日曜、赵学田、翁天聪、蒋洁尘、徐云英

续表

机构	届次	时间	名单
湖北省政协	第五届	1983.4—1988.5	梁之彦（副主席）、谢毓晋（副主席）、唐哲（常委）、过晋源（常委）、宋名通（常委）、蔡桂茹（常委）、任恕、徐云英、马毓义、林金铭、刘忠、曹玉璋
	第六届	1988.5—1993.4	翦天聪（副主席）、周有尚（常委）、过晋源（常委）、林少宫（常委）、林金铭（常委）、唐哲（常委）、龚维龙（常委）、王心禾（常委）、蔡桂茹（常委）、管汉屏、于昌松、李崇渔、吕继绍、肖谷欣、任恕、谭丕林、陶醒世、曹玉璋、马毓义、余章启
	第七届	1993.4—1998.1	翦天聪（副主席）、肖谷欣（常委）、任恕（常委）、周有尚（常委）、梁扩寰（常委）、陈道达（常委）、龚维龙（常委）、刘忠（副秘书长）、李适民（常委）、陶醒世（常委）、刘树茂、万贤华、于昌松、李崇渔、彭孝廉、李德焕、吕继绍、赵成学、李柱、廖晓昕、王汉蓉、欧阳明德
	第八届	1998.1—2002.12	郑楚光（副主席）、肖谷欣（副主席）、陶醒世（副主席）、刘忠（常委）、李适民（常委）、刘祖黎（常委）、杨镇（常委）、陈道达（常委）、朱玉泉、李柱、廖晓昕、徐重阳、欧阳明德、卢正鼎、王建枝、马业新、张晓彦、侯晓华、彭孝廉、刘树茂、易汉文、方华京、孙秋云

附录 A　学校历届各级人大代表、政协委员、政府参事、文史馆员名单

续表

机构	届次	时间	名单
湖北省政协	第九届	2003.1—2008.1	郑楚光（副主席）、周宜开（副主席）、吴人亮（常委）、侯晓华（常委）、杨镇（常委）、程时杰（常委）、朱玉泉、曹树钦、欧阳明德、吴懿平、张亮、马业新、熊承良、师洪、易继林、卢正鼎、方华京、马鹤龄、陈汉平、李保峰、潘铁成、余翔、南平、吴华、张荣堂
	第十届	2008.1—2013.1	郑楚光（副主席）、周宜开（副主席）、吴继洲（常委）、杨镇（常委）、程时杰（常委）、余翔（常委）、陆培祥（常委）、杨超（常委）、冯友梅、王国斌、骆清铭、吴懿平、张亮、马业新、熊承良、师洪、易继林、卢正鼎、潘铁成、谭必恩、易继明、南平
	第十一届	2013.1—2018.1	田玉科（副主席）、陆培祥（常委）、杨超（常委）、韩民春（常委）、宁琴（常委）、欧阳康、骆清铭、陈蓉、袁小明、李箭、谭必恩、张亮、师洪、张存泰、缪小平、邓世名、孙秋云、黄昆、马净植、吴箐
	第十二届	2018.1—2023.1	陆培祥（常委）、韩民春（常委）、黄昆（常委）、陈相松（常委）、田玉科、陈蓉、谭必恩、张存泰、缪小平、邓世名、马净植、刘世元、侯晓华、翁雨雄、李红斌、陈先红、陈向东、宫念樵、邵新宇、吴菁、张玉、杜光

续表

机构	届次	时间	名单
湖北省政协	第十三届	2023.1—	王芙蓉（常委）、刘剑峰（常委）、陈向东（常委）、宫念樵（常委）、邓世名（常委）、张玉（常委）、赵海波、张存泰、刘世元、周华民、黄昆、翁雨雄、康玲、唐江、马净植、谢正学
武汉市政协	第一届	1955.3—1957.4	杨晟（副主席）、周裕德（常委）、陈任、熊彩珍、过晋源、唐哲、范乐成、刘颖
武汉市政协	第二届	1957.4—1960.2	周裕德（常委）、唐哲、范乐成、刘颖
武汉市政协	第三届	1960.2—1962.6	周裕德（常委）、唐哲、涂登榜、龙名扬
武汉市政协	第四届	1962.6—1979.12	周裕德（常委）、龙名扬
武汉市政协	第五届	1979.12—1983.3	杨晟（副主席）、周裕德（副主席）、高浴（常委）、姚永政（常委）、涂登榜、陈任、过晋源、龙名扬、熊彩珍、吕继绍、邹锐
武汉市政协	第六届	1983.3—1988.3	杨晟（副主席）、周裕德（副主席）、高浴（常委）、周泰康（常委）、沈艮祥（副秘书长）、陈任、童尔昌、熊彩珍、杨文远、熊旭林
武汉市政协	第七届	1988.3—1993.3	杨晟（副主席）、肖谷欣（副主席）、沈艮祥（常委）、周泰康（常委）、金士翔、陆再英、李楚霖、何心如、陈国华、李光玉
武汉市政协	第八届	1993.3—1998.1	肖谷欣（副主席）、沈艮祥（常委兼秘书长）、吴克兰（常委）、陆再英、何心如、吴郑植

附录 A 学校历届各级人大代表、政协委员、政府参事、文史馆员名单

续表

机构	届次	时间	名单
武汉市政协	第九届	1998.1—2003.1	龚非力（副主席）、姚凯伦（常委）、陈汉平（常委）、吴克兰（常委）、肖鸿美（常委）、陆再英、吴继洲、林洪、徐可树、吴郑植、陈国华、龚跃法、陈卓宁
	第十届	2003.1—2007.1	龚非力（副主席）、姚凯伦（常委）、肖鸿美（常委）、陈汉平（常委）、吴继洲（常委）、康勇（常委）、吴郑植、陈卓宁、林洪、李光玉、冯丹、金海、徐可树
	第十一届	2007.1—2012.1	侯晓华（副主席）、周敬宣（常委）、吴继洲（常委）、张晓玲（常委）、陈汉平（常委）、康勇（常委）、林洪、徐可树、高颖、宁琴、毛靖、李光玉、陈卓宁、冯丹、金海、刘志学、马新强、刘英姿
	第十二届	2012.1—2017.2	侯晓华（副主席）、刘志学（常委）、杨勇、高颖、毛靖、陈卓宁、马新强、李建军、刘剑峰、赵元弟、刘莉、陈素华
	第十三届	2017.2—2022.1	侯晓华（副主席）、舒晓刚（常委）、康玲（常委）、毛靖（常委）、刘剑峰（常委）、刘志学（常委）、胡清华（常委）、蔡新元、彭义香、汪宏波、赵元弟、兰鹏飞、陈立波、李建军、陈素华、史岸冰、董凌莉、高颖、王琳、林季杉
	第十四届	2022.1—	舒晓刚（常委）、刘剑峰（常委）、胡清华（常委）、董凌莉（常委）、侯晓华、康玲、毛靖、兰鹏飞、史岸冰、高颖、王琳、刘新明、郭安源、毛子骏、邓爱丽、汪宏波、张明新、彭芳瑜、蔡新元、孙永平

· 427 ·

续表

机构	届次	时间	名单
洪山区政协	第一届	1983.12—1987.2	陶醒世（副主席）
	第二届	1987.2—1990.2	陶醒世（副主席）
	第三届	1990.2—1993.2	陶醒世（副主席）、黄志光、兰毓娟
	第四届	1993.2—1997.12	欧阳明德（副主席）、黄志光
	第五届	1997.12—2002.12	欧阳明德（副主席）、李耀武、黄志光、方华京
	第六届	2002.12—2006.11	欧阳明德（副主席）、方华京、游大海、邬红娟、吴郑植
	第七届	2006.11—2011.12	方华京、梁木生、邬红娟、韩民春、朱建新
	第八届	2011.12—2016.12	邬红娟（常委）、朱建新、陈先红
	第九届	2016.12—2021.12	邬红娟（常委）、谭必恩（常委）、鲍立泉（常委）、朱建新、董海、汤自荣、李晓南
	第十届	2021.12—	鲍立泉（常委）、吴钰周、王磊
硚口区政协	第七届	1987.2—1990.2	谭慎微
	第八届	1990.2—1993.2	谭慎微、吴继洲、陈汉平
	第九届	1993.2—1997.12	田玉科（副主席）、吴继洲（常委）、谭慎微
	第十届	1997.12—2002.12	田玉科（副主席）、吴继洲（常委）、陈汉平
	第十一届	2002.12—2006.11	田玉科（副主席）、吴继洲（常委）、刘克俭、邓爱丽、陈素华、陈汉平、唐非
	第十二届	2006.11—2011.11	邓爱丽（常委）、唐非（常委）、杨年红、邓又斌、宋晓东

附录 A　学校历届各级人大代表、政协委员、政府参事、文史馆员名单

续表

机构	届次	时间	名单
硚口区政协	第十三届	2011.11—2016.12	唐非（常委）、刘莉（常委）、朱长虹、邓爱丽、刘克俭、杨年红、邓又斌、宋晓东、徐皓、孙涛
	第十四届	2016.12—2021.12	陈素华（常委）、唐非（常委）、邓爱丽、杨年红、徐皓、童巧霞、王学仁、蔡斯斯
	第十五届	2021.12—	刘新明（常委）、邓爱丽（常委）、彭澍、江文佳、王升、蔡斯斯、王学仁
江汉区政协	第十二届	2001.12—2006.12	林洪
	第十三届	2006.12—2011.12	郑启昌（常委）、刘芳、周翔、张劲农、陈菲燕、胡波
	第十四届	2011.12—2016.12	林洪、汪宏波、张劲农、陈菲燕、胡波
	第十五届	2016.12—2021.12	林洪、张劲农、陈向东、彭雯、郑晓丹、黎维勇
	第十六届	2021.12—	陈向东（常委）、叶哲伟、朱良如、郑晓丹、彭雯、熊念
武昌区政协	第十二届	2006.12—2011.11	张靳
	第十三届	2011.11—2016.12	胡华成、马静
	第十四届	2016.12—2021.12	马静
蔡甸区政协	第六届	2016.12.2021.12	熊慧华
	第七届	2021.12—	熊慧华
汉南区政协	第十届	2021.12—	宋海平、程范军
东西湖区政协	第九届	2016.12—2021.12	韩兰胜
	第十届	2021.12—	韩兰胜

A.3　学校历届湖北省、武汉市政府参事和文史馆员名单

序号	姓名	性别	政治面貌	职务、职称	参事、馆员	任职时间
1	薛中川	男	农工党党员	船舶与海洋工程学院教授	省政府参事	1997.1—2003.1
2	白蔚君	女	无党派人士	环境科学与工程学院教授	省政府参事	1997.1—2003.1
3	杨镇	男	无党派人士	附属同济医院教授、主任医师	省政府参事	2000.9—2008.1
4	胡适耕	男	民盟盟员	数学与统计学院教授	省政府参事	2004.3—2009.4
5	周敬利	女	无党派人士	计算机科学与技术学院教授	省政府参事	2004.3—2009.4
6	樊明武	男	中共党员	华中科技大学原校长，院士	省政府参事	2005.7—2013.2
7	黄光英	女	中共党员	华中科技大学原常务副校长，教授、主任医师	省政府参事	2006.11—2011.4
8	曹树钦	男	中共党员	华中科技大学原党委副书记，教授	省政府参事	2006.11—2011.4
9	龚朴	男	无党派人士	管理学院教授	省政府参事	2011.12—2020.3
10	易继林	男	九三学社社员	附属同济医院教授、主任医师	省政府参事	2013.11—
11	魏守平	男	民建会员	土木与水利工程学院教授	市政府参事	1994.12—2000.2
12	程茂金	男	无党派人士	公共卫生学院教授	市政府参事	1994.12—2005.2

附录 A 学校历届各级人大代表、政协委员、政府参事、文史馆员名单

续表

序号	姓名	性别	政治面貌	职务、职称	参事、馆员	任职时间
13	张宗成	男	民进会员	经济学院教授	市政府参事	2001.12—2010.12
14	郑友德	男	民进会员	法学院教授	市政府参事	2001.12—2010.12
15	杨叔子	男	中共党员	华中科技大学原校长，院士	市政府参事	2006.1—2015.1
16	马士华	男	中共党员	管理学院原副院长，教授	市政府参事	2007.12—2012.12
17	徐晓林	男	中共党员	公共管理学院原院长、教授	市政府参事	2007.12—2012.12
18	赵振宇	男	中共党员	新闻与信息传播学院教授	市政府参事	2014.7—2017.8
19	李培根	男	中共党员	华中科技大学原校长，院士	市政府参事	2016.10—2022.9
20	丁汉初	男	中共党员	华中科技大学原党委常务副书记	市政府参事	2016.10—2022.9
21	徐长生	男	中共党员	经济学院原院长，教授	市政府参事	2016.10—2022.9
22	李保峰	男	无党派人士	建筑与城市规划学院原院长，教授	市政府参事	2016.10—2022.9
23	邬红娟	女	九三学社社员	环境科学与工程学院教授	市政府参事	2016.10—2022.9
24	鲁友明	男	九三学社社员	基础医学院原院长、教授	市政府参事	2019.3—

续表

序号	姓名	性别	政治面貌	职务、职称	参事、馆员	任职时间
25	程文青	女	无党派人士	电子信息与通信学院副院长、教授	市政府参事	2020.9—
26	胡辉	男	农工党党员	环境科学与工程学院原副院长、教授	市政府参事	2020.9—
27	周卫	女	无党派人士	建筑与城市规划学院教授	市文史馆员	2015.3—

附录 B

各民主党派历届校级组织负责人名单

民主党派		成立／换届时间	主委	副主委	委员
民革	民革华中工学院小组	1954	杨赞陵		
	民革同济医科大学支部	1989.12	李崇渔		
		1993.12	李崇渔	吴人亮	
		1998.12	吴人亮	张晓彦	
	民革华中科技大学总支委员会	2000.10	吴人亮		钟瑛、周日平、袁光雷、刘履光
		2006.1	余翔	钟瑛、周日平	袁光雷
		2011.12	余翔 2011.12—2013.1），谭必恩（2013.1—2017.1）	谭必恩（2011.12—2013.1）、刘炜（2013.1—2017.1）、周日平	袁光雷、张胜桃、刘莉

· 433 ·

续表

民主党派		成立／换届时间	主委	副主委	委员
民革	民革华中科技大学委员会	2017年1月	谭必恩	周日平、刘炜、方海生	张胜桃、袁光雷、马静、董海、杜以梅
		2021.4	谭必恩	刘炜、方海生、杜以梅、马静	王贲（秘书长）、张胜桃、董海、陶光明
民盟	民盟中南同济医学院／武汉医学院小组	1955	唐哲		
		1956	唐哲	范乐成	
		1980	杨晟	宋名通	
		1984	邓瑞麟	邵丙扬、寇用义	
	民盟同济医科大学支部	1987	邓瑞麟	邵丙扬、寇用义	
		1991	邵丙扬	寇用义、余新涛	
		1995	李国光	汪如龙、龚维龙、杨瑜珍	
	民盟华中工学院支部	1955.12	陈泰楷		
		1960.12	林金铭	李敉安	
		1981	叶康明	李敉安	
		1986	刘忠		邹凤梧
	民盟华中理工大学支部	1991	李柱	李升浩	陈复生、陈祥林、宋德琪
		1996	殷正坤	徐正权、龚世缨	陈复生、杨可传、卢汉梅、张道宝、张晓玲、黄志群

附录 B　各民主党派历届校级组织负责人名单

续表

民主党派		成立／换届时间	主委	副主委	委员
民盟	民盟武汉城市建设学院小组	1986			饶才鑫、叶奎、喻俊芳
	民盟武汉城市建设学院支部	1988	金笠铭	饶才鑫	叶奎
		1992	马鹤龄	倪伟桥	
	民盟华中科技大学委员会	2001.1	欧阳明德	李光国、殷正坤、马鹤龄、徐正权、杨超（2005年增补）	卢汉梅、张晓玲（秘书长）、张存泰、杨渝珍、侯晓华、倪伟桥、龚世缨、刘克俭
		2007.1	杨超	刘克俭、徐正权、张存泰、倪伟桥	熊光练、卢汉梅、梁木生、欧阳红兵、甘早斌、李国光、欧阳明德、许小平（秘书长）
		2012.5	杨超	刘克俭、倪伟桥、许小平	梁木生、欧阳红兵、甘早斌、张立、黄向明、黄安斌、王芙蓉、董红梅、谭渊、舒晓刚、卢宏（秘书长）
		2017.11	杨超	王芙蓉、冯丹、卢宏（秘书长）、董红梅	许奕华、孙华军、连立飞、吴庆华、余立凯、欧阳红兵、骆汉宾、黄安斌、谢荣军、谭渊

续表

民主党派		成立/换届时间	主委	副主委	委员
民盟	民盟华中科技大学委员会	2021.6	王芙蓉	卢宏、欧阳红兵、邹德清、廖永德	吴庆华（秘书长）、孙华军、余立凯、许奕华、连立飞、谢荣军、龚云贵、庞盛永
民建	民建华中工学院支部	1987.3	姜孟文	魏守平	陈雪华
	民建同济医科大学支部	1990	张功寿		茅世琦
		1995	张功寿		茅世琦，余达经、张亮
	民建华中理工大学支部	1991.11	姜孟文	魏守平	陈雪华
	民建华中科技大学总支委员会	2000.12	吴懿平	张亮	魏守平、陈继华、周晓安
		2007.1	吴懿平	张亮、韩民春	陈继华、周晓安
	民建华中科技大学委员会	2011.12	韩民春	张亮、鲁细英	李承军、颜巧元
		2017.1	韩民春	杨广笑、乐建新	颜巧元、刘世元、杨年红、万敏
		2021.11	韩民春	刘世元、史河水、王超	刘小虎（秘书长）、杨年红、张磊、陈建军、明炬、易鸣、黄朝晖
民进	民进武汉医学院小组	1984	杨庆生		
	民进同济医科大学支部	1991.9	杨庆生	彭汉光	杨长华、李丽珠

附录 B　各民主党派历届校级组织负责人名单

续表

民主党派		成立/换届时间	主委	副主委	委员
民进	民进同济医科大学支部	1994.11	杨庆生	彭汉光	杨长华、胡永熙
		1996.11	马业新	杨长华	胡永熙、张东绅、彭汉光
	民进武汉城市建设学院支部	1998.7	张荣堂		吴文、杨珞华
	民进华中科技大学委员会	2001.1	马业新	张宗成、张荣堂、彭汉光	张东绅、郑友德、胡永熙
		2007.1	马业新	彭代彦、张东华、刘萍、舒柏华	许德胜、曾凡军、涂郁兰、张海龙
		2011.6	陆培祥	张东华、许德胜、舒柏华、刘萍、张明富	高中洪、曾凡军、周新文、柳曦、王元勋、刘冬先、邱鸣
		2016.12	周华民	张东华、许德胜、曾志刚、刘萍、邓云华、吴燕庆	高中洪、曾凡军、周新文、柳曦、王元勋、刘冬先、邱鸣、胡志全、张晓昱、刘静宇、柯佑祥、戴洁
		2021.11	周华民	曾志刚、邓云华、周新文	范淑媛(秘书长)、毛子骏、兰鹏飞、刘爱国、胡志全、彭雯、蔺亚琼
农工党	农工党华中工学院小组	1954.8	谭丕林		陈廷、周泰康、林士杰、李兴教等10人

续表

民主党派		成立/换届时间	主委	副主委	委员
农工党	农工党华中工学院支部	1955.3	谭丕林	周泰康	扈维珍
		1957.5	陈珽		
		1957.12	邹锐	周义珽	陈珽
		1980.10	吕继绍	谭丕林	
		1984.9	谭丕林	程光弼	
	农工党华中理工大学支部	1988.3	谭丕林		程光弼、韩承松、沈慧珍、温进之
		1991.6	谭丕林	程光弼	韩承松、沈慧珍、温进之、叶和清
	农工党武汉医学院支部	1983	金慰鄂		杨焜、施晓东
	农工党同济医科大学总支	1985.8	杨焜		邵明忠、李鸿亚
		1989.3	杨焜	施晓东、邵明忠	毕好生、刘锦芝、梁灵秀、蒋锡久
		1991.9	杨焜	胡国栋、邵明忠	施晓东、刘锦芝、万贤华、蒋锡久
		1995.6	彭孝廉		秦惠基、胡国栋、万贤华、余漠山、刘锦芝
		1999.7	彭孝廉	刘锦芝、杨经华	师洪、吴洪生、熊承良、方红
	农工党梨园医院支部	1994.5	陈良珍		张学盐、张伟峰
		1999.3	吴洪生	张学盐	黄家胜
	农工党华中科技大学委员会	2000.10	师洪	张传汉、叶和清、熊承良	吴洪生、方红、王萍

附录 B　各民主党派历届校级组织负责人名单

续表

民主党派		成立／换届时间	主委	副主委	委员
农工党	农工党华中科技大学委员会	2007.1	师洪	熊承良、张传汉、胡一帆	王萍、郭小梅、朱长虹、孙立敏
		2011.10	师洪	张传汉、朱长虹、吴康兵	胡一帆、郭小梅、王萍、柴新群、张道鹏
		2016.12	陈立波	吴康兵、郭小梅、缪小平、黄昆、柴新群、王文清	张书勤、胡辉、翁雨雄、张文、蒋新农
		2021.10	刘剑峰	王文清、张书勤、胡辉、翁雨雄、黄昆	蒋新农（秘书长）、房明浩、赵凯、贾海波、曹卫、谢佳、魏柏
致公党	致公党同济医科大学支部委员会	1989.10	曾仁端		
	致公党华中理工大学支部委员会	1996.4	吴郑植		朱建新，陈少华
	致公党华中科技大学总支委员会	2000.12	曾仁瑞	吴郑植、吴继洲	林洪、陈少华、朱建新、陈素华
		2007.1	宁琴	陈素华、林洪、康玲	朱建新、陈少华、许成蓉、宋晓东、陈菲燕
		2013.5		陈素华（主持工作）、李建军、林洪、朱建新	陈少华、宋晓东、陈菲燕、刘新明、黎维勇

续表

民主党派		成立／换届时间	主委	副主委	委员
致公党	致公党华中科技大学委员会	2018.7	陈素华	刘新明、朱建新、王学仁、李建军、黎维勇	陈少华、张才华、宋晓东、万谦、童巧霞、鲍立泉、施春阳
		2021.4	郭安源	王学仁、鲍立泉、王磊、喻银燕	刘璇（秘书长）、张才华、施春阳、徐刚、刘敬喜、胡静、王升
九三学社	九三学社武汉医学院支社	1956.3	周裕德		涂登榜、管汉屏
	九三学社武汉医学院支社	1959.3	龙名扬		周裕德、涂登榜、朱师墨、沈良祥
	九三学社武汉医学院小组	1983	沈良祥	何玉兰	
	九三学社武汉医学院支社	1986.9	金士翱		何玉兰、皮玉生
	九三学社同济医科大学支社	1993.11	金士翱	田玉科	
		1996.7	田玉科	吴克兰、潘铁成	
	九三学社同济医科大学委员会	1999.7	易继林	潘铁成、吴克兰	吴华、刘光辉
	九三学社华中工学院小组	1984.11	张良皋		
	九三学社华中工学院／华中理工大学支社	1987.9	张良皋		陈敏卿、曾育星
		1990.11	赵成学		彭保权、胡庆辉
	九三学社华中理工大学支社	1996.7	郑楚光	周井炎	彭保友、陆遂丽

续表

民主党派		成立/换届时间	主委	副主委	委员
九三学社	九三学社武汉城建学院小组	1988.3	范勤年	卢兆俊（1991年9月增补）	
	九三学社武汉城建学院支社	1996.6	卢兆俊		陶振民、资建民
	九三学社华中科技大学委员会	2001.1	易继林	周井炎、潘铁成	吴克兰、彭保权、陆燧丽、胡幸生
		2007.5	易继林	潘铁成、毛靖、唐和清、周井炎	蔡慧俭、胡幸生
		2013.9	毛靖	李箭、田德安、宫念樵、沈轶	吴云霞、刘承美、刘木根、臧春艳、周彬
		2018.3	毛靖	李箭、刘心雄、宫念樵、史岸冰	刘木根、徐业彬、陈静、臧春艳、董凌莉、刘海霞、吴云霞、方育梅
		2021.11	毛靖	史岸冰、宫念樵、郭新、陈蓉	李中伟(秘书长)、刘海霞、汤绍涛、吴云霞、陈勇、董凌莉、臧春艳、薛宇

附录 C

各统战团体历届校级组织负责人名单

统战团体		时间	主席／会长	委员会委员
侨联	华中工学院侨联小组	1960—1988	黄碧罗	
	华中理工大学第一届归国华侨联合会	1988.4—1993.12	钟伟芳	顾问：张培刚、林金铭、林少宫 副主席：黄碧罗（兼秘书长）、朱月珍、李泮泓 委员：朱华吉（兼副秘书长）、陈崇源（后补为副主席）、丘吉安、杨基祖、黎克英、吴长昕、邓仲通、张诚生
	华中理工大学第二届归国华侨联合会	1993.12—1998.12	钟伟芳	副主席：朱月珍（常务）、陈崇源、李泮泓、黄碧罗 秘书长：朱华吉、刘少媚 委员：叶妙元、邓仲通、丘吉安、吴长昕、李适民、叶能安

附录C 各统战团体历届校级组织负责人名单

续表

统战团体		时间	主席／会长	委员会委员
侨联	华中理工大学第三届归国华侨联合会	1998.12—2000.11	钟伟芳	名誉主席：杨叔子 副主席：朱月珍、陈崇源、李泮泓、黄碧罗 秘书长：葛萍 副秘书长：丘斯迈 委员：李适民、叶妙元、黄技才、丘吉安、刘少媚、王钧、曹素华（增补）、汪海建（增补）
	武汉医学院／同济医科大学第一届侨联小组	1980—1987	张国高	
	同济医科大学第一届归国华侨联合会	1987.7—1991.11	张国高	名誉主席：过晋源、王辨明 副主席：李慰玑、罗兰丽、叶志雄、余火光、曾仁端、陈映玲、林碧莲、谢渝珠 委员：邓延曾、刘美玲、李春、陈少惠、钟玉祥、梁秀灵、雷汉题
	同济医科大学第二届归国华侨联合会	1991.11—1997.4	余火光	副主席：曾仁端、李慰玑、谢渝珠、陈兆聪、连祥卿、廖玉华、林碧莲、陈映玲、方淑贤、刘美玲、吴耀
	同济医科大学第三届归国华侨联合会	1997.4—2000.11	余火光	名誉主席：张国高、李慰玑 副主席：曾仁端、陈映玲、谢渝珠、林碧莲
	武汉城市建设学院第一届侨联小组	1989.10—1994.9	杨振玉	副组长：蒋小兮、段纪成

续表

统战团体		时间	主席／会长	委员会委员
侨联	武汉城市建设学院第二届侨联小组	1994.9—2000.11	杨振玉	副组长：蒋小兮、张彩仙 成员：李嗣晃、吴春平
	华中科技大学第一届归国华侨联合会	2000.11—2005.6	钟伟芳	名誉主席：袭法祖、杨叔子 常务副主席：余火光、朱月珍 副主席：方淑贤、廖玉华、陈崇源、杨振玉、李泮泓、黄碧罗 秘书长：谢渝珠、葛萍 委员：祝海涛、邓光彦、叶进、连祥卿、邓美珍（2004年增补曹素华、汪海建为委员）
	华中科技大学第二届归国华侨联合会	2005.6—2009.5	杨叔子	常务副主席：朱月珍、连祥卿 副主席：邓光彦、何光源、祝海涛、余火光、黄碧罗 委员：叶升平、叶进、汪海建、吴耀、李泮泓、杨振玉、项楠
	华中科技大学第三届归国华侨联合会	2009.5—2014.9	杨叔子	常务副主席：何光源、朱月珍 副主席：金海、邓光彦、叶进、曹素华 秘书长：曹素华（兼） 常委：吴耀、汪海健、陈英汉、祝海涛、彭兆丽 委员：尹春萍、王秀萍、叶升平、何亮、杨群、连祥卿、陈万新、陈卫红、陈玉萍、廖芳、薛松、顾馨江

续表

统战团体		时间	主席/会长	委员会委员
侨联	华中科技大学第四届归国华侨联合会	2014.09—2020.11	邵新宇（2014.09—2018.04）谭必恩（2018.04至今）	常务副主席：卢群伟、杨汉南 副主席：万谦、叶进、谭必恩（2014.9.2—2018.4.21） 秘书长：顾馨江 副秘书长：张鹏 常委：王秀萍、叶升平、朱明强、何亮、苏莉、夏帆、薛松 委员：邓世名、王从义、卢新培、史岸冰、许剑锋、刘华北、陈万新、陈学文、陈敏、张果、徐竞、郭新、樊慧津、戴菲
	华中科技大学第五届归国华侨联合会	2020年11月至今	谭必恩	副主席：万谦、卢群伟、朱良如、朱明强、余虓 秘书长：顾馨江 副秘书长：吴钰周、张鹏、李元明 常委：王秀萍、卢兴、朱明强、苏莉、何亮、邹明清、陈万新、罗欣、臧剑锋、樊宽军、薛松 委员：云虹、史岸冰、刘华北、杨诺、肖泳、余辰、张洁、樊慧津、潘安、戴菲

续表

统战团体		时间	主席／会长	委员会委员
欧美同学会	华中科技大学第一届欧美同学会（留学人员联谊会）	2006.3—2015.1	杨叔子	2008年1月届中调整 常务副会长：程时杰 副会长：王乘、刘伟、田玉科、黄德修、黄一夫、邵新宇 常务理事：向太斌、李昊、周建波、鄢明玉、万开元、余海林、余翔 理事：樊葳葳、汪佩伟、李和、孔维佳、邓又斌、金海、刘德明、何光源、李震彪、张兴敏、陈俊森、肖诗亮、郭兴蓬、黄畦、程龙献、邓建平、刘琼、程润文、王国平、张新宝、胡瑞敏 秘书长：邓建平 副秘书长：刘琼、程润文 2011年5月届中调整 常务副会长：程时杰 副会长：林萍华、欧阳康、骆清铭、邵新宇、田玉科、黄德修、余翔 常务理事：万开元、李昊、余海林、陈俊森、周建波、高翔、程润文、鄢明玉 理事：孔维佳、邓又斌、王国平、李和、李震彪、刘德明、刘琼、樊葳葳、汪佩伟、何光源、张兴敏、张新宝、陈俊森、金海、郭兴蓬、胡瑞敏、徐可树、黄畦、程龙献、谭渊 秘书长：余翔（兼） 副秘书长：程润文（兼）刘琼（兼）

附录 C 各统战团体历届校级组织负责人名单

续表

统战团体		时间	主席／会长	委员会委员
欧美同学会	华中科技大学第二届欧美同学会（留学人员联谊会）	2015.1—2019.6	邵新宇	副会长：丁汉、田玉科、刘德明、余翔、陈建国、郭兴蓬、谢长生 秘书长：程润文 副秘书长：贾海波、谭渊 理事：万谦、马聪、王伟、王冰、方晶、孔维佳、卢兴、卢新培、田伟、刘琼、刘华北、李杜、李和、李震彪、张果、张延荣、陈敏、陈学文、金海、胡清华、夏帆、徐燊、徐可树、程龙献、樊葳葳、樊慧津、戴菲
	华中科技大学第三届欧美同学会（留学人员联谊会）	2019年6月至今	丁汉	副会长：（以姓氏笔画为序） 田玉科、刘德明、何西森、苏颖、李骥、周军、胡鹏、蒋凯、董凌莉、廖小飞、谭渊、翟天佑 秘书长：陈蓉 副秘书长：贾海波、费鹏、张晓东 理事：（以姓氏笔画为序） 丁汉、万谦、马聪、王冰、叶巾祁、叶金州、田伟、田玉科、刘震卿、刘德明、苏颖、李骥、杨军、肖泳、何西森、张果、张俊超、张晓东、陈宏、陈蓉、陈学文、武宁、金海、周军、赵强、胡鹏、胡敬平、费鹏、贾海波、郭东生、董凌莉、蒋凯、程翔、解德、蔺蓉、廖小飞、谭渊、翟天佑、樊慧津

续表

统战团体		时间	主席/会长	委员会委员
民促会	华中理工大学民族工作小组	1990.4—1998.10	马金城（回族）	副组长：韦世鹤、吴永波
	华中理工大学少数民族联谊会	1998.10—2001.7	马金城（回族）	副会长：陈国清、韦世鹤、吴永波、韦忠朝 秘书长：焦力炜
	华中科技大学第一届民族团结进步促进会	2001.7—2013.1	马金城（回族）	副会长：罗启发（苗族）、陈国清（土家族）、韦世鹤（壮族）、韦忠朝（布依族）、蓝寿荣（畲族）、焦力炜（满族）、刘保玉（回族）、金红（回族） 秘书长：焦力炜
	华中科技大学第二届民族团结进步促进会	2013.1—2019.12	王小平（回族）熊蕊（回族）	副会长：赵元弟（回族）、韦忠朝（布依族）、吴涛（汉族）、刘婵娟（汉族） 秘书长：覃璇（壮族） 副秘书长：粟晓丽（土家族） 委员：马冬卉（土家族）、白丽娟（土家族）、龙洪波（苗族）、陈小丽（苗族）、宋静（汉族）、肖骏（土家族）、杨年红（土家族）、金鸣（回族）、魏震（回族）

附录 C 各统战团体历届校级组织负责人名单

续表

统战团体		时间	主席／会长	委员会委员
民促会	华中科技大学第三届民族团结进步促进会	2019年12月至今	马彦琳（回族）	副会长：龙洪波（苗族）、刘雅然（汉族）、宋静（汉族）、赵元弟（回族）、郭峥（回族）、黄贝娜（汉族） 秘书长：陈小丽（苗族） 副秘书长：帕鲁克·甫拉提（维吾尔族）、粟晓丽（土家族） 委员：韦忠朝（布依族）、白丽娟（土家族）、代维（土家族）、刘世元（汉族）、刘应状（苗族）、邹旭怡（土家族）、肖骏（土家族）、吴疆鄂（土家族）、魏震（回族）
知联会	华中科技大学第一届党外知识分子联谊会	2020年1月至今	袁小明	副会长：王琳、刘剑峰、刘梅、余永林、吴庆文、陈先红、张果、李晓南、胡清华、夏奇、徐鸣、程文青 秘书长：张波 副秘书长：鄂之、肖先金 理事：朱英红、李红斌、李炳辉、吴付科、陈炜、陈琛、陈平路、耿菲、夏增民、倪小玲、郭伟、桑农、曹阳、程文青、松峰、臧剑锋、谭刚毅

附录 D

学校党委统战部机构人员名单

时期	部长	副部长	工作人员	分管校领导
华中工学院、华中理工大学	路丁 (1956.9—1958.10) 朱木美 (1960.10—1964) 周书珍 (1980.2—1983.12) 陈步清 (1986.10—1993.9) 徐秀发 (1994.1—1999.10) 王受成 (1999.12—2000.7)	杜星五 (1962.9—1969.8) 周书珍 (1978.7—1980.2) 刘卯钊 (1982.6—1985.12) 梁宗国 (1985.3—1987.2) 李晓树 (1987.4—1988.10) 王锋 (1993.9—2000.5)	李晓树 (1977.6—1987.4) 王锋 (1987.7—1993.8) 林巨才 (1998.8—1999.6)	熊小村 王树仁 姚启和 梅世炎 刘献君

附录 D 学校党委统战部机构人员名单

续表

时期	部长	副部长	工作人员	分管校领导
同济医科大学	李光宇（1963—1964.09）	谢渝珠（1990—1994.7）方之牲（1992.7—1996.6）	郭英杰（1986—2000.9）黄明芳（1990—2005.9）	李光宇
	孔钧（1964.9—1966.5）			孔钧
	余章启（1985.12—1996.6）			叶世铎 刘树茂 刘声远
	方之牲（1996.6—1998.12）			
	邓华和（1998.12—2000.6）			
武汉城市建设学院	肖行定（1996.1—1998.10）	肖行定（1991.1—1996.1）吴利克（1998.10—2000.8）	胡赛君（1982.8—1988.5）肖行定（1987.5—1990.12）	马耀东
华中科技大学	邓华和（2000.7—2006.2）	王锋（2000.5—2003.10）邓建平（2003.9—2015.4）黄明芳（2006.9—2013.6）张波（2017.2—2021.3）许昌敏（2018.1—）李小猛（2021.3—）	杨筱（2003.4—2005.10）贾丽颖（2006.3—2014.3）许昌敏（2013.9—2017.12）陈强（2016.5—）黄讷敏（2017.9—）党娜（2018.11—）	刘献君 刘建凡 欧阳康
	向太斌（2006.2—2011.3）			
	易元祥（2011.9—2012.2）			
	李新主（2012.4—2015.12）			丁汉初 马建辉 张 耀
	杨筱（2016.1—2022.3）			
	马彦琳（2022.3—）			

附录 E

学校及统战部所获统战系统荣誉及表彰情况

1991年，武汉城市建设学院被洪山区人大常委会评为洪山区支持人大工作先进单位。

1992年3月，陈步清被省委统战部评为湖北省优秀统战工作者。

1992年3月，同济医科大学党委统战部被省委统战部评为湖北省统战工作先进集体。

1992年，王锋被省侨联评为湖北省侨务工作先进称号。

1994年1月，华中理工大学党委统战部、同济医科大学党委统战部在1993年度统战信息工作中成绩突出，被省委统战部通报表彰。

1996年2月，华中理工大学党委统战部、同济医科大学党委统战部被省委统战部、省人事厅评为湖北省统战部门先进单位。

1996年4月，华中理工大学党委统战部被省委统战部评为1995年度全省统战信息工作先进单位。

1996年、1997年，武汉城市建设学院被洪山区人大常委会评为洪山区支持人大工作先进单位。

1999年2月，华中理工大学党委统战部被省委统战部评为1998年度全省统战信息工作二等奖，王锋被评为全省统战信息先进个人。

1999年7月，王锋被国务院侨办、中国侨联授予全国侨务工作先进个人。

2000年2月，同济医科大学党委统战部被省委统战部、省人事厅评为湖北省统战工作先进集体。

2000年2月，王锋被省委统战部、省人事厅评为湖北省统战先进工作者。

2002年9月，华中科技大学党委统战部被省委统战部评为全省统战宣传先进单位，邓建平被评为全省统战宣传先进个人。

2003年4月，华中科技大学党委统战部邓华和被省委统战部、省人事厅评为全省统战工作先进工作者。

2007年、2009-2011年、2013—2016年、2018年、2020年，华中科技大学党委统战部被中央统战部、中国统一战线杂志社评为《中国统一战线》宣传先进单位。

2010年1月，华中科技大学党委统战部被省委统战部评为2009年度全省统战信息工作三等奖。

2010年11月，华中科技大学被洪山区人大常委会评为支持代表工作先进单位。

2011年1月，华中科技大学党委统战部被省委统战部评为2010年全省统战理论研究和宣传优秀成果二等奖。

2011年1月，华中科技大学党委统战部被省委统战部评为2010年度全省统一战线工作先进单位。

2012年2月，华中科技大学党委统战部被省委统战部评为2011年度全省统战工作优胜单位。

2015年4月，许昌敏被省人力资源和社会保障厅、省侨联评为全省侨联系统先进工作者。

2016年2月，华中科技大学党委统战部被省委统战部评为2015年度全省统战信息工作先进单位，许昌敏被评为2015年度全省统战工作优秀信息员。

2017年6月，华中科技大学党委统战部被省委统战部评为支持湖北省同心·院士专家服务团工作先进单位。

2018年1月，华中科技大学党委统战部被省委统战部评为2017年全省统战理论政策研究组织奖、2017年度全省统战信息工作先进单位，张波被评为2017年度全省统战信息工作优秀信息员。

2019年2月，华中科技大学党委统战部被省委统战部评为2018年度全省统战理论政策研究组织奖、2018年度全省统战信息工作先进单位，《华中科技大学多措并举做好少数民族学生工作》获2018年度全省统战工作实践创新成果奖，陈强被评为2018年度全省统战信息工作优秀信息员。

2020年4月，华中科技大学党委统战部被省人力资源和社会保障厅、省委统战评为全省统战系统先进集体，被省委统战部评为2019年度全省统战信息工作先进单位，杨筱被评为2019年度全省统战信息工作优秀信息员。

2021年2月，华中科技大学党委统战部被省委统战部评为2020年度全省统战宣传信息工作先进单位，许昌敏被评为2020年度全省统战宣传信息工作优秀信息员。党委统战部被评为2020年度全省统战理论政策研究创新成果组织奖，《以同心论坛为抓手　创新开展党外知识分子思想政治工作》被评为2020年度全省统战工作实践创新成果。

2022年4月、2023年6月，党委统战部主持的2项课题成果《重大突发公共卫生事件中高校党外知识分子思想政治引领研究》《习近平总书记关于做好新时代党的统一战线工作的重要思想原创性研究》分别获省委统战部主要负责同志肯定批示。

2023年2月，华中科技大学党委统战部被省委统战部评为"全省统战理论政策研究创新成果组织奖"，《"五个坚持"打造华中大统战之家　推动新时代学校党外知识分子工作谱新篇》荣获全省统战工作实践创新成果三等奖。

2023年6月28日，"华科大同心论坛"被省委统战部、省委教育工委评为湖北省高校统战工作十佳品牌，"统战之家"被评为湖北省高校统战工作十佳创新实践站。

后记

为深入学习贯彻习近平总书记关于做好新时代党的统一战线工作的重要思想，贯彻落实党的二十大精神和《中国共产党统一战线工作条例》，总结新中国成立以来尤其是党的十八大以来学校统一战线工作，经过3年不懈努力，《华中科技大学统一战线工作纪实》终于出版了。

本书编撰工作得到学校党委的高度重视，校党委书记李元元院士为本书作序，时任和现任分管统战工作的校党委副书记马建辉、张耀多次对编撰工作提出要求，给予指导。学校党委统战部牵头成立编委会，统筹推进编撰方案制定、档案史料搜集、专题会议研究、文稿更新完善和征求意见建议等各项工作。学校党委统战部以及各民主党派、统战团体有关老领导、老同志对撰写本书提出了许多建设性意见和建议。

本书编撰工作得到华中科技大学各民主党派、统战团体的积极响应，并组织安排力量广泛搜集资料，撰写、修改、完善文稿。各民主党派湖北省委会、武汉市委会及相关统战团体上级组织对本书编撰工作也给予了大力支持。

本书主要记载1952年至2023年6月30日期间学校各时期的统一战线工作。华中科技大学档案馆、党委办公室、党委组织部、党委宣传部、人事处、华中科技大学出版社对本书的编撰、出版提供了大力支持。湖北省委统战部、省委教育工委、省人大、省政协、武汉市委统战部等有关单位为资料收集也提供了很多帮助。在此，向所有关心和支持本书编撰和出版的部门和个人致以诚挚的感谢和敬意！

全体编撰人员在做好本职工作同时，持续推进编撰工作，克服疫情困难，历经十余次修改完善形成书稿。由于资料涉及时间跨度长，部分资料缺失，加上水平有限，本书一定会有疏漏、不足乃至不妥之处，敬请批评指正。

编委会

2023 年 6 月